北京大学出土文献与古代文明研究丛刊

文史星历

秦汉史丛稿

陈侃理 著

图书在版编目（CIP）数据

文史星历：秦汉史丛稿 / 陈侃理著. —上海：上海古籍出版社,2024.2

（北京大学出土文献与古代文明研究丛刊）

ISBN 978－7－5732－1036－4

Ⅰ.①文… Ⅱ.①陈… Ⅲ.①中国历史–研究–秦汉时代 Ⅳ.①K232.07

中国国家版本馆CIP数据核字（2024）第038762号

北京大学出土文献与古代文明研究丛刊

文史星历：秦汉史丛稿

陈侃理　著

上海古籍出版社出版发行

（上海市闵行区号景路 159 弄 1-5 号 A 座 5F　邮政编码 201101）

（1）网址：www. guji. com. cn

（2）E-mail：guji1 @ guji. com. cn

（3）易文网网址：www. ewen. co

浙江新华数码印务有限公司印刷

开本 635×965　1/16　印张 25.25　插页 5　字数 363,000

2024 年 2 月第 1 版　2024 年 2 月第 1 次印刷

印数：1—2,300

ISBN 978－7－5732－1036－4

K·3544　定价：118.00元

如有质量问题，请与承印公司联系

目 录

史记与历史记忆

《史记》与《赵正书》
——秦末历史的记忆和遗忘

　　历史记载大致可以分为记录和撰述两类。记录直接来自见闻，而撰述见闻以外的史事，则不得不取材于此前的记载和转述的传闻。在《史记·太史公自序》中，司马迁自称"述故事，整齐其世传，非所谓作也"，说明他主要是通过编辑、转写已有的记载、传闻，来撰述历史。尽管作者考信缺疑，力求实事求是，但终究无法越过所依据的材料而直接面对历史本身。因此，《史记》中特定记载的史料，有必要追溯其取材所自，在原本的文献语境中来认识。这些材料反映史实的程度，不会因《史记》的取舍而改变。它们承载的历史记忆的产生、保存，也不取决于太史公的主观选择，而往往是更大场域中的政治、文化博弈的结果。与此同时，更多的历史记忆则随之失落，被人遗忘。

　　对《史记》的作者而言，秦亡不过百年，关于秦的历史记载依然丰富，但因为与现实紧密关联而受到形形色色的重塑。司马谈、司马迁着力保存、选取、整合这些记忆的片段，构建出基本连贯的秦史叙述。后世对秦的印象主要来源于此。身处中国史学传统之中的研究者，多倾向于信从《史记》；而在这个传统以外，人们则抱有更多的怀疑和警觉。①不过，信或者疑一般都很难找到绝对的证据。争论往往流于武断，或陷

---

① 鲁惟一（Michael Loewe）概括了西方和日本学界对《史记》秦史记载的主要怀疑，见崔瑞德、鲁惟一编《剑桥中国秦汉史：公元前221年至公元220年》第一章附录二《〈史记〉中的窜改增添部分》、附录三《〈史记〉及其他史料的统计数字》，中国社会科学出版社，2007年，第90～97页。

入虚无。如果越出这个二元选择，我们不难想到：历史记载无论确否，其实都反映某种历史记忆，本身即是历史过程的真实产物；而后人对历史的认识，不能不从现存的历史记忆入手。剖析历史记忆的形成、变化及其影响因素，考察记忆被遗忘的过程，① 这不仅是认识历史的重要维度，也是接近史实的必由之路。

考察秦末历史的记忆与遗忘，需要基于与《史记》不同的记载来分析《史记》的取材和撰述，这在史料上很受限制。比如，金德建曾经讨论过《史记》与《楚汉春秋》的关系，列举两书记载秦汉之际史事的若干不同之处，指出《史记》别有所据。② 可惜《楚汉春秋》早已亡佚，辑本所得十不存一，③ 能够举出与《史记》相对照的例子为数不多，难以充分揭示《史记》取材的来源和选择的方式。

在这方面，北京大学藏西汉竹书《赵正书》除了提供新资料外，④ 或许还能拓宽讨论途径。《赵正书》包含《史记·李斯列传》所载的狱中上书以及《蒙恬列传》中子婴谏阻胡亥杀蒙恬之语，两事很可能与《史记》所记同出一源。⑤ 但书中的另一些记载却与《史记》迥异，最引人注目的是记述秦始皇临终钦定胡亥继位，而没有赵高、李斯沙丘密谋矫诏诈立的故事。⑥ 两书既有同又有异，关系错综复杂。有了《赵正书》

---

① 关于遗忘在历史中的作用，参看罗新《遗忘的竞争》，原载《上海书评》2015 年 3 月 8 日，收入罗新《有所不为的反叛者：批判、怀疑与想象力》，上海三联书店，2019 年。

② 金德建《司马迁所见书考》五一《〈楚汉春秋〉的记事范围和性质》，上海人民出版社，1963 年，第 320～327 页。

③ 《楚汉春秋》在清代有洪颐煊（《问经堂丛书》）、茆泮林（《槐庐丛书初编》）等据《史记集解》《索隐》、《文选》注、《艺文类聚》等书所做的辑本，均只有一卷。参孙启治、陈建华编《古佚书辑本目录（附考证）》，中华书局，1997 年，第 157 页。

④ 收入北京大学出土文献研究所编《北京大学藏西汉竹书（叁）》，上海古籍出版社，2015 年。

⑤ 北京大学出土文献研究所编《北京大学藏西汉竹书（叁）》之《赵正书》释文注释部分，第 191～193 页。

⑥ 宫崎市定曾对沙丘之谋和此后的李斯狱中书都提出过怀疑。见宫崎市定《史记李斯列伝を読む》，原载《東洋史研究》第三五卷第四号，1977 年，中译文《读〈史记·李斯列传〉》，收入宫崎市定《东洋的古代：从都市国家到秦汉帝国》，中信出版集团，2018 年，第 185～227 页。

的记载作为参照，《史记》记载秦末历史的取材来源、标准和编纂方式将有可能得到厘清。这种对比还将说明，流传至今的历史记忆如何产生和被保存，同时如何导致另一种记忆被遗忘。

一、《赵正书》的内容与性质

《赵正书》是一篇结构完整、内容连贯的文献。它从秦王赵正（即秦始皇）出巡途中病死，临终立少子胡亥为继承人说起，讲到胡亥即位后如何信用赵高，屠戮宗族、大臣，坏社稷，毁法令故藏。子婴屡次上谏，李斯自我辩护并加劝诫，胡亥一概不听，倒行逆施，最终被赵高所杀。篇末总结评论说："胡亥，所谓不听间（谏）者也，立四年而身死国亡。"由此看来，全篇的主旨是借胡亥覆灭的历史，劝人（特别是君王）纳谏。《赵正书》没有根据全篇主旨拟题，也没有以不听谏言而身死国亡的"胡亥"名篇，而是摘取首句"昔者秦王赵正出游（游）天下"中的"赵正"二字。这符合先秦秦汉古书自名的惯例。①

《赵正书》中有不少重复的语句。比如，讲到秦始皇临终担忧死后政局不稳，对李斯等随行大臣说："吾闻之，牛马斗而蚊虻死其下，大臣争，齐民古（苦）。"后文胡亥欲杀李斯，李斯复述了此语（见下文引）。又如，书中称胡亥即位后"夷其宗族，坏其社稷，燔其律令及古（故）世之藏"。后文子婴上谏，亦言胡亥"内自夷宗族，诛群忠臣，而立无节行之人"。子婴又称秦之灭赵、燕、齐"皆大臣之谋，而社稷之神零福也"，劝说胡亥"今王欲一日而弃去之，臣窃以为不可"。这些跟书中对胡亥行为的叙述相合，与后文所载李斯临死前的劝诫（见下）又有相似的文句。各段前后呼应，文辞近似，可见全书的构思和写作经过通盘考虑。

篇中也有少数段落与上下文衔接不畅。比如：

---

① 参余嘉锡《古书通例》卷一"古书书名之研究"条，中华书局，2007年，第211～213页。

> 后三年，有（又）欲杀丞相斯。斯曰："先王之所【谓】'牛马斗而蚊虻死其下，大臣争而齐民苦'，此之谓夫！"

> <u>斯且死，故上书曰："可道其罪，足以死于（乎）？……愿上察视之。"秦王胡亥弗听，而遂杀斯。</u>

> 斯且死，故曰："斯则死矣，见王之今从斯矣。虽然，遂出善言。臣闻之曰，变古（故）乱常，不死必亡。今自夷宗族，坏其社稷，燔其律令及古（故）世之藏，所谓变古（故）而乱常者也。……夫逆天道而倍（背）其鬼神之神零福，灭其先人，及自夷宗族，坏其社稷，燔其律令，及中人之功力，而求更始者，王勉之矣。斯见其央（殃）今至矣。"秦王胡亥弗听，遂杀斯。

这里包含三段李斯在死前的上书或发言。第一段呼应前文秦始皇临终之语，中间一段与《史记·李斯列传》所载自陈七宗罪的狱中上书类似，后一上言即前文所说可与胡亥行为和子婴谏言相对照的部分。文中两次说"斯且死"和"秦王胡亥弗听，遂杀斯"，语句重复；前已云"遂杀斯"，后又说"斯且死"，时间也有倒错。从文意上看，第一次说"斯且死"即引文中加下划线的上书自陈七宗罪部分比较孤立，与全篇不够协调，很可能是抄录其他现成的文本，拼凑到书中，以凸显胡亥的"不听谏"。

《赵正书》以记言为主，辅以记事，就体裁而言，属于"事语"类的文献。[①]从内容上说，这类杂记故事、托以论政的篇章，又可归入《汉书·艺文志》所谓的"小说家"言。刘向、歆和班固对小说家评价不高，列为诸子九流之外的第十家，但仍认为其中"必有可观者"，偶或存可取之处。[②]《史记》更没有一概排斥小说家言。太史公周游天下，还常常访土人、问遗老，颇采传闻，如《魏世家》称"吾适故大梁之墟，墟中人曰"云云，《淮阴侯列传》道"吾如淮阴，淮阴人为余言"，

---

① 关于"事语"类文献的命名、特征与性质，参考张政烺《〈春秋事语〉解题》，初载《文物》1977 年第 1 期，此据《张政烺文史论集》，中华书局，2004 年，第 458～459 页。
② 参看《汉书·艺文志》诸子略小说家类小序。

《樊郦滕灌列传》云"吾适丰沛，问其遗老"。[①]《史记》对未成文的闾里之言尚且收入，对小说家言当然也会酌情择取。《史记》中出现与《赵正书》类似的段落并不奇怪，只是两书中这些段落的文本关系以及记载历史大事的差异，还需进一步分析和解释。

二、《史记》与《赵正书》的文本关系

《赵正书》整理者在释文注释中列出《史记·李斯列传》和《蒙恬列传》中的两段相关文字，认为明显同出一源。[②] 文本关系上的所谓同源，包含了多种可能。一是《史记》与《赵正书》都抄撮了其他的资料，两者是平行关系；二是《史记》抄录《赵正书》的某个写本，或间接摘编了《赵正书》的衍生文本；三是《赵正书》的相关记载源自《史记》。北大藏西汉竹书的抄写年代很可能在武帝后期，下限不晚于宣帝，[③] 而《史记》在宣帝时才经过杨恽之手开始流传，因此上述第三种可能很容易排除。至于前两种可能中何者近是，则需仔细比对文本，再作推测。

《赵正书》中的李斯上书自陈七宗罪与《史记·李斯列传》所载文本，字句小有异同，但除了第四、第五宗罪位置调换，内容上没有根本差别，可以认为是同源的。两者的一些差异反而还暗示了这种同源关系。《赵正书》中李斯自陈第一宗罪有一段话：

> 臣谨悉意壹智，阴行谋臣，赍之金玉，使游诸侯。而阴修甲
> 兵，饬斗士，尊大臣，盈其爵禄。

---

① 参卢南乔《论司马迁及其历史编纂学——纪念司马迁诞生二千一百周年》，《文史哲》1955 年第 11 期，第 14 页。
② 见北京大学出土文献研究所编《北京大学藏西汉竹书（叁）》之《赵正书》释文注释部分，第 187、191～193 页。
③ 北京大学出土文献研究所《北京大学藏西汉竹书概说》，《文物》2011 年第 6 期，第 53 页。

《李斯列传》作：

> 臣尽薄材，谨奉法令，阴行谋臣，资之金玉，使游说诸侯。阴修甲兵，饰政教，官斗士，尊功臣，盛其爵禄。

其中"谨奉法令""饰政教"等语，在《赵正书》里不见于与此对应的文句，却出现在开头部分李斯回答秦始皇的话中。李斯说：

> 臣谨奉法令，阴修甲兵，饬正（政）教，官斗士，尊大臣，盈其爵禄。

《李斯列传》是根据这一部分在李斯自陈中补入了"谨奉法令""饰政教"？抑或《赵正书》的李斯自陈部分本与《李斯列传》相同，只是北大简本省略或者遗漏了"谨奉法令""饰政教"？无论何种情况，都表明《赵正书》与《李斯列传》存在同源关系。

这篇上书不是李斯自作。《史记·李斯列传》称李斯在狱中上书，赵高令吏弃去不奏，说："囚，安得上书！"宫崎市定认为，李斯狱中上书不可能由史官保藏，在秦亡的离乱之际恐怕无法残存下来。他指出，这篇名文与同传中有可信史料来源的《谏逐客书》《议烧诗书百家语》不同，其实是后人托名创作的。[①] 此文收入《史记》，过去学者多不加怀疑。现在看来，其源头恐怕确如宫崎氏所推测，并非官方档案，而来自《赵正书》的某个抄本或同类的小说家言。

《蒙恬列传》中子婴上言的情况也与此类似。传文称：

> 太子立为二世皇帝，而赵高亲近，日夜毁恶蒙氏，求其罪过，举劾之。子婴进谏曰："臣闻故赵王迁杀其良臣李牧而用颜聚，燕

[①] 宫崎市定《读〈史记·李斯列传〉》，《东洋的古代：从都市国家到秦汉帝国》，第202～203页。

王喜阴用荆轲之谋而倍（背）秦之约，齐王建杀其故世忠臣而用后胜之议。此三君者，皆各以变古（故）者失其国而殃及其身。今蒙氏，秦之大臣谋士也，而主欲一旦弃去之，臣窃以为不可。臣闻轻虑者不可以治国，独智者不可以存君。诛杀忠臣而立无节行之人，是内使群臣不相信，而外使斗士之意离也。臣窃以为不可。"胡亥不听，而遣御史曲宫乘传之代，令蒙毅曰……

文中只说到赵高举劾蒙氏，尚未交代胡亥的反应，先述子婴谏言不要"诛杀忠臣"，颇显突兀。子婴谏言中称赵、燕、齐三国国君"皆各以变故者失其国而殃及其身"，也游离于劝阻诛杀蒙氏的主旨之外。这段话跟前后文不协调，如果将之与随后的"不听而"一并删去，反而文意连贯。它很可能与上下文出自不同的资料，是《史记》撰述时插入的。

这一点，对比《赵正书》可以进一步验证。《赵正书》在子婴进谏前有这样一段话：

> 王死而胡亥立，即杀其兄夫胥（扶苏）、中尉恬，大赦罪人，而免隶臣高以为郎中令。因夷其宗族，坏其社稷，燔其律令及古（故）世之藏。有（又）欲起属车万乘，以扶（抚）天下，曰："且与天下更始。"

胡亥的这些行为都是子婴进谏的目标，因此谏言中称"今……内自夷宗族，诛群忠臣，而立无节行之人"，与上文胡亥所为相应。《蒙恬列传》所载子婴谏言较《赵正书》简略，大约只有三分之二的篇幅，其中就少了"内自夷宗族"等字句，这可能《史记》收入时配合上下文作了删略。

此外，还有值得推敲的地方。《蒙恬列传》"此三君者"至"臣窃以为不可"一段，《赵正书》作：

> 此三君者，皆冬（终）以失其国而央（殃）其身。是皆大臣之谋，而社稷之神零福也。今王欲一日而弃去之，臣窃以为不可。

这里有两处不同值得注意。第一，《蒙恬列传》指出三君失国殃身的原因是"变古（故）"，《赵正书》无此二字。"变故"在《蒙恬列传》中没有可以对应的事实，含义不清，如果放到《赵正书》反而显得自然。无论是胡亥杀戮宗族、毁坏社稷，还是燔烧律令及故世之藏，都可归入"变故"的行为。后文李斯上言："今自夷宗族，坏其社稷，燔其律令及古（故）世之藏，所谓变古（故）而乱常者也。"与此文对应。两者说明，《赵正书》构拟的主旨之一是劝谏胡亥不要改变旧有的惯例。《蒙恬列传》中的"变故"与前后无法衔接，只可能出自与上下文不同源的《赵正书》之类的篇章。第二，《蒙恬列传》称"今蒙氏，秦之大臣谋士也"，意在将蒙氏比作赵国良臣李牧、齐之故世忠臣这样遭到君主杀戮的重要人物。这样，子婴举燕、赵、齐三君之事，只是作为胡亥的前车之鉴。《赵正书》无"蒙氏"云云。书中的子婴之言，除类比外，还意在说明三君之祸是秦国大臣谋划、社稷赐福的结果，不仅要劝胡亥不得诛杀忠臣，还劝他毋毁坏社稷，意思较《蒙恬列传》丰富。《史记》为了使子婴之言更贴近《蒙恬列传》的主题，加入"蒙氏"二字，"大臣之谋"又改作"大臣谋士"，[①]以牵合"恬任外事而毅常为内谋"之语。改编之迹，依稀可寻。

综上所述，《李斯列传》《蒙恬列传》中与《赵正书》近似的部分文字并非《史记》原创，而是有所取材，与《赵正书》联系紧密。虽然无法断定《史记》直接抄录了《赵正书》的某个写本，但《赵正书》或其文本源头无疑是《史记》撰述时参考采择的资料。

这样推测，除了文本方面的理由，还有历史和制度上的依据。《史记·萧相国世家》记载刘邦入关灭秦，萧何"收秦丞相御史律令图书藏之"。随着楚汉之争结束，天下平定，文学稍进而诗书间出。至汉武帝广开献书之路，地方百家图书文献汇集于汉廷，秘府之藏"书积如山"。[②]《史记·太史公自序》称"百年之间，天下遗文古事靡不毕集太史公"。

---

① 此处可能因隶书"之"与"士"字形相近而混淆倒误。
② 《文选》卷三八任彦升《为范始兴作求立太宰碑表》李善注引刘歆《七略》，《日本足利学校藏宋刊明州本六臣注文选》，人民文学出版社，2008 年，第 593 页下。

司马谈、司马迁父子先后任太史令，负责图书典藏与校理。[1] 他们撰述秦末历史，既有条件看到秦代的官方档案和史官记录，也能广收异闻，掌握当时关于这段历史的各种叙述，即便未曾亲见《赵正书》，也一定接触过与《赵正书》关系密切的类似文本，知晓《赵正书》所记的史事。

那么，《史记》为何选取了与《赵正书》不同的历史叙述呢？

三、试释《史记》与《赵正书》的记事差异

《史记》与《赵正书》所记史事有多处明显差异。比如，《史记·秦始皇本纪》称始皇"至平原津而病"，《赵正书》作"至白（柏）人而病"；《史记》记赵高为子婴所杀，《赵正书》说将军张邯（即章邯）入杀赵高。最引人注目之处，则涉及秦二世胡亥继承帝位的正当性。

秦始皇长期不立太子，长子扶苏监蒙恬军戍北边，少子胡亥则在最后一次出巡中追随左右。《史记·秦始皇本纪》称始皇临终赐扶苏玺书，命他"与丧会咸阳而葬"，暗示始皇有让长子继位之意；接着又载赵高与李斯在沙丘密谋，破去玺书，称诏立胡亥为太子，使之继位为二世皇帝。《赵正书》则称秦始皇临终命丞相李斯等"议所立"，斯等言"请立子胡亥为代后"，王曰"可"。据此，胡亥继位是秦始皇临终钦定，并非诈立。根据《史记》的叙述，扶苏仁爱贤明，与秦始皇政见不合，屡屡直言进谏，而胡亥昏庸残虐，导致秦二世而亡。胡亥究竟是否秦始皇所立，在以往对秦亡汉兴历史的解释中显得相当关键。

2013 年，湖南益阳兔子山遗址 9 号井出土了一枚木牍，录有秦二世元年十月甲午日颁下的诏书，其文曰：

> 天下失始皇帝，皆惧恐悲哀甚。朕奉遗诏，今宗庙吏及著以明至治大功德者具矣，律令当除定者毕矣。以元年，与黔首更始，尽

---

[1] 逯耀东《抑郁与超越——司马迁与汉武帝时代》，三联书店，2008 年，第 36～44 页。

为解除故罪，令皆已下矣。朕将自抚天下吏、黔首。其具行事，毋以繇赋扰黔首，毋以细物苛劾县吏。亟布。[1]

不出意外，这道诏书称"朕奉遗诏"，强调继位的正当性，此外还对官吏、百姓施以惠政。秦二世诏书中的自我标榜，当然不足以洗刷"诈立"的"罪名"。[2]不过，它与《赵正书》一起，提醒我们思考：既然司马谈、司马迁父子知晓关于秦始皇临终指定胡亥为继承人的说法，也能从萧何收集的秦代档案中见到同于兔子山秦牍的二世诏书，为何最终却选择了"沙丘密谋—胡亥诈立"的叙事版本？

过去，学者对《史记》这方面的记载已有怀疑。现代史家中吕思勉在初版于1947年的《秦汉史》中，就依据政治情理和古书体例，最早断言"史所传李斯、赵高废立之事，必非其实"。他还认为，"《李斯列传》所载赵高之谋、二世之诏、李斯之书，皆非当时实录"。[3]宫崎市定认为，李斯与赵高的密谋是"秘中之秘"，不容他人在旁窥伺，赵高劝胡亥夺位的计策也不应有第三者与闻，当事人更不会事后外泄；因此，《史记》中的相关记载，无疑是来自后人的创作。[4]李开元指出，秦始皇在二十多个儿子中选定胡亥随同出巡天下，已经表明特殊的宠爱，显示出有意立胡亥为继承人的意图，并且从《蒙恬列传》中蒙毅的申辩里找到佐证。[5]雷依群则从继承制度、政治理念等方面论证扶苏本不得立，而立胡亥为太子才是秦始皇的真正心愿。[6]

[1] 照片及录文见湖南省文物考古研究所、益阳市文物处《湖南益阳兔子山遗址九号井发掘简报》，《文物》2016年第5期。此后学者又有校改，见陈伟《〈秦二世元年十月甲午诏书〉校释》，《秦简牍校读及所见制度考察》，武汉大学出版社，2017年，第356～362页；何有祖《湖南益阳兔子山九号井秦二世元年牍释读》，收入《新出秦汉简帛丛考》，科学出版社，2021年，第75～82页。今参考诸家之说，以宽式释文录出。

[2] 这一观点的代表性论述，见孙家洲《兔子山遗址出土〈秦二世元年文书〉与〈史记〉纪事抵牾释解》，《湖南大学学报（社会科学版）》2015年第3期。

[3] 吕思勉《秦汉史》第二章第四节《二世之立》，上海古籍出版社，2005年，第20、22页。

[4] 宫崎市定《读〈史记·李斯列传〉》，《东洋的古代：从都市国家到秦汉帝国》，第205页。

[5] 李开元《秦始皇的秘密》，中华书局，2009年，第130～131页。

[6] 雷依群《论扶苏不得立为太子》，《咸阳师范学院学报》2014年第5期。

由于史料不足征，要证实或否定《史记》的记载，都相当困难。比较清楚的是，《史记》所采用的胡亥诈立之说在当时十分流行，其说产生和传播的过程亦有线索可寻。《史记》采择此说的原因或许就蕴含其中。

《史记·叔孙通传》云：

> 汉十二年，高祖欲以赵王如意易太子。叔孙通谏上曰："昔者晋献公以骊姬之故废太子，立奚齐，晋国乱者数十年，为天下笑。秦以不蚤（早）定扶苏，令赵高得以诈立胡亥，自使灭祀，此陛下所亲见。……"

叔孙通以前代废太子或太子不定造成的政治灾难为戒，劝说刘邦不要废长立幼。据此，叔孙通和刘邦都认为胡亥即位不是始皇钦定，而是赵高所诈立。

出土西汉前期简牍中，也有一些不以胡亥为正统的迹象。比如，湖南长沙马王堆汉墓帛书《五星占》中没有秦二世纪年，而仅标注"张楚"，并将胡亥在位的三年都并入秦始皇年，故始皇帝有四十年，后紧接汉元年；[1] 同出的《刑德》甲、乙篇中各有一幅《太阴刑德大游图》，在对应秦二世元年的"壬辰"位置，都仅注"张楚"，而不见"二世""胡亥"字样。[2] 又如，湖北荆州松柏 M1 号汉墓中发现的武帝七年《葉书》，记载从秦昭王至汉武帝的年数，其中写道：

> 始皇帝卅七年死。
> 胡胲（亥）三年死。[3]

虽以胡亥纪年，却称名而不称"二世"，与对待秦始皇的态度明显不同。

---

[1] 见于《五星占》中的《填星（土星）行度表》，裘锡圭主编《长沙马王堆汉墓简帛集成》第一册，中华书局，2014年，第179页。《五星占》中的《岁星（木星）行度表》《太白（金星）行度表》相应部分残缺，整理者推测纪年标注应与《填星行度表》相同。
[2] 裘锡圭主编《长沙马王堆汉墓简帛集成》第一册，第213、221页。
[3] 此牍照片未正式发表，此录文据荆州博物馆展品陈列及说明。参见游逸飞《战国至汉初的郡制变革》，台湾大学历史学系博士学位论文，2014年，第194页。

帛书《五星占》是文帝初年的轪侯家写本，而第一代轪侯利苍是汉初的军功贵族。[①] 松柏汉墓《葉书》出于地方官吏的墓葬，[②] 应与墓主生前从事的行政事务有关，虽不一定是汉廷所颁，但能够反映当时的一般认识，亦不排除带有官方性。这些不承认"二世皇帝"的迹象，可能就是源自胡亥不当立的认识。

胡亥不当立之说，在起兵反秦的楚人中早有流传。《史记·陈涉世家》记载，陈胜起兵前与吴广商量说"吾闻二世少子也，不当立，当立者乃公子扶苏"，提议"诈自称公子扶苏、项燕，为天下唱"，认为如此能够召集更多响应者。项燕是战国末楚国抗秦的大将，楚人打他的旗号反秦，是很自然的。至于诈称公子扶苏，原因较难确定。有学者猜测其母可能是楚国王女，因而在楚人中也有一定的号召力。[③] 其说合理，只可惜没有直接证据，难以完全证实。不过，陈胜军诈称扶苏是清楚可信的。宣称扶苏当立，就势必要否定胡亥继承帝位的正当性。

《陈涉世家》所载陈胜之语或出于构拟，但反秦的楚人主张胡亥不当立，应确有其事。这个说法能够动摇秦二世统治天下的合法基础，不利于秦王朝。反秦力量乐于以之作为政治宣传，当然不会去认真考校其是否真实。流言随着反秦战火的蔓延不断传播扩散，在楚军和楚人中影响很大。刘邦及其部属本是反秦楚人的一支，自然也接受了这个说法。汉朝建立，天下平定，"胡亥不当立"于是成为描述秦末历史的"主流"版本。从中又演绎出"沙丘密谋"的故事，经文士采撷润色，再借由太史公父子之手，最终形成《史记》中的样子。

---

① 李开元根据汉初功臣侯者都有从军积劳的履历，推测利苍亦为军功阶层，可能是早年追随吴芮参加反秦战争的越人（参李开元《汉帝国的建立与刘邦集团——军功受益阶层研究》，三联书店，2000年，第289～290页）。程少轩则认为利苍很可能在刘邦入关以前即加入刘邦集团，长期随之征战（见程少轩《马王堆帛书"戉戉奇风"与楚汉彭城之战》，《简帛研究二〇一四》，广西师范大学出版社，2014年，第211～212页）。

② 参荆州博物馆《湖北荆州纪南松柏汉墓发掘简报》，《文物》2008年第4期。

③ 参藤田胜久《秦始皇帝と諸公子について》，《愛媛大学法文学部論集（人文学科編）》卷一三第五期，2002年，收入氏著《史記秦漢史の研究》，汲古書院，2015年。中文节译本见《秦始皇帝和诸公子》，《秦文化论丛》第七辑，西北大学出版社，1999年，第555～563页。

楚人反秦，以"胡亥不当立"为理由。刘邦摘取反秦的果实后，"胡亥不当立"自然与汉朝的法统产生了联系。《史记》属于私修，但司马氏父子先后任国之太史，有意于颂扬汉德，[①] 在胡亥继位这样的历史大关节上，自然会有意无意地采信当时最为普遍且得到朝廷认可的说法。

尽管如此，"胡亥诈立"在汉初尚未成为天下唯一的历史记忆。贾谊在探讨太子教育问题的《保傅》篇中，将胡亥用作秦代继承人教育失败的例子；[②] 更加著名的《过秦论》将秦的灭亡归咎于胡亥的政治过失，却丝毫没有对他即位的正当性提出怀疑。[③] 这反映了不同于反秦楚人的另一种历史记忆。《赵正书》的作者无考，北大汉简的出土地亦不得而知，从秦汉竹简保存和出土的一般范围推测，很可能在长江流域。西汉前期，这一地区远离汉廷政治中心，多属诸侯王国，在政治和文化上有一定的独立性，保持战国以来的地域特征。《赵正书》中与官方大相径庭的历史叙述因此得以保存。

汉武帝以后，政治大一统迅速发展，汉帝国的文化面貌和历史记忆趋于一致，这类杂事异说也就逐渐失传。《赵正书》在西汉中期还被精心缮写，伴随主人进入地下世界；到西汉后期刘向、歆父子整理国家藏书时，大约已经失传，其名不见于《汉书·艺文志》。秦始皇临终指定胡亥为继承人的历史记忆也自然淘汰。

---

① 《史记·太史公自序》："余尝掌其官，废明圣盛德不载，灭功臣世家贤大夫之业不述，堕先人所言，罪莫大焉。"可知司马迁撰述的目的之一是宣明盛德及功臣世家贤大夫之业。参看逯耀东《抑郁与超越——司马迁与汉武帝时代》，第 93～94 页。

② 《汉书·贾谊传》引其文曰："夫三代之所以长久者，以其辅翼太子有此具也。及秦而不然。……使赵高傅胡亥而教之狱，所习者非斩劓人，则夷人之三族也。"《贾谊新书》《大戴礼记》所收录之《保傅》篇文略同。

③ 《史记·秦始皇本纪》太史公曰引贾谊曰："今秦二世立，天下莫不引领而观其政。……乡使二世有庸主之行而任忠贤，臣主一心而忧海内之患，缟素而正先帝之过……塞万民之望而以威德与天下，天下集矣。……二世不行此术，而重之以无道，坏宗庙，与民更始，作阿房宫，繁刑严诛，吏治刻深，赏罚不当，赋敛无度……而天下苦之。……贵为天子，富有天下，身不免于戮杀者，正倾非也，是二世之过也。"文中称胡亥为"秦二世"可能是后人所改，但贾谊的原意仍很清楚。他指出，胡亥即位后被天下寄以厚望，只要励精图治，改革弊政，就可以安集天下，挽救秦朝的统治；胡亥的覆灭完全是由于政治"无道"，不能安民，致使天下困苦易动。这一观点是否切实另当别论，但贾谊的立论无疑是以胡亥合法即位为基础的，丝毫没有"胡亥不当立"的意识。

现在重新发现的《赵正书》，当然还不足以否定《史记》的记载。按照常用的古籍分类法，《赵正书》是小说家，而《史记》则在"正史"之首，史料价值似乎高下立判。但如果回到《赵正书》流传的时代，追溯《史记》的编纂过程，不难认识到，《史记》所依据乃至抄录的大量资料，本就与《赵正书》性质相似，内容相近甚至相同。《赵正书》的出现提醒我们，秦代历史在西汉时期尚有多种叙述。《史记》中所见的，只是在汉帝国大一统的历史背景下"整齐百家杂语"而成的"一家之言"。今天的历史研究者，与其尊一家而忘百家，不如举一反三，推想《史记》撰述所依据的丰富而多歧的史料基础。历史的真相，未必不在那些被太史公网罗而又刊落的"放失旧闻"之中。

四、余论：记忆、遗忘与历史学

上古简册繁重，书疏不易，古史旧事，多赖口传，传言既久，难免失实。诸子之书为了说理论政，又多取闾里传闻，甚或造作故事。《汉书·司马迁传赞》称《史记》"文直""事核"，后世"谓之实录"，不像诸子忽视考实。但史书编纂者删选材料、考辨真伪，却终究无法越出材料的范围，创造出全新的历史记录。《史记》也不能不从诸子之书中左右采获，不可避免地继承了所据材料的一些特点，或多或少保存有材料原来的立场倾向、构拟成分。[1]《史记》中这些记事的真实性，与所依据

---

[1] 《史记》中那些鲜活的人物对话和动作描写，早就引起现代史家的怀疑。宫崎市定在《肢体动作与文学——试论〈史记〉的成书》（《身振りと文学——史記成立についての一試論》，原载《中國文學報》第二十册，1965 年 4 月，中译本见宫崎市定《东洋的古代：从都市国家到秦汉帝国》，第 151～184 页）中，举出《史记》中的荆轲刺秦和鸿门宴等富有戏剧性场面的记载，论证《史记》吸收街谈巷议，有些内容甚至来自表演性的民间故事，未必为实录。他在《读〈史记·李斯列传〉》中进一步主张，战国秦汉的都市中一定存在市民娱乐场所，其间会有三两人所做的戏剧表演，即史书所称"偶语"（《东洋的古代：从都市国家到秦汉帝国》，第 207～209 页）。宫崎市定对《史记》记事来源多样性的推测，是有道理的。不过，他对"偶语"的这个解释，生硬比附古希腊、罗马，并不妥当。没有证据表明秦汉的"市"中存在两三人表演的戏剧。

的材料并没有根本差别。

北大汉简《赵正书》是一篇小说家言，部分段落文句与《史记》近同，可证《史记》编纂时采择了此书或某个与之关系密切的文本。然而，《史记》所记胡亥继承帝位的方式却与《赵正书》完全不同。面对这样的差异，不宜仅凭出土文献轻易否定《史记》的记载，也不必因为今人将《史记》视作"正史"，而断定其中的一切记载都比任何"小说家言"更为可靠。陈寅恪在《〈顺宗实录〉与〈续玄怪录〉》一文中有一段著名的论说：

> 通论吾国史料，大抵私家纂述易流于诬妄，而官修之书，其病又在多所讳饰。考史事之本末者，苟能于官书及私著等量齐观，详辨而慎取之，则庶几得其真相，而无诬讳之失矣。①

他指出私著官书各有弊病，作为史料，都未必反映真相，都需要经过严格的考辨。《史记》《赵正书》两书与《顺宗实录》和《续玄怪录》的关系差可类比。对这样不同的史料，陈寅恪"等量齐观""详辨而慎取"的态度仍可资取。

胡亥诈立一事，文献不足征，证实、证伪，都有困难。本文无意认定或否定哪一种记载，而是想要说明：《史记》选用的故事有其一定的时代背景，体现特定的历史记忆。这种历史记忆，源于楚人反秦的政治宣传，包含着汉代人对秦史有意识的涂抹。《赵正书》则反映另一种历史记忆，承认胡亥继承帝位的合法性，而将秦二世而亡归因于国君不听谏言、独断专行。《史记》与《赵正书》的差异表明，汉初人对秦史看法并不统一，存在多种不同的历史记忆。

《史记》的作者有史家的自觉，力求秉笔直书，对历史记忆做出公正的裁决。但胡亥诈立的历史记忆早已同汉王朝自身紧密联系在一起，身处汉廷的太史公父子对此既没有太大的选择余地，也没有实证史学的选择困难。他们终究只能限于自己的身份、思想，自然而然地将"主

---

① 陈寅恪《金明馆丛稿二编》，三联书店，2001年，第81页。

流"当作史实记载下来。

人的天性倾向于相信，相信那些经由前人固化，成为正史、戏剧、神话的历史记忆。当它们经过权威之手而成为主要的声音时，尤其如此。人们既喜欢简单，又喜欢猎奇，难以接受平淡的情节、复杂的解释。宦官赵高诈立昏君胡亥，秦朝二世而亡，这样的故事让人享受窥探宫禁隐秘的愉悦，记住一个简洁明快的历史解释，津津有味，心满意足。这种在西汉时期占据统治地位的秦史观，就借由《史记》深刻地影响了后世，与此不同的历史记忆则随之失落。这样的过程有时是有意为之，更多时候则是潜移默化，而两者都依赖于人类的秉性。

然而，时过境迁，总有一天，总会有人不再满足于成说，期待用自己的眼光重新认识和叙述历史。历史学者"上穷碧落下黄泉"，寻找历史现场的任何一丝遗迹，正是为了找回更加丰富、复杂的过去。理解这种丰富和复杂，才能孕育面向未来的智慧。

此时，出土文献《赵正书》的重要性便显现出来。它如同远方归来的失踪者，声音虚弱、颤抖，简直令人难以置信。它提醒我们，重新审视关于历史的层层叠叠的记忆，追寻真相，以及真相被遗忘的历史。

2016 年 2 月 2 日初稿

5 月 1 日二稿

2017 年 12 月 10 日三稿

2020 年 10 月 17 日修订

修订后记：本文原题《〈史记〉与〈赵正书〉——历史记忆的战争》，刊载于日本中国史学会编《中國史學》第二十六卷（朋友書店，2016 年）。这次修订改换了副标题，订正了文中的一些错误不妥之处，引言和结语部分改动较大，但对《史记》与《赵正书》关系以及胡亥继位史实的基本看法没有改变。

司马迁与《过秦》篇

《史记》各篇中的"太史公曰",除少部分沿用司马谈旧稿,^①绝大多数是司马迁自出机杼,一般篇幅不长。这其中尤为特殊的是《秦始皇本纪》《陈涉世家》两篇之末,在"太史公曰"下不惜笔墨地引述贾谊《过秦》篇,洋洋数千言,而作者自己的评论却语焉不详,令人颇感反常。

《秦始皇本纪》称:"善哉乎,贾生推言之也!"贾谊之论深得司马迁的赞赏,但《史记》既然已为其立传,并在传中全文收录《吊屈》《鹏鸟》二赋,为何不将《过秦》也置于本传,以表彰贾谊的命世之才呢?不仅如此,《汉书·贾谊传》所收的《治安策》等各篇政论,皆切中汉文帝时的弊病,《史记》却一笔带过,未假片言引述。^②由此反观司马迁全录《过秦》以当"太史公曰",更觉其中存有深意。

《史记》与所引《过秦》篇所记述和依据的史实颇有出入,东汉以来已时见指摘,而原因尚不明了。现在,通过新出的北京大学藏西汉竹简《赵正书》,以其中所载秦末史事为参照,可以剖析《过秦》篇所述内容与《史记》的抵牾,进而探究《史记》引述《过秦》的微意。其意曲折,其事隐约,但仍值得尝试。这样做,能够帮助我们体会司马迁如

---

① 参看顾颉刚《司马谈作史》,《史林杂识初编》,中华书局,1963年,第226~233页。

② 赵翼《廿二史札记》卷二论"《汉书》多载有用之文",即举《贾谊传》为例,批评《史记》"列其《吊屈赋》《鹏鸟赋》,而《治安策》竟不载"。他说:"此策皆有关治道,经事综物,兼切于当日时势,文帝亦多用其言,何得遗之?"见王树民《廿二史札记校证》,中华书局,1984年,第30页。

何写作《史记》，如何在撰述中注入个性。

一、《过秦》篇所述史事与《史记》的抵牾

《过秦》篇在《史记》中出现过两次。第一次全文引录于《秦始皇本纪》，第二次见于《陈涉世家》篇末，所引文字自"秦孝公据殽函之固"开始，到"攻守之势异也"为止，相当于今本《贾谊新书》中的《过秦上》。第二次引用，情况稍有疑问，今本《史记·陈涉世家》无"太史公曰"而作"褚先生曰"，但南朝旧本仍有作"太史公曰"者，汉唐学者也多主张是司马迁原文。[①] 无论如何，司马迁在"太史公曰"中曾经抄录《过秦》篇全文，是可以肯定的。

《过秦》篇夹叙夹议，述及秦代史事，有些内容颇为费解，有些记载不同于《史记》，历来受到质疑和批评，而贾谊如此记述的缘由则未见其详。这里试举三个例子。

其一，所谓章邯"要市""谋上"。《秦始皇本纪》引《过秦下》曰：

> 秦使章邯将而东征，章邯因以三军之众，要市于外，以谋其上。[②]

---

① 《陈涉世家》末之赞语，今本作："褚先生曰：地形险阻，所以为固也；兵革刑法，所以为治也。犹未足恃也。夫先王以仁义为本，而以固塞文法为枝叶，岂不然哉！"后接"吾闻贾生之称曰"云云，似乎以下《过秦》篇文皆褚少孙所续补。其实不然。"褚先生曰"下，裴骃《史记集解》引徐广曰："一作'太史公'。"则刘宋旧本《史记》有作"太史公曰"者。裴骃案语引述班固《奏事》云："太史迁取贾谊《过秦》上下篇以为《秦始皇本纪》《陈涉世家》下赞文。"可知，今本作"褚先生"当非《史记》原貌。司马贞《史记索隐》亦云，褚少孙仅于司马迁所述《过秦》篇文前加入"地形险阻"至"岂不然哉"数句，而改"太史公"为"褚先生"。司马贞说所据未详，或因见《汉书·陈胜项籍传》末"赞曰"无"地形险阻"等句，而径引贾谊文，以为褚少孙增补前之旧貌。《汉书》颜师古注引应劭亦曰："贾生书有《过秦》二篇，言秦之过。此第一篇也。司马迁取以为赞，班固因之。"总之，虽然南朝通行本《史记·陈涉世家》末引《过秦》篇前已作"褚先生曰"，但仍有旧本作"太史公曰"，且东汉至唐代学者都主张不是褚少孙所新附的。

② 《史记》卷六，中华书局，1982年，第276页。

司马贞《索隐》云：

> 此评失也。章邯之降，由赵高用事，不信任军将，一则恐诛，二则楚兵既盛，王离见虏，遂以兵降耳。非三军要市于外以求封，明矣。[①]

案《史记·秦始皇本纪》二世三年条及《项羽本纪》记载，章邯叛降诸侯是因“赵高用事于中”，隔绝内外。章邯战败后遭胡亥责让，却无从上书陈情解释，惧罪恐诛，故而投降项羽。在这个过程中，未见章邯如何“要市”，又如何“谋上”。司马贞的批评是基于《史记》所载作出的，理由充足，但不能解释贾谊为什么如此论述。

其二，秦公子婴的才具。《秦始皇本纪》引《过秦下》云：

> 藉使子婴有庸主之材，仅得中佐，山东虽乱，秦之地可全而有，宗庙之祀未当绝也。[②]

贾谊称子婴才能不及庸主，否则可以保全秦国本土。这通议论受到诟病，不晚于东汉中叶。《文选》卷四八载班固《典引》序：

> 臣固言：“永平十七年，臣与贾逵、傅毅、杜矩、展隆、郗萌等召诣云龙门，小黄门赵宣持《秦始皇帝本纪》问臣等曰：‘太史迁下赞语中宁有非邪？’臣等对曰（李善注：善本无“等”字“曰”字。）：‘此赞贾谊《过秦》篇言：“向使子婴有庸主之才，仅得中佐，秦之社稷未宜绝也。”此言非是。’即召臣入，问：‘本闻此论非邪，将见问，意开寤耶？’臣具对素闻知状。诏因曰：‘司马迁著书，成一家言，扬名后世。至以身陷刑之故，反微文刺讥，贬损当

① 《史记》卷六，第277页。
② 《史记》卷六，第276页。

世，非谊士也。'"①

班固及明帝之意，《史记》既然记载子婴设计诱杀赵高，则不能说他没有"庸主之材"。秦亡汉兴，势所必然，已非人力可挽，将秦亡之罪归于子婴，是过于苛责了。②

其三，《过秦》篇中称二世"坏宗庙与民更始作阿房宫"一句，自古未得确解。"民"字下裴骃《集解》引徐广曰："一无此上五字。"泷川资言《史记会注考证》云，《群书治要》即无此五字，又引中井积德曰："五字不可解。"③可知《史记》别本确无"坏宗庙与民"五字。究其原因，可能是传抄者以为"坏民"不辞，又未识二世有"坏宗庙"之事，故而删略旧文。梁玉绳也说无五字者"甚是"，当以"更始作阿房宫"为句，"谓复作阿房宫也"。④俞樾则读"与民更始"为句，以为应移置前文"二世不行此术"下。⑤案"与民更始"，秦汉成语，《汉书·武帝纪》元朔元年春三月甲子立皇后诏曰"其赦天下，与民更始"，⑥《史记·封禅书》载武帝封禅后诏书则有"与士大夫更始"语。⑦俞樾以"与民更始"为句固是，然遂移置他处，则是把"与民更始"视为善政，认为二世不能行此，以致灭亡。这很难说是《过秦》篇的本意。

秦汉篇籍，亡佚者众。贾谊立说，原不以《史记》为依据，其所诵读的诸子百家之书，今又多不可见。后人不知贾谊立论所据，而要强行解

---

① 《文选》卷四八班固《典引》序，《日本足利学校藏宋刊明州本六臣注文选》，人民文学出版社，2008 年，第 749 页下。裴骃《史记集解》引徐广录班固《典引》即节录此文，大意略同，见《史记》卷六，第 294 页。

② 今本《史记》于《秦始皇本纪》后附"孝明皇帝十七年十月十五日乙丑曰"，应该就是班固所云汉明帝诏问，与群臣讨论的结果。其中说："吾读《秦纪》，至于子婴车裂赵高，未尝不健其决，怜其志。婴死生之义备矣。"（《史记》卷六，第 293 页）盛赞子婴诛杀赵高的决断和志意。案《秦始皇本纪》云"子婴遂刺杀高于斋宫"（《史记》卷六，第 275 页），未见有车裂事。明帝记忆稍误，或别有所据。

③ 泷川资言《史记会注考证》卷六，北岳文艺出版社，1999 年，第 102 页。

④ 梁玉绳《史记志疑》卷五，中华书局，1981 年，第 193 页。

⑤ 俞樾《诸子平议》卷二七，中华书局，1954 年，第 544 页。

⑥ 《汉书》卷六，中华书局，1962 年，第 169 页。

⑦ 《史记》卷二八，第 1398 页。

释或指责《过秦》，都难以切中肯綮。近年获读北京大学所藏西汉竹简本《赵正书》，其中记述秦始皇、二世时事，与《史记》所载多有异同。拙文《〈史记〉与〈赵正书〉》已经指出，其书是小说家言，意在讽谏，所载未必皆同事实，但可以反映汉初一部分人所认识的秦代历史。今执此《赵正书》与《过秦》篇对读，则前文所述的三处疑滞，均可得到解释。

先看第三事。《赵正书》曰：

> 王死而胡亥立……因夷其宗族，坏其社稷，燔其律令及古（故）世之藏。有（又）欲起属车万乘，以扶（抚）天下，曰："且与天下更始。"①

文中，"王"谓"秦王赵正"，即秦始皇，胡亥即秦二世。《赵正书》中胡亥所谓"且与天下更始"，即"与民更始"之意。书中又云胡亥"坏其社稷"，可能是"坏宗庙"的讹传。"坏宗庙"事，实已见于《史记》。《秦始皇本纪》载二世元年，下诏"令群臣议尊始皇庙"，得出的结果是：

> 先王庙或在西雍，或在咸阳。天子仪当独奉酌祠始皇庙。自襄公已下轶毁，所置凡七庙，群臣以礼进祠。以尊始皇庙为帝者祖庙。②

经此议定，唯独将秦始皇庙确立为统一后称帝者之祖庙，由天子亲祠。称帝以前之襄公以下诸秦君则称先王，仅保存七庙，③其余全部毁废。所存之庙也不再由天子亲祠，仅令群臣有司奉祀。④这就是贾谊所谓的"坏宗庙"。可作旁证的，还有湖南益阳兔子山遗址 9 号井出土的秦二世

① 北京大学出土文献研究所编《北京大学藏西汉竹书（叁）》，上海古籍出版社，2015 年，第 190～191 页。
② 《史记》卷六，第 266 页。
③ 所有七庙应是献公至庄襄王。若秦始皇庙也计算在七数之内，则二世时所存先王庙为孝公至庄襄王六庙。
④ 参看李开元《秦始皇第一次巡游到西县告庙祭祖说——兼及秦统一后的庙制改革》，《秦汉研究》第十辑，陕西人民出版社，2016 年，第 14～16 页。

元年十月甲午诏书木牍，其文曰：

> 天下失始皇帝，皆惧恐悲哀甚。朕奉遗诏，今宗庙吏及著以明至治大功德者具矣，律令当除定者毕矣。以元年，与黔首更始，尽为解除故罪，令皆已下矣。

即位元年的诏书提到"宗庙吏""具矣"，可证二世对宗庙制度颇为在意。秦始皇"更名'民'曰'黔首'"，则诏书"与黔首更始"即是"与民更始"，也是《赵正书》"与天下更始"一语的来源。胡亥自云"与黔首更始"，意在改元大赦，厘定制度，自我作古，以为可以安集天下。贾谊所说的"与民更始"，则是批评二世背弃传统，反而加重了秦的无道。《赵正书》中所谓李斯临终上书，历数胡亥的各种变革举措之后，说："及中人之功力而求更始者，王勉之矣。斯见其央（殃）今至矣。"[1] 作者应是认为与天下更始，是具有超凡功力的圣王才能做的事，胡亥以中人之资为之，只能自取灭亡。这恐怕是秦末汉初包括贾谊在内的很大一部分人的共同看法。

由《赵正书》及秦二世元年诏可知，贾谊《过秦》篇中所论确实别有所据。其余如章邯、子婴事，也可参读《赵正书》而得以解明。

《赵正书》载胡亥欲杀李斯，子婴进谏：

> 今将军张（章）邯兵居外，卒士劳古（苦），委输不给，外无敌而内有争臣之志。故曰危。

子婴称，章邯将兵在外，"内有争臣之志"，对君主而言是危险。[2]《赵正

---

① 北京大学出土文献研究所编《北京大学藏西汉竹书（叁）》，第 193 页。

② "争臣"后来也写作"诤臣"，指直言敢谏，能驳斥君王的大臣，多作褒词。在秦汉之际的某些语境中，却并非如此。《韩非子·说疑》曰："若夫关龙逢、王子比干、随季梁、陈泄冶、楚申胥、吴子胥，此六人者，皆疾争强谏以胜其君……如此臣者，先古圣王皆不能忍也，当今之时，将安用之？"（周勋初等《韩非子校注（修订本）》，凤凰出版社，2009 年，第 491～492 页）大意是，争臣要求主上言听计从，不惜以死相争，自古为王者所不容。

书》中章邯与胡亥志意不同，有心谏争，且手握倾国之兵，因而对国君构成威胁。"要市""谋上"之说，或即由此类传闻引申夸大而成。[①] 在《赵正书》中，章邯的"争臣之志"最终引发举兵内向，诛杀赵高，其文云：

> 将军张（章）邯入夷其国，杀高。

据此，则赵高之死与子婴无关。贾谊的立论如果是基于这类记事，班固和汉明帝的批评就失去了立足点。

《赵正书》旨在证明君主应虚心听谏，记载史事未必准确；贾谊论秦政之失，以为当世镜鉴，本意也不在考史求实。《史记》"整齐百家杂语"，"成一家之言"，应当对贾谊所论稍加考辨删节。司马迁却全文抄录《过秦》，以致《秦始皇本纪》一篇之内前后抵牾，原因何在，发人深思。

按照《史记》和后来纪传体史书的一般体例，纪、传、表、志的正文免不了因袭旧有的文献资料，但篇末的论赞则应自出机杼，是作者发挥己见、臧否人物、表达史观、展现才志的"自留地"。[②] 至于书中所记人物的私家著作，则通常收录在本传中予以表彰。贾谊的《过秦》篇不入《史记》本传，却被司马迁用来代替自己的赞语，取舍、构思不同寻

---

① 北京大学历史学系博士生卜司晨同学提示，《史记·主父偃列传》载主父偃上书谏用兵匈奴曰："乃使边境之民弊靡愁苦而有离心，将吏相疑而外市，故尉佗、章邯得以成其私也。"所云"外市"与《过秦》篇中的"要市于外"用语接近，或许有渊源关系。案此语意为章邯拥兵自重，与外人交易，成其私利。《集解》引张晏曰："与外国交，求利己，若章邯之比"，认为章邯的"外市"也是里通外国。这与司马贞对《过秦》篇"要市于外"的解释不同，而符合《史记》记载的章邯降楚。主父偃此语所依据的历史记载究竟如何，还未敢遽定。目前仍感到，通过《赵正书》的记事来理解《过秦》篇所谓的"外市"，尚较顺畅。今两存异说，以备考证。

② 《宋书·范晔传》载晔《狱中与诸甥侄书》有一段很著名的话："赞自是吾文之杰思，殆无一字空设，奇变不穷，同合异体，乃自不知所以称之。"（《宋书》卷六九，中华书局，1974年，第1831页）可以说明史传论赞的作用。关于论赞的内容、功能和流变，参看逯耀东《抑郁与超越——司马迁与汉武帝时代》，三联书店，2008年，第265～293页。

常，也值得从两方面来细究其故。

二、《屈贾列传》不录《过秦》篇的原因

司马迁将贾谊与屈原合传，题为《屈原贾生列传》。二人皆以文辞著名，合为一篇，形似后世史书中的文苑"类传"。但细读《史》文，不难看出二人之中屈是主角，贾属附见。《太史公自序》最能体现这一意图，其中概述本篇要旨，说："作辞以讽谏，连类以争义，《离骚》有之。作《屈原贾生列传》第二十四。"[1] 篇名以外无一字提及贾谊。传中叙屈原事毕后，说"自屈原沉汨罗后百有余年，汉有贾生，为长沙王太傅，过湘水，投书以吊屈原"，[2] 作为转而叙述贾谊事的过渡。按其文意，可知贾谊入传是由于写作《吊屈赋》。传末的"太史公曰"也以屈原引出贾谊：

> 余读《离骚》《天问》《招魂》《哀郢》，悲其志。适长沙，观屈原所自沉渊，未尝不垂涕，想见其为人。及见贾生吊之，又怪屈原以彼其材，游诸侯，何国不容，而自令若是。读《服鸟赋》，同死生，轻去就，又爽然自失矣。[3]

前数句都在描述自己阅读屈原作品、凭吊遗迹的感受，贾谊则作为理解屈原的异世相知而出现。最后一句看似专注到贾谊的作品，可"又爽然自失"云云，显然仍是承接前文对屈原的情感而引发的。

这样解读司马迁《屈原贾生列传》的安排，不是说他有意贬低贾谊。实际上，这篇传记中的屈原和贾谊都包含着司马迁自身生命和感情的投射。"太史公曰"和篇中对屈原有着充满同情的赞美，又说屈原死

---

[1]《史记》卷一三〇，第3314页。
[2]《史记》卷八四，第2491页。
[3]《史记》卷八四，第2503页。

后宋玉、唐勒、景差之徒"从容辞令，终莫敢直谏"，而"楚日以削"，最终"为秦所灭"。这些文字都古今交融，隐约蕴含褒贬，不是简单的直书其事。

从感情上说，屈原、贾谊的经历和著述与司马迁的晚境联系紧密。司马迁在天汉三年（前98）受宫刑之后，反而得到重用，官至中书令，职掌机要。《报任安书》提到任安批评他不能"推贤进士"，可知司马迁在当时人眼中，已经俨然是武帝身边能够影响人事任用的亲信"红人"。[①] 司马迁自己却并没有这样的感受。相反，他背负着双重的精神痛苦，一面是含冤受刑而不能不苟活的屈辱，一面是不满于武帝政策却无法表达的抑郁。

司马迁受刑事，钱穆有精彩的推论。他认为，司马迁为李陵辩护，所犯是诬罔今上的死罪，司马迁"家贫，财赂不足以自赎"，[②] 但为了完成父亲遗志，又不能轻易去死，只得根据当时"死罪欲腐者，许之"的条制，接受宫刑。[③] 这个选择有悖于士大夫宁死不辱的气节，一定给司马迁带来了巨大的舆论压力和心理创伤。《报任安书》反复探讨自己的选择，解释为何不能就死免辱，说"人情莫不贪生恶死"，而自己"虽怯愞欲苟活，亦颇识去就之分矣"，又说"人固有一死，死有重于泰山，或轻于鸿毛"。所言种种，既是自我辩白，也都在表达纠结徘徊于生死去就之间的心迹。正因如此，写到屈原不容于浊世而毅然赴死，司马迁称赞其志可与日月争光；贾谊的《鹏鸟赋》"同死生，轻去就"，却又让他"爽然自失"，不知何所适从。

总之，《屈贾列传》中充满司马迁对个人生命的忧思。这种忧思如此强烈，以至于屈原、贾谊到底有何政治言论，提出何种政治主张，反

---

① 以下所引《报任安书》，见《汉书》卷六二《司马迁传》，第2725～2736页。
② 《汉书·萧望之传》（第3278页）载，汉武帝"天汉四年，常使死罪人入五十万钱减死罪一等"；《汉书·景武昭宣元成功臣表》（第661页）记太始三年，有列侯赵弟犯法当死，"入钱百万赎死，而完为城旦"。以上两条材料可以反映汉武帝时赎死的条件。百万钱相当于黄金百斤，在汉文帝时是中人十家之产。无论是五十万还是百万钱，对司马迁来说都应是一笔巨款。
③ 钱穆《太史公考释》，《中国学术思想史论丛（三）》，三联书店，2009年，第25～30页。

而不太容纳得下了。

由于《史记·屈贾列传》个人色彩太强，《汉书·贾谊传》的赞语一反常态，舍弃"太史公曰"，全盘改作，其文曰：

> 刘向称"贾谊言三代与秦治乱之意，其论甚美，通达国体，虽古之伊、管未能远过也。使时见用，功化必盛。为庸臣所害，甚可悼痛"。追观孝文玄默躬行以移风俗，谊之所陈略施行矣。及欲改定制度，以汉为土德，色上黄，数用五，及欲试属国，施五饵三表以系单于，其术固以疏矣。谊亦天年早终，虽不至公卿，未为不遇也。凡所著述五十八篇，掇其切于世事者著于传云。①

这段话主要关注贾谊的政治主张，认为其中一部分已由汉文帝采用，另一部分本就疏阔不堪。至于贾谊的命运，则被认为算不上怀才不遇，无须同情。《汉书·叙传》概括《贾谊传》主旨，②同样集中在他的政治主张。基于这样的态度，班固为《贾谊传》增补大量文字，节录贾谊著述中与政治大事关系密切的内容，这才有了著名的《治安策》。③《汉书》赞语多沿用"太史公曰"，此处别树一帜，正说明班、马立意的差异。

三、《史记》引述《过秦》的隐约微意

最后要来讨论，"太史公曰"长篇引述《过秦》，究竟是何用意。这里先提出我的结论：司马迁引用《过秦》篇，是借贾谊之语来批评武帝政治，表达循此不改将重现亡秦之祸的隐忧。

---

① 《汉书》卷四八，第 2265 页。
② 《汉书》卷一〇〇下，第 4252 页。
③ 关于《治安策》与贾谊著述的关系，参看余嘉锡《四库提要辨证》卷一〇"新书"条，中华书局，1980 年，第 546～548 页。

《史记》的"太史公曰"主要包含两方面内容，一是对历史事件、人物的评论，二是补充说明材料的来源和处理方法。[①] 两者都是作者个人思想、意图的表达。在这块宝贵的"自留地"引用他人之辞，必定是因为前人说出了己之所思。具体到这里，则是司马迁借由贾谊，表达自己不能直白说出的刺讥和忧虑。

《史记》有不能直书之意，委婉地隐含在文中，这是司马迁明白道出的。《太史公自序》说："夫《诗》《书》隐约者，欲遂其志之思也。"[②] 而武帝当朝之事，是尤其需要"隐约"的。《匈奴列传》末太史公曰：

> 孔氏著《春秋》，隐、桓之间则章，至定、哀之际则微，为其切当世之文而罔褒，忌讳之辞也。[③]

司马迁说孔子著作《春秋》，对于自己生活的定公、哀公时代，表达最为隐微，不能不有所"忌讳"。司马迁的"定、哀之际"，就是武帝时代。逯耀东以匈奴问题为例，指出司马迁写作时既要顾及现实政治的压力，又受到个人因素（因李陵事件卷入匈奴问题）的限制，只能通过隐约、委婉、曲折的写作手法来化解困境。这种方法也被他用到了处理当代的其他问题上。[④]

东汉明帝因此批评《史记》"微文刺讥，贬损当世"，[⑤] 其后多有以《史记》为"谤书"之说。章学诚则力排众议，认定司马迁本旨远过于此，不能因"发愤"云云，将其用意归结于诽谤今上。[⑥] 章氏矫旧说之枉，值得称道，然而对司马迁心迹的理解似仍未达一间。逯耀东同样着

① 参看逯耀东《抑郁与超越——司马迁与汉武帝时代》，第277～286页。
② 《史记》卷一三〇，第3300页。
③ 《史记》卷一一〇，第2919页。
④ 逯耀东《抑郁与超越——司马迁与汉武帝时代》，第207～234页。
⑤ 《文选》卷四八班固《典引》序，《日本足利学校藏宋刊明州本六臣注文选》，第749页下。
⑥ 说见章学诚《文史通义》卷三《史德》，叶瑛《文史通义校注》，中华书局，1994年，第221～222页。

力否定"谤书"说，但承认司马迁"惟有在'隐约'的前提下，才能避免现实政治的限制"。这种限制，使得《史记》书中不能不存有"未竟之意"，留待"后世圣人君子"探究。[①]那些"未竟之意"，自然包含着对当世的批评和忧虑，不容于威权和流俗，因而难以直书。

司马迁在《史记》中对当世政治的批评时而有踪迹可寻。比如，《封禅书》述鬼神之事，常用"盖""若""云云"等语，若有若无，最后说天子"冀遇其真"，"然其效可睹矣"，暗示武帝迷信方士的虚妄；[②]《平准书》以卜式上言"亨弘羊，天乃雨"作结，表达了对武帝任用桑弘羊管制经济的不满；《历书》不载太初改历的结果，仅在最末附载与新历迥异的《历术甲子篇》，以示不服。[③]而在武帝晚年，司马迁亲历而难以言说的最大问题是穷兵黩武、不施仁义，最让他担忧的则是"群盗"蜂起，其中会不会出现一个汉朝的陈胜？

汉朝与匈奴、西域的长期战争消耗严重，在武帝后期触发了社会危机。《汉书·西域传》称"是时军旅连出，师行三十二年，海内虚耗"。《武帝纪》载天汉二年秋，"泰山、琅邪群盗徐𡐺等阻山攻城，道路不通，遣直指使者暴胜之等衣绣衣杖斧分部逐捕"。[④]《酷吏咸宣传》中有一段话更加全面地描述了当时全国的形势：

> 是时郡守尉诸侯相二千石欲为治者，大抵尽效王温舒等，而吏民益轻犯法，盗贼滋起。南阳有梅免、百政，楚有段中、杜少，齐有徐勃，燕赵之间有坚卢、范主之属。大群至数千人，擅自号，攻城邑，取库兵，释死罪，缚辱郡守都尉，杀二千石，为檄告县趋具食；小群以百数，掠卤乡里者不可称数。[⑤]

---

① 参看逯耀东《抑郁与超越——司马迁与汉武帝时代》，第 316～326 页。
② 参看逯耀东《抑郁与超越——司马迁与汉武帝时代》，第 164 页。
③ 张文虎《舒艺室随笔》卷四"历术甲子篇"条云："疑此即史公与壶遂等初受诏改历时所定也……史公（于邓平等所定太初新历）心有不善焉，特以诏用平术，不敢执旧法以争，故于《历书》存此篇以见意。"朝华出版社，2017 年，第 239～240 页。
④《汉书》卷六，第 204 页。
⑤《汉书》卷九〇，第 3662 页。

司马光称，汉武帝"有亡秦之失而免亡秦之祸"。① 从结果看，经过武帝晚年和昭、宣时期的政策调整，这次社会危机最终平息下去，没有给汉王朝带来灭顶之灾。但对当时人而言，这样的结局并不是早早就能预见的。

汉武帝时期，"群盗"规模大不过数千人，没有形成全国性组织，今天看来并未造成历史的大转折。但应该记得，秦末陈胜、吴广起兵于大泽乡之时，人数也不过数百。贾谊《过秦》篇中有一段脍炙人口的名言：

> 然而陈涉，瓮牖绳枢之子，甿隶之人，而迁徙之徒也；材能不及中人，非有仲尼、墨翟之贤，陶朱、猗顿之富也；蹑足行伍之间，俯仰仟佰之中，率罢散之卒，将数百之众，转而攻秦，斩木为兵，揭竿为旗。天下云会响应，赢粮而景从。山东豪俊遂并起而亡秦族矣。②

陈胜的队伍，从领导者的才能到规模和武器装备，无一可以称道。谁料"一夫作难而七庙堕"，秦竟因之而亡国。武帝晚年那些大至数千、小以百数的"群盗"中，怎能断定没有一二陈胜之流？《过秦》篇中，秦始皇南取百越，北却匈奴，与汉武帝的功业何其相似；"仁义不施，而攻守之势异也"一句总结秦亡原因，恰好也可以作为汉武帝的前车之鉴。

汉武帝晚年专断和猜忌。司马迁受刑以后，已是惊弓之鸟。他自居"文史星历"，尽管意在为汉立言，③ 也终究不能再冒诬君罔上之嫌，直抒胸臆。我推测，抄录《过秦》篇，借贾谊之笔道出心曲，是他"隐约以遂其志"的策略之一。司马迁对《过秦》中史事的违误不做删修，以示全出贾生，未加己意。他并不希望时人轻易看透心曲，罗织成罪，而是

---

① 司马光《资治通鉴》卷二二汉武帝后元二年二月条"臣光曰"，中华书局，1956年，第748页。
② 《史记》卷四八《陈涉世家》，第1964页。
③ 说见陈苏镇《司马迁"成一家之言"新解》，北京大学中国古代史研究中心编《田余庆先生九十华诞颂寿论文集》，中华书局，2014年，第56页。

要"藏之名山，传之其人"，^①托付于后世相知。这样做当然于事无补，但对作者而言，多少可以纾解内心的郁积，差可自慰吧。

此前，小文《〈史记〉与〈赵正书〉》曾探讨《史记》的取材和编纂，说明《史记》的内容受所据资料制约，加之作者限于自己的身份、思想和时代，在不同的历史记忆间选取和剪裁，结果往往反映出西汉中期的"主流"观念。这是《史记》中囿于时代、不由自主的部分，反映出一种"无意识"。本文的讨论，则侧重在作者与其时代之间的张力。

杰出的作者不甘为时代之囚。他们不安于随波逐流，而总是希冀在古代的经典和近代的论说中寻觅资源，探求跃出时代牢笼的可能。这是思想者有意识的活动，其努力固然艰难异常，其踪迹往往草蛇灰线，隐而不彰。远离作者及其时代的读者，不得不留心细绎，才有可能一窥吉光片羽。

诚然，《史记》的隐约微意，若非起作者于地下，终究难以证实。但若因此而弃之不顾，又未免辜负司马迁"俟后世圣人君子"的苦心孤诣。小文的探索曲折艰险，所论不敢自以为必是。其间疑义，愿读《史》同好潜研深思，共相与析。

2017 年 9 月 20 日初稿

2018 年 5 月 24 日再改

2018 年 11 月 10 日校定

2023 年 1 月 13 日修订

修订后记：本文原刊《岭南学报》复刊第十辑（上海古籍出版社，2018 年），此次除调整体例外，仅修改了个别文字。

---

① 《汉书》卷六二《司马迁传》载《报任安书》文，第 2735 页。

太史公自序原题考

《史记·太史公自序》罗列一百三十篇，自"五帝本纪第一"至"货殖列传第六十九"皆作者自题，而于篇名下云"第若干"以为序次，唯列传第七十"太史公自序"之名不见于篇中。考诸全篇，司马迁自定之原题当为"太史公书序略"。其事甚著，而识者尚鲜，唯一九八三年出版之王叔岷《史记斠证》主此说，云：

> 此当读"为《太史公书序略》"为句，即序《太史公书》之要略也。《淮南子》书末有《要略》篇，亦序其全书之要略也。[①]

惜王氏未予深论，今试稍加申说。

"自序"之称，始见于《汉书·司马迁传》。《迁传》引《史记》文终了，乃谓"迁之自叙云尔"。叙、序音义并同。然《汉书》称"自叙"者，谓以上皆太史公自叙述其人其书，非举此二字以为篇名。《杨雄传》引《法言》序，亦曰"雄之自序云尔"，固不得据以为《法言》之序题名"自序"也。《蒯通传》又云："通论战国时说士权变，亦自序其说，凡八十一首，号曰《隽永》。"其"自序"指自为编定次序，非谓蒯通书有《自序》篇也。所谓"迁之自叙"，亦当作如是观。

今本小题"太史公自序第七十"，始见于何时，盖不可考。刘宋裴

---

① 王叔岷《史记斠证》，中华书局，2007年，第3498～3499页。

骃《史记集解》于后人所补之《孝武本纪》下云："太史公自序曰'作《今上本纪》'。"或其本已用"太史公自序"为篇题。然此乃他称，不得谓司马迁成书之时已名此篇为"自序"。欲知自题原本如何，仍须求诸本篇之内。

《自序》有"凡百三十篇五十二万六千五百字为太史公书序略以拾遗补艺成一家之言"云云，其末记"第七十"。循前文罗列众篇之例，列传第七十之篇名非"太史公书序略"六字莫属。

"太史公书序略"六字，旧读有二。其一，南宋蔡梦弼及张杅、耿秉分别刊刻《史记》二家注本，将《索隐》散入正文，而置于"序"字之下。是以"序"属上读，"略"从下读，作"略以拾遗补艺"云云，此后通行本皆然。其二，《史记评林》虽亦断于"序"下，然眉批引明人董份曰："'序略'句。"[1]是以此二字单独为句，而前文至"太史公书"句绝。毛晋汲古阁所刻《索隐》单行本，出文作"为太史公书"，不连"序"字，与合刻本异。张文虎据此，疑"序"字当属下读，[2]而中华书局点校本从其说，亦以"太史公书"下为句。[3]若然，则此四字承上之全书篇、字统计，为《史记》之原题，而"序略"二字领起下文。

王叔岷之说另辟蹊径，而知音盖寡。张舜徽曾提出以"太史公书序略"连读为篇题，然又疑今本《自序》"为太史公书序略"七字非司马迁原文，乃汉以后学者据《汉书》所妄增。张氏以为，《汉书·司马迁传》删减《太史公自序》之文，于百三十篇仅录篇目次第，而删去小叙，故称"序略"，犹云"自序之节略"，意谓自此以上乃删取太史公《自序》者也。[4]颜克述则以此七字为舛文，当移至下"第七十"前。[5]张、颜二氏皆主"太史公书序略"连读，是也，然以为增、舛之文，皆

---

① 凌稚隆《史记评林》卷一三〇，广陵书社，2017年，第5131页。

② 张文虎《校刊史记集解索隐正义札记》，中华书局，2012年，第754页。

③《史记》卷一三〇《太史公自序》，中华书局，1982年，第3319页。

④ 张舜徽《广校雠略》卷一"论古人著述皆书成之后始有大题"，华中师范大学出版社，2004年，第19页。

⑤ 颜克述《〈史记〉疑义蠡酌》，《上海师范大学学报（哲学社会科学版）》1981年第4期，第135页。

失于武断。《汉书·司马迁传》引迁自序，止于"迁之自叙云尔"，删省有之，然必不妄增。颜氏以此为《史记》舛文，而《汉书》正与《史》同，可证其不误。管见所及，唯钱穆《中国史学名著》连读"为太史公书序略"，然是书为讲课记录，未加申说，不能确知作者本意若何。①

今案《太史公自序》列举各篇篇题、次第，本不必连属，如云"作《平准书》以观事变，第八"，即在篇题、次第之间插叙本篇述作之意。此与《自序》最末之"为《太史公书序略》以拾遗补艺"云云"第七十"，格式正同。由此观之，本篇自题当作"太史公书序略"，"以拾遗补艺，成一家之言"云云，则述《序略》篇之宗旨也。陈苏镇虽未指实《太史公书序略》为司马迁自题，然已阐明"序略"之宗旨与内容，其说曰："司马迁用来成一家之言的序略，系指《自序》后半部的内容，即《史记》百三十篇的内容提要。"②实则"序略"二字当分别释之，"序"谓自叙家世及写作过程，"略"指全篇后半概括各篇要旨之"内容提要"。

"略"之本义，即为提要。王叔岷已举《淮南子》之《要略》篇为证。该篇列举《原道》至《泰族》二十篇之名，逐一概括要旨，与《太史公自序》体例近似。阮孝绪《七录序》云，刘向撰《别录》，而刘歆"撮其指要，著为《七略》"。案《隋书·经籍志》，《别录》二十卷，而《七略》仅七卷，"略"盖取约要简略之义。③《淮南·要略》注曰："作《鸿烈》之书二十篇，略数其要，明其所指，序其微妙，论其大体，故曰'要略'。"④《要略》之于《淮南子》，正如《序略》之于《太史公书》也。

古者《诗》《书》之序皆非出自作，《淮南子》虽自为《要略》，亦

---

① 钱穆《中国史学名著》，三联书店，2000年，第74页。

② 陈苏镇《司马迁"成一家之言"新解》，北京大学中国古代史研究中心编《田余庆先生九十华诞颂寿论文集》，中华书局，2014年，第52页。

③ 参姚名达《中国目录学史》，上海古籍出版社，2002年，第39页。

④ 据陶方琦《淮南许注异同诂自序》，此为许慎注。见何宁《淮南子集释》，中华书局，1998年，第1539～1544页。

仅次第篇目、概括旨趣。至太史公，始为《序略》，于篇目旨趣之外，复自述家世、生平，如列传之体。此后杨雄、班固以降，皆循旧辙。自序之作，蔚然成风。此古今著述之一变也。

兹考证太史公之自序原题为"太史公书序略"如上，意在辨章学术。至于"自序"之题目，约定俗成，仍之无妨，亦犹其书本名"太史公书"而今皆谓之"史记"云尔。

2016 年 9 月起草

2021 年 12 月 16 日改定

附记：本文原刊《建康问学：麦舟和他的弟子们》，凤凰出版社，2022 年。

司马迁年十岁诵古文辨
——兼及汉代经书写本的用字问题

司马迁《史记·太史公自序》称自己"年十岁则诵古文"。这里的"古文"究竟何指，历来异说纷纭，不仅关系着司马迁的生平和学术取向，而且牵涉到汉代文字的通行状况和经书写本的用字等重要问题。近代以来，王国维首创新说，指出"古文"指战国六国文字或以之书写的先秦古书。① 其说在古文字学方面凿破鸿蒙，影响其巨，但就解释《自序》文本而言，却有明显的滞碍。随着战国秦汉文献不断出土，我们已经获得了更多的直观感受和释读整理经验。现在，凭借这些新知识的帮助，或许可以更好地来解答这个疑问。

对于《太史公自序》所谓"诵古文"，司马贞《索隐》解释说：

> 迁及事伏生，是学诵古文《尚书》。刘氏以为《左传》《国语》《系本》等书，是亦名"古文"也。②

其中包括了两种不同的意见。一是司马贞自己的看法，认为"古文"指古文《尚书》；二是唐初《史记》学者刘伯庄的看法，认为是泛指《左传》《国语》《世本》这些先秦古书。对于刘氏之说，司马贞评论说"是亦名'古文'也"，没有加以否定。清人周寿昌批评司马贞自己的说法，

---

① 关于所谓"古文"，王国维有一系列文章，见《观堂集林》卷七，中华书局，2004年，第305～339页。
② 《史记》卷一三〇《太史公自序》，中华书局，1982年，第3294页。

认为从年代上看，司马迁不可能见到伏生，司马贞把"伏生"与"孔生"弄混了。周寿昌也不同意将"古文"特指为孔安国所传的古文《尚书》，他说"自从刘氏说为正"，赞成刘伯庄的意见。① 清人邵晋涵亦持类似观点，认为《史记》"叙事多本《左氏春秋》，所谓'古文'也"，② 将"古文"所代表的书进一步认定为专指《左传》。

另一种意见认为，"古文"指战国时期的六国文字。这是王国维首先提出的。他在《史记所谓古文说》一文中说"太史公所谓'古文'，皆先秦写本旧书"，又说"凡先秦六国遗书，非当时写本者，皆谓之'古文'"。意思是先秦古书因为用六国古文字抄写，所以被称为"古文"。这样，"文"就不是指"文书"，而是指"文字"了。王国维此说是承《战国时秦用籀文六国用古文说》而发。该文论证汉人所谓"古文"不是殷周文字，而是秦统一以前东方列国所用文字，揭示出战国文字的东西差异，深具卓识。③ 但如果《太史公自序》所谓"诵古文"是指文字而言，那就意味着西汉前期乡野中的十岁小儿也有机会阅读并且懂得战国六国文字写本了。这有可能吗？为了释此疑难，王国维说这些战国文字虽已废而不用，但"当时尚非难识"，④ 司马迁曾"就间里书师受小学书"，⑤ 故能读之。然而，他自己的另一个观点就与此矛盾。在《两汉古文学家多小学家说》一文中，王国维认为汉代古文学家"当缘所传经本多用古文，其解经须得小学之助，其异字亦足供小学之资"。⑥ 若阅读古文必须通明小学，怎么还能说"尚非难识"呢？汉代古学专家的小学，跟乡里塾师用来开蒙的小学，是不能混为一谈的。对此，后文还将详论。

王国维之说影响甚大，后人即便不完全赞成，也无法绕过。1933

---

① 周寿昌《汉书注校补》卷四一，《续修四库全书》第267册，上海古籍出版社，2002年，第723页上。
② 邵晋涵《南江文钞》卷一二《史记提要》，清道光十二年（1832）胡敬刻本，叶一A。
③ 王国维《战国时秦用籀文六国用古文说》，《观堂集林》卷七，第305～307页。
④ 王国维《史记所谓古文说》，《观堂集林》卷七，第309页。
⑤ 王国维《太史公行年考》，《观堂集林》卷一一，第484页。
⑥ 王国维《两汉古文学家多小学家说》，《观堂集林》卷七，第331页。

年出版的张鹏一《太史公年谱》称，"'古文'二字，似指文字之古者，别于隶书而言"，① 采信王说。泷川资言认为，"古书以古文书者，以分今文也"，② 显然是将"古文"理解为古文字。程金造首先认定此处"古文"指用古体文字抄写的书，同时赞成刘伯庄，认为具体指古文字抄写的《左传》《国语》。③ 这看似调和两说，其实误解了刘氏之意。刘伯庄并没有说《左传》《国语》是用古文字抄写的，也没有把古文所指的古书范围限定在《左传》《国语》二书。李长之则认为"诵古文"就是指《汉书·儒林传》中说的"从孔安国问故"，此"古文"既与经学今古文之争无关，也不是一种特殊的文字，而是指"古代语言学（classical philology）"。④ 推测其意，相当于汉人所谓的"小学"。但是，据张大可考证，孔安国从鲁国到长安为博士在元朔、元狩年间（前 128～前 117）。司马迁十岁时是建元五年（前 136），根本不可能见到孔安国，"问故"当在二十岁壮游归来以后。⑤ 李长之此说的成立必须以司马迁生于建元六年（前 135）为前提，然而这一生年说经过反复讨论，已经不能不放弃了。⑥

此外，钱穆别立新说，以为《史记》所谓"古文"即六艺。⑦ 此说也未免武断。一方面，"古文"所包括的历、谱、谍、五德终始之书不在六艺之科；⑧ 另一方面，钱穆所谓"六艺"，囊括经传记说，多为秦汉

---

① 张鹏一《太史公年谱》，《关陇丛书》，1933 年，叶五 A。
② 泷川资言《史记会注考证》卷一三〇，北岳文艺出版社，1999 年，第 5195 页。
③ 程金造《迁十岁所诵古文考》，《史记管窥》，陕西人民出版社，1985 年，第 137～154 页。
④ 李长之《司马迁之人格与风格》，三联书店，1984 年，第 181～182 页。
⑤ 张大可《司马迁生卒年考辨辨》，《史记研究》，商务印书馆，2011 年，第 93～94 页。
⑥ 参看钱穆《司马迁生年考》，《中国学术思想史论丛（三）》，三联书店，2009 年，第 16～21 页；张大可《司马迁生卒年考辨辨》《司马迁生于建元六年说之新证评析》，《史记研究》，第 85～131 页。
⑦ 钱穆《两汉博士家法考》九《史记中之古文》，《两汉经学今古文平议》，商务印书馆，2001 年，第 202～204 页。
⑧ 钱穆以为，《史记·三代世表》"稽其历、谱、谍、终始五德之传，古文咸不同乖异"一句中的"古文"不包含历、谱、谍、终始五德传之书，司马迁的意思是这些书"皆与古文不同"，说见《两汉经学今古文平议》，第 204 页。但是《史记》作"古文咸不同"，并无"与"字，而"古文"正是指前述诸书。钱穆此处增字作解，不可取。

以后人所造作，也不是司马迁所承认的"古文"。

其实，罗列《史记》中"古文"一词的使用场合，可以发现这些"古文"都见于各篇序言或"太史公曰"，是司马迁自己习用的术语。九处"古文"中，有七处是指古之文章，也就是秦以前的古书，只有《仲尼弟子列传》和《儒林列传》两处说到孔安国所传古文经传时，特指抄写其书的古文字（见下表）。因此，张富海在《汉人所谓古文之研究》一书中虽然接受王国维之说，但指出"古文"在《史记》中可以"转指包括诗书六艺在内的古书"，原因是"司马迁认识到古书本来都是用古文写的，所以用古文来代指古书"。[①] 此说纠正王说之偏，但仍以为"古书"之义是从"古字"引申出来的。事实上，司马迁所说的"文"一般都是指文章、文书，很少有指文字的。《太史公自序》中有一句大家很熟悉的话："天下遗文古事靡不毕集太史公。"[②] 其中的"遗文"与"古文"含义是很接近的。

司马迁所称"古文"一览表

序号	出　处	内　　容	所指
①	《五帝本纪》	余尝西至空桐，北过涿鹿，东渐于海，南浮江淮矣，至长老皆各往往称黄帝、尧、舜之处，风教固殊焉，总之不离古文者近是。予观《春秋》《国语》，其发明《五帝德》《帝系姓》章矣，顾弟弗深考，其所表见皆不虚。	古书
②	《三代世表》	余读谍记，黄帝以来皆有年数。稽其历、谱、谍、终始五德之传，古文咸不同，乖异。	古书
③	《十二诸侯年表》	于是谱十二诸侯，自共和讫孔子，表见《春秋》《国语》学者所讥盛衰大指著于篇，为成学治古文者要删焉。	古书
④	《封禅书》	群儒既已不能辨明封禅事，又牵拘于诗书古文而不能骋。	古书

① 张富海《汉人所谓古文之研究》，线装书局，2007 年，第 2 页。
②《史记》卷一三〇《太史公自序》，第 3319 页。

序号	出　处	内　　容	所指
⑤	《吴太伯世家》	余读《春秋》古文，乃知中国之虞与荆蛮、句吴兄弟也。	古书
⑥	《仲尼弟子列传》	学者多称七十子之徒，誉者或过其实，毁者或损其真，钧之，未睹厥容貌则。《论言〈语〉》《弟子籍》出孔氏古文，近是。① 余以弟子名姓文字悉取《论语》弟子问，并次为篇，疑者阙焉。	古字
⑦	《儒林列传》	孔氏有古文《尚书》，而安国以今文读之。	古字
⑧	《太史公自序》	迁生龙门，耕牧河山之阳。年十岁则诵古文。	古书
⑨	《太史公自序》	秦拨去古文，焚灭诗书，故明堂石室金匮玉版图籍散乱。	古书

回到"年十岁则诵古文"的语境，问题的关键在于：司马迁为什么要强调诵读"古文"，他当时能不能读到并且读懂六国文字抄写的古书，他在写作《太史公自序》时是否特别看重古书用何种文字抄写？

这里先提出我的基本结论：司马迁时代尚未有经学今古文之争，他跟同时代人一样，并不太看重文字的古今之别。其间涉及汉代的经本传写和学风演变，有一些疑难之处，需要稍加申说。

首先，六国文字对于西汉中期以后人来说，已经难以识读。

王国维《史记所谓古文说》以为《史记》所谓"古文"是用六国文字抄写，理由是"盖汉景武间距用古文之战国时代不及百年，其识古文当较今日识篆隶为易"，甚至司马迁十岁时就能诵读"古文"，即古书战国文字抄本。但王国维所能见到的战国文字材料十分有限，根据后来发现的大量出土战国文献可知，战国文字不是那么容易识读的。今人论战

---

① 此句原文费解，中华书局点校本的标点亦有未安，今试作调整。"则"指法则、仪范，改从上读。"论言"的"言"疑是"语"之残文，《汉书·艺文志》著录有古文《论语》，自注云"出孔子壁中"，即此所谓"出孔氏古文"。

国文字, 分为燕、齐、晋、楚、秦五系。秦系文字直接继承西周、春秋文字, 而与六国文字相去悬殊。[①]汉代文字直接上承自秦, 与六国文字的差异甚至超过与现代汉字的差异。由于字形和用字习惯迥然不同, 今天的古文字学家对六国文字尚难尽识尽读, 何况汉代的十岁小儿?

汉初尚有战国遗民, 少数藏有先秦古书并有志于学者, 也许较今人更有能力识读战国文字, 但让一般知识人来识读, 未必比今天的古代文史学者更加轻松。《汉书·艺文志》称《苍颉篇》多古字, 俗师失其读, 张敞从齐人能正读者受之, 传至杜林而为作训故。又《郊祀志》云, 张敞好古文字, 能释读周鼎铭文。可见张敞训读《苍颉篇》的古字, 需要向特定的专家学习。他能够释读周代古文字, 也是一种当时少有的特殊能力。这种通晓古字的"小学", 是语言文字方面的专门之学, 虽然跟童蒙之"小学"一样都要认字, 但认的却是已不行用的"死文字", 旨趣不同, 需要的知识水平更有天壤之别。

前引王国维在《太史公行年考》中说, 司马迁十岁以前必已就闾里书师受小学书, 故能诵古文。这是混淆了《汉书·艺文志》所谓"古者八岁入小学"的蒙学识字"小学"与语言文字学家的专家"小学"。《说文解字叙》引《尉律》云"学僮十七以上始试", 张家山汉简《二年律令·史律》则谓"史、卜子年十七岁学", "学童学三岁"后才用《史籀》十五篇考试, "能讽书五千字以上乃得为史", 选拔为史之后, "又以八体试之"。[②]这清楚地表明, 《史籀》十五篇以及八体是史官书记的专门之学, 字数繁多, 直到傅籍成年或已选拔为史之后才习学课试, 不是寻常的童蒙"小学"可以比拟的。如果十岁少年开蒙不久就能够诵读古文字, 那么释读古文字怎么会被史书当作特殊技能记载下来呢? 王国维之说在此显然无法自洽。

---

① 参看何琳仪《战国文字通论(订补)》第三章《战国文字分域概述》, 江苏教育出版社, 2003 年, 第 85～201 页。

② 见张家山汉简《二年律令·史律》, 张家山二四七号汉墓竹简整理小组《张家山汉墓竹简〔二四七号墓〕(释文修订本)》, 文物出版社, 2006 年, 第 80 页。简文"五千字", 《说文解字叙》《汉书·艺文志》引汉律皆作"九千字"。

其次，先秦古书的古文字写本历经秦火，到了汉初还保存下来的已经很少，司马迁十岁时，恐怕不可能见到真正的六国文字写本，也不太可能读到汉人用古文字写的本子。

根据王国维《太史公行年考》，司马迁生于景帝中五年（前145），[①]"年十岁"当武帝建元五年（前136）。当时，他还在家乡夏阳（今陕西韩城），"耕牧河山之阳"。[②]司马谈则出仕未久，以汉廷书籍管制之严，即便供职太史，想要偷取出中秘所藏的先秦写本古书，归家课子，也势所不能。王国维在《史记所谓古文说》中称"太史公自父谈时已掌天官，其家宜有此种旧籍也"，[③]只是想当然罢了。再者，汉廷直到武帝元朔三年（前126）才开始"大收篇籍"，获得比较多的古文旧书，那时司马迁已经二十岁。至于司马迁得以大规模亲身接触古文旧书，则很可能要等到元封三年（前108）。《太史公自序》说，这一年他当上太史令，这才"䌷史记石室金匮之书"，以居官之便，抽取、抄撮国家藏书，以供著述。

有人可能要问：即使司马迁读不到先秦旧本，汉人难道不会用古文字来抄写先秦的书来读？王国维在《汉时古文诸经有转写本说》一文中就提出，经书的六国古文抄本在汉代不仅有转写本，而且转写仍用六国文字。可是，他提出的六项推测如他自己所说，皆"无确证"。[④]其中有的是无根据的臆测，有的最多只能说明少部分转写本可能保留了古文字，无须一一反驳。

实际上，两汉古文字本经书存世极少。《汉书·刘歆传》有一段著名的记载："及歆校秘书，见古文《春秋左氏传》，歆大好之。"《春秋左氏传》此前不乏传习者，刘歆在校秘书以前，不可能不知道其书的存在，也未必见不到儒生间流传的抄本。他之所以到了校秘书以后才"大

① 王国维《太史公行年考》，《观堂集林》卷一一，第482～483页。
② 见《史记·太史公自序》。据钱穆《司马迁生年考》，元朔二年（前127）司马迁十九岁时才举家迁居长安附近的茂陵县，《中国学术思想史论丛（三）》，第16～17页。
③ 王国维《史记所谓古文说》，《观堂集林》卷七，309页。
④ 王国维《汉时古文诸经有转写本说》，《观堂集林》卷七，327～330页。

好之"，当是因为中秘所藏的是古文字写本，不同于民间所传流俗本。这从反面说明，此前民间传习《左传》所用的应是转写为隶书今字的本子。古文《尚书》尽管在西汉平帝时立于学官，传习渐广，但古文字写本仍难得一见。《后汉书·杜林传》记载，传习《古文尚书》的大师杜林在王莽乱时避难河西，"得漆书古文《尚书》一卷，常宝爱之，虽遭难困，握持不离身"。他之所以珍爱古文《尚书》残本，正因为古文字本《尚书》十分罕见，似乎也无法轻易复制。

根据现在对出土汉代古书的了解，我们可以相信，秦代罢废六国古文，推行书同文字，到了汉初，人们已经习惯使用秦系文字。先秦书籍要在秦汉流行传布，不能不用当时通行的隶书"今字"来抄写。比如马王堆帛书中抄写精善的汉初传本《春秋事语》《战国纵横家书》，都以当时流行的书体抄写，基本上属于秦系文字。将考察范围扩大到已出土的全部西汉简牍古书，也未见使用战国文字的。儒家经书的六国写本，即便逃脱秦火，到了西汉也要转写成隶书今字，才便于阅读传习。皮锡瑞说："孔氏与伏生所藏书，亦必是古文，汉初发藏以授生徒，必改为通行之今文，乃便学者诵习。"[①] 其说是也。

秦焚书时，伏生壁藏《尚书》，当为古文字本，至汉初得二十九篇，教授齐鲁之间，其后演变为欧阳、大小夏侯之学，历史上一向称作"今文"。汉文帝时，晁错从伏生而受《尚书》，显然是用当时通行的隶书字体来听写记录。

相传出于孔子故居的古文《尚书》，也是经隶定转写为今文之后才传习的。《史记·儒林列传》云："孔氏有古文《尚书》，而安国以今文读之，因以起其家逸《书》，得十余篇，盖《尚书》滋多于是矣。""起其家逸《书》"的"起"，司马贞《索隐》释作"起发以出也"，不妥。按照《汉书·刘歆传》所载刘歆《移太常博士书》的说法，破坏孔子宅而起出古文经传的是鲁恭王，不能说孔安国"起发以出"。王念孙《史记杂志》引王引之说，认为当读"因以起其家"为句，解释说"起，兴

---

① 皮锡瑞《经学历史》，中华书局，2004年，第55页。

起也，家，家法也"，^① 亦非是。司马迁时，经学家法未成，古文《尚书》未过两传，如何谈得上兴起家法？正确的理解是，"其家"指孔安国的家，也就是孔子旧宅。"起"，《说文》云"能立也"，这里指学问成立，也就是能通读全书，明了大义。至于通读之法，则是"以今文读之"。王国维在《史记所谓古文说》中认为，这指孔安国以今文《尚书》"定其章句，通其假借，读而传之"。^② 此说以为"今文"是伏生所传的今文《尚书》，但若如此，古文中有逸《书》十余篇为今文本所无，孔安国又如何解读呢？马雍与此不同，认为孔安国改用隶书笔法而保留古文字形结构，是为隶古定。^③ 其说近是。不过，"隶古定"是来自伪古文《尚书序》的说法，通常指保留文字原字形的"严格隶定"。以我之见，"以今文读之"当是指用隶书今字转写释读出来古字，其中至少大部分已经改为通行字。《史记》"安国以今文读之"，《汉书》作"安国以今文字读之"，增一"字"字，明确说孔安国是用当时的通行文字释读古文《尚书》。班固之所以如此理解孔安国的工作，当是因为他所知见的"古文《尚书》"，大体都是隶书今字写本，最多只是保存了一些战国文字的原有的字形结构和用法罢了。古文《尚书》的"古文"表示的是文本来源，而不是抄写文本的字体。

古文《泰誓》和汲冢竹书的情况可以与孔氏《尚书》相参照。《书序》正义引《别录》曰："武帝末，民有得《泰誓》书于壁内者，献之。与博士，使读说之，数月皆起，传以教人。"壁中《泰誓》为古文，需破读转写，故交付博士硕学，历经数月才得以通读。"数月皆起"的"起"正与孔安国"起其家逸《书》"同义。《晋书·束晳传》云汲冢所出"漆书皆科斗字"，"武帝以其书付秘书校缀次第，寻考指归，而以今文写之"。汲冢书出自战国魏国高等级墓葬，所谓"科斗字"当属晋系古文字。晋人整理战国"科斗书"简册，必须转写成"今文"，也就是当时通行的楷书。此

---

① 王念孙《读书杂志》三之六"因以起其家"条，江苏古籍出版社，2000年，第160页。

② 王国维《史记所谓古文说》，《观堂集林》卷七，第310页。

③ 马雍《尚书史话》，中华书局，1982年，第12～14页。

二事足以说明，从古文转写而为今文，乃是释读、传习古文写本的首要工作。这就像现在释读出土文献，也要用楷书今字转写甲骨、金文、简帛中的篆、隶古文，方可出版流传。古今虽隔，而事理不殊。孔安国整理古文《尚书》等先秦写本古书，不会有什么别的办法。汉代"古文"书籍的通行本是用隶定后的今文字书写的，这一点应该无甚可疑。

现在需要进一步讨论的是：汉人隶定古文的工作究竟有多大比例转写为当时通行字形，又在多大程度上保留了六国文字的原字形？古文书籍在汉代的流传大致应有四种情况，一是彻底释读转写为今文；二是基本释读转写为今文，但少数难以破读或有意不破读的字则保留原字形、用法；三是用隶书改写，但完全保存古文的字形和用字习惯；四是严格摹写古文。实用类书籍变化较快，一般属于前两类情况。非实用技术书籍则用字较为保守，在儒家典籍中尤为显著。张富海认为古书在汉代流传必须隶定，但又补充说："儒家的经书，因为受到特别的重视，被原样摹写流传的机会会比其他书籍大很多。"[1] 将儒家经书与其他古书区别开来做特殊考虑，是有道理的。只是其中的古字究竟占多大比例，已经很难精确估计了。

如果从东汉魏晋以后的变化来反观西汉释读、隶定后的古文经本，可以推断其中古字的比例不会太高。从西汉到魏晋，经典中的古文字受到推崇的程度是越来越高的。汉代经学兴盛之初，重视的是经书大义，从中推求立身、治国之术。学者并不很关心经书文字的古今差别。到了西汉元帝、成帝时期，经学发达，特别是与功名利禄的关系日益紧密，于是师说并立，异端蜂起。此时，学者才开始注意借重所谓先秦旧本来别立新学，特别重视、标榜古文字写本。但其时距离战国已有近两百年，能够保存下来的战国写本恐怕极少。刘歆所见的中秘藏《左传》或许是张苍所献的本子，至于杜林宝爱的《尚书》，来源已不可知，未必真是战国写本。经过今文转写的古文经传中保留的古言古字，也会在传抄中趋于减少。所以刘歆、杜林才会那样热忱地喜好、珍爱经传的古文字本。

---

① 张富海《汉人所谓古文之研究》，第9页。

东汉中叶以降，古文经学大兴，风气丕变。但优秀的学者大多放弃师法而崇尚兼综。此风之下，世俗的经传写本中本来保存的少量古字形也渐渐失传。真古文字保存困难，待到崇古之风兴起，难免出现伪造。王国维论汉代古文，承认"壁中简策当时亦不无摩灭断折，今之所存，亦不无汉人臆造之字"。[①]张富海研究曹魏正始三体石经古文，指出字形多有非出战国文字者，或同西周金文，或从隶书转写，甚或出于杜撰，由此推测："书写者手中并没有可靠完整的《尚书》《春秋》的古文传抄本，他们可能只有一些残本，又掌握了一些古文单字，然后根据他们所掌握的古文单字重新把隶书写本的《古文尚书》《春秋古经》翻写成完整的古文抄本。"[②]此亦可见东汉古文经多以隶书写本形式流传，仅是保留了若干独特的文本以及秦汉时期已不通行的旧字形。

至于三体石经的刊刻及梅赜献古文《尚书》，再度推重古文，又是当时的新学风所केल。东晋梅赜所献隶古定本伪古文《尚书》多用古文的严格隶定字形，俗称"隶古定"，其伪造或许还受益于汲冢书的发现。伪孔《尚书序》述孔壁所出古文《尚书》曰"科斗书废已久，时人无能知者"，孔安国"以所闻伏生之书考论文义，定其可知者，为隶古定，更以竹简写之"，孔颖达疏云"谓就古文体而从隶定之"。伪孔《古文孝经序》亦云"字科斗形"，"天子使金马门待诏学士与博士群儒从隶字写之"。此二序皆出东晋以后人伪作，固然不足据以说明西汉古文经的实情，但作者之所以有此说法，恐怕正是受到晋人整理汲冢书方法的影响。然而，西晋时期的崇学好古之风，是汉初所没有的。不能认为汉代的孔安国也依原字形隶定古文，写作"隶古定"。陈隋之际的陆德明竟根据梅赜所献的隶古定伪古文《尚书》，认为东汉马融、郑玄所注的古文《尚书》"并伏生所诵，非古文也"。[③]如此真假颠倒，恰好说明马、郑所注的真孔氏古文《尚书》早已用通行今字书写，看不出多少古文字的痕迹了。

---

① 王国维《桐乡徐氏印谱序》，《观堂集林》卷六，第303页。
② 张富海《汉人所谓古文之研究》，第329页。
③ 吴承仕《经典释文序录疏证》，中华书局，2008年，第63页。

以上的讨论，表明先秦古书到了汉代以后一般不再以战国抄本或战国古文字抄本的形式流传，当时的古文字写本保存极少，是司马迁十岁时不可能读到，也不可能读懂的。《史记》所谓"古文"，大部分是泛称先秦古书，有时也特指某种或某类书，比如《宰予问五帝德》《帝系姓》《终始五德》《春秋左氏传》《国语》等。[①]这些书无一例外都成书于秦代以前，属于先秦古书，但没有证据表明它们在西汉仍以六国文字抄本的面貌行世。

总之，汉人所谓"古文"有三义：一是先秦六国古文字及其写本；二是转写自六国古文写本的文本，主要指儒家经传，后又演化为指经学学派；三是指先秦古书。《史记》所称"古文"，偶有取第一义者，但大多数则是取第三义。司马迁"年十岁则诵古文"的"古文"就是指先秦古书，如《左氏春秋》《国语》、历、谱、谍、《宰予问五帝德》之类。但司马迁当时所读的这类书一定是用隶书"今字"抄写的。"诵古文"的"古"，不是指文字形体，而是重在说明文章的内容传自往古，有经典性，不像战国秦汉之际和秦汉以后的近世百家之书那样有许多杜撰无根之说。司马迁如此描述自己，并不说明有何经学立场，倒似乎是在标榜自己从小就在知识上为写作《史记》打基础、做准备了。

2016 年 10 月 8 日起草

2021 年 9 月 26 日成稿

2021 年 12 月 14 日改定

附记：本文原刊朱渊清、苏荣誉主编《有凤来仪：夏含夷教授七十华诞祝寿论文集》，中西书局，2022 年。

---

① 王国维在《史记所谓古文说》一文中指出，《五帝本纪》说"总之不离古文者近是"，是指《宰予问五帝德》《帝系姓》；《三代世表》云"稽其历、谱、谍、终始五德之传，古文咸不同乖异"，是指先秦时人如邹衍等所作之历、谱、谍、终始五德等记帝王年数之书；《十二诸侯年表》"为成学治古文者要删焉"，《吴太伯世家》"余读《春秋》古文"，是指《春秋左氏传》《国语》等书。见王国维《观堂集林》卷七，第 308～309 页。

《史记集解》为注体说

　　《史记》今存裴骃《集解》、司马贞《索隐》、张守节《正义》三家旧释，原皆别行，南宋建安黄善夫刻《史记》，始合三家为一书。三者之中，唯《集解》一书自北宋有刻本以来皆附《史记》正文而行，考诸始末，可知其撰作之初即是夹注之体。邵晋涵所撰《史记集解提要》云："《集解》原本八十卷，今毛本（指毛晋汲古阁本）作百三十卷，只以篇数分卷，其原书之分合次第已不可考见。"（《南江文抄》卷十二，《四库全书总目》提要略同）所谓"原本"指裴骃原稿，邵氏以为其与后世通行之《史记集解》一百三十卷刻本唯分卷不同，亦是附正文而行。今人张玉春亦据现存六朝抄本而持此说（《〈史记〉版本研究》，商务印书馆，2001年，第15页）。然近人或不明此，张元济百衲本《史记》跋、柴德赓《史籍举要》、王树民《史部要籍解题》及中华书局点校本《史记》之前言，皆误会《集解》与正文别行，如《索隐》《正义》之体。以上名家之说，影响甚巨，故试稍加辨析，并以补前人之未备。

　　《隋书·经籍志》著录"《史记》八十卷，宋南中郎外兵参军裴骃注"，《日本国见在书目录》有《史记》八十卷，题"汉中书令（原误作合）司马迁，宋南中郎外兵参军裴（原误作斐）骃集解"。此八十卷本题名《史记》，又著司马迁之名，必全载正文，而称"裴骃注""裴骃集解"者，谓《集解》散在其间也。《宋书·裴松之传》云"骃注司马迁《史记》"，《史记索隐后序》亦曰裴骃"作《集解》注本"。《索隐》释《集解》之文，例称之为"裴氏注""裴注""注"。是唐人以骃之《集解》

为"注"也。

"注"，《说文》云"灌也"，本为灌注、流入之义。贾公彦于《仪礼》"郑氏注"下疏云："注义于经下，若水之注物。"郑玄注经，散布义解，插入于书中经文之下，犹如将水灌注于物体空隙之中。名之曰"注"，是取其引申义。

西汉流行传说训诂，皆离经文而别行。注体之兴，盖起自东汉。皇侃《论语义疏》释何晏《集解序》"以为之注"之"注"字云："自前汉以前，解书皆言'传'，去圣师犹近，传先师之义也。后汉以还，解书皆言'注'，注己之意于经文之下，谦不必是之辞也。"其说称"传""注"之用意，未尽允当；然揭橥学风变化，说明经"注"之体例，则可参考。

晋宋以后，风习熏染，史书音释亦改"音义"别行之旧观，而渐用注体。颜师古《汉书叙例》云，东汉以降，各家《汉书音义》《集解》，皆与正文别行，至东晋蔡谟乃"全取臣瓒一部，散入《汉书》，自此以来，始有注本"。刘宋裴松之《上〈三国志注〉表》云"采三国异同，以注陈寿《国志》"，自是夹注在正文之中。裴骃，松之子，而作《史记集解》，盖效其父之成法。

《史记集解》之为注体，别有四事，可资佐证。其一，《史记索隐》《正义》皆止三十卷，《集解》字数少于二书，若离正文而别行，必不至有八十卷之多。其二，《史记正义》曰，徐广"作《音义》十三卷，裴骃为注，散入百三十篇"（《史记集解序》徐广"作《音义》"下），是明云裴骃分散《音义》条目，注入正文之中。其三，《索隐》《正义》皆为《集解序》文释证，且解说《史记》正文往往兼及《集解》，刘庄伯《音义》亦然，如经疏之于注。可知唐人所见《史记》通行抄本已多为《集解》注本。其四，日本传世之《史记》六朝抄本两件、唐抄本六种及敦煌藏经洞所出之三种唐写本，并系《集解》注本，当非偶然，惜皆割裂残缺，无从窥见八十卷本分卷之原貌。

解释文字从别行改为夹注，注本较之本文，篇幅大增。汉末魏晋之际，纸张书写逐渐普及，才使注本流行具备条件，且令篇卷形式为之一变。《太史公自序》述其书凡十二本纪、十表、八书、三十世家、七十列传，凡一百三十篇，是以内容分篇。《史记集解》散入正文，编为八十卷。卷者，纸张之卷轴也，以载体为准，长短有限。篇幅短小者，或合数篇而成一卷；篇幅过长者，或分卷而为上下，篇卷不必一一对应。至北宋刊印，改卷轴为册叶蝴蝶装，无须虑及纸张长度之限、各卷篇幅之均，遂得因篇作卷，析为百卅，以就史迁自定之成数。然此后所谓"卷"，仅为内容单位，不复存卷轴之形态矣。

2017 年 9 月 26 日初稿
2020 年 10 月 4 日二稿
2021 年 8 月 31 日修订

修订后记：本文原载《文史》2018 年第 2 辑。此次作了较大幅度的增订，但没有改变基本观点。

看校补记：最近，张宗品先生发表《裴注八十卷集解本〈史记〉篇目考》一文（《文献》2022 年第 3 期，收入氏著《〈史记〉的写本时代》，上海古籍出版社，2023 年），据日本尊经阁文库本《经史历》所载《史记目录》复原裴注八十卷本的篇卷分合情况，并详论写刻演变之际，物质载体对《史记》文献面貌的影响，补充了本文所未详之处，请参看。

曹窋与汉初政治

曹窋不是无名之辈。他的父亲曹参，辅助刘邦平定天下，"攻城略地，功最多"，只因刘邦偏爱萧何，论功封侯，屈居第二。[①] 惠帝二年（前 193），萧何病卒，曹参继为汉相，终日饮酒不治事。此时，曹窋身居中大夫之职，作为惠帝的亲信，受命劝谏父亲。不料曹参大怒，笞之二百，随后至惠帝面前妙语自解，演成"萧规曹随"的佳话。曹窋以配角身份出场，获得了他在历史上最为人知的一次亮相。

实则曹窋在汉初的政治表现远不止此。曹参死后，他袭爵平阳侯，吕后时任御史大夫，职副丞相，亲近用事。在吕后、文帝之际的政变中，曹窋奔走联络，发挥过重要作用。但是他不仅没有因此升迁，反而随即免官，在此后近二十年的余生中未见任官记录，也没有政治表现。[②] 这与他此前的身份、地位、功业很不相符。这样的陡变因何而生？回答这个问题，需要考察曹窋在政变中的表现，探究他免官的隐情。由此入手，还将触及西汉初年政治人物升降和政治集团分野，为认识西汉开国功臣群体的政治命运找到新的线索。

---

① 《史记》卷五三《萧相国世家》，中华书局，1982 年，第 2016 页。
② 《汉书》卷四九《晁错传》载文帝十五年九月晁错对策有"平阳侯臣窋、汝阴侯臣灶、颍阴侯臣何、廷尉臣宜昌、陇西太守臣昆邪所选贤良太子家令臣错昧死再拜言"云云（中华书局，1962 年，第 2291～2292 页），可见曹窋在文帝时荐举过贤良文学。不过，举贤良是西汉列侯普遍拥有的制度性权责，并不说明曹窋拥有任何行政职权。

一、曹窋免官原因考

《史记·曹相国世家》载曹窋"高后时为御史大夫，孝文帝立，免为侯"。[①] 其事亦见《张丞相列传》，曰：

> 以平阳侯曹窋为御史大夫。高后崩，不与大臣共诛吕禄等，免。[②]

此事《汉书·任敖传》作：

> 高后崩，与大臣共诛诸吕，后坐事免。[③]

《史》《汉》所记，明显有别。《史记》称曹窋不参与大臣们共同诛杀吕禄等人的政变，于是被免去御史大夫。《汉书》则明确记载曹窋参与了大臣诛杀吕氏亲族之事，而免官则另有缘故。

面对《史》《汉》的差异，清人梁玉绳认为《史记》衍"不"字，[④] 张文虎引其说，[⑤] 中华书局点校本遂据以删字。前贤信从此说，自有其根据。他们认为，《史记·吕太后本纪》和《汉书·高后纪》记载曹窋在诛杀吕产的过程中为周勃等奔走报信，推波助澜，起了重要作用，不能说没有参与诛杀诸吕的事件。但是，《史记》各主要版本在此处并无异文，梁玉绳认为衍"不"字，只是参照《汉书》作出的理校。若据此说，曹窋之后的遭遇却显得不合情理。齐召南注意到，曹窋在文帝即位

---

① 《史记》卷五四《曹相国世家》，第 2031 页。
② 《史记》卷九六《张丞相列传》，第 2680 页。"不与大臣共诛吕禄等"，中华书局 1959 年点校本及 2013 年点校修订版精装本据梁玉绳说删"不"，2014 年出版的平装本补回"不"字，但仍在校勘记保留梁说。点校本各版都在"吕禄等"后加句号，将"免"归属下句领起张苍为御史大夫事，意在排除曹窋在诛诸吕事件中的表现与免官之间的联系。此处引文标点不从点校本，说详下。
③ 《汉书》卷四二《任敖传》，第 2098 页。
④ 梁玉绳《史记志疑》卷三二，中华书局，1981 年，第 1345 页。
⑤ 张文虎《校勘史记集解索隐正义札记》，中华书局，1977 年，第 604 页。

以前已经罢官，困惑他为何有此大功，反而被免除官职。他怀疑，《史记》所云"不与共诛"才是实情，否则也应对曹窋论功行赏。^①

包括齐召南在内的各家，都没有意识到《史记》与《汉书》所称的诛杀对象是有区别的。《史记》称诛"吕禄等"，《汉书》则作"诸吕"。推敲文意，《史记》所谓"吕禄等"应该不包括吕产在内。"不与大臣共诛吕禄等"的"不"字并非衍文，反而揭示出事件可以分出两个阶段：曹窋在政变之初积极参与诛杀吕产，但此后没有参与诛杀吕禄等人。

晚清政治家郭嵩焘在《史记札记》中最早提出此说："就《史记》之文求之，云'不与大臣共诛吕禄等'者，平阳侯所与丞相、太尉谋者诛吕产事耳。吕禄已前去北军，平阳侯因欲宽吕禄之诛以全诸吕，以是与丞相、太尉异议，因自免去。史公叙述自明。"^②《史记札记》是郭嵩焘在伦敦任驻英国公使期间，以十六阅月通读《史记》，汇集心得而成。此条辨析曹窋与周勃、陈平立场的异同，认为曹窋主张保全诸吕，因而免官。短短数十字指出关键，反映出作者对政治复杂性的敏锐洞察力。下面详绎史籍，补证郭说，阐明当时的政治形势和曹窋的态度。

考察《吕太后本纪》所载"诸吕"，吕后有二兄，长兄周吕侯泽，高祖八年（前199）死事，^③次兄吕释之为建成侯。吕泽二子，长子台于吕后元年（前187）被立为吕王，次年薨，子嘉嗣。吕后六年，吕嘉坐居处骄恣废，以其叔父即吕泽次子产为吕王。吕释之卒后，其嗣子有罪废，立次子禄，七年秋更立为赵王。八年十月，又立吕台子通为燕王。终吕后世，吕氏凡三王，而吕产出于长房，号吕王，^④为吕氏大宗，吕禄

---

① 王先谦《汉书补注》卷四二引，中华书局，1983年，第1010页。《汉书》记曹窋免官事本于《史记》，别无史源，在"免"字之前加上"后坐事"三字，可能也是因为不理解诛诸吕事件和曹窋免官之间的联系，有意将两者分为二事。

② 郭嵩焘《史记札记》卷五上，商务印书馆，1957年，第329页。

③ 《史记·吕太后本纪》称"周吕侯死事"，据《史记·高祖功臣侯者年表》《汉书·外戚恩泽侯表》，其卒年当为高祖八年。案《史记·高祖本纪》："八年，高祖东击韩王信反寇于东垣。"吕泽可能就殁于此役。

④ 《史记·吕太后本纪》载七年二月徙吕产为梁王，又更名梁曰吕，是产虽徙封，而仍称吕王。高后崩，《史记》云遗诏"以吕王产为相国"，可证。其后《史》文偶有作"梁王产"者，盖因吕王死而梁地即复曰梁，后世追述不必尽从前代之号也。

则是其叔父的次子，年纪可能小于吕产。吕后崩，以吕产为相国，官位高于上将军吕禄。汉文帝封赏诛杀吕氏的功臣，诏书曰"吕产自置为相国，吕禄为上将军"，[1]将吕产置于吕禄之前，可以反映当时对诸吕次第的认识；"自置"一词也说明吕产的主政地位。若以一人代表诸吕，应举吕产。《史记》称"诛吕禄等"，本意当不包括吕产在内。[2]

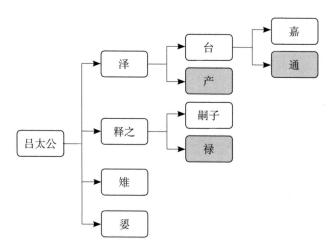

吕氏世系示意图

《吕太后本纪》所载大臣诛诸吕事，过程可分成两个阶段。第一阶段为吕后八年九月庚申日，[3]大臣夺取北军，击杀吕产。此日旦时，曹窋因履行御史大夫职务，见相国吕产议事，无意中听到郎中令贾寿从伐齐前线遣使来与吕产密谋，告知其派出平齐的灌婴已与齐王、楚王谋合，准备回兵讨伐诸吕，并催促吕产迅速入宫发动政变。曹窋立即向丞相陈平、太尉周勃报告，使之得以先发制人，夺取北军。然而吕产仍掌握着南军，准备入宫劫持少帝，以制群臣。曹窋又将吕产此谋告知陈平，并受命联络卫尉，令其阻止吕产入殿。此时，吕产还不知道吕禄已放弃北军指挥权，于是亲率南军突入未央宫，因卫尉阻拦，只能在殿外徘徊。曹窋见状，恐不能胜产，又驰告周勃。周勃遣朱虚侯刘章入宫击产。日晡时，天风大起，吕氏兵乱，方得以诛杀吕产。这只是一日之间的事，透过《史记》的叙述，仍可想见腥风血雨之中的紧张和曲折。其间，曹窋果断报告吕氏密谋，使周勃占得先机，然后又奔走驰说，在传令卫尉和召唤援兵两个重要环节起了关键作用。

吕产是吕氏族中的领袖，也是最难对付之人。周勃遣刘章入宫时，因担心无法取胜，不敢公开声讨诸吕，只明令刘章保卫少帝，给自己留有后路。刘章诛吕产后，说："所患独吕产，今已诛，天下定矣。"[1]可见吕产之死的转折意义。此后，大臣的力量已经占据绝对优势，诛诸吕便进入了第二个阶段。在这个阶段，刘氏天下的危险已经解除，吕氏失去招架之功，留给大臣们的问题是如何善后，如何处置吕氏宗族和吕后所立的少帝。

《史记·吕太后本纪》载，周勃得知吕产的死讯后，"遂遣人分部悉捕诸吕，男女无少长皆斩之"，次日辛酉，"捕斩吕禄而笞杀吕嬃（吕后妹，樊哙妻），使人诛燕王吕通而废鲁王偃（吕后外孙）"。又次日壬戌，"以帝太傅食其复为左丞相"。随后，大臣密谋，诬称少帝及梁、淮阳、恒山王皆非惠帝子，废而改立代王刘恒（后来的文帝），既而又诛灭包括少帝在内的惠帝诸子。在这些事件的记载中，第一阶段非常活跃的曹窋却突然消失了踪影。为什么会有这样的变化？

---

[1]《史记·吕太后本纪》云朱虚侯刘章杀吕产及吕更始还，"报太尉，太尉起拜贺，朱虚侯曰：'所患独吕产，今已诛，天下定矣。'"点校本标点作："太尉起，拜贺朱虚侯曰：'所患独吕产，今已诛，天下定矣。'"（第410页）以此为周勃语。案若然，则"拜贺"后无需"朱虚侯"三字。今从中华书局本《资治通鉴》（第434页）句读，以此为刘章语。

　　与此相关，事件中还有几个疑点，可以帮助推进思考。首先，在汉朝建立的过程中，吕氏辅佐刘邦，功勋卓著，且与刘氏子弟和一些重要的元功大臣有着盘根错节的姻戚关系。吕产死后，吕氏已经失去抵抗力，是否还应将其族灭，不会是一个毫无争议的问题。史载郦寄（字况）与吕禄交好，因其父郦商被周勃派人劫持，不得不欺骗吕禄交出北军，事后"天下称郦况卖交"，[1]可见当时还有不少人同情吕氏。族灭吕氏，一定会有阻力。对此，《史记》文辞隐晦，但从"男女无少长皆斩之""捕斩吕禄而笞杀吕嬃"等语来看，详述杀害的范围和方式，有暗讽周勃等举措过度、滥用刑戮之意。那么，政变当时是否存在反对意见，反对者会是何人？

　　其次，是审食其的复相。审食其早年为舍人侍吕后、惠帝，由此得幸于吕后，及称制，以审食其为左丞相，监宫中，公卿皆因而决事，权力极大。吕后一死，他即转任帝太傅，[2]实际上被剥夺了相

---

① 《史记》卷九五《郦商传》，第 2663 页。

② 审食其为帝太傅的时间，《史记·汉兴以来将相名臣年表》系在吕后八年七月辛巳，《汉书·百官公卿表》则系于吕后七年七月辛巳，相差整一年，必有一误。案《史记·吕太后本纪》云审食其为帝太傅在"高后已葬"后，而吕后死在八年七月辛巳，《汉书·高后纪》同。今本《史记·汉兴以来将相名臣年表》非司马迁原作，前人辨之已详（参余嘉锡《太史公书亡篇考》，《余嘉锡论学杂著》，中华书局，2007 年，第 31～35 页），但其为西汉时人（疑是冯商）所补，与《史》《汉》本文相参，仍有重要的史料价值。据《吕太后本纪》，审食其为帝太傅在吕后死后，不可能早至七年。今本《汉书·百官公卿表》误将八年事阑入七年，仍当以《史记·汉兴以来将相名臣年表》所记为正。又，《资治通鉴考异》云"以《长历》推之：八年七月无辛巳"（《资治通鉴》卷一三，第 430 页），汪曰桢《历代长术辑要》卷三（《荔墙丛刻》，清同治六年刻本，叶二七 A）及陈垣《二十史朔闰表》（中华书局，1962 年，第 13 页）皆以辛巳为八月朔日。但推历所得未必合于当时实用历朔。汪曰桢推《殷历》《颛顼历》，得八月朔日皆是辛巳，然又以《吕后本纪》已书七月辛巳高后崩，认为"七月实有辛巳"，当时推历"不必尽与长术合"（说见汪曰桢《二十四史月日考（一）》，北京图书馆出版社，2005 年，第 91 页）。出土秦汉文献中实际用例与历法所推不同者更多，自有其原因（说见拙文《秦汉的颁朔与改正朔》，余欣主编《中古时代的礼仪、宗教与制度》，上海古籍出版社，2012 年，今收入本书）。张培瑜根据传世及出土文献中的实用历朔推得吕后八年八月为壬午朔（见张培瑜《根据新出月日简牍试论秦和汉初的历法》，《中原文物》2007 年第 3 期，第 74 页），则辛巳恰为七月晦日。很可能在吕后去世当天，审食其即转任帝太傅，未必等到入葬以后。

权。① 诛诸吕时，《史》文未载其有功，但在次日，他便复位左丞相，重新进入权力中心。作为吕后的幸臣，审食其竟能在诸吕被杀后东山再起，其中应有隐情。②

与审食其之得意恰可对照的，是曹窋之免官。《史记·曹相国世家》记载曹窋免官在文帝立后，但据《孝文本纪》，文帝至长安时，御史大夫已是张苍。③ 案《吕太后本纪》云，文帝至长安在己酉日，距诛吕产之庚申日仅四十九天。张苍任御史大夫前在寿春（今安徽寿县）为淮南相，从任命发出至张苍到任，时间应不少于二十天。也就是说，从诛吕产至曹窋被免去御史大夫，时间最多不会超过一个月。《汉书·任敖传》云曹窋"坐事免"。根据班固的说法，曹窋"与大臣共诛诸吕"，立有大功，有什么事能够让他在此后的短短一月内被免职，实在令人费解。又，曹窋死于文帝后元三年（前161），距吕后八年尚有近二十年。在此二十年中，曹窋竟毫无任官记录，与他的身份及汉初的习惯很不符合。这或许从另一个方面暗示，导致曹窋免官的绝非寻常之事。

分析上述疑点，再来看《史记·张丞相列传》的记载，就不难理解郭嵩焘的推断。《史记》称曹窋"不与大臣共诛吕禄等，免"，可以认为表达了因果关系，说明了免官的原因。《史》文云"吕禄等"而不曰"诸吕"，是有意将吕产排除在外。此语表明，在政变第一阶段诛杀吕产一事上，曹窋发挥了重要作用，但第二阶段大臣诛杀吕禄等人，

---

① 汉惠帝死后，右丞相王陵反对立吕氏为王，触怒吕后，吕后"欲废王陵，乃拜为帝太傅，夺之相权"。事见《史记》卷九《吕太后本纪》，第400页。审食其从左丞相而为太傅，可与此类比。

② 《史记·汉兴以来将相名臣年表》《汉书·百官公卿表》云审食其于吕后八年九月丙戌复为丞相，后九月免。案是年九月无丙戌，《吕后本纪》云复相在壬戌，当从之。又，《吕后本纪》于诛诸吕条前云"左丞相食其免"。当时食其已为帝太傅，不当复云免相，参考两《表》，疑是同年后九月事错置于此。

③ 《史记》卷一〇《孝文本纪》，第415页。关于曹窋免官、张苍继任的时间，王先谦据《史记·吕太后本纪》《汉书·高纪》八年"八月庚申"条所谓"窋行御史大夫事"，认为曹窋"前虽真为御史大夫，高后已诏张苍代之，苍未任事以前，窋尚在官，故仅谓之行事"（见王先谦《汉书补注》，中华书局，1983年，第66页上）。然《史记》《汉书》皆以曹窋之免在大臣诛诸吕事后，王说仍显牵强。或此"行御史大夫事"仅指履行职事，非有临时代摄之义，抑或另有隐情，只能暂时存疑。

他并没有参与，而且很可能不赞成乃至反对周勃等大臣的决策。这个立场，让他失去了官职。

郭嵩焘认为曹窋因与陈平、周勃意见不合而"自免去"，实则恐怕曹窋是被迫去职。因为，诛杀诸吕问题上的异议，不免牵出更大的争论：要不要废少帝，立新君。

二、废立之争

吕产死后，刘氏统治的威胁解除了。但对于执事大臣们来说，面前还有更加艰难的抉择。接下来，他们不仅要把握政权的走向，还要为自身的利益和安全慎重谋划。从吕产死到迎立文帝的短短几十天内，[①] 大臣们做了若干重大决定，其间一定有分歧、争论、妥协、交易。事涉废立，极度敏感，《史记》的记载简略而模糊，只能通过蛛丝马迹，推测其中的关节。

当时在位的少帝刘弘，是惠帝之子，吕后的外孙。少帝之母惠帝张皇后是吕后长女鲁元公主与张敖之女，[②] 少帝皇后则是吕禄之女。吕氏政变失败，没有改变他们外戚的身份。只要少帝在位，吕氏不灭，总有复兴的机会。这对诛杀吕氏的周勃等人构成潜在威胁。要防止吕氏复兴，最可靠的办法是斩草除根，先是要族灭吕氏，然后还得废掉吕氏拥立的少帝。《史记》记载大臣们的密谋说："今皆已夷灭诸吕，而置所立，即长用事，吾属无类矣。"[③] 他们担心少帝成年后不受控制，为诸吕复仇，于是立即着手族灭吕氏和施行废立。

---

① 吕后八年九月庚申诛吕产，后九月己酉，文帝至长安，其间共四十九天。使者从长安至代，代国君臣入都，途中至少需要二三十天，则迎接代王刘恒的决议，应是在诛吕产后的一个月内作出的。

② 《史记·吕太后本纪》言张皇后无子，前、后少帝及梁、淮阳、恒山王皆取后宫美人子名为己子。即便这个记载属实，少帝在名义上仍是张后之子。

③ 《史记》卷九《吕太后本纪》，第 410～411 页。

族灭吕氏，此时已经不难。废除少帝，则必须有充分的正当理由，首先要否定少帝的皇位继承权。《史记·吕太后本纪》载：

> 诸大臣相与阴谋，曰："少帝及梁、淮阳、常山王，皆非真孝惠子也。吕后以计诈名他人子，杀其母，养后宫，令孝惠子之，立以为后及诸王，以强吕氏。"

《史记》前文仅云前少帝非张皇后所生。大臣密议则说惠帝诸子梁王等皆非刘氏，这就彻底剥夺了少帝和孝惠皇子诸王的合法性。其所议是否属实，现在已经无法确证。《史记·汉兴以来诸侯王年表》于常山前王义（后之少帝）、后王朝、淮阳王武，均云惠帝子，唯在"常山国"下记王朝在吕后八年以"非子"诛，国除。[①] 司马迁保存不同的说法，或许是表明他的疑虑，或许是暗示流行说法不符合事实。[②] 但事实如何对于当时的外朝大臣来说并不重要，关键在于：怎样才能将最隐秘难言的后宫秘辛宣之于众，并且让人信服？

此等骇人听闻的大事，要有足够的说服力，必须由一位经常出入后宫且与吕后极为亲近的大臣道出。当时最适合扮演这个关键角色的，是审食其。吕氏称制期间，审食其作为左丞相长居宫中而与之私通，应是众所周知的秘密。吕后一死，吕产等不愿再与审食其分享权力，立即将之转任帝太傅，明尊其位而实夺其权。然而，这一任命使审食其得以继续留在宫中，随侍少帝，进一步强化了他对后宫秘事的发言权。当大臣们诛灭诸吕，转过头来准备收拾少帝时，审食其的价值就突显出来。他于次日即复职左丞相，应该就是用揭露吕后秘辛、举报

---

① 《史记·汉兴以来诸侯王年表》中的相关资料，蒙复旦大学出土文献与古文字研究中心周波先生提示，谨此致谢。

② 陈垣认为，《史》文此前记载吕后立少帝及诸王，是表明吕后的态度，称其都是惠帝子；此处则是转述大臣们的谋议，指斥少帝皆非惠帝之子。史家不过是据事直书，并不矛盾。说见陈垣《〈廿二史札记〉二"〈汉书〉书恒山王"条书后》，《陈垣史源学杂文》，三联书店，2007年，第14页。他指出史书并非自相矛盾，是正确的。但史家除"据事直书"外，对史实如何仍可存有己见，保留两说应该还有主观的用意。

少帝伪冒而换来的。当然，如此得来的地位不可能稳固。随着少帝被废，文帝抵京，局势趋于稳定，审食其便失去价值，免相居家，至死不再起用。

同样终身免官，曹窋的情况与审食其很不相同。如《史记》所言，在群臣决议族灭吕氏时，曹窋站在了反对的立场。这样做至少有四个方面的理由。第一，此时刘氏政权的威胁已经解除，族灭吕氏于公无益。第二，吕氏辅佐刘邦建立帝业，功勋卓著，不仅是外戚，也是丰沛功臣集团的代表。第三，曹窋之父曹参是丰沛集团的核心人物，曹氏家族与刘氏、吕氏均关系密切。惠帝时，曹参为相，曹窋为中大夫，是随侍惠帝的亲近之臣。吕后四年，又以窋为御史大夫。[①] 以功臣之子而为公卿，在当时可谓荣宠无二。这说明，曹窋同样深受吕氏的信任。由于这种信任，吕产与贾寿密谋起事时没有刻意回避曹窋，曹窋才得以"颇闻其语"。第四，就个人性格而言，曹窋应是忠直耿介之臣。惠帝命其质问父亲，曹窋谨遵不忒，结果受笞二百。可见他忠于职守，不善投机取巧。在吕氏面临族灭时，坚持原则，力阻事件走向极端，符合曹窋一贯的立场和性格。

度之情理，以曹窋的地位和出身，仅因反对族灭吕氏，似还不足以免官。他很可能还试图阻止大臣诡称少帝、诸王非惠帝子，进而反对废立，因此才终身不复起用。曹窋死于文帝后元三年，子奇嗣侯，终文帝之世，曹氏不显。至景帝时，曹奇将兵伐齐，参与平定七国之乱有功，其子曹时得尚平阳公主，才重获与曹氏贵族身份相称的政治地位。[②] 文帝如此薄待曹氏，直接原因恐怕是曹窋在废立之际的态度。

---

① 曹窋出任御史大夫的时间，《史记·汉兴以来将相名臣表》系在吕后二年，《集解》云"一本在六年"，皆非。此据《汉书·百官公卿表》定为吕后四年。参梁玉绳《史记志疑》卷一四，第745页。

② 《史记》卷五二《齐悼惠王世家》："汉将栾布、平阳侯等兵至齐，击破三国兵，解齐围。"司马贞《索隐》称此平阳侯是曹奇。案此事在景帝三年（前154），据《侯表》及《曹相国世家》，曹奇即死于此年，可能是战死。曹时得以尚主，当与曹奇的战功有关。曹时之名或作曹畴，或作曹寿，当有字讹，见《史记》卷一八《高祖功臣侯者年表》，第881～882页。

三、汉初的政治平衡与功臣集团

汉初政治尚不稳定，权力平衡一再打破，又一再重建。吕后、文帝之际，大臣周勃等族灭诸吕、废除少帝的方案，与曹窋尽量维持现状的方案，最终导向不同的权力平衡。两者之争，既反映了汉初政治的特殊结构，也深刻影响了此后的政治走向。

刘邦生前建立的政治体制，是刘氏皇族与从龙功臣构成两大最高统治集团分享权力，共治天下。[①]高祖十二年，与群臣刑白马而盟，约定"非刘氏不得王，非有功不得侯"，[②]再加上非列侯不得拜相的惯例，分别保证了刘氏皇族和功臣集团的政治特权。[③]此外，吕氏家族在惠帝以后壮大为第三股势力。吕氏一方面是刘氏姻戚，与皇族紧密相连，另一方面也代表着功臣集团的利益。史称："吕后为人刚毅，佐高祖定天下，所诛大臣多吕后力。吕后兄二人，皆为将。长兄周吕侯死事。"[④]显然，吕氏的权威不仅来自外戚身份，还来自家族成员的功勋和死难。吕后与功臣中的萧何、曹参等丰沛元从有布衣之交。高祖身后，吕后让萧何、曹参、王陵相继为相，大体遵照了功臣集团内部的位次。惠帝时期，实际控制汉廷的基本上都是功臣集团，吕后则居于功臣和刘氏之间，维系着双方的均势。

① 李开元将建立汉朝的刘邦集团划分为四个地域集团：丰沛元从集团、砀郡楚人集团、秦人集团、多国合纵集团。他认为其中丰沛元从集团地位最高，待遇最厚，构成中心之中核，居于政治顶层。其说详见李开元《汉帝国的建立与刘邦集团：军功受益阶层研究》第五章《刘邦集团之地域构成》，三联书店，2000年，第147～179页。本文主要讨论汉朝中央高层的政治斗争，所涉及的功臣集团主要是李开元所谓的丰沛元从集团，也包括后来进入刘邦政权高层的少数其他功臣，比如陈平。

② 《史记》卷五七《周勃世家》载周亚夫引述"高皇帝约"，第2077页。

③ 关于"白马之盟"的背景、内容和意义，参看李开元《汉帝国的建立与刘邦集团：军功受益阶层研究》，第190～195页。关于汉初的丞相选任惯例，参看同书，第203～209页。

④ 《史记》卷九《吕太后本纪》，第396页。

惠帝是刘邦嫡子，长于战乱，虽然后期因病不能听政，在功臣中尚有威信，也是吕后执政的合法性来源。一旦惠帝驾崩，少帝即位时年方冲幼，功臣集团对刘氏和诸吕的压力立即突显出来。《史记·吕太后本纪》载：

> 孝惠帝崩，发丧，太后哭，泣不下。留侯子张辟强为侍中，年十五，谓丞相曰："太后独有孝惠，今崩，哭不悲，君知其解乎？"丞相曰："何解？"辟强曰："帝毋壮子，太后畏君等。君今请拜吕台、吕产、吕禄为将，将兵居南北军，及诸吕皆入宫，居中用事，如此则太后心安，君等幸得脱祸矣。"丞相乃如辟强计。太后说，其哭乃哀。吕氏权由此起。[①]

此事或有夸饰，但仍可说明当时的形势。惠帝死时，刘氏之力突然削弱，而功臣集团王陵、周勃、陈平等人把持朝政和兵权，才干、资望和实力均在汉廷刘氏皇族和诸吕之上，权力的天平发生倾斜。吕后携幼孙登位，面对座下一众难以控制的虎狼之臣，心中的忧惧恐怕正如张辟强所言。反过来，对功臣集团而言，吕后也足以令人敬畏。她的不安可能造成难以预料的后果，这是王陵等人不愿意看到的。因此，双方都意识到需要作出调整，以达到新的平衡。早慧的张辟强洞悉了其中的机妙。他建议以丞相王陵为代表的大臣将宫卫兵权让给吕后的三位侄子，确保诸吕和宫中安全，表明无意威胁皇权。这个新的权力分配方案一实施，以吕后为轴心结合刘、吕二氏为一方，功臣集团为一方，便达成了新的政治平衡。吕后终于可以恢复常态，哭泣尽哀。

然而，上述平衡仍不稳定。大臣们没有想到，吕氏掌握兵权后并未收手，反而进一步准备立诸吕为王。这一企图违背白马之盟，遭到右丞相王陵反对。此时吕后临朝称制，诸吕兵权在握，天平已经倒向吕氏一边。王陵直谏后随即免相，陈平、周勃等只能隐忍不发。

---

① 《史记》卷九《吕太后本纪》，第399页。

　　吕后称制期间，吕氏权力走向鼎盛，但也潜藏着危机。当时，吕后两位兄长都已谢世，同胞只剩其妹吕嬃，而妹夫樊哙也在惠帝七年故去。掌握兵权的吕产、吕禄都是子侄辈，才能、资望远不如周勃、陈平等从龙元功。也许吕后预见到诸吕亲族中缺少能与大臣抗衡的人物，在去世前的一年中，先后封吕禄、吕通二人为王，企图强化吕氏的力量。然而，这种名实的扭曲只是增添了不稳定因素。吕后在世时，由于她的特殊身份和威望，对诸吕和功臣均有所牵制，勉强维持了表面的平衡。等她一死，长期积累的矛盾便迅速爆发出来。

　　诸吕失去支柱，居高位、握重兵，而有累卵之危。大臣既不服吕氏封王，又担心诸吕拥兵，于己不利。双方均蓄势待发。曹窋通报吕产与贾寿使者的密谋，点燃了政变的导火索。他的本意，应是通过功臣集团先发制人，在变乱萌芽之初化解汉家统治的危机，将政局动荡控制在有限的范围内。诛杀吕产后，刘家天下和高祖盟誓的威胁已经解除，功臣集团面临两个选择：一是收缩战线，恢复高帝时期刘氏与功臣共享权力的政治平衡，则诸吕可以保全性命；一是扩大战果，重构皇权，建立功臣集团掌控汉廷的新体制，为此势必诛诸吕，行废立。最终，以周勃、陈平为代表的大臣选择了后一条道路。

　　历史的记载往往偏向胜利的一方，而遗落未被挑中的选项。《史记》记载曹窋"不与大臣共诛吕禄等"，透露出当时仍有重臣主张前一个选项。除了这条偶然的记录外，当时还有谁反对灭吕氏、废少帝，现在已经无法考证。不过，可以肯定，曹窋不会是功臣集团中唯一的特例。

　　夷灭诸吕之后，在废立的问题上仍然有不同的意见，即便赞同废除少帝，更立哪一位刘姓诸侯也存在多种选择。齐王刘襄、淮南王刘长都曾被纳入讨论，大臣最终选择的则是代王刘恒，即后来的汉文帝。表面上的理由是刘恒年长仁孝，母家谨良，实际则是贪图其实力最弱，便于控制。由此，灭诸吕、行废立的功臣取得了相当的优势。史载文帝即位之初，周勃为丞相，"朝罢趋出，意得甚，上礼之恭，常自送之"。[1]

----

[1]《史记》卷一〇一《袁盎传》，第 2737 页。

这种优势维持的时间很短。文帝二年十月，陈平死，功臣集团失去了智囊。三年十一月，文帝强令周勃免相就国，通过令列侯之国并将侯国迁移至汉郡辖下，反过来控制功臣集团。[①] 功臣集团选择了一个看似最弱的皇帝，却意想不到地迅速失势。这当然与低估了汉文帝的才略有关，若从内部寻找原因，则是功臣集团在"是否族灭吕氏""是否施行废立""立谁为新君"这一连串选择中发生分裂。未能选择"正确路线"，特别是没有支持代王入继的功臣及其家族，在文帝即位前后失势，功臣集团的整体力量因此削弱。

与之相对的是刘氏皇族力量的迅速扩张。这一方面表现在皇权日益摆脱高祖功臣集团的控制，得到伸张，另一方面则是同姓诸侯的崛起。刘氏宗亲充分参与和影响了灭诸吕的过程，在外有齐王、楚王，在内则有朱虚侯章、东牟侯兴居。特别是刘章，先是促成了齐王举兵，而奉命领兵击杀吕产后，又自作主张斩杀长乐卫尉吕更始，故意扩大事态，裹挟着大臣们一步步走向极端。刘兴居则在文帝抵达前主动请缨"除宫"，翦除少帝。他们这样做并不出人意料。因为，吕氏执政、封王过程中，受损最多、积怨最深的是刘氏宗亲；灭吕氏而行废立，最大、最直接的受益者也是刘氏宗亲。

惠帝、高后时，高祖诸子赵隐王如意、赵幽王友先后为吕后所杀；赵共王恢不堪王后吕产之女的凌虐而自杀；燕灵王死，吕后杀其美人子，无后国除。然而，在诛吕产后不到十天，刘友子遂随即复王赵国；吕产受封的梁地最为膏腴紧要，被改封给济川王。文帝即位后，琅琊王泽徙封大国燕，王子侯刘章、刘兴居本也可受封大国赵、梁，仅因文帝得知其初欲立齐王，黜其功，乃割齐二郡王之。除了上述皇族取得实地，由于文帝以小宗入继大统，削弱了皇帝相对于诸侯王的正统地位，诸侯王的权势在无形中上升了。随着功臣集团和刘姓诸侯势力的消长，文帝以后，政治史的主题、最高权力的争夺，很快由刘氏与功臣集团的角力，转变为刘氏内部的汉廷天子与同姓诸侯之争。

---

① 参看李开元《汉帝国的建立与刘邦集团：军功受益阶层研究》，第212～215页。

王朝建立以后，功臣集团随时推移而逐渐衰败，本是常情。但建汉元勋族灭吕氏、强行废立的极端举措，彻底摧毁了恢复高帝末年政治体制的可能，最终加速了他们自身的陨落。这是解读曹窋在高后、文帝之际的政治表现而得到的启示。

2013 年 10 月 16 日初稿

2020 年 10 月 1 日修订

修订后记：本文原载北京大学中国古代史研究中心编《田余庆先生九十华诞颂寿论文集》(中华书局，2014 年)，原稿写作匆促，留下了不少遗憾。这次修订时，发现清人郭嵩焘已经在《史记札记》中指出曹窋对诛吕产和随后杀吕禄等人有不同的态度，并恰当地解释了《史》文，故补录其语，表明他创说在先。此外，还给文章增拟了小标题。在2020 年 9 月的"秦汉史研究"课上，施世泉、苗思安、李屹轩、季昊亮、厉承祥、王竣、张俊毅、郑易林等同学提出不少意见，帮助我改正错误、改进表达。特此致谢！

时间秩序

秦汉的颁朔与改正朔

    颁朔，古书亦作"班朔"，指王朝每年颁布月朔干支和闰月设置，要求天下奉行。中国古代通行干支纪日，确定了一年中每月的朔日干支，就可以完整地谱排出全年历日。颁朔实际上等于颁布了全年的历日。东汉以后，王朝往往用直接颁布全年历日的方式进行颁朔，因而也称为"颁历"。

    颁朔的直接目的，是令所统治的区域或臣属国家奉行王朝的历朔安排。一般来说，这样做有两方面的意义：其一，便于全国政令统一，保证各项军政事务在时间上有序而顺利地运转；其二，"正朔"除了指每年正月和每月朔日外，常常还包含"正统"的意思，被视为王朝统治权的重要象征。正朔的颁布和接受，构成王朝与其臣属之间确认和维系统治关系的一项仪式。[1] 上述说法，应该没有太多的疑义。问题在于，这两方面的意义产生于什么时候，它是颁朔本身所固有，还是被赋予的？颁朔制度及其意义的发展过程中，是什么因素在起作用？

    为了解答这些疑问，需要上溯统一帝国形成初期，研究秦汉时代的颁朔。由此可以发现，颁朔的象征意义并非与生俱来。它是随着儒术兴起和西汉时期改正朔运动的展开而产生和确立的，是学术思潮改造现实制度的结果。

---

[1] 韦兵通过考察宋与周边民族政权之间在历日颁赐等活动中的竞争与认同，证实了颁朔的象征意义。参看氏著《竞争与认同：从历日颁赐、历法之争看宋与周边民族政权的关系》，《民族研究》2008年第5期，第74～82页。

一、秦汉颁朔制度的存在

秦汉王朝是否存在颁朔制度？对此，史无明文，只能通过一些间接的材料加以推测。

东汉末的高诱在《淮南子》注中说："受朔日，如今计吏朝贺，豫明年之历日也。"[①]他在解释《淮南子》文意时，借助了当时行用的制度，反映出东汉应有预先颁布次年历日的制度，即在正月一日岁首朝贺时由郡国派来的上计吏接受颁朔。所颁历朔由太史制定，并在岁末奏上。《续汉书·百官志二》载太史令之职曰："凡岁将终，奏新年历。"[②]这是为正旦颁朔作准备。此外还有一条史料，可作东汉颁历的旁证。《续汉书·律历志》载章帝元和二年（85）二月甲寅诏行《四分历》，最初以历元之首月为大月，不到一年后又改用小月，影响了当年的历朔安排，于是令改历朔，"敕毋拘历已班"。[③]这说明此前已经颁布过历日。

东汉存在颁朔制度，那么在此之前呢？先秦典籍中已有颁朔的记载。《周礼·春官》述大史职有"正岁年以序事，颁之于官府及都鄙，颁告朔于邦国"。郑玄注"正岁年以序事"曰："中朔大小不齐，正之以闰，若今时作历日矣。"[④]据此，《周礼》官制中，大史职掌制作历日，与《续汉志》太史令之职相似。"颁告朔于邦国"，郑注曰："天子颁朔于诸侯，诸侯藏之祖庙，至朔，朝于庙，告而受行之。"[⑤]"颁告朔"包含颁朔和告朔。颁朔是天子向诸侯颁布历朔；告朔是诸侯在朔日告于祖庙，接受并施行藏于其中的天子所颁历朔。

---

① 何宁《淮南子集释》卷五，中华书局，1998年，第419页。
② 《续汉志》卷二五，《后汉书》，中华书局，1965年，第3572页。
③ 《续汉志》卷二，《后汉书》，第3027页。
④ 《周礼注疏》卷二六，阮元校刻《十三经注疏（清嘉庆刊本）》，中华书局，2009年，第1764页。
⑤ 《周礼注疏》卷二六，阮元校刻《十三经注疏（清嘉庆刊本）》，第1765页。

　　《周礼》所述是战国时人设计的理想制度，不能代表西周的实际。但"颁告朔"制度设计也不全是向壁虚造，应是在实际制度基础上构拟的。《论语·八佾》记载了这样一件事："子贡欲去告朔之饩羊。子曰：'赐也！尔爱其羊，我爱其礼。'"[①]孔子不赞成子贡削减告朔用牲，说明春秋末期的鲁国确有告朔之礼。关于告朔的含义，经学史上有不同的解释，[②]但不影响我们认定先秦时期存在某种形式的颁朔、告朔制度。编撰于秦统一前夕的《吕氏春秋》，载有一年十二个月的月令，作为十二纪纪首。这组文献后来为《淮南子·时则》所收，又编入儒家经典《礼记》（《月令》）。其中季秋之月的月令有"合诸侯，制百县，为来岁受朔日"一事，[③]也是说天子向诸侯和属县颁授来年的历朔。汉代学者多认为季秋九月颁朔是秦制，其实这是战国时人理想中的天子之制，但应有一定的现实依据。

　　总之，《周礼》《礼记》等书中的天子颁朔之制未曾实际存在于周朝，但很可能是根据诸侯列国的实际制度推演出来的。战国诸侯各国内部，应有向境内封君和郡县颁朔的制度。

　　如果东汉和战国时期均存在向境内颁布历朔的制度，秦及西汉存在颁朔之制的可能性应该是比较大的。卫宏《汉旧仪》云："太史令凡岁将终，奏新年历。"[④]案《后汉书·卫宏传》云，《汉旧仪》所记为"西京杂事"，[⑤]即西汉制度。西汉有类似于东汉的太史奏历制度，这是颁朔之制存在的旁证。

　　还有一条汉昭帝时期的简牍资料值得注意。敦煌悬泉置出土汉简中

---

① 《论语注疏》卷三，阮元校刻《十三经注疏（清嘉庆刊本）》，第5359页。
② 《穀梁传》文公十六年云："天子告朔于诸侯，诸侯受乎祢庙，礼也。"（《春秋穀梁传注疏》卷一一，阮元校刻《十三经注疏（清嘉庆刊本）》，第5232页）此处所称告朔是上告下，与颁朔同义，异于前引《周礼》郑注的解释。
③ 许维遹《吕氏春秋集释》卷九"季秋纪"，中华书局，2009年，第196页。
④ 据孙星衍辑本《汉旧仪补遗》卷上，《汉官六种》，中华书局，1990年，第88页。孙辑本云此条出《北堂书钞·设官部》。案孔广陶本《北堂书钞》卷五五《设官七》（天津古籍出版社影印本，1988年，第206页上）引此条出"汉书仪"，"书"显系"旧"字之讹。
⑤ 《后汉书》卷七九下《儒林·卫宏传》，第2576页。

有一枚，上书：

> 御史守属太原王凤，元凤元年九月己巳，假一封传信，行历日
> 诏书。亡传信。外二百七十九。【Ⅰ 0112 ④∶1】①

这是一条亡失传信的记录。以传信颁行"历日诏书"，即是颁朔或颁历
的一种形式。这道"历日诏书"颁行的是次年历日，以九月颁朔依据了
《礼记·月令》以季秋之月"为来岁受朔日"的记载，则此为颁朔的常
规形式。也就是说，当时的颁朔制度是在九月朔日以发布诏书的形式进
行，而非岁首朝贺仪式的一部分。这两种可能中哪一个符合史实，还无
法遽定。② 但这条简牍材料证明，颁朔制度在西汉中期确实存在。

参考《淮南子》高诱注反映的东汉制度，皇帝在岁首朝贺时向郡国
上计吏颁朔，由上计吏带回各自的郡国。秦和西汉的颁朔很可能也是在
岁首的朝贺时进行。近年公布的一则出土文书，可以为此增加一个旁
证。周家台30号秦墓出土有一枚木牍（右图），③ 正面分两栏书写有十二
个月的月名、朔日干支和月份大小，经整理者考证，是秦二世元年（前
209）的历朔。这一判断没有问题，但木牍背面文字较多，情况复杂，
有必要详细讨论。④

综合考虑内容、书写位置和墨迹深浅三项因素，可以将该木牍背
面的文字分为四组。A组为右上顶起第一行字："以十二月戊戌嘉平，
月不尽四日。"这一组文字墨迹最深。B组为A组左侧紧挨着的一行

---

① 张德芳、胡平生编撰《敦煌悬泉汉简释粹》，上海古籍出版社，2001年，第35页。
② 肖从礼已经指出了这两种可能，并表示倾向于后者，说见氏著《秦汉简牍"质日"
考》，复旦大学出土文献与古文字研究中心网站，2011年3月8日。但考虑到秦及东
汉均在岁首朝贺时颁朔，汉昭帝是采用九月朔日以诏书颁朔的可能性很难说更高。故
本文暂不在两种可能性中作出取舍。
③ 湖北省荆州市周梁玉桥遗址博物馆编《关沮秦汉墓简牍》，中华书局，2001年，第
25、103～104页；更清晰的图版见陈伟主编《秦简牍合集（叁）》，武汉大学出版社，
2014年，第167、290、291页。
④ 木牍正面下部还有一个加圈的"大"字，意义不明且似与本文主旨无关，故暂不讨论。

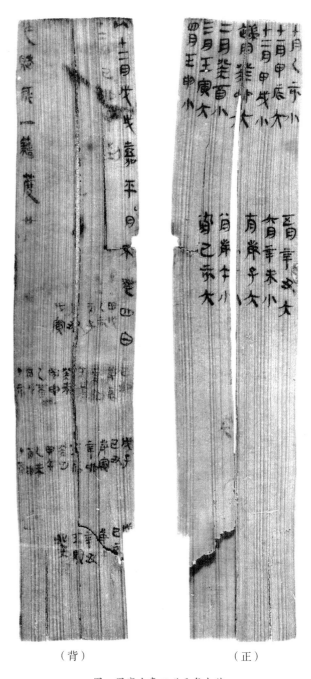

（背）　　　　　　　　（正）

图　周家台秦二世元年木牍

字："十二月己卯囗到。"该组文字墨迹最浅。C组文字起于木牍左上，紧贴左侧边缘书写，内容是："廷赋所一籍廙廿。"此组文字的墨迹深浅介于A、B两组之间，运笔较为圆润内敛。D组文字分四栏书写于木牍的下半部，内容为干支，起于"甲戌"，终于"壬寅"，壬寅后还有一个"癸"字。这组文字墨迹深浅不一，最深者接近C组，最浅者与B组相近。

完成初步分组之后，还应判断背面四组文字之间及其与正面历朔的关系。这就需要分析比较各组文字的书体和书写形式，推测哪些文字是同时书写的，哪些文字是后加的，尝试复原这一木牍书写和使用的过程。

对比木牍正背两面，首先可以发现，正面历朔干支与背面A组文字的笔迹和墨色都非常接近。前者是秦二世元年的历朔，后者所记是同年"嘉平"所在的日期，内容密切相关。"嘉平"即腊日，是当时一年中最重要的节日，要举行大规模祭祀。[1]秦始皇三十一年将腊改名为"嘉平"，还曾赐民米羊。[2]在历朔表后加注同年嘉平日所在，是合乎情理的。出土发现的秦代历书，已有加注"嘉平"的例子。[3]秦二世元年历朔木牍背面的A组文字，也应是该历书的一部分，与正面历朔同时书写，笔迹、墨色相同。这两组文字，构成了该木牍的基础，而背面的其他三组文字的笔迹和墨色均与之不同，是后来添加的。

背面文字中，D组占了绝大部分。这组文字恰好与秦二世元年十二月全月29天的干支相合。最末的一个"癸"字，字形较大，可能是谱排此月干支时的赘文。这组文字还有一个引人注意的特点：四栏中的后三栏，都是从木牍最右侧开始书写，写满一栏后换行另起；最上面的

---

[1] 《礼记·郊特牲》："蜡也者，索也。岁十二月，合聚万物而索飨之也。"见《礼记正义》卷二六，阮元校刻《十三经注疏（清嘉庆刊本）》，第3149页。

[2] 《史记》卷六《秦始皇本纪》："三十一年十二月，更名腊曰嘉平。赐黔首里六石米，二羊。"（第251页）《史记》卷一五《六国年表》略同，第757页。

[3] 迄今已公布的秦代历书中，加注"嘉平"的，除下文即将提到的周家台秦始皇三十四年（前213）历书外，还有岳麓书院藏秦简秦始皇三十五年历书以及北大秦简秦始皇三十一年、三十三年历书等。

第一栏，却没有紧贴木牍右侧边缘，而是在 A 组文字的左侧开始书写，未写满此栏即换行写第二栏。产生这种参差的原因，只有联系 B 组才能得到解释。

B 组文字是"十二月己卯□到"。恰好，D 组文字第二栏的第一个干支正是己卯。D 组文字原本很可能是从现在的第二栏的"己卯"开始书写，而最上一栏的五个干支应为后补，故未写满一栏。这样不仅可以解释 D 组文字格式的参差，而且提示我们进一步思考 B、D 两组文字的关系。

我认为，B、D 两组文字应是由同一人在十二月己卯日当天书写的。整理者将 B 组文字与 C 组连读。[①]考虑到两组文字间隔数行，笔迹不同，墨色深浅迥异，这种读法有欠妥当，不如将 B 组文字与 A 组及正面历朔组成的秦二世元年历书结合起来考虑。"十二月己卯□到"句中有一字无法释出，但不妨碍我们将之理解为己卯日收到某一文书的记录。这一收到的文书，即秦二世元年历书。由于历书中给出了次年最重要节日"嘉平"的日期，木牍的使用者在收到该历书后，便开始计算当天到嘉平的日数，为此以己卯日为起点谱排干支。

将"十二月己卯□到"理解为收到文书的记录，还有笔迹方面的证据。此句中的"己"字，第一个折笔近似直角，中间的横笔明显；而木牍正面历朔中"九月己亥大"的"己"字，第一笔横折的折笔大幅度内斜，呈明显锐角，导致中间的横笔极短。两字折笔写法不同，反映出书写习惯的差异。据此可以判断，"十二月己卯□到"一句与正面历朔非一人书写，应是收到文书的记录。如果把笔迹对比的范围扩大到背面 D 组文字，还会发现：D 组中出现了三个"己"，写法均同于 B 组而与正面文字迥异。此组中的三次出现的"甲"字，也可与正面文字进行对比。木牍正面的两个"甲"字，上部的"田"字形由于折笔斜角较小而呈倒三角形，甚至有可能此"田"形的外框是用从左上角起笔画圈的方式写成的。D 组中的"甲"字，折笔角度都近于直

---

① 《关沮秦汉墓简牍》，第 104 页注⑤。

角，"田"形外框下方的横笔明显，整体较为方正。这一笔迹特征与正面文字差别显著，而这种差别正好与"己"字的差别类似。下面就以"己""甲"两字为例，将正面和背面 B、D 两组文字的笔迹特征差异和联系列表示意。

周家台秦二世元年木牍文字笔迹特征关系表

笔迹特征	锐角折		直角折		
文字组别	正面	背面 B 组	背面 D 组		
己	（九月己亥大）	（己卯）	（己卯）	（己丑）	（己亥）
甲	（甲辰）	（甲戌）	—	（甲戌）	（甲申）	（甲午）

从上面的笔迹特征关系表可见：背面 B、D 两组文字具有相同的笔迹特征，应是同一人所书；而两者都与正面及背面 A 组文字特征不同，非一人所写。这一结果支持上文的推测，即木牍背面 B 组文字是使用者在秦二世元年十二月己卯日收到当年历书时所作的记录，此后他又以己卯日为始谱排该月的历日干支，书写了 D 组文字。

秦二世元年历书应是来源于同年岁首朝贺时王朝的颁朔，是中央政府所颁历朔下达到地方官吏的一份抄件。秦二世元年历书木牍使用者即周家台 30 号秦墓的主人，身份是南郡的一位属吏。① 他以"某月某日到"这样的文书格式记录收到历书的时间，可见这一历书应来自官方。

收到这件历书的十二月己卯日，上距十月朔日两个月又五天，这差不多就是秦汉时期普通诏书从中央下达到较为边远的地方基层所需的时间。从咸阳行至南郡，即使在秦汉的交通条件下，一般 20 天即可

---

① 《周家台 30 号秦墓发掘报告》中认为墓主是南郡官署的小吏，见《关沮秦汉墓简牍》，第 157～158 页。

到达。① 但诏令下达基层，不仅要经过长途旅行，而且需在中央和地方郡、县各级层层抄副转发，中间环节甚多，难免稽延，耗时往往更多。益阳兔子山出土秦二世元年诏书木牍背面记颁下和到达的时间："以元年十月壬午下，十一月戊午到守府。"② 壬午到戊午，中间相隔 36 天之久。这还只是从咸阳到洞庭郡所用的时间。里耶秦简"御史问直络裙程书"于秦始皇三十二年二月丁未朔辛亥发出，三月丁丑朔壬辰到洞庭郡，四月癸丑到迁陵县廷后又下达给迁陵少内，其间耗时 62 天。③ 再举著名的居延汉简元康五年（即神爵元年，前 61）夏至寝兵诏书为例。该诏书于元康五年二月十一日癸亥下丞相，十五日丁卯由丞相下中央和地方各级官署，三月二十四日丙午又由张掖郡下达给所辖的次一级官署。闰三月六日丁巳，张掖肩水都尉复将诏书下属内候官、城尉，同月九日庚申才又由肩水候官转达给所辖塞尉、候长。从二月十一日至闰三月九日，相隔 57 天。可见，这一诏书从中央下达到最基层，花了近两个月时间。④ 即使仅计算从丞相府下达到郡的时间，也超过一月。诏书的内容，是安排五月二日壬子夏至改火寝兵事宜。二月十一日即下诏，提前了三个多月。由此可知，诏书下达所需时间已在朝廷预算之内，耗时两个月并没有超出预计。无独有偶，肩水金关出

① 岳麓书院藏秦简秦始皇三十五年质日的记注中，包含有从南郡往返咸阳的日程记录。其中记载竹简的主人以四月己未朔宿南郡当阳县（治今湖北省荆门市西南），丙子宿咸阳，路上仅用了 17 天。参看朱汉民、陈松长主编《岳麓书院藏秦简（壹）》，上海辞书出版社，2010 年，第 184 页。

② 湖南省文物考古研究所、益阳市文物处《湖南益阳兔子山遗址九号井发掘简报》，《文物》2016 年第 5 期，第 43 页。

③ 里耶秦简 8-152、8-153、8-155、8-158、8-159 号，见湖南省文物考古研究所编《里耶秦简（壹）》，文物出版社，2012 年，图版第 35～38 页。释文参考陈伟主编《里耶秦简牍校释（一）》，武汉大学出版社，2012 年，第 93～97 页。8-159 号中"辛亥"的"辛"字原书未释，注释说"疑是'辛'"。按图版作 ▨，排除编绳的干扰，可以确认为"辛"字。"癸丑"的"癸"，图版作 ▨，各家未释。今据字形并参考8-155 号"四月丙午朔癸丑，迁陵守丞色下少内"，释为"癸"字。

④ 参看森鹿三《论敦煌和居延出土的汉历》，原载氏著《東洋學研究·居延漢簡篇》，同朋舍，1975 年；中译文见《简牍研究译丛》第一辑，中国社会科学出版社，1983 年，第 124～127 页。

土的永始三年（前14）诏书，下达用时也在两个月以上。[1] 这两个汉代的例子可以佐证，秦二世元年历书木牍使用者在颁朔两个多月后的十二月己卯日收到历书，是合乎常理的。

与诏书下行不同的是，历朔的颁下并非通过邮驿，而是由上计吏返归本郡时带回。根据汉代的资料，上计吏在岁首朝贺后，一般还会参与若干其他活动，在京师逗留一段时间，[2] 返回时，行程也不会像邮卒那样匆促。秦代的情况应大致相仿。因此，历朔下达虽比诏书少一些环节，所需时日却不会相差太远。

由于史料缺乏，秦汉颁朔制度的详情很难确知。上面的讨论，仅据现有资料得出了一种可能性的推测。如若不误，则秦及汉初在十月岁首朝贺时进行颁朔，并由上计吏带回本郡。这一制度必然会造成我们通过秦二世元年历朔木牍所见的情况，即地方政府收到王朝所颁历朔时，本年已经过去一两个月。在这一两个月中，各级官署又如何安排当年历日呢？除了遵奉王朝所颁历朔之外，各级官署和官员有没有能力自己谱排历日？朝廷颁朔的效力究竟如何，其意义又是什么呢？下面将尝试回答这些问题。

二、秦至西汉中前期颁朔的范围与影响

众所周知，秦汉历法在汉武帝太初元年改用"太初历"后，发生过重大变化。因此，本节暂时将讨论的范围限定在太初改历以前，即秦至西汉中前期。近年来，出土发现了不少这一时期的实用历书，简牍文书

---

① 该诏书最初见于甘肃省博物馆简牍整理组《〈永始三年诏书〉简册释文》，《西北师院学报》1983年第4期。关于此诏书下达用时的讨论，可参看大庭脩《论肩水金关出土的〈永始三年诏书〉简册》，《敦煌学辑刊》1984年第2期，后收入氏著《汉简研究》，广西师范大学出版社，2001年，第21～37页。

② 参看杨鸿年《汉魏制度丛考》"上计"条之三"计吏活动"，武汉大学出版社，2005年，第450～455页。

中也有不少日期记录透露出当时的实用历朔信息。[①] 这些资料为了解基层历朔行用情况提供了样本，进而有助于探讨秦至西汉中前期王朝颁朔的范围和实际影响。

如果秦汉时期举国上下都奉行王朝所颁历朔，那么出土发现的各实用历朔数据之间应完全吻合。事实并非如此，出土文献中的历朔数据常有歧异。比如，岳麓秦简秦始皇二十七年历书载是年八月朔日为癸酉，[②] 里耶 J1 ⑧ 133 号秦木牍则有"廿七年八月甲戌朔"的纪日，[③] 其八月朔日较岳麓简晚一天。又如，周家台秦简秦始皇三十四年历书载是年三月乙丑朔，五月甲子朔，七月癸亥朔；而在岳麓秦简同年历书中，此三个月的朔日分别为丙寅、乙丑、甲子，均较周家台历书晚一天。[④] 这些歧异的历朔数据，并不能找到统一的标准来判断正误。与其武断地说凡两歧必有一误，不如尊重出土文献本身的记载，承认秦代实际使用的历朔并不完全统一。也就是说，秦代颁朔的范围和影响是有限的。上述历书的使用者都为地方小吏，且历书上的加注记事也多与行政活动有关，可以说，即使在政府官员乃至某些官方性的活动中，王朝所颁历朔也未必完全得到了贯彻。

上述情况的形成，主要有两方面原因。一是王朝颁朔行为本身有局限性。秦及汉初所行颁朔制度，承自战国以来各国颁朔的传统。以战国时代国家的地理规模，岁首所颁历朔一般应能在一个月之内下达到国内各地。虽然较新年之始有所延迟，但地方各级在确定二月朔日之前已经收到所颁历朔，不需要自行安排年初历朔。秦灭六国之后，国土面积扩大数倍，交通所需时间也成倍增加。前文已经提到，秦代在岁首朝贺时进行颁朔，王朝统一的历朔下达到地方各级时，当年已经过去一两个

① 参看本书所收拙文《出土秦汉历书综论》。

② 《岳麓书院藏秦简（壹）》，第 3、47、177 页。

③ 湖南省文物考古研究所编著《里耶发掘报告》，岳麓书社，2007 年，第 181 页，彩版 18。

④ 有学者认为周家台秦始皇三十四年历书存在不合历法准则的抄误，刘信芳已经指出这种认识是出自对历书本身的误解，见氏著《周家台秦简历谱校正》，《文物》2002 年第 10 期，第 80～83 页。我赞同刘氏之说，相关讨论见拙文《出土秦汉历书综论》。

月。在这一两个月中，各级官署应需自行安排月朔、记录日程。各级官署的实用历书，很可能在收到王朝历朔之前就已制作完成。自行安排的历朔难免与王朝所颁者有个别差异，而王朝颁朔的范围大约也仅限于各级官署，民间所用历朔更不是颁朔之制能够强行统一的。

民间治历活动的存在，也是王朝历朔不能贯彻的原因。战国秦汉之际，民间活跃着相当多的治历者。司马迁称，周衰以后，"畴人子弟分散，或在诸夏，或在夷狄"。① 此说未必合乎史实，但仍能反映出当时及稍早的时代历法之学散在民间的情况。汉文帝时的丞相张苍，未尝为太史而好律历，所学当是得自民间。汉武帝太初改历时，曾"选治历邓平及长乐司马可、酒泉候宜君、侍郎尊及与民间治历者，凡二十余人"共同参与，② 可见当时民间修习历法者众多。秦汉之际的情况，由此亦可推知。事实上，秦汉历法的基础主要是四分术，并未繁复到高深莫测的程度，如果仅以安排朔闰为目标则更为简易，不会与实际天象或官方历朔相去太远（最多不会超过两天）。2018 年，荆州胡家草场汉初墓葬发现的一篇文献《历》，预先谱排了汉文帝后元元年（前 163）以降 100 年的朔闰，③ 就是民间自行治历的实例。既然有条件自行安排历朔，当然就不必死守王朝颁朔了。

通过考察出土历书还可以发现，秦汉之际获取历书的渠道是多元化的。除官方所颁及根据王朝颁朔自行制作的历书外，还存在着民间性的历书制作和流通。④ 来自民间渠道的历书，从时效性和获取便利程度上都优于根据王朝颁朔制作的历书。它在非官方场合的使用范围和影响，很可能远远超过后者。在印刷历日日益流行的唐宋时代，民间小历和私修历书流布广泛，历朔安排往往与官历不同，王朝也无力禁绝。⑤ 秦汉

---

① 《史记》卷二六《历书》，第 1258～1259 页。
② 班固《汉书》卷二一《律历志上》，中华书局，1962 年，第 975 页。
③ 见李志芳、蒋鲁敬《湖北荆州市胡家草场西汉墓 M12 出土简牍概述》，《考古》2020 年第 2 期，第 22～24 页。
④ 参看拙文《出土秦汉历书综论》。
⑤ 参看周荣宝《唐宋岁末的历书出版》，《学术研究》2003 年第 6 期，第 102～104 页。

历书仅能通过手抄流传，民间历书普遍存在更可以推知。

此外，地区差异可能也加剧了王朝颁朔不行于民间的情况。秦虽然在政治上统一了六国，但长期分治造成的地域文化差异不可能在短期内弭平，战国时代形成的文化区域格局，影响一直延续到西汉。① 战国时期，各国历法在岁首和历元等要素上应存在差异。虽然这方面的资料还不足以支撑起精确的描述，但至少可以认为，汉代流行的"三正说"和所谓"古六历"与春秋战国以来各国历法的歧异是有关系的。② 为了适应延续下来的战国文化格局，汉初采用郡国并行制，默许东部地区的诸侯国从俗而治。③ 在此背景下，诸侯国的历朔也与汉朝不同，传世文献中就有这方面的例子。《春秋繁露·止雨》载有董仲舒任江都相时的一篇教令，开头是"二十一年八月甲申朔丙午，江都相仲舒告内史、中尉"云云。其中的"二十一年"是江都易王纪年，相当于汉武帝元光元年（前 134）。根据董仲舒所称，该年八月朔日为甲申，但银雀山汉墓出土的元光元年历书则载八月乙酉朔，较之晚了一天。按《汉书·五行志》，这一年"七月癸未，先晦一日，日有食之"，④ 则《汉书》所本的汉朝历法也以乙酉为八月朔日，同于银雀山汉简而与《春秋繁露》相异。这种差异，无法用抄写讹误来解释，只能认为是所用历朔不同造成的。也就是说，董仲舒在教令中所用的江都国历朔不同于汉朝。由此可以推知，在武帝初年，汉朝历朔尚不通行于诸侯国，王朝颁朔的范围和影响甚至小于秦代。⑤

从秦至汉初颁朔的范围和影响来看，王朝是将之作为一项行政措施

① 参看胡宝国《汉唐间史学的发展》，商务印书馆，2003 年，第 214～215 页。
② 关于战国时期各国历法的情况及其与古六历的关系，请参看钱宝琮《从春秋到明末的历法沿革》，初载《历史研究》1960 年第 3 期，后收入《钱宝琮科学史论文选集》，科学出版社，1983 年，第 436～438 页；张培瑜等《中国古代历法》，中国科学技术出版社，2007 年，第 327～335 页。
③ 参看陈苏镇《〈春秋〉与"汉道"——两汉政治与政治文化研究》第一章第三节《郡国并行及其意义》，中华书局，2011 年，第 66～107 页。
④ 《汉书》卷二七《五行志下之下》，第 1502 页。
⑤ 详见拙文《〈春秋繁露·止雨〉二十一年八月朔日考》，《史原》复刊第四期，台湾大学历史系，2013 年，今收入本书。

来执行的，颁朔的对象是中央和地方官署。与王朝行政关系不那么密切的民众和拥有自治权的诸侯国，并不在颁朔的范围之内，也未见被要求施行与王朝同样历朔安排的迹象。这与典籍中所述天子颁朔的情况，有不小的差距。

儒家典籍中对颁朔制度的描绘，都明确将颁朔的范围划定为包含诸侯国在内的天下各行政区，而且颁朔还具有一定的礼仪性意味。汉代受到儒学影响的士人，更是将颁朔实施与否看作天下兴衰的标志。司马迁说："夏正以正月，殷正以十二月，周正以十一月。盖三王之正若循环，穷则反本。天下有道，则不失纪序。无道，则正朔不行于诸侯。"①刘歆也称："周道既衰，幽王既丧，天子不能班朔。"②显然，司马迁和刘歆对夏、商、周三代颁朔历史的理解并不符合史实，而是与经典记载一脉相承的。不仅如此，他们还进一步将颁朔制度理想化，赋予它特殊的象征意义。

由此看来，东周到秦汉时期，颁朔制度存在着现实和学术两个传统。现实的传统是：周代及以前没有颁朔天下的制度；颁朔之制是春秋以后由于各国的实际行政需要发展起来的，最初并无特别的象征意味；颁朔的礼仪性或许日益受到轻视，或许从未受到重视。学术的传统则认为：夏、商、周三代都有自己的正朔，具备将历朔颁布天下使诸侯奉行的能力；这种能力的存在与否，构成了王朝兴衰、天下是否有道的标志。

学术传统对颁朔制度的描绘和阐发，是基于古代典籍的记载，古代典籍的记载则是由春秋战国时代列国的现实制度推演而来。归根结底，颁朔的学术传统源自现实，学术传统所谓"颁朔""受朔日"与现实中的历朔和历日颁赐本是一回事。但到了秦汉时期，随着学术传统的累积和发展，儒家所谓"颁朔"要求达到的效果和需要的技术条件，已经大大"超前"于现实中的颁朔制度。于是，消除两者间的距离，用学术传

---

① 《史记》卷二六《历书》，第 1258 页。
② 《汉书》卷二一《律历志上》，第 980 页。

统中理想化的"颁朔"取代现实制度，成为西汉儒家追求的目标。

西汉文帝以后，随着儒术兴起，学术传统的影响逐渐凸显。特别是当汉朝的东方政策逐步转变，"正朔不行于诸侯"的情况不会一直持续，颁朔制度及其影响一定会有所改变。问题在于，这些变化是在什么时候，通过何种方式发生的？

三、改正朔与"正朔"观念

汉朝颁朔制度的变化，主要体现在颁朔范围是否包含诸侯国。这个变化发生的时间和方式，史书没有直接的记载。现在只能先找到它的时间上限和下限，然后在两者之间寻找一个可能的时间点和相关事件。

从前文对《春秋繁露·止雨》所载历朔的分析来看，汉朝颁历于诸侯的上限，不会早于武帝元光元年。至于下限，则不晚于天汉二年（前99）。山东日照海曲汉简中有一枚简，简文作"天汉二年城阳十一年"[1]。这是在诸侯王本国纪年前冠以汉朝纪年的首个用例，而类似的情况在宣帝以后多有发现。[2] 可以说，天汉二年简标志着汉代诸侯国纪年方式的重大变化，[3] 从独立纪年改为冠以汉朝纪年。两种纪年连用，只有在历朔统一的前提下才能施行。换言之，最晚到天汉二年，汉朝颁历的范围已

---

[1] 简文最初披露于山东文物考古研究所《山东日照海曲西汉墓（M106）发掘简报》，《文物》2010 年第 1 期，第 24 页，简影见董书涛主编《日照博物馆馆藏文物集》，齐鲁书社，2010 年，第 128 页。

[2] 比如鲁孝王泮池刻石文字有"五凤二年鲁卅四年六月四日成"（见王昶《金石萃编》卷五叶一正，"鲁孝王石刻"条，中国书店，1985 年），出于西汉六安国的阳泉使者舍熏炉也刻有"〔元康〕五年六安十三年正月乙未"字样。炉铭中"元康"二字原缺，此据陈介祺的考证补，参看陈介祺《汉阳泉使者舍熏炉考释》，《簠斋金文考》，文物出版社，2005 年，第 17～22 页。然陈氏不知为何将神爵之前的年号误为地节，并说所缺字为"地节"，今据文意改正为"元康"。陈介祺还认为，此二字是器物出土后被人凿去的，原因是史书中没有元康五年（是年三月改元神爵）。这一推测也是合理的。

[3] 关于这一纪年简的意义，参看秦进才、李艳舒《海曲汉简"天汉二年城阳十一年"简探微》，《四川文物》2016 年第 6 期，第 53～58 页。作者指出城阳十一年是城阳惠王刘武的纪年，这一资料标志着诸侯王纪年形式的重大变化。

经扩展到了诸侯国。

在武帝元光元年至天汉二年之间，哪个事件与颁朔制度最为相关呢？当然是太初元年（前104）的改正朔。

"正"是指建正，"朔"是指月朔。改正朔即改革王朝历法中的岁首和月朔安排，它的结果必然要在历朔的颁布上体现出来。据史料所见，"改正朔"的呼声最早出现于西汉文帝时。贾谊在文帝即位之初，即"以为汉兴至孝文二十余年，天下和洽，而固当改正朔，易服色，法制度，定官名，兴礼乐"。[①] 其后，文帝前元十四年（前166），鲁人公孙臣上书，"陈终始传五德事，言方今土德时，土德应黄龙见，当改正朔服色制度"。[②] 十五年，黄龙见成纪，应了土德之瑞，文帝遂任用公孙臣为博士，着手准备改正朔诸事。但不久，后元元年（前163），由于方士新垣平诈伪败露，累及公孙臣一派，文帝心灰意冷，将改正朔等事搁置下来。[③] 直至武帝元封七年（即太初元年，前104），大中大夫公孙卿、壶遂、太史令司马迁等又上言"历纪坏废，宜改正朔"。武帝采纳此议，于是才有改元太初、以正月为岁首、更定汉历这一系列改革。[④]

从上述史事来看，改正朔往往是一系列制度改革中的一部分。这一系列改革，还涉及服色、制度、礼乐等方面，与当时流行的历史政治学说"五德终始"和"三正"论联系在一起。"五德"和"三正"两种学说在具体安排上有不少差异，但都是将特定的正朔、服色、礼乐、制度组合起来，构成三套或五套系统，分别对应三正或五德，然后与历史上的帝王或朝代进行循环配伍，形成对历史与政治的模式化解说。两者的现实目的，也都是通过确定当下王朝在循环中的位置，为其制

---

① 《史记》卷八四《贾生列传》，第2492页。

② 《史记》卷一〇《孝文本纪》，第429页。其事又见《史记·封禅书》《历书》《张丞相列传》。《孝文本纪》系此事于前元十四年条之末，《张丞相列传》则称"苍为丞相十余年，鲁人公孙臣上书"云云。据《汉书·百官公卿表》，张苍为丞相在文帝前元四年正月，则"苍为丞相十余年"亦不会早于前元十四年。

③ 新垣平与公孙臣所主不同，并非一派，但在文帝看来，两者有一定联系，故而一损俱损。事见《史记》卷二八《封禅书》，第1383页。

④ 事见《汉书》卷二一上《律历志上》，第974～976页。

定法度。董仲舒《春秋繁露·三代改制质文》云："王者必改正朔，易服色，制礼乐，一统于天下，所以明易姓，非继人，通以己受之于天也。"①《白虎通·三正》"论改朔之义"条亦云："王者受命必改朔何？明易姓，示不相袭也。"②应是承袭董仲舒之说。据此，改正朔是受命于天并区别于前代的标志。三正论对改正朔意义的这一解释，同样适用于五德终始说。

文帝时，汉兴已二十余年，刘氏天下基本稳定；到了武帝中期，汉朝更臻于鼎盛。在这样的时候提出和实行改正朔，如果仅是为了"明易姓"，彰显受命于天，确实可以说象征意义有余而实际作用欠缺。因此，研究者一般不太重视西汉的改正朔。事实上，改正朔的象征意义对于贾谊、司马迁等人极为重要，而改正朔与汉朝面临的实际问题之间也并非毫无瓜葛。

文帝时改正朔的提出和准备实施，有一个大的政治背景。当时，汉朝与诸侯国矛盾日益突出，王朝的东方政策正在发生转变。陈苏镇指出，西汉初年，诸侯王有权"自置吏"，而王国官吏皆"从王治"，所用法律也有部分由各国自行制定，与汉法不尽一致。但到了文帝初年，同姓诸王自置二千石的权力已经被削夺，内诸侯因不用汉法而受到制裁的事例最早也见于此时。③文帝三年和六年，济北王兴居和淮南王长先后起兵谋反，在一定程度上可视为汉朝削弱诸侯的政策引起的反弹。贾谊主张削弱王国，建议文帝"众建诸侯而少其力"。他在文帝初年深受器重，东方政策的上述变化当与之有关。那么，贾谊提出改正朔，与强干弱枝的主张会不会有某种联系呢？这就提示了改正朔的另一层意义。

在儒学语境中，改正朔的政治意义除了"明天命"，还有"大一统"。对于后者，现代研究者注意较少，汉儒则不然。《春秋》隐公元

---

① 苏舆《春秋繁露义证》卷七，中华书局，1992 年，第 185 页。
② 陈立《白虎通疏证》卷八，中华书局，1994 年，第 360 页。
③ 参看陈苏镇《〈春秋〉与"汉道"——两汉政治与政治文化研究》，第 77～94 页；以及氏著《汉初王国制度考述》，《中国史研究》2004 年第 3 期，第 27～40 页。

年"春王正月"，《公羊传》曰："何言乎'王正月'？大一统也。"① 可见在公羊家看来，《春秋》大一统首先就直接体现在遵奉天子正朔上。董仲舒在前引《三代改制质文》篇中也说，"王者必改正朔，易服色，制礼乐，一统于天下"。他认为，正朔、服色、礼乐必须"一统于天下"，然后才能彰显其象征意义。因此，"大一统"自是改正朔的题中应有之义。

上文已经指出，直到武帝前期，诸侯国历朔尚不同于汉朝。文帝时的改正朔，当然应该包括"一统于天下"这个内涵，亦即通过改正朔，将诸侯国所用的历朔与汉朝统一起来，彻底将颁朔之制推行于天下郡国。这是文帝时期提出改正朔的实际政治意义。此议由贾谊首倡，应该不是偶然。

借由改正朔将颁朔之制推广到诸侯国的计划，没有在文帝手中完成。那么，武帝太初元年的改正朔是否包含并且实现了这一目标呢？可供推测的史料依然十分匮乏。不过至少可以认定，提出改正朔的司马迁有此目的。前引《史记·历书》云："夏正以正月，殷正以十二月，周正以十一月。盖三王之正若循环，穷则反本。天下有道，则不失纪序。无道，则正朔不行于诸侯。"所谓夏正、殷正、周正，即"三正论"的内容。司马迁将夏、殷、周三代看作三个统一王朝，当王朝秩序正常，天下有道时，天子正朔通行于天下；当王朝衰微，天下无道时，天子正朔便不为诸侯所遵奉。司马迁既然将"正朔不行于诸侯"视为天下无道的标志，也就绝不会无视汉代诸侯国不奉王朝正朔的现象。他一定是主张将颁朔之制推向诸侯国的。

汉魏之际的张晏和东晋虞喜都认为，太初改历的同时进行了颁朔诸侯的仪式。《史记·太史公自序》云，太初元年"十一月甲子朔旦冬至，天历始改，建于明堂，诸神受纪"。《索隐》引虞喜《志林》曰："改历于明堂，班之于诸侯。"②《汉书·司马迁传》的同一段话下，颜师

① 《春秋公羊传注疏》卷一，阮元校刻《十三经注疏（清嘉庆刊本）》，第 4766 页。
② 《史记》卷一三〇《太史公自序》，第 3296 页。

086

古注引张晏曰："以元新改，立明堂，朝诸侯及郡守受正朔。"颜注下案断称："张说是矣。"[①] 如果是这样，在太初改历的同时，诸侯也成为颁朔的对象。

然而，张晏、虞喜和颜师古的意见都与史不合，原因是他们弄错了太初改历的时间。据《汉书·武帝纪》，太初改历不是在十一月，而是在之后的夏五月；并且在改历之前的春月（似应是正月），武帝已经"受计于甘泉"。[②] 改历之时已经过了朝贺受计的时间，当然不可能有当众向郡国颁历的仪式。

尽管如此，张晏等人的解释仍有其价值。他们都从自身对本朝制度的认识出发，认为汉武帝改正朔的同时必然有颁朔于天下的行为。他们毕竟去古未远，对帝国政治制度有亲身体会，理解这一事件的大方向还是可供参考的。

太初改历与"正朔行于诸侯"没有同时发生，并不说明两者全无联系。司马迁自述太初改历为写作《史记》的动因，[③] 各篇的完成当然在此之后。上文提到过，《史记·历书》认为"正朔不行于诸侯"是天下无道的标志。而在司马迁看来，武帝之世绝非"无道"，相反，撰写《史记》的意图正在于彰显当世的圣德。司马迁在《太史公自序》中称引"先人"语，指出古代帝王之盛，皆有书称颂其德。汉之"明天子"武帝，"明圣盛德"而尚未有书载述，《史记》之作正是为此。司马迁举武帝功德鼎盛的标志，最重要的有获符瑞、封禅和改正朔服色三事。[④] 获符瑞指元狩元年（前122）获白麟以及元鼎四年（前113）得宝鼎、天马事，封禅在元封元年（前110），均在太初以前。只有改正朔服色一事，成于太初元年，对《史记》之始作影响最大，可谓直接动因。由此不难推断，在太初改正朔之后，司马迁写《史记》时，汉朝已经改变

---

① 《汉书》卷六二《司马迁传》，第2716页。

② 《汉书》卷六《武帝纪》，第199页。

③ 《史记》卷一三〇《太史公自序》，第3296页。另可参王国维《太史公行年考》，《观堂集林》卷一一，中华书局，1959年，第500页。

④ 《史记》卷一三〇《太史公自序》，第3299页。

"正朔不行于诸侯"的局面，符合了"天下有道"的标准。这一改变没有与改正朔发生在同一时间，但不会与之相去太远，而且应看作改正朔的结果之一。

当然，颁朔制度变化并稳定下来需要一个过程。汉武帝时期，许多制度都在不断的变革，往往要到昭、宣时期才得以稳定。颁朔像东汉那样固定在每年岁首计吏朝贺时，估计也是武帝去世以后才确定下来，具体时间已无法猜测。①

从上述可知，颁朔制度的变革和稳定，是两方面因素共同推动的结果。一是汉代政治的实际需要，特别是对诸侯国加强控制的需要；另一方面则是儒家学术的政治理想。虑及贾谊、司马迁等人的积极推动，第二方面的因素可能发挥了更为主导性的作用。前文曾说过，颁朔制度存在着现实和学术两个传统。秦汉颁朔制度的发展，是学术传统强化和改造现实传统的过程。它不仅深刻地影响了汉代以后的颁朔制度，更重要的是从中产生了"正朔"观念。

西汉中期以后，差不多从太初改正朔前后开始，"正朔"一语日益活跃于政治场合，并且带上正统和统治权力的象征意义。《汉书·宣帝纪》载，甘露二年（前52），匈奴呼韩邪单于款塞，求朝明年正月。诏有司议，咸曰"单于非正朔所加，王者所客也"。②《萧望之传》亦称望之以为"单于非正朔所加，故称敌国"。③所谓"非正朔所加"，即是不在统治范围之内的意思。《后汉书·窦融列传》载，隗嚣称建武年号，窦融等从受正朔。④这里的称建武年号和受正朔，都有表示承认刘秀统治权的意味。曹魏代汉，以汉献帝为山阳公，在封国内"行汉正朔"。⑤此后，晋代魏、宋代晋、齐代宋、梁代齐、陈代梁等所谓禅让革命，都

<hr>

① 从前文对敦煌悬泉置出土"行历日诏书"简的分析看，汉昭帝时期可能还实行过在九月朔日通过发布诏书颁朔的制度。
② 《汉书》卷八《宣帝纪》，第270页。
③ 《汉书》卷七八《萧望之传》，第3282页。
④ 《后汉书》卷二三《窦融列传》，第798页。
⑤ 《三国志》卷二《魏书·文帝纪》，中华书局，1982年，第76页。

继承这一传统，名义上令旧君行前代正朔，[①] 以示不臣。北朝高欢曾说南朝梁武帝萧衍"专事衣冠礼乐，中原士大夫望之以为正朔所在"。[②] 此"正朔"则为"正统"的同义语。这些事例为读史者所熟知，无须多作解释。要指出的是，它们所反映的正朔观念，是西汉以来学术传统向政治领域渗透的结果。儒家学术构想出一个笼盖天下的颁朔制度，将正朔行于天下视为有道的标志。正是在它的影响下，颁朔制度才被赋予了超越实际行政需要，与主权（统治的合法性）、天命（王朝的正当性）等更具象征性也更加重大的意义联系起来。由此形成的"正朔"观念，源头也应该回溯到西汉的改正朔运动及其背后的学术传统。

四、结语

本文的研究表明，秦汉时代存在颁朔之制，但秦及汉初王朝颁朔的范围和影响均相当有限。从战国时代进入帝制时代，秦汉王朝面临的局面是，一方面，统一帝国的领土面积、人口规模均扩大数倍，而交通运输、信息传递等行政管理的辅助技术水平并无显著提升；另一方面，政治统一完成后，社会、文化的地区差异难以迅速弭平。为了应对这样的局面，秦王朝一边加紧建设覆盖全国的交通邮驿网络，一边通过行政手段将秦国的制度和文化推广到整个帝国。西汉继承了秦的制度遗产，但改用郡国并行，放缓社会和文化统一的步伐。就颁朔而言，西汉不仅没有扩大颁朔的范围和影响，而且放弃了对诸侯国的历朔统一。

除朝廷之外，从战国后期到西汉时代的学者也在设计着统一国家的构架。他们将新的统一国家设想为继周而起且与夏、商、周相类似的王

---

① 分见《晋书》卷三《武帝纪》，中华书局，1974 年，第 52 页；《宋书》卷三《武帝纪下》，中华书局，1974 年，第 52 页；萧子显《南齐书》卷二《高帝纪下》，中华书局，1972 年，第 32 页；姚思廉《梁书》卷二《武帝纪中》，中华书局，1973 年，第 34 页；《陈书》卷二《高祖本纪下》，中华书局，1972 年，第 32 页。
② 李百药《北齐书》卷二四《杜弼传》，中华书局，1972 年，第 347 页。

朝，或者构拟"周官"，设计了大史"颁告朔于邦国"的职掌；或者根据阴阳时令观念，悬想出季秋之月"合诸侯，制百县，为来岁受朔日"的制度；或者通过三正、五德之说，安排新朝的正朔。这些构想多基于现实制度，但又加入理想化的成分，意在为新朝制法，破解建设统一帝国的迷局。学者的构想以及将之付诸实践的努力，形成一个学术传统。它对汉武帝太初改正朔及此后的"正朔行于诸侯"，发挥了主导性影响。通过影响王朝的颁朔与改正朔，这个学术传统还促成正朔观念的产生，赋予王朝颁朔以政治象征意义。

颁朔制度有待于必要的技术条件，迁延至宋代以后才真正得到贯彻。[①] 直到唐、宋时代，王朝在实际统治疆域内颁行统一历朔的意愿和成效都不显著，[②] 但对表示臣属的周边民族政权却积极地颁赐历日。这种颁赐的意义，显然不在便于实际行政，而是作为宣示主权或者天命的象征。[③] 对内与对外之间的这一反差，追本溯源，原因在于秦汉时期帝

---

① 元代以后颁历制度得以长期执行，原因一是印刷业发达，二是王朝对社会控制能力增强。对此，本文不拟展开讨论。既有研究可参看曹之《古代历书出版小考》，《出版史料》2007 年第 3 期，第 83～86 页。

② 这里举几个唐代的例子略加说明。《册府元龟》卷一六〇载唐文宗大和九年（835）十二月丁丑，"东川节度使冯宿奏准，敕禁断印历日版"，并补充解释说："剑南两川及淮南道皆以版印历日，鬻于市。每岁司天台未奏颁下新历，其印历已满天下。有乖敬授之道，故命禁之。"（王钦若等编《册府元龟》卷一六〇·《帝王部·革弊二》，中华书局，1960 年，第 1932 页上）这一方面说明司天台确有颁下明年历日之职，另一方面也说明王朝通过司天台制定和颁布的历日并不能通行于全国，反而常常被民间雕版印刷之私家历日所取代。此时，唐王朝虽然下令禁断民间私印历日，但禁令的效果仍然有限。敦煌出土的历日中，即包含了自剑南西川成都府流入的私家历，如《唐中和二年（882）剑南西川成都府樊赏家历日》，就是其例。同时，王朝官员对私家历在历朔安排上的参差不齐并未予以重视。《唐语林》载："僖宗入蜀，太史历本不及江东，而市有印货者，每差互朔晦。货者各征节候，因争执。里人拘而送公，执政曰：'尔非争月之大小尽乎？同行经纪，一日半日，殊是小事。'遂叱去。"（王谠《唐语林》卷七，周勋初《唐语林校证》，中华书局，1987 年，第 671 页）民间印卖历日者之间，因为各自历朔安排不同而产生争执。地方官员却认为月份大小仅相差一日半日，毫不重要，不值得争论。此时虽然唐朝接近衰亡，王朝颁历已经不能达到江东地区，但地方官对历朔差异的冷漠态度，仍能间接地反映出唐代颁朔制度没有严格有效地执行。

③ 参看韦兵《竞争与认同：从历日颁赐、历法之争看宋与周边民族政权的关系》。

制中国的颁朔制度最初的形成和发展中，学术传统较之现实制度的"超前"和理想化。

魏晋以后，学术中的理想化因素对政治实际影响越来越小，这是帝国政治体制走向成熟的表现。秦汉时期则不然，帝国体制刚刚建立，需要从不同于战国以来现实制度的学术传统中汲取养分，不断尝试。秦汉颁朔制度的发展与改正朔运动，就是帝国体制创建过程中的一个实例，反映出学术思潮的巨大影响。这种影响推动现实传统发生变革，促使秦汉时代成为中国古代制度和政治文化传统最重要的创设期和形成期。

2011 年 4 月 26 日初稿

12 月 9 日改定

2020 年 12 月 23 日修订

修订后记：本文原载余欣主编《中古时代的礼仪、宗教与制度》，上海古籍出版社，2012 年。此次修订，增补了山东日照海曲汉简"天汉二年城阳十一年"纪年，将汉朝向诸侯国颁朔的年代下限提前到武帝天汉二年（前 99）；又利用胡家草场汉简中的《历》，说明民间治历者的活动；此外还订正了若干文字，但没有改变基本观点。

《春秋繁露·止雨》二十一年八月朔日考

　　《春秋繁露》中的《止雨》篇，记述董仲舒的止雨法，后面附有一篇教令，是他任江都相时所下发的，内容是命令所辖县邑祭社止雨。教令首云"二十一年八月庚申朔丙午，江都相仲舒告内史、中尉"，[①]保留公文书的格式，可信为实录。此语包含丰富的历史信息，却又存在明显疑点，影响了我们对它的理解和利用。首先，所谓"二十一年"未加年号，指哪一年并不明确。其次，庚申朔之月无丙午日，所记干支必有讹误。这两个疑点相互关联，校正干支讹误，必先考明"二十一年"，而所得"二十一年"的八月朔日干支应与"庚申"有关。本文意在解决上述疑难，然后尝试从这段话中读出有价值的信息。

　　关于"二十一年"，此前有三种意见。一种意见认为指汉武帝二十一年，《春秋繁露义证》的作者清人苏舆持此观点，并解释称："元鼎以前纪元并追称，故此不列年号。"[②]此说显然有误。因为，武帝二十一年即元狩三年（前120），董仲舒早已不是江都相了，而且这一年的八月朔日是癸亥，也与"庚申"相去甚远。

　　另外两种意见，都认为此"二十一年"是江都易王纪年，但对其相当于汉朝的哪一年，则有不同见解。刘师培根据《汉书·诸侯王表》，以为江都易王纪年应从汉景帝二年（前155）起算，

---

① 董仲舒《春秋繁露》卷一六，《北京图书馆古籍珍本丛刊》影印宋嘉定四年（1211）江右计台刊本，书目文献出版社，1988年，第2册，第593页下。
② 苏舆《春秋繁露义证》卷一六，中华书局，1992年，第438页。

092

"二十一年"即武帝建元六年（前135）。[1]钟肇鹏主编的《春秋繁露校释》不同意刘说，而据《史记·汉兴以来诸侯王年表》以景帝四年为江都王元年，推断其二十一年为武帝元光二年（前133）。[2]上述两种意见的分歧，事实上仅在于江都王的起元。两者都有《史》《汉》明文为据，但对《史》《汉》记载的理解均未达一间。下面试考史文，以求正解。

今本《史记》对江都国初置时间的记载，有自相歧异之处。《汉兴以来诸侯王年表》将汝南王非徙封江都王系于景帝四年，案《孝景本纪》则事在三年。两者孰是，不难分辨。景帝三年"七国之乱"爆发，乱平后，是年六月乙亥，景帝增封和徙封了一批诸侯王，填补废除吴、赵等国留下的空白。汝南王非被徙封江都王，都广陵，即吴国故地，当然是这一系列政治安排之一，应当发生在同一时间。《汉书》的记载可以印证这一点。《汉兴以来诸侯王年表》将其他各国的变动都系于景帝三年，唯独江都王在四年六月乙亥，无疑是一处误植。据此得出"二十一年"指武帝元光二年的结论，是站不住的。

与此不同，刘师培所据《汉书》记载无误，但他的理解却有偏差。《汉书·诸侯王表》载，刘非于景帝二年"三月甲寅，立为汝南王，二年徙江都，二十八年薨"。据同表载刘非子的嗣位年及《汉书·武帝纪》，可以确知刘非死于武帝元朔元年（前128）。自景帝二年至元朔元年，恰好是二十八年，与《诸侯王表》合。刘师培据此误以为，《春秋繁露·求雨》中的"二十一年"也应从景帝二年起算。实则《诸侯王表》中的二年、二十八年，都是从刘非封王起算，不考虑其间徙封改元的因素。而《求雨》篇中的"二十一年"却是江都国纪年，应从刘非徙封江都而江都国建立之年，即景帝三年起算。这一点有《汉书》为证。《汉书·景十三王传》称江都易王非"二十七年薨"，看似与《诸侯

---

① 刘师培《春秋繁露斠补》卷下，《刘申叔遗书》，江苏古籍出版社，1997年，第1030页。

② 钟肇鹏主编《春秋繁露校释（校补本）》，河北人民出版社，2005年，第1009、1117～1118页。此前已有学者提出此说，但未加详论，如施之勉《董仲舒对策年岁考》一文，载《东方杂志》（上海）第40卷第13期，1944年，第43～45页。

王表》所谓"二十八年薨"不同，其实只是因为用了江都国的纪年，从景帝三年起算。此所谓"二十七年"，仍是指元朔元年。确认江都易王二十七年即汉元朔元年之后，求"二十一年"只需上推六年即可考得。这一年是元光元年。

上述推算，有《汉书》记载的强证，应相当可靠。但我们仍不妨用朔日干支来验证一下推算结果，看看能否有新的发现。

要进行验证，必须首先确定元光元年八月朔日的干支。众所周知，秦汉历法是学界聚讼纷纭的课题，虽然目前已有多种朔闰表可供参考，但仍在随着出土文献历日的发现不断修正，很难说现有历表中的每一个朔日都合乎汉朝的实际用历。幸运的是，元光元年八月的朔日干支，恰好有"二重证据"的证明。《汉书·五行志下之下》载，元光元年"七月癸未，先晦一日，日有食之"。癸未为七月晦前一日，可知汉朝历法，是年八月朔日为乙酉。此外，还有出土文献可供考证。银雀山汉墓出土的历表，自题"七年视日"，经学者研究已确认为"元光元年历谱"。[1] 这份历表记载的八月朔日，也是乙酉。[2] 可知据汉朝历法，此日干支为乙酉无疑。然而，"乙酉"和"庚申"字形迥异，绝不可能互讹。如果上面对"二十一年"的考证不误，《求雨》篇的干支记载又该如何解释？

对此，清人卢文弨的校改提示了答案。卢校本改此句作"甲申朔"，校云"本作庚申朔，讹"。[3] 卢校未说明校改理由，而由批评他的刘师培代为道出。刘师培在前引《春秋繁露斠补》中加小注云："卢盖据本传非立二十七年为说，因以二十一年当元光元年，并改'庚'为'甲'以就之。"我们赞同卢文弨的意见。"甲"与"庚"隶书字形相近，且甲申朔之月确有丙午日，卢校从校勘学角度看是成立的。校改后，《止雨》

---

① 罗福颐《临沂汉简概述》，《文物》1974年第2期，第32～35页。

② 该历表摹本见罗福颐《临沂汉简所见古籍概略》，《古文字研究》第十一辑，中华书局，1985年，第41～42页。

③ 董仲舒《春秋繁露》卷一六，1923年北平直隶书局影印《抱经堂丛书》本，叶七A。苏舆《春秋繁露义证》亦从卢校。

篇甲申朔与《汉书》、汉简历表的乙酉朔仅一日之差，完全可以从历法上得到解释。据清人汪曰桢推算，元光元年八月朔日按照"殷历"为乙酉，按"颛顼历"则是甲申。①卢文弨改"庚申"为"甲申"，当亦曾推"颛顼历"为证，可信为正解。②

现在，根据学界对秦汉历法的最新认识，我们已经知道，汉初实际所行历法既非今传"颛顼历"，也不能简单地理解为"古六历"中的任何一种。③因此，史料所见元光元年八月朔日有甲申和乙酉之差，亦未可以"一用'颛顼历'一用'殷历'"来解释。但至少可以说，元光元年董仲舒所用的江都国历与汉朝历，是有差异的。这是颇具意义的发现。

董仲舒是"大一统"的倡导者，他的教令却不用汉朝历朔，反映出当时江都国的官文书在制度上要采用本国历年。这应该不是特例。可以推测，直到汉武帝前期，诸侯国内的文书行政中仍在行用各自独立的纪年和历朔。此事似乎出人意料，却又在情理之中。儒家认为天子应在岁末向诸侯"颁朔"，《礼记·月令》季秋之月，天子"合诸侯，制百县，为来岁受朔日"，《周礼·春官》述大史之职亦有"颁告朔于邦国"。汉代学者司马迁、刘歆等还将"正朔不行于诸侯""天子不能班朔"视为天下无道的表征。④上述观念在历史上影响深远，后人容易想当然地以为汉朝必定会颁朔于天下。然而，事实并不如此简单。汉代实行郡国并行制，汉初诸侯国在政治、经济、军事各方面均有相当的独立性，汉法之外尚有本国法令，甚至被默许不奉汉法而治。⑤在此背景下，诸侯历

---

① 汪曰桢《历代长术辑要》卷四，清同治六年（1867）汪氏刊本，叶二 A。
② 根据《汉书·五行志下之下》癸未日食的记载，可知真实的合朔日期在癸未。以甲申为八月朔日，较之乙酉更为"合天"。
③ 参看张培瑜《根据新出日历简牍试论秦和汉初的历法》，《中原文物》2007 年第 5 期，第 62～77 页；李忠林《周家台秦简历谱系年与秦时期历法》，《历史研究》2010 年第 6 期，第 36～53 页。
④ 《史记·历书》："天下有道，则不失纪序；无道，则正朔不行于诸侯。"《汉书·律历志上》载刘歆《三统历谱》："周道既衰，幽王既丧，天子不能班朔。"同书《五行志下之下》载刘歆说亦云："周衰，天子不班朔。"
⑤ 参看陈苏镇《汉初王国制度考述》，《中国史研究》2004 年第 3 期，第 27～40 页。

朔不同于汉朝，也就不足为怪了。当然，随着诸侯国独立性的削弱，这种情形一定会有所改变。只是这一改变发生的确切时间，限于史料，目前已经无法确知了。

2011 年 1 月 15 日初稿
2012 年 4 月 11 日改定
2023 年 1 月 3 日修订

修订后记：本文原刊台湾大学历史系主办的《史原》复刊第四期（2013 年 9 月），这次修订仅调整了格式和个别文字表述。

出土秦汉历书综论

　　人类借助日月星辰的周期性变化来观测和度量时间，发明了年、月、日等时间单位，又用表格等形式，系统而连续地谱排出特定时段内的年、月、日，形成实用性的文书，我们称之为历书。① 历书是人类有计划地命名和安排时间的产物，反映出制作者、使用者的时间观念和所遵循的时间秩序。

　　20世纪初以来，甘肃、内蒙古、湖北、湖南、山东、江苏等地出土了大批秦汉时期的历书。目前，对这些资料的整理和研究工作主要包括三个方面：一是复原、定年和分类，二是讨论命名和性质，三是通过所载历朔干支推定秦汉历法。这些方面，已有不少成果问世。随着新材料的刊布和研究不断推进，上述工作又可以进一步充实和深入。首先，部分历书的复原和定年值得推敲；其次，有必要设计一个新的分类体系，使之能够容纳迄今发现的所有秦汉历书，反映它们之间的差别、联系以及发展的线索，在此基础上重新认识秦汉历书的功能、性质和来源；最后，在深入了解历书中历朔资料的性质后，还应反思复原秦汉历

---

① 本文统称为历书的文献，学者也称为历日、历表、历谱等。这些称谓各有缺陷，不足以或不适于概括所有出土秦汉历书。选择"历书"一词作为统称，意在用现代名词去指称一个古称难以涵盖的范围，并不表示此类文献中的每一件都必须以"历书"为名。根据文献自题名，将某件或某几件特定的历书称为"质日""历日"等，也是可行的。另外需要说明的是，"历书"有时也用于指称记载历法或时日选择数术的书，与本文用的概念不同。

法的前提和方法，重新认识秦汉人的时间观念与时间秩序，探究其背后的社会和政治状况。

我在 2012 年发表《秦汉的颁朔与改正朔》一文，涉及前面提到的最后一个问题。此后继续探索秦汉帝国时间秩序的形成过程，做了一些初步的思考。本文实际上是这一系列工作的基础，初稿草成于 2011 年初，次年 10 月曾提交北京大学中国古代史研究中心、出土文献研究所主办的第一届出土文献青年学者论坛，作为会议论文宣读，得到评议人凌文超先生等学界同仁的指正。旧稿近年来又陆续修改，增补了新发表的资料和研究成果，希望能够为相关研究提供一点资料上的方便，也恳请读者批评指正。

一、出土秦汉历书的类型

出土秦汉历书最早是 20 世纪初斯坦因在考察敦煌汉代屯戍遗址时发现的。罗振玉、王国维将其中的编册年历分为"横读式"和"竖读式"两类。[①]20 世纪中叶，日本学者森鹿三将居延出土的汉历分为三类，增加了一种仅以单简书写每月朔日和八节、三伏所在的简易类型。[②]陈梦家的工作更加系统和完善，他明确提出以形制为标准，将历书分为五类。[③]此后做过汉简历书综述的陈久金、张永山都接受他的体系。[④]关尾史郎则另辟蹊径，从功能角度考虑，将历书分为正历和略历两种。[⑤]

---

① 罗振玉、王国维《流沙坠简》，中华书局，1993 年。
② 森鹿三《居延出土の漢曆について》，《史泉》二二，1961 年。
③ 陈梦家《汉简年历表叙》，《考古学报》1965 年第 2 期，后收入《汉简缀述》，中华书局，1980 年。
④ 陈久金《敦煌、居延汉简中的历谱》，中国社会科学院考古研究所编《中国古代天文文物论集》，文物出版社，1989 年；张永山《汉简历谱》，任继愈主编《中国科学技术典籍通汇·天文卷》第一分册，大象出版社，1993 年。后来，张永山据肩水金关五凤三年历书木牍，增加了一种"单板环读式"，也是形制分类。
⑤ 關尾史郎《甘肅出土漢代曆樣木簡基礎の整理》，《東アジア——歷史と文化》二，1993 年。

近几十年来，秦汉历书不断出土。尹湾汉简、周家台秦简、张家山汉简等墓葬中的新发现，将出土历书的时代上溯至秦，地域扩展到南方，内容和形式也更加多样，以往的分类逐渐显得粗率或不够周延。21世纪以来，吉村昌之和刘乐贤分别对历书分类做了新的探索。他们按照内容将历书分为年历和月历，然后再进行细分。吉村昌之试图收录以往发现的全部历书，逐一解说。① 刘乐贤的研究除分类外，还着力分析各类历书的定名、内容和功能，是目前最为系统的综论。②

上述分类研究已经提供了认识历书的基本框架，但如果要进而研究时间观念、时间秩序及其发展变化，还需抓住历书中最能够反映时间观念以及时代和地域特征的因素，提出一个更能够反映历书内涵及其发展的新分类体系，为解读其中的历史信息做好准备。我设想的分类体系包括类、型、式三级。这个分类体系的核心标准是历书的内容，用以划分"类"和"型"，形制则作为"式"的主要划分标准。在形制因素中，首先考虑书写格式和阅读方式。历书的功能需要结合历书以外的因素进行推测，因而仅作为分类的参考。由于历书兼有文献和实物的双重属性，本文所用的类型概念与考古学研究器物的类型学概念不完全相同，这也是需要说明的。

根据内容，出土秦汉历书首先可以分为"历日"和"历朔"两类。历日类历书的特征是，每一日占据独立的一格或一行，每日的干支下都保留有加注的空间。"历朔"类则不具备上述特征，仅以记载每个月的朔日干支为主要内容。以下分别介绍这两类历书。为求论述简明，每一式下以典型历书为例说明本式特点，带叙同式历书，对个别有疑问者略作考辨。③

① 吉村昌之《出土简牍资料にみられる曆譜の集成》，冨谷至主编《邊境出土木简の研究》，朋友書店，2003年。
② 刘乐贤《秦汉历日的内容及功用》，载《法国汉学》丛书编辑委员会编《古罗马和秦汉中国——风马牛不相及乎》，中华书局，2011年。
③ 本文述及各种出土历书，一概采用出土地加年代组成的简称。西北汉简按照通行习惯冠以"敦煌""居延"，必要时加上出土位置（探方号）以示区分。其他简牍，如江苏连云港尹湾汉墓简牍历书简称"尹湾某年历书"，岳麓书院藏秦简历书简称"岳麓某年历书"等。具体出处见于脚注，正文中不再一一说明。

（一）历日类历书

历日类历书可分为 2 型 10 式。以下用大写字母表示型，罗马数字表示式，分别介绍。

1. 历日类 A 型（年历型）

以年为最小单位，不分割使用。此型分为 7 式，下面以各式中年代最早的历书为序，由早到晚依次介绍。[1]

（1）**Ⅰ式（逐日干支六栏横读式）** 一般包括 2 支月名简和 57 支或更多的干支简，分六栏横向连读，每栏两月，合为一年十二个月，如有闰月则单独附于最末。有些历书实例在月名简中不包含干支，则干支简的数量相应增加。该式的典型形态可参看图一。

此式中的岳麓书院藏秦始皇二十七年历书是已发现秦汉历书中年代最早的。[2] 此书现存竹简缀合后共 54 支，原应由 60 支竹简组成。[3] 其中一支简正面无字，背书"七年质日"，"七"字上方残断，推测原应有"廿"字。这是迄今所见最早的"质日"自题。其余 59 支简分六栏写满 354 个干支，正好是六大六小共十二个月的日数。其中包含 2 支写有月名的简，其一自上而下分六栏有"十月戊寅""十二月丁丑""二月丙子""四月乙亥""六月甲戌""八月癸酉"，各月名下的干支表示该月朔日。另一支月名简写有十一月至九月，共六个奇数月的月名和朔日干支。前一月名简的"十月戊寅"是秦始皇二十七年的岁首之日，从此开

---

[1] 本文的历书定年绝大部分都依据学界普遍认可的意见，个别未见成说的则自行推定。对定年存在争议或者无法确定年代的历书，正文或注释中会另行说明。

[2] 朱汉民、陈松长主编《岳麓书院藏秦简（壹）》，上海辞书出版社，2010 年，第 3～9、47～65、177～179 页。

[3] 《岳麓书院藏秦简（壹）》提供的"释文连读本"（第 177～179 页）所复原的秦始皇二十七年质日仅包含 59 支简，在 06/0564、07/0616 两简之间，还应补入一支简。案：陈松长主编《岳麓书院藏秦简（壹—叁）释文修订本》（上海辞书出版社，2018 年）已将原归入《三十五年私质日》的简 17/0655 补入此处。

始向左横读，经"己卯"至"丁未"，共30日而十月毕。再往左接另一支月名简，该简第一栏书"十一月戊申"即下一个月的朔日。由此左数29日至"丙子"而十一月毕，是为本书的最后一支简。然后再返回开头的第一支月名简，从第二栏"十二月丁丑"起左数。如此往复六次，

壬戌	：	乙未	十一月甲午小	：	丙寅	乙丑	十月甲子大
辛酉	：	甲午	正月癸巳小	：	乙丑	甲子	十二月癸亥大
庚申	：	癸巳	三月壬辰小	：	甲子	癸亥	二月壬戌大
己未	：	壬辰	五月辛卯小	：	癸亥	壬戌	四月辛酉大
戊午	：	辛卯	七月庚寅小	：	壬戌	辛酉	六月庚申大
丁巳	：	庚寅	九月己丑小	：	辛酉	庚申	八月己未大
简五九	简三三至五八	简三二	简三一	简四至三〇	简三	简二	简一

图一　历日类A型I式示意图

至末简的第六栏"辛未"而一岁终。

　　岳麓秦简中另有秦始皇三十四年和三十五年两件历书，[①] 亦属此式。属于此式的还有：北京大学藏秦简秦始皇三十一年历书、三十三年历书，[②] 周家台秦简秦始皇三十四年历书，[③] 张家山 M336 号墓文帝前元七年历书，[④] 睡虎地 M77 号墓文帝前元十年至后元七年的十组历书。[⑤] 这些历书中不少有自题篇名"某年质日"，如岳麓秦简的三件历书（分别自题"☐七年质日""卅四年质日""卅五年私质日"）、睡虎地 M77 号墓历书中的多种（题有"元年质日""七年质日"等），以及张家山文帝七年历书（自题"七年质日"）。可见，此类历书在秦至汉初的南郡一带有较统一的名称。它们之间有一个细微的差别，即月名简有的同时包含朔日干支和月份大小（如岳麓秦始皇三十四年历书、北大秦简秦始皇三十三年历书），有的只包含朔日（如岳麓秦始皇二十七年历书）或月大小（如北大秦简秦始皇三十一年历书），还有的多数月份只标明大小而少数月又注出朔日（如岳麓秦始皇三十五年历书）。这个差别对历书的使用似无实质性影响，故不再因之另行分式。

　　（2）Ⅱ式（简首干支六栏横读式）一般以 60 支简为一编，每简上端注一个干支，顺序编次，干支下分六栏横向连读，每一栏格表示一日，日名即对应的简首干支。月份名及月大小注于表示该月朔日的栏格

① 均收入《岳麓书院藏秦简（壹）》，三十四年质日见第 10～18、67～89、180～183 页，三十五年质日见第 19～24、91～106、184～186 页。

② 见拙文《北大秦简中的方术书》，《文物》2012 年第 6 期，第 90～91 页。

③ 湖北省荆州市周梁玉桥博物馆编《关沮秦汉墓简牍》，中华书局，2001 年，图版第 11～17 页，释文与考释第 93～99 页。

④ 该历书全文尚未发表，仅有简介，见荆州地区博物馆《江陵张家山两座汉墓出土大批竹简》，《文物》1992 年第 9 期，第 4 页。该文原将此墓编为 136 号，后整理者更改为今号。

⑤ 此十组历书全文均未发表，此据简报，见湖北省文物考古研究所、云梦县博物馆《湖北云梦睡虎地 M77 发掘简报》，《江汉考古》2008 年第 4 期，第 35 页。简报中称"（此类简）一般一组为一年。每枚简自上而下分为六栏，首枚简写当年双月的六个月名及其大小，在记列各月干支的竹简之后，复有一简写当年单月的月名及其大小，其后再记各月干支。如果当年有闰月，闰月的月名（后九月）及其干支记在最后。在一些干支之下，还记有一些事件。首枚简的背面多题有'某年质日'，如'元年质日''七年质日'等等。"上述特点正与本式相符。简报还根据张培瑜《中国先秦史历表》，判断这几组简的时间跨度为西汉文帝前元十年（前 170）至后元七年（前 157）。

内。本式包括周家台秦简秦始皇三十六年附三十七年历书[①] 和孔家坡汉简景帝后元二年历书[②]。该式的典型形态可参看图二。

孔家坡历书由 60 支简编成，每简上端依次写有六十干支，起于辛

癸亥	……	庚子	己亥	戊戌	丁酉	丙申	乙未	甲午	……	庚午	己巳	戊辰	丁卯	丙寅	乙丑	甲子
			十一月小							十月大						
				正月小								十二月大				
				三月小									二月大			
						五月小								四月大		
							七月小								六月大	
								九月小								八月大
简六〇	简三八至五九	简三七	简三六	简三五	简三四	简三三	简三二	简三一	简八至三〇	简七	简六	简五	简四	简三	简二	简一

图二　历日类 A 型 II 式示意图

① 湖北省荆州市周梁玉桥遗址博物馆编《关沮秦汉墓简牍》，图版第 18～24 页，释文与考释第 99～102 页。

② 湖北省文物考古研究所、随州市考古队编《随州孔家坡汉墓简牍》，图版第 117～122 页，释文注释第 191～194 页。整理者最初的编连有误，本文所据为经武家璧改正后的编连复原，见武家璧《随州孔家坡汉简〈历日〉及其年代》，《江汉考古》2009 年第 1 期，第 120～126 页。

未，终于庚午。第5简（原误排为第1简）干支为乙亥，第一栏残损处应书有"十月大"，此格即表示该年十月朔日乙亥，是本年历日的起始。从此格后左数第30支简，上端干支为乙巳，第一栏书"十一月小"，即表示十一月朔日乙巳。再左数至全篇末简后返回首简，从第二栏起向左读数至第4简，此栏格书"十二月大"，表示十二月朔日甲戌。依此类推，至九月戊辰岁终。

周家台秦简发表早于孔家坡汉简，其中的秦始皇三十六年附三十七年历书是两年合用一编，情况较为复杂。根据刘国胜的复原，[①] 该历书的形式基本同于孔家坡历书，而有两点特殊。首先，全篇末简的简背书有"卅六年日"四字，应是篇题，结合各月朔日，可以确定本书为秦始皇三十六年的历日。其次，该书中有十二个干支的上方又写有正月至十二月的月名，下方写有"大"或"小"字，组成如"十月辛亥小""十一月庚辰大""十二月庚戌大"等的十二组月朔形式，经考证，是秦始皇三十七年历朔。刘国胜认为，此书应是以三十六年历日为主，三十七年历日可能是利用了上年历日，而在其基础上标注出月份而成。[②] 我赞同这个观点。

本式与Ⅰ式的主体都分六栏横向连读。在Ⅰ式的基础上，根据一年中的十二个月的大小挪动月名位置，对齐各月干支，一并移至简首，即可得到Ⅱ式。这样变形带来两点改进：一是书写简便，无需每日注出干支；二是每日栏格中可以加注的空间相应增大。Ⅱ式可能是在Ⅰ式的基础上发展而成。不过，Ⅱ式并没有最终取代Ⅰ式。周家台秦墓中，属Ⅰ式的三十四年历书与属Ⅱ式的"卅六年日"同时并存。Ⅰ式在Ⅱ式出现之后仍长期流行，Ⅱ式则可能并未真正广泛传播。Ⅰ式的真正继承者，应是下面将要介绍的这一种历书。

---

① 整理者最初未能正确编连，后经程鹏万等学者讨论，由刘国胜完成了最为准确的复原。参程鹏万《周家台秦墓所出秦始皇三十六、三十七年历谱简的重新编联》，《史学集刊》2006年第3期；刘国胜《关于周家台秦简69～130号的简序编排问题》，《简帛》第四辑，上海古籍出版社，2009年。

② 刘国胜《关于周家台秦简69～130号的简序编排问题》，《简帛》第四辑，第31页。

（3） III式（简首日序十二栏横读式）

一般以 31 支简为一编，首简分十二栏书写十二个月的月名及月大小，其余各简均在简首书写序数或序数式日期，以下分十二栏对应首简的十二个月，依次书写干支和历注，横向连读。该式的典型形态可参看图三。

已出土属本式的历书很多，包括：银雀山元光元年[1] 以及敦煌太始二年[2]、肩水金关 T21 元凤六年[3]、肩水金关 T26

---

[1] 该历书照片未发表，有关介绍及复原摹本见罗福颐《临沂汉简所见古籍概略》，《古文字研究》第十一辑，中华书局，1985 年，第 41～42 页。

[2] 甘肃省文物考古研究所编《敦煌汉简》，中华书局，1991 年，简号 1919，T.XIV.iii.7。以下所引历书简册，凡出此书者，均以书名后括注简号的方式表示出处。该简定年据吉村昌之《出土简牍资料にみられる历谱の集成》，冨谷至主编《边境出土木简の研究》，第 476 页。

[3] 甘肃简牍保护研究中心、甘肃省文物考古研究所、甘肃省博物馆、中国文化遗产研究院古文献研究室、中国社会科学院简牍研究中心编《肩水金关汉简（贰）》，中西书局，2012 年，简号 73EJT21：139。该书所收历书残简的复原和定年据罗见今、关守义《〈肩水金关汉简（贰）〉历简年代考释》，《敦煌研究》2014 年第 2 期，以及程少轩《肩水金关简"元始六年（居摄元年）历日"复原》，《出土文献》第五辑，中西书局，2014 年。本历书名称中的 T21 表示考古发掘时第 21 号探方。探方标示简牍的出土位置，在本文中视为划分不同历书的决定性因素之一。肩水金关遗址不同探方出土的历书残简，即使从月朔安排上看属于同一年，且书体、形制完全一致，应是同时所作，本文仍因出土位置有别而加以区分，在命名时加注探方号以示区别。

	一日	二日	⋮	廿九日	三十日
正月大	甲子	乙丑	⋮	壬辰	癸巳
二月小	甲午	乙未	⋮	壬戌	
三月大	癸亥	甲子	⋮	辛卯	壬辰
四月小	癸巳	甲午	⋮	辛酉	
五月大	壬戌	癸亥	⋮	庚寅	辛卯
六月小	壬辰	癸巳	⋮	庚申	
七月大	辛酉	壬戌	⋮	己丑	庚寅
八月小	辛卯	壬辰	⋮	己未	
九月大	庚申	辛酉	⋮	戊子	己丑
十月小	庚寅	辛卯	⋮	戊午	
十一月大	己未	庚申	⋮	丁亥	戊子
十二月小	己丑	庚寅	⋮	丁巳	
	简二	简三	简四至二九	简三〇	简三一
简一					

图三　历日类 A 型 III 式示意图

元凤六年^①、肩水金关元平元年^②、肩水金关本始二年^③、居延本始四年^④、敦煌本始四年^⑤、敦煌地节元年^⑥、敦煌元康元年^⑦、肩水金关元康三年^⑧、敦煌元康三年^⑨、敦煌神爵三年^⑩、敦煌五凤二年^⑪、肩水金关 T23 五凤三年^⑫、肩水金关 T30 五凤三年^⑬、肩水金关五凤

---

① 甘肃简牍保护研究中心、甘肃省文物考古研究所、甘肃省博物馆、中国文化遗产研究院古文献研究室、中国社会科学院简牍研究中心编《肩水金关汉简（叁）》，中西书局，2013 年，简号 73EJT26：178、218。以下所引历书简册，凡出此书者，均以书名后括注简号的方式表示出处。该书所收历书的复原和定年据黄艳萍《〈肩水金关汉简（叁）〉纪年简校考》，《敦煌研究》2015 年第 2 期，及程少轩《〈肩水金关汉简（叁）〉数术类简牍初探》，《简帛研究二〇一五·秋冬卷》，广西师范大学出版社，2015 年。对于存在多种定年可能的历书残简，黄艳萍根据同探方出土简牍的年代区间缩小范围，作了定年。本文予以采信，本历书就是一例。

② 甘肃简牍保护研究中心、甘肃省文物考古研究所、甘肃省博物馆、中国文化遗产研究院古文献研究室、中国社会科学院简牍研究中心编《肩水金关汉简（壹）》，中西书局，2011 年，简号 73EJT5：56～58。《肩水金关汉简（壹）》所见各历书的复原及定年，根据程少轩《〈肩水金关汉简（壹）〉历谱初探》，复旦大学历史学系、复旦大学出土文献与古文字研究中心编《简帛文献与古代史——第二届出土文献青年学者国际论坛论文集》，中西书局，2015 年，及罗见今、关守义《〈肩水金关汉简（壹）〉八枚历谱散简年代考释》，《敦煌研究》2012 年第 5 期。

③ 《肩水金关汉简（叁）》（73EJT26：6）。

④ 中国社会科学院考古研究所编《居延汉简甲乙编》，中华书局，1980 年，简号 111·6，《乙》84 版。以下所引历书简册，凡出此书者，均以书名后括注简号的方式表示出处。

⑤ 参敦煌市博物馆《敦煌清水沟汉代烽燧遗址出土文物调查及汉简考释》，《简帛研究》第二辑，法律出版社，1996 年，第 371 页。

⑥ 参敦煌市博物馆《敦煌清水沟汉代烽燧遗址出土文物调查及汉简考释》，《简帛研究》第二辑，第 373～374 页，及同书所载殷光明《敦煌清水沟汉代烽燧遗址出土〈历谱〉述考》一文，第 376～385 页。

⑦ 《敦煌汉简》（1835，T.XI.ii.6）。此简沙畹、罗振玉考为永兴元年（153），说见罗振玉、王国维编著《流沙坠简》，第 91 页。罗见今考虑敦煌简的年代上下限及同出纪年简后，认为当是元康元年历，说见罗见今《敦煌汉简中历谱年代之再研究》，《敦煌研究》1999 年第 3 期，第 93～94 页。今从之。

⑧ 《肩水金关汉简（壹）》（73EJT10：273、276）。

⑨ 罗振玉、王国维编著《流沙坠简》，图版第 15～18 页，考释第 83～84 页。

⑩ 罗振玉、王国维编著《流沙坠简》，图版第 19 页，考释第 84～86 页。

⑪ 《敦煌汉简》（1807，T.VI.b.ii.4），定年据罗见今《敦煌汉简中历谱年代之再研究》，第 93 页。吉村昌之定为元始二年，今不取。

⑫ 《肩水金关汉简（贰）》（73EJT23：593）。

⑬ 《肩水金关汉简（叁）》（73EJT30：187）。

四年 ①、敦煌甘露元年 ②、肩水金关 T23 甘露二年 ③、肩水金关 T29 甘露二年 ④、肩水金关 T6 黄龙元年 ⑤、肩水金关 T26 黄龙元年 ⑥、肩水金关初元元年 ⑦、肩水金关初元三年 ⑧、肩水金关 T10 永光元年 ⑨、肩水金关 H1 永光元年 ⑩、居延建昭三年 ⑪、居延建始元年 ⑫、敦煌鸿嘉四年 ⑬、居延元延元年 ⑭、居延建平二年 ⑮、额济纳元始元年 ⑯、敦煌元始五年 ⑰、肩水金关 T9 居摄元年 ⑱、肩水金关 T23 居摄元年 ⑲、居延

---

① 《肩水金关汉简（叁）》（73EJT32：9）。
② 《敦煌汉简》（1178，79.D.M.T18：18），定年据吉村昌之《出土简牍资料にみられる暦谱の集成》，富谷至主编《边境出土木简の研究》，第 482 页。
③ 《肩水金关汉简（贰）》（73EJT23：751）。
④ 《肩水金关汉简（叁）》（73EJT29：69）。
⑤ 《肩水金关汉简（壹）》（73EJT6：70）。
⑥ 《肩水金关汉简（叁）》（73EJT26：144）。
⑦ 《肩水金关汉简（叁）》（73EJT32：8）。
⑧ 《肩水金关汉简（壹）》（73EJT9：115）。
⑨ 《肩水金关汉简（壹）》（73EJT10：272）。
⑩ 甘肃简牍保护研究中心、甘肃省文物考古研究所、甘肃省博物馆、中国文化遗产研究院古文献研究室、中国社会科学院简牍研究中心《肩水金关汉简（肆）》，中西书局，2015 年，简号 73EJH1：4。该书所见历书复原参许名玱《〈肩水金关汉简（肆）〉历日校注》，简帛网，2016 年 3 月 7 日，下文不再出注。
⑪ 甘肃省文物考古研究所等编《居延新简——甲渠候官》，中华书局，1994 年，简号 EPT43·285。按据简文一月二十一日戊寅，推断是年正月戊午朔，当是建昭三年。以下所引历书简册，凡此书者，均以书名后注简号的方式表示出处。
⑫ 《居延新简——甲渠候官》（EPS4T1·17），定年据罗见今、关守义《〈居延新简——甲渠候官〉六年历谱散简年代考释》，《文史》第四十六辑，中华书局，1998 年，第 55 页。
⑬ 《敦煌汉简》（2272，T.XXIII.c.023+T.XXIII.1.i.013），定年据马伯乐《中国古文书》，陈久金重新缀合，见陈久金《敦煌、居延汉简中的历谱》，《中国古代天文文物论集》，第 118 页。又见劳榦《汉晋西陲木简新考》，中研院史语所，1985 年，图版 52，释文 13～14 页。
⑭ 《居延汉简甲乙编》（503·5，《甲》1923），考释定年见陈久金《敦煌、居延汉简中的历谱》，《中国古代天文文物论集》，第 119 页。
⑮ 《居延汉简甲乙编》（506·18，《甲》2004），考释定年见陈久金《敦煌、居延汉简中的历谱》，《中国古代天文文物论集》，第 119 页。
⑯ 曾磊《额济纳汉简所见历谱年代考释》，孙家洲主编《额济纳汉简释文校本》，文物出版社，2007 年，第 312～313 页。
⑰ 《敦煌汉简》（1122，79.D.M.T13：15），定年据吉村昌之《出土简牍资料にみられる暦谱の集成》，富谷至主编《边境出土木简の研究》，第 487～488 页。
⑱ 《肩水金关汉简（壹）》（73EJT9：282）。
⑲ 《肩水金关汉简（贰）》（73EJT23：317、901、315+702、318、902、264、903、904、593+837+835+860、691+802、801+760、269+803、316、908、840、211、879、992）。

居摄三年^①、肩水金关 T23 居摄三年^②、肩水金关 T24 居摄三年^③、额济纳始建国三年^④、肩水金关始建国天凤五年^⑤、居延建武元年^⑥、居延建武六年七年^⑦、居延永元十七年^⑧历书等。西北边塞遗址出土的汉简中还有一些残简亦属此式，由于残缺过甚，缺少足够的历朔信息而无法确定年代，暂不列入讨论。^⑨

此式历书绝大多数出土于西汉中期到东汉前期的边塞屯戍遗址，残缺严重，唯一基本完整的是墓葬出土的银雀山武帝元光元年历书。该历书出土于山东临沂银雀山 2 号汉墓，由 32 支简编成。首简有书题"七年视日"。第二简分十三栏，由上至下依次书十月至后九月（闰月）月名及月大小。其余 30 支简简首依次书数字"一"至"卅"，数字下分十三栏对应第二简的十三个月，每栏从左至右横向按顺序书写干支，表示一个月的二十九或三十天。一些干支下还有八节、反支等简单的历注。本式其他历书虽多残缺，根据现存简片，大致可以判断均采取类似

---

① 《居延汉简甲乙编》（166·8、9，《乙》120 版），考释定年见陈久金《敦煌、居延汉简中的历谱》，《中国古代天文文物论集》，第 119 页。

② 《肩水金关汉简（贰）》（T23：332）。

③ 《肩水金关汉简（贰）》（T24：305+497+498A）。该书与 T23 所出同年历书形制、书体皆异，不属于同一简册。

④ 刘乐贤《额济纳汉简数术资料考》，《历史研究》2006 年第 2 期，第 175～176 页。

⑤ 《肩水金关汉简（肆）》（73EJF1：52）。

⑥ 《居延新简——甲渠候官》（EPT65·100、189、239～241、324），定年据罗见今、关守义《〈居延新简——甲渠候官〉六年历谱散简年代考释》，《文史》第四十六辑，第 52～53 页，及吉村昌之《出土简牍资料にみられる暦谱の集成》，富谷至主编《边境出土木简の研究》，第 493～495 页。

⑦ 《居延新简——甲渠候官》（EPF22·636～638）。陈久金据《中国古代天文文物图集》图版三六：2 所载 EPF22·636 考出为建武六年、七年历书，见《敦煌、居延汉简中的历谱》，《中国古代天文文物论集》，第 119～120 页；后罗见今、关守义又指出同出的 637、638 两枚残简亦属同一历书，见《〈居延新简——甲渠候官〉六年历谱散简年代考释》，《文史》第四十六辑，第 49～50 页。

⑧ 《居延汉简甲乙编》（37·40，《乙》32 版），此简定年有疑，参陈久金《敦煌、居延汉简中的历谱》，《中国古代天文文物论集》，第 120～121 页，又，吉村昌之《出土简牍资料にみられる暦谱の集成》，富谷至主编《边境出土木简の研究》，第 498 页。

⑨ 有些简可以推测可能属于某几年，但无法确定是哪一年，限于体例，本文也未收入，可参看前引各位学者的研究。

形式，与元光元年历书最明显的差别是改以正月为岁首。这是太初改历造成的时代性差异。①

本式历书月纵日横，编册横读，与Ⅰ式类似，只是分栏数目不同，可以视为Ⅰ式的变体。将Ⅰ式历书中的奇数月栏插入偶数月栏之间，就非常接近本式了。已知所有Ⅲ式历书，时代均晚于Ⅰ式。Ⅰ式历书年代均在汉景帝以前，最晚为文帝后元七年（前157）；Ⅲ式历书年代，最早者即银雀山元光元年（前134）视日，属武帝前期，其余均在太初改历以后，特别是宣帝以后。考虑到这两式历书均有相当数量的实例，合计占历日类年历的绝大多数，可以认为两者时代先后相错的现象并非偶然，很可能存在继承和取代关系。本式与Ⅰ式还有一个重要差别，即在简首标示表示日期的数字序号，绝大多数历书的序号后还带有"日"字。Ⅰ式历书则没有日期。标注日期数字，反映序数纪日法兴起，体现出秦汉时间观念的演进。②

另外值得说明的是，西北边塞遗址出土的年历绝大多数属于此式，很可能是当时屯戍系统中由官方机构制作和颁行的通用形式。③

（4）Ⅳ式（简首日序六栏横读式）包括尹湾汉墓出土的元延二年历书④和日照海曲汉简武帝后元二年历书⑤，形式与Ⅰ式形式基本相同，仅有两个差别。一是以正月岁首，如尹湾元延二年历书的两枚月名简所载月份，分别是"正月、三月、五月、七月、九月、十一月"和"二

① 另有一种敦煌马圈湾出土汉简历书，现存12枚简，收入《敦煌汉简》，简号373～384。简首数字最小为"三"，最大为"二十八"，形式、读法均与上述相同，但仅分三栏书写三个月的干支，占据全简上部约四分之一的区域，以下空白。由于无法确知所载为何月，故不能根据历朔定年。此历书未载全年历日，严格来说并非年历，因其他形式与本式相同，附注于此备考。
② 详参本书所收拙文《序数纪日的产生与通行》。
③ 敦煌悬泉汉简中提到昭帝时有"行历日诏书"，说明当时国家已有颁下历日的制度。详参本书所收拙文《秦汉的颁朔与改正朔》。
④ 连云港市博物馆等《尹湾汉墓简牍》，中华书局，1997年，第3、61～67、138～144页。
⑤ 刘绍刚、郑同修《日照海曲简〈汉武帝后元二年视日〉研究》，《出土文献研究》第九辑，中华书局，2010年，第49～59页。

月、四月、六月、八月、十月、十二月"，与Ⅰ式历书月名简起于十月和十一月不同。这是由于太初改历，以正月为岁首所致。二是在简首增加表示日期的数字。尹湾元延二年历书每枚干支简简端都有数字序号"第一""第二""第十""第廿"等，标示各简干支分别是每月的第几日。日照海曲武帝后元二年历书形式基本相同，只是数字序号没有"第"字。这两件历书出土地相近而与Ⅰ式历书的出土地相距很远，其特殊性可能包含有地域因素。但考虑到这两件历书的年代至少比Ⅰ式历书晚70至150多年，似更应从发展变化的角度去探究差异产生的原因，故将之与Ⅲ式历书并列，理解为Ⅰ式的另一种变体。

（5）Ⅴ式（半年拆分六栏横读式）分六栏横读，仅见居延天凤六年历书[①]一例。此种历书应是Ⅲ式的变体，不同之处在于，不以奇偶数拆分全年的十二个月，而是以上下半年拆分，正月至六月为一组，七月至十二月为一组。

（6）Ⅵ式（数牍合编分栏横读式）此式亦仅见两例，即额济纳建武八年（或永元十一年）[②]和敦煌永元六年历书[③]。额济纳建武八年历书仅存一残牍，正背面分别分栏书写有二月、三月的日期和干支。敦煌永元六年历书亦仅存一残牍，有照片。据罗振玉的释文和复原，该牍正背两面分别书写。正面分别三栏，第一栏首列书"十二月大"，以下书一

---

① 《居延新简——甲渠候官》（EPT65·18、19、20、195、232～237），定年据罗见今、关守义《〈居延新简——甲渠候官〉六年历谱散简年代考释》，《文史》第四十六辑，第54～55页，及吉村昌之《出土简牍资料にみられる曆譜の集成》，富谷至主编《邊境出土木簡の研究》，第491～492页。

② 说见刘乐贤《额济纳汉简数术资料考》，《历史研究》2006年第2期，第176～177页。

③ 罗振玉、王国维编著《流沙坠简》，图版第20页，考释第88～91页。罗见今对此定年有疑，并认为七月历日与十二月并非同年，而是后加上的。说见罗见今《敦煌汉简中历谱年代之再研究》，《敦煌研究》1999年第3期，第94～95页。此说证据尚不充分，今不取。此外，《居延新简——甲渠候官》所载EPT65·425号木牍，邓文宽认为是东汉永元二年（90）历书，见氏著《居延新简〈东汉永元二年（90）历日〉考——为纪念王重民先生百年诞辰而作》，《邓文宽敦煌天文历法考索》，上海古籍出版社，2010年，第319～327页。若然，则似当属本式。但从图版看，邓氏的释读不无疑问，该历书形式和年代仍不明确。故本文暂不收入该牍，存此备考。

日至十五日之日期、干支、神煞，第二栏为十六日至三十日，第三栏则为七月二十七至三十日。背面现存两栏，第一栏为闰月一日至十二日，第二栏为十三日至二十三日。根据上述情况，推测此牍可能原与其他五到六块木牍合编为一年的历书，具体形式已无可考。此牍中为何将七月末尾数日与十二月历日混写于一面，很难解释，只能等待将来出土发现的提示了。

（7）Ⅶ式（分栏直读式）迄今仅发现一例，即《流沙坠简》所载五凤元年历书。[①] 此书仅存一简，且未附照片。据罗振玉提供的释文看，简正面上方纵写大字"八月丁亥小"，以下书每日干支，起丁亥终癸卯。简背上方纵写大字"八月"，以下干支起甲辰终乙卯。该简正背两面显系相接连读，合为八月朔日至二十九日之干支。每一干支均横向书写，与上方"八月"等字不同，可视为分栏。推测此简应非单独使用，而是与其他十二三枚简合编为一册，每月一简，首简分栏书数字日期，与各月支干支对应。若然则此类历书亦为年历，自成一式。[②] 此式似与Ⅲ式有关，Ⅲ式纵栏、横栏互换即成此式。不过未见简影，此式在干支下是否还留有加注的空间，也不得而知。

以上 7 式，共 67 种。其中Ⅰ式 17 种，Ⅲ式 43 种，两者之和接近总数的九成，可说是历日类年历的主体。

2. 历日类 B 型（月历型）

以月为使用单位，每月可独立查阅。迄今出土的此型历书可分为 3 式。

（1）Ⅰ式（横读式）本式不分栏，书写在木牍上。有居延本始二年十一月[③]、居延神爵元年（元康五年）五月[④] 两种。

---

① 罗振玉、王国维编著《流沙坠简》，第 86 页，又见《敦煌汉简》（1709，T.Ⅵ.b.ⅰ.192）。

② 吉村昌之认为是本书是月历，见吉村昌之《出土简牍资料にみられる曆譜の集成》，冨谷至主编《邊境出土木簡の研究》，第 499～500 页。这一可能亦无法排除，录此备考。

③《居延汉简甲乙编》（457·19，《乙》258）。定年据张永山《汉简历谱》，《中国科学技术典籍通汇·天文卷》，第 223 页。

④《居延汉简甲乙编》（179·10，《甲》1017）。另有一件（202·9，《乙》141），陈梦家定为神爵元年历谱，陈久金存疑，按此非历谱。

本始二年十一月月历木牍，横列直书，首行写大字"十一月大"，以后为是月干支日期，起于"壬子一日"，至十六日而后残断。其中四日、六日、八日下，分别注有"寝兵""冬至""尽"字样。神爵元年五月月历木牍文字完整，形式与上述相同，唯右端"五月大"前尚有一行小字，云"四月廿九日庚戌寝兵"。陈梦家将此牍定为"穿系横读式"历书，认为全本应由十二支简组成。[①] 森鹿三则注意到此牍加注有四月晦日"寝兵"，与上述本始二年十一月木牍也注有"寝兵"一事联系起来，结合居延简中元康五年（即神爵元年）夏至寝兵诏书的下行文书，认为该月历木牍是诏书的附件。[②] 我赞同森鹿三的意见。这是一种为特定目的制作的历书。

（2）Ⅱ式（纵读式）纵向分栏书写在木牍上。属本式的有尹湾汉墓元延三年五月木牍，[③] 以及连云港花果山汉墓出土的两种元寿二年十月木牍。[④]

尹湾元延三年五月木牍出土时长 23 厘米，宽 7 厘米，分别相当于汉代的一尺和三寸，是标准的尺牍。此牍分三栏。第一栏分九行，大字隶书，首行书"五月小"，后八行书本月神煞所值干支。第二、三栏小字草书全月 29 天的干支和日期，有四个干支日期下还加注有记事性的文字。[⑤] 从图版看，此牍没有编连或穿系的痕迹，背面亦无字，应是单独使用的月历木牍。

花果山汉墓出土的 9 号木牍，长 6.4 厘米，宽 5.7 厘米，残损严重。

---

① 陈梦家《汉简年历表叙》，《汉简缀述》，第 235 页。

② 森鹿三《论敦煌和居延出土的汉历》，收入氏著《東洋學研究——居延漢簡篇》，同朋舍，1975 年，中译文见中国社会科学院历史研究所战国秦汉史研究室编《简牍研究译丛》第一辑，中国社会科学出版社，1983 年，第 113～128 页。陈久金也认为神爵元年五月月历木牍是同年夏至寝兵诏书的附件，说见陈久金《敦煌、居延汉简中的历谱》，《中国古代天文文物论集》，第 113～115 页。

③ 《尹湾汉墓简牍》，第 3、22、128 页。

④ 此两种木牍整理者编为 8 号、9 号，仅有摹本及初步释文，见李洪甫《江苏连云港市花果山出土的汉代简牍》，《考古》1982 年第 5 期，第 476～480 页。

⑤ 关于此牍的具体情况，可参看刘乐贤《尹湾汉墓出土历日及相关问题》，《简帛数术文献探论》，湖北教育出版社，2003 年，第 266～272 页。

整理者最初认为内容类似于《日书》。现在参考尹湾木牍，可以判定此牍属同类月历。从摹本看，花果山9号木牍分栏书写，由于残断较甚，仅存上二栏。第一栏大字隶书，首行书"□月□"，次行书"建日亥"。^①以下三行均为三字一行，前两字皆漫漶不清，末字分别"未""寅""壬"，当是神煞所值。由"建日亥"，可知此为建亥之月（即十月）的月历。第二栏小字草书，首行全残，第二至第三行据释文分别为"壬辰二日""癸巳三日""甲午三日"，是本月的干支日期。由此推得，该月朔日为辛卯。同出简牍中，有元寿二年十月至三年三月历朔（7号木牍，介绍详下），而元寿二年（前1）十月即为辛卯朔。据此，上述花果山9号木牍可确定为元寿二年十月月历。此牍与尹湾木牍出土地同属西汉东海郡，时间仅相差10年，格式相同，应可反映当时该地区月历木牍较为统一和稳定的形式。此式月历包含了记事的空间，在功能上与Ⅰ式不同。

花果山汉墓还出土了一块残牍（8号），分八行写有某月十七至二十四日的干支和日期。据摹本所示"甲寅廿四日"等历日数据，可以推知本月朔日为辛卯。联系上述9号木牍，推测很可能也是元寿二年十月的月历，但干支字体与9号木牍不同，不能缀合。此牍残缺过甚，无法确认是否分栏纵读，今暂附录于此。^②

（3）Ⅲ式（多行木简式）本式包括居延居摄元年六月^③、居延建武二年三至五月^④两种。它们形状窄长，属多行书写的木简，与书写尹湾

---

① "建日亥"，李洪甫读为"年日亥"，摹本亦将首字写得近似"年"字。但"年日亥"文义不通，而隶书"建"字右半边与"年"字形相近，根据尹湾元延三年五月月历的文例，可知此当作"建日亥"。

② 周家台秦简秦二世元年历朔木牍的背面分栏写有当年十二月的干支，吉村昌之将其视为月历（见吉村昌之《出土简牍资料にみられる历谱の集成》，冨谷至主编《边境出土木简の研究》，第505～506页）。我认为它是收到历朔木牍后为计算距离嘉平的天数而书写的干支表，并非用作十二月的月历，故不收入此处。详参本书所收拙文《秦汉的颁朔与改正朔》。

③ 《居延汉简甲乙编》（290·11A，《乙》220），考释定年见陈久金《敦煌、居延汉简中的历谱》，《中国古代天文文物论集》，第119页。

④ 《居延新简——甲渠候官》（EPT65·101），定年据罗见今、关守义《〈居延新简——甲渠候官〉六年历谱散简年代考释》，《文史》第四十六辑，第51～52页。

月历的尺牍（长宽比约 3∶1）迥异。

居摄元年六月木简上端大书"六月"二字，无月大小、神煞等记录。所载干支日期分栏书写，每栏四日，一个月的日期干支应有八栏，今存其六。建武二年三至五月月历书写在一枚木简的正背两面，与居摄元年六月木简一样，分栏书写，每栏四日。两者可归入一式，但也有明显的不同。建武月历除写有月大小外，还在两面上抄写了三个月的月历，四月月历前半部分书写在正面三月月历下，后半则写在背面五月月历之上。这就不是一简一月了。[①]

本式月历与连云港花果山出土的两种月历木牍差别明显，可能原与其他简牍编连使用，用途可能也不一致。[②]

（二）历朔类历书

"历日类"历书均列每日干支，下面介绍的"历朔类"历书则仅记每月朔日干支和月大小。有时它备有便于速查的干支表，但不再为每一天的干支安排独立位置。这类历书按照所包含的时段长度，可以分为"单年型""数月型"和"多年型"。

1. 历朔类 A 型（单年型）

此型历书可分为二式。

（1） I式（月朔式） 罗列全年各月朔日及月大小，有时加注重要

---

① 另外，《居延新简——甲渠候官》中还载有一枚残牍（EPT8·12），最上分四行写有某月二十二至二十五日的干支和神煞，以下残断。根据"廿四日己巳建"等文字，可以推断此月为建巳之月，即四月，朔日为乙巳。查朔闰表可知，此牍属元康元年（前65）的可能性最大。由于根据残牍无法推断它原来是否记载了整月的历日，或与其他牍板合编为年历，故暂不入正文，附此备考。

② 此外，张家界古人堤东汉简牍中也有一种类似于月历的文献。据整理者介绍，它"书写于汉律牍之背面，共计三段，可缀连为一篇，其首为：'……五月朔……戊戌一，己亥二……'，一直排至'甲子廿七'，以下残破。"见湖南省文物考古研究所、中国文物研究所《湖南张家界古人堤遗址与出土简牍概述》，《中国历史文物》2003 年第 2期，第 70 页。此牍格式不明，且无法定年，故本文暂不收入，附此备考。

节日。本式迄今共发现二件，皆为木牍，分别是周家台秦二世元年①和敦煌永光五年②历书。

周家台秦二世元年历书木牍，正面分两栏书全年十二个月的朔日干支及月大小。第一栏起于"十月乙亥小"，终于"四月壬申小"；第二栏起于"五月辛丑小"，终于"九月己亥大"。两栏文字共占去木牍正面的上半。在下半空白区域的中间，写有一个"大"字，墨迹较浅，似为后来加注。木牍背面右上书"以十二月戊戌嘉平月不尽四日"，嘉平即腊日。这块木牍很可能是秦代国家颁布历朔和重要节日的记录。③

敦煌永光五年历书书写于一枚木牍的正反两面。正面分二栏，上栏第一行书"永光五年"四字，第二至五行依次书正月至四月每月的月名、朔日干支和月大小，下栏共四行，依次书五月至八月。木牍背面不分栏，四行依次为九至十二月。各月下加注二分、二至、四立八个主要节气及伏、腊所在日。九月条的下方，还注有"□高五尺"四字，其义未详。④

这一类型的历书注明全年月朔、节日，只需借助甲子表，即可由之推出每一天的干支，或每一干支所对应的日期。它实际上提供了全年的历日，但只供查询，无法加注。

（2）Ⅱ式简历式 在Ⅰ式所含内容外，还配上六十甲子表，以便查询。属此式的，有肩水金关五凤三年⑤、尹湾元延元年⑥、敦煌永始四年⑦

---

① 湖北省荆州市周梁玉桥博物馆编《关沮秦汉墓简牍》，图版第25页，释文与考释第103～104页。

② 罗振玉、王国维编著《流沙坠简》，图版第19～20页，考释第86～88页。

③ 参看拙文《秦汉的颁朔与改正朔》。

④ "□"所代表的字，罗振玉未作释读，从图版看，或许是"垣"字，缺末笔。

⑤ 此历书出土于肩水金关遗址，编号73EJT29：117，最初发表时仅有正面照片，见《中国古代天文文物图集》图版三六：1，文物出版社，1980年，又收入张永山《汉简历谱》，《中国科学技术典籍通汇·天文卷》第一分册，第227、237页。最新的正背面清晰照片收入《肩水金关汉简（叁）》，第159～160页。

⑥ 《尹湾汉墓简牍》，第3、21、127页。

⑦ 《敦煌汉简》（2263，T.ⅩⅩⅡ.f.1）。该牍定年有争议，此据陈久金（《敦煌、居延汉简中的历谱》，《中国古代天文文物论集》，第118～119页）、罗见今（《敦煌汉简中历谱年代之再研究》，《敦煌研究》1999年第3期，第95～97页）说。

三件历书。具体而言，前两件与后一件又有区别。

肩水金关五凤三年历书过去被张永山称为"环读式历谱"。它写在长 23.2 厘米、宽 5.1 厘米的一尺牍上，共有四列文字沿四边构成环形，所有文字都自外向内书写。上列从左至右依次书正月、三月、五月、七月、九月、十一月这六个奇数月的朔日干支和月大小，下列则是偶数月。左右两列分别书 24 和 25 个干支，与上下两列的朔日干支正好构成一个环形的六十甲子表。从左上角的"正月戊寅大"开始，逆时针读数，转过半圈至右下角的"二月戊申小"，再转半圈至上列的"三月丁丑大"，如此循环将近六圈，至右列上方第二个干支"壬申"（此时代表十二月壬申晦），便数完全年的 354 日。在部分干支下，加注有二分、二至、四立和三伏、腊日，与 I 式比较，知是当时历书的惯例。该历书的背面还抄写有该年二月的月历，其中干支"乙卯"下书"到"字，可能是收到该木牍的记录。这一情况与周家台秦二世元年历书类似，很可能反映了西汉中期的颁朔情况。此外，干支"戊申"到"乙丑"的下方有一般用于表示完成某事的记号"卩"，说明该月历可能还有其他的用途，现在已不得而知。

尹湾元延元年历书的形式基本同于上述，仅有几处小的差别。第一，该年闰正月，故下列书有闰月，并且数读循环增加半圈。第二，各月均先书月名、大小，再书朔日干支，且月名、大小用大字，干支用小字。与五凤三年历书相比，这样更能体现六十甲子表的完整性。第三，该年十月、十二月均为甲午朔，两者都加注在同一个"甲午朔"字样上方。五凤三年历书中，七月、九月均乙亥朔，处理方式则是增写一行"乙亥朔"。两种处理方式相比，前者在数读甲子循环时无需跳数，亦更为方便。第四，该历书在八节、伏腊上方都注明月日。从这四点差别看，元延元年历书的制作显得更为成熟细致。

仔细审读上述两件历书，可以发现它们的精巧设计并非凭空产生，将它们与之前介绍的历日类 A 型 II 式中的两件历书相对比，不难找到某种联系。程鹏万已经指出，这类历书与周家台秦始皇三十六、三十七年历书格式相同。① 具体而言，它们的主体部分都由各月大小和六十甲子表构成，实质都是在甲子表的相应位置添注月名表示历朔，并利用六十甲子循环纪日的原理，用一个干支对应一年中的多个日期。这类环读式的简历，或许就是从历日 A 型 Ⅱ 式历书发展而来的。

本式的第三种，敦煌永始四年历书与上述两种差别相对较大。此历书木牍左、右和下部均残缺。从残存部分看，最上栏四行从左至右分别书三月、五月、七月、九月的朔日和月大小，其下书六十甲子，分栏横读。推测原有五栏，每栏自右至左书十三个干支，第五栏仅书八个干支，故全部残缺不见。干支下注有八节和伏日。对比肩水金关五凤三年、尹湾元延元年木牍，可知此牍同为简历式年历。估计原来上栏为六个奇数月的朔日和大小，最下栏则还有写有六个偶数月的朔日和大小。月份没有按照一般习惯从右至左书写，而是从左往右，或许是受环读式年历的影响。

如上所述，本式年历木牍的设计十分巧妙，使全年的每一天都能找到对应但非独占的位置，事实上构成了简单的年历。它既可视为历日表（历日类 A 型 Ⅱ 式）删除记事功能后的"缩略版"，也可看作月朔式年历（历朔类 A 型 Ⅰ 式）的"增强版"。

2. 历朔类 B 型（数月型）

此型历书记载多个月的历朔，可在一年中也可以跨年。此型包括敦煌元凤三年正月至八月②、连云港花果山元寿二年十月至三年三月③ 两件。

敦煌元凤三年历书见于《敦煌汉简》一书，整理者未缀合，释文也有一些错误。今将两残片左右缀合后，可见上半部分两栏写有二月至

---

① 程鹏万《周家台秦墓所出秦始皇三十六、三十七年历谱简的重新编联》，《史学集刊》2006 年第 3 期，第 82 页。
② 《敦煌汉简》（1413～1414）。《敦煌汉简》（1415）书"四月辛卯朔小"，以下空白，应亦属此年，但不能缀合。
③ 该木牍整理者编为 7 号，仅有摹本即初步释文，见李洪甫《江苏连云港市花果山出土的汉代简牍》，《考古》1982 年第 5 期，第 476～480 页。

八月的月朔。第一栏存三行，分别书"二月壬辰（原释文误作"辛亥"）朔""三月辛酉朔""〔四〕月辛卯朔"；第二栏完整，分四行书五到八月的月朔。据此七个月朔可以推定，此为元凤元年历书。"二月壬辰朔"前残缺一角，按文意原当有"正月壬戌朔"等字。该历书木牍的下半部分，写有候长和戍卒的得钱记录。据此推测，这方木牍选取一年中的特定数月，可能是专门用于配合得钱计算的，并非一般性的历书。

花果山元寿二年十月至三年三月历书木牍，与之前提到的花果山元寿二年十月月历木牍同时出土，可以互证系年。从摹本看，该历朔木牍竖读，上下皆空白，仅在中部分六行写有六个月的朔日。根据整理者的释文，六行文字从右至左分别是"十月〔辛〕卯朔""十一月〔庚〕申朔""十二月〔庚〕寅朔""正月己未""二月己丑""三月"。整理者对比《二十史朔闰表》，认为与元寿二年十月至元始元年二月的历朔相吻合。我同意这个定年。不过有一个疑问，汉末早已以正月为岁首，为何这块木牍却从十月开始呢？这或许可以结合同出简牍得到解答。同出的1号木牍是一则法律文书，记载了四次刀剑伤人事件，时间分别是"十月十四日甲辰""十月十七日丁未""十一月二日""十一月六日□丑"。据所记日期的干支推算，与元寿二年十月、十一月相符。由此推测，记载元寿二年十月至次年三月月朔的这方历书木牍，很可能与1号木牍的法律文书有关，是为处理发生在元寿二年十至十一月的持刀伤人案服务的。

综上所述，可知出土所见记载数月历朔的木牍都与一般性的历书不同，是针对某一特定需要而定制的。这与历日B型I式历书中的配合寝兵仪式的两种月历木牍有相似之处。

3. 历朔类C型（多年型）

此型历书集合多年以上的历朔编成，目前已发表的仅有湖北江陵张家山M247号墓出土的汉初朔闰编一种。[①] 此外，张家山M258号墓

---

① 张家山二四七号汉墓竹简整理小组《张家山汉墓竹简〔二四七号墓〕》，文物出版社，2001年，图版第3～4页，释文第129～130页。

也出土了一件历书，年代在"文帝前元五年（前175）或稍后"。整理者在概述中将之与 M247 号墓出土朔闰编合并介绍，未说明两者是否有别，① 或许属于同类。②

张家山 M247 号墓汉初朔闰编现存竹简 18 枚，记载汉高祖五年（前202）至吕后二年（前186）共十七年的各月朔日干支。以高祖六年为例，格式如下："六年：十月戊午，十一月丁亥，十二月丁巳，正月丙戌，二月丙辰，三月丙戌，四月乙卯，五月乙酉，六月甲寅，七月甲申，八月癸丑，九月癸未小。"如遇闰年，还会加上后九月的朔日和月大小。一般一年一简，如正面写满则转至背面书写。

此朔闰表中有两年还在全年月朔写完之后，加注有使用者个人的大事。高祖五年后注："……新降为汉。九月……"③ 惠帝元年后注："六月病免。"这两件事是朔闰表主人仕宦生涯的重要节点，前者是为汉臣的

---

① 张家山汉墓竹简整理小组《江陵张家山汉简概述》，《文物》1985 年第 1 期，第 14～15 页。

② 阜阳双古堆汉简中出土了约 200 片写有干支的残简，胡平生认为是《汉初朔闰表》，见《阜阳双古堆汉简数术书简论》，《出土文献研究》第四辑，中华书局，1998 年，第 28～29 页。这批简的图版和编连释文均未公布，仅能通过胡平生的介绍得知其中还包括了写有月份的残片。从部分录文看，多数残片中相邻两干支的差数为 29 或 30。但胡平生也指出，"有几个碎片上的干支上下排次不足一月，有的仅十天，有的仅数天"。如果认为这篇简是朔闰表，则无法解释这个现象。我怀疑，这批简可能是某年质日，即历日 A 型 I 式，而上下排次不足一月的干支残片，应属附在最后单独排的闰月简。由于未见正式整理报告，还不能最终确定该书性质，故暂不收入本文。

③ "新降为汉九月"六字写在一枚残简上，整理者认为属汉高祖五年，张金光则以之属高祖四年，见张金光《释张家山汉简〈历谱〉错简——兼说"新降为汉"》，《文史哲》2008 年第 3 期。他认为，"新降为汉"与"六月病免"不同，不是写在全年月朔之后，而是系于当月之下。因此，据下文九月可知"新降为汉"当在八月。高祖四年八月，恰好签订鸿沟之约，中分天下。江陵在鸿沟之西，故正在此时"降为汉"。这一观点有待商榷。首先，推测"新降为汉"系于当月之下，与这组简的文例不合。其次，鸿沟之约分天下，只是刘邦和项羽之间划分势力范围，不仅没有将临江王统治的江陵地区直接划归汉国或汉朝统治，而且未必得到临江王的认可。鸿沟之约后，临江国与汉国仍彼此独立。张家山汉简主人降汉，应在高祖五年十二月（据《史记·秦楚之际月表》）击破临江王共欢前后，不会早至四年八月。当然，将此简系于高祖五年也有一个疑问。此残简文字书于正面，从图版看，原来绝不可能与高祖五年四至九月的月朔写在同一支简上。这样高祖五年就必须有两支简，与其他各年均为一简的情况不同。考虑到这一年是该朔闰编的首年，也是朔闰编主人"新降为汉"之年，情况特殊，需要记录的事又较多，书写在两支简上，尚可理解。基于上述原因，本文仍采用整理者的意见。

开始，后者是仕宦的结束。这类私人记事说明张家山朔闰表带有较重的个人色彩，不能理解为官方文书。

以上，本文将目前所知年代较为确定的出土秦汉历书共 84 件，分为 2 类 5 型。现在列出下表，以便通览。表中的历书后都注明年代，希望借此体现出历书发展的先后关系和时代特征。

表一　出土秦汉历书分类一览表

历日类	A型 年历型	I 式 逐日干支六 栏横读式	1. 岳麓秦始皇二十七年（前 220） 2. 北大秦始皇三十一年（前 216） 3. 北大秦始皇三十三年（前 214） 4. 周家台秦始皇三十四年（前 213） 5. 岳麓秦始皇三十四年（前 213） 6. 岳麓秦始皇三十五年（前 212） 7. 张家山汉文帝前元七年（前 173） 8～17. 睡虎地汉文帝前元十年至后元七年（前 170 至前 157）10 种
		II 式 简首干支六 栏横读式	1. 周家台秦始皇三十六年、三十七年（前 211、前 210） 2. 孔家坡汉景帝后元二年（前 142）
		III 式 简首日序十 二栏横读式	1. 银雀山元光元年（前 134） 2. 敦煌太始二年（前 95） 3. 肩水金关 T21 元凤六年（前 75） 4. 肩水金关 T26 元凤六年（前 75） 5. 肩水金关元平元年（前 74） 6. 肩水金关本始二年（前 72） 7. 居延本始四年（前 70） 8. 敦煌本始四年（前 70） 9. 敦煌地节元年（前 69） 10. 敦煌元康元年（前 65） 11. 肩水金关元康三年（前 63） 12. 敦煌元康三年（前 63） 13. 敦煌神爵三年（前 59） 14. 敦煌五凤二年（前 56） 15. 肩水金关 T23 五凤三年（前 55） 16. 肩水金关 T30 五凤三年（前 55） 17. 肩水金关五凤四年（前 54）

历日类	A 型 年历型	III式 简首日序十二栏横读式	18. 敦煌甘露元年（前 53） 19. 肩水金关 T23 甘露二年（前 52） 20. 肩水金关 T29 甘露二年（前 52） 21. 肩水金关 T6 黄龙元年（前 49） 22. 肩水金关 T26 黄龙元年（前 49） 23. 肩水金关初元元年（前 48） 24. 肩水金关初元三年（前 46） 25. 肩水金关 T10 永光元年（前 43） 26. 肩水金关 H1 永光元年（前 43） 27. 居延建昭三年（前 36） 28. 居延建始元年（前 32） 29. 敦煌鸿嘉四年（前 17） 30. 居延元延元年（前 12） 31. 居延建平二年（前 5） 32. 额济纳元始元年（1） 33. 敦煌元始五年（5） 34. 肩水金关 T9 居摄元年（6） 35. 肩水金关 T23 居摄元年（6） 36. 居延居摄三年（8） 37. 肩水金关 T23 居摄三年（8） 38. 肩水金关 T24 居摄三年（8） 39. 额济纳始建国三年（11） 40. 肩水金关始建国天凤五年（18） 41. 居延建武元年（25） 42. 居延建武六年、七年（30、31） 43. 居延永元十七年（105）
		IV式 简首日序六栏横读式	1. 海曲武帝后元二年（前 87） 2. 尹湾元延二年（前 11）
		V式 半年拆分六栏横读式	1. 居延天凤六年（19）
		VI式 数牍合编分栏横读式	1. 额济纳建武八年（32）或永元十一年（99） 2. 敦煌永元六年（94）
		VII式 分栏直读式	1. 敦煌五凤元年（前 57）

历日类	B 型 月历型	Ⅰ式 横读式	1. 居延本始二年十一月（前 72） 2. 居延神爵元年五月（前 61）
		Ⅱ式 纵读式	1. 尹湾元延三年五月（前 10） 2. 连云港花果山元寿二年十月（前 1）（9 号） 3. 连云港花果山元寿二年十月（前 1）（8 号）
		Ⅲ式 多行木简式	1. 居延居摄元年六月（6） 2. 建武二年三至五月（26）
历朔类	A 型 单年型	Ⅰ式 月朔式	1. 周家台秦二世元年（前 209） 2. 敦煌永光五年（前 39）
		Ⅱ式 简历式	1. 肩水金关五凤三年（前 55） 2. 尹湾元延元年（前 12） 3. 敦煌永始四年（前 13）
	B 型 数月型		1. 敦煌元凤三年正月至八月（前 78） 2. 连云港花果山元寿二年十月至三年三月（前 1～1）
	C 型 多年型		1. 张家山 M247 号墓汉初历朔（前 202～前 186） 2. 张家山 M258 号墓汉文帝历朔（前 175 或稍后）

　　已出土秦汉简牍数量很大，上面的历书搜集一定存在遗漏、疏误，应该随着新资料的公布和研究的推进不断更新，[1]甚至分类本身也可能有所调整。不过，现有的框架已经足以帮助我们了解秦汉历书的大致情况，开始进一步的研究。

---

[1]　比如印台汉简、松柏汉简中即包含有历书，有关介绍参看郑忠华《印台墓地出土大批西汉简牍》、朱江松《罕见的松柏汉代木牍》，荆州博物馆编著《荆州重要考古发现》，文物出版社，2009 年，第 204～208、209～212 页。其中松柏汉简历书，主要是汉武帝建元、元光年间的，见《湖北荆州纪南松柏汉墓发掘简报》，《文物》2008 年第 4期，第 24～32 页。这些历书尚未公布，形制不清，本文暂时都无法列入讨论。此外，西北汉简中《肩水金关汉简》第五册以及敦煌悬泉汉简等未发表资料中，应该还有不少历书。

二、秦汉历书的功能、性质与演变

历书的基本功能是查日子，此外，不同类型的历书还各自具有一定的特殊功能，性质也未必相同。下面就在前文的分类研究基础上，讨论出土秦汉历书的功能、性质及其演变。

秦汉历书的功能可以大致分为下列三项。[①]

第一，用于查日期和岁时节日。查日期是历书最基本的功能，可以作为判断某种书或文书是否属历书的标准。不少历书还标注有岁时、节日信息。如历日类的银雀山元光元年历书，历朔类的肩水金关五凤三年、尹湾元延元年、敦煌永光五年历书等，都注明了二分、二至、四立这八个节气所在的日期。这些历书和孔家坡汉景帝后元二年历书等，还加注了腊日、伏日，都是与当时日常生活和国家行政关系最密切的节日。

多数历书的查日期和岁时节日功能是通用的，也有部分历书具有特殊针对性。前文已经介绍，历日 B 型 I 式的居延本始二年十一月和神爵元年五月两种月历，分别是同年夏至寝兵诏书的附件，专为寝兵仪式制作发布。连云港花果山出土的元寿二年十月至三年三月历书，很可能专门服务于元寿二年十至十一月持刀伤人案的处理。

第二，加注记事。历日类历书中的每日都在书中占据独立的一格或一行，保留了加注的空间。加注内容有神煞，有记事。加注记事至少从秦代开始，就已经是历书的重要功能，在墓葬和边塞屯戍遗址出土历书中均有发现，[②]绝大多数见于历日类年历型历书，尤其是自题名为"质日"的一类。除年历外，尹湾元延三年五月月历木牍的部分日期干支下，也有用不同字体书写的记事文字。属历朔类的张家山汉初朔闰编

---

① 肖从礼《秦汉简牍"质日"考》（复旦大学出土文献与古文字研究中心网站，2011 年 3 月 8 日）一文，提出秦汉历表简册有查找时日、作为出行宜忌指南和案头记事三项基本功能，与本文近似，可参看。

② 刘乐贤搜集过历书干支下记事的例子，参看氏著《简帛数术文献探论》，第 264～266 页。

中，亦包含"新降为汉"和"六月病免"这样的记事文字。这些文字可能就是从历日记事中移录的。

第三，配合日书占视吉凶。这项功能主要反映在加注神煞上，而这些神煞可以在秦汉时代流行的日书中查到对应的吉凶。西汉中期以后历书中神煞的字体通常与月名、干支一致，应是在制作过程中就写上的，构成历书原本的一部分。这说明，配合日书占视吉凶是这类历书设计制作时已经预设的固有功能。

历书标注神煞的方式，目前所见有三种。一种主要见于历日类 A 型 I 式和 III 式历书，加注在表示日子的干支下方。北大秦简的两件历书，都有部分干支下加注建除，[①] 是目前所知最早加注神煞的历书。第二种加注法，是在历书的开头或末尾添加分栏书写神煞的简。简册编连后，神煞与每月相应的干支位于同一横栏中，现存最完整的典型是属于历日类 A 型 III 式的肩水金关 T23 居摄元年历书。根据程少轩的研究，这部历书除在干支简中注建除外，末尾还用独立的简添加了血忌、月杀、土禁、九魁、刑德、小时、大时等神煞。[②] 第三种加注方式，见于历日 B 型 II 式的尹湾元延三年五月和连云港花果山元寿二年十月（9 号）两种月历，即在月历木牍的上方，写明本月的神煞所在日辰。用第一种方式加注的神煞，通常较为简略，一般只有建除和反支。用第二、第三种方式标示的神煞则较复杂，除建日、反支外，还有血忌、八魁、复日、昌日、月杀、解衍、月省等。以前有学者将注有较多神煞的历书认作日书，或视为占家专用。事实上，加注神煞并没有改变历书的性质，也不能替代日书的功能，这与唐宋的具注历日是不同的。对此，后文还将论及。

秦汉历书上述三项功能，不仅有主次之分，它们的演变也有各自不同的轨迹。查日期是历书最基本的功能，查询岁时节日、加注记事和配合日书占视吉凶是附属功能。历书的功能的发展变化，主要在后者。

历书的加注记事功能在秦代已经形成。岳麓书院藏秦简的三件历

---

① 参看拙文《北大秦简中的方术书》，《文物》2012 年第 6 期，第 90～91 页。
② 程少轩《肩水金关汉简"元始六年（居摄元年）历日"复原》，《出土文献》第五辑，第 276～284 页。

书、北大秦简的两件历书以及周家台秦始皇三十四年历书，都有加注记事，数量有的是二三十条，有的多达 50 余条。时代较晚的尹湾元延二年历书，记事数更达 186 条，超过一半的日期都有加注。① 上述历书都出土于墓葬，比较私人化，有的还有自题"私质日"。正如苏俊林所说，这类质日尽管有不少记事颇具行政色彩，但性质仍然是私人的记录，并非官文书。② 不过，"私质日"题名的存在也说明还有官方的质日，里耶秦简中就发现了这样的例子。秦代要求县令史定期轮流至设在地方的宗庙巡视，称为"行庙"。里耶秦简中的一份文书要求"行庙者必谨视中□，各自署庙所质日"。此处提到的"庙所质日"，就是放在宗庙中的一件官文书。它的形式应与墓葬所见秦代质日相似，每日下有记事的空间。轮到行庙的令史，在其中签署自己的名字，表示按时完成工作。该文书木牍的背面则书写有秦始皇二十七年十一月至五月的行庙记录，格式为"某月某日令史某行庙"。③ 这些记录应是根据宗庙处的"质日"摘录而成。"庙所质日"这类放在官方机构中为官员所用的文书，还承担了类似考勤的功能，与私人所用的质日很不相同，两者所包含的记事在数量和性质上也有区别。西北边境屯戍遗址中发现的汉代历日，性质应更接近于这种"庙所质日"，属于官文书。不过，汉代屯戍遗址出土的官用历日中很少见到记事，可能主要是用于查日期和占吉凶。

　　历书中出现用于占视吉凶的神煞，最早见于北大秦简秦始皇三十一年、秦始皇三十三年历书，仅有建除一种。除此以外，已知的秦及汉武帝以前历书均未注神煞。此后，历书加注神煞的情况逐渐普遍，加注的种类也呈增长趋势。相当于汉武帝元光元年的银雀山汉简《七年视日》，未注建除而有反支。敦煌汉塞所出宣帝地节元年历书兼注建除和反支，

---

① 已发表历书记事数量统计，参看苏俊林《关于"质日"简的名称与性质》表 2、表 3，《湖南大学学报（社会科学版）》2010 年第 4 期，第 20、21 页。

② 参看苏俊林《关于"质日"简的名称与性质》，《湖南大学学报（社会科学版）》2010 年第 4 期，第 18、22 页。

③ 关于"令史行庙"文书的复原和介绍，见陈伟主编《里耶秦简牍校释（第一卷）》，武汉大学出版社，2012 年，第 78～80 页，又可参看鲁家亮《里耶秦简"令史行庙"文书再探》，《简帛研究二〇一四》，广西师范大学出版社，2014 年，第 43～51 页。

日照海曲武帝后元二年历书则注刑德，比较特殊。在西北边塞遗址发现的西汉中期以后的历日中，加注建除已成通行做法，如敦煌元康三年、居延建平二年、居延建武元年、居延建武六年七年历日等等，皆是其例。西汉晚期，还出现了加注的神煞种类更为丰富的历书类型。形制较为特殊的敦煌永元六年历书木牍，包括建除、反支、八魁、血忌四种神煞。[1] 尹湾元延三年五月木牍在最上一行以"建日午""反支未""解衍丑""复丁癸""刍日乙""月省未""月杀丑""□□子"的叙述形式，说明了九种神煞在本月中所在的干支。前文述及的肩水金关 T23 居摄元年历书也注有八类神煞。

　　加注神煞普遍化和神煞种类增加，说明历书配合占视吉凶的功能日益突出，反映出汉代社会知识和信仰氛围的变化。选择类数术经过战国秦汉之际的大发展，进入汉代以后日益成熟，运用也更加广泛，影响社会各个阶层和不同领域。西北汉简历书中的神煞，表明选择数术已经渗透到日常行政和军事活动中来。这些历书的来源，可以追溯到朝廷的颁历，其中的神煞安排也很可能来自中央朝廷。

　　秦汉历书加注神煞的变化趋势，可以与后代"历日"和"具注历日"的发展联系起来。江晓原、邓文宽先后研究过秦汉到唐宋历书的变化及其原因。江晓原指出历注中吉凶宜忌从无到有的变化，[2] 邓文宽将之称为从"历日"到"具注历日"的转变。[3] 我要强调的是，这个变化是历书占视吉凶功能自身发展的过程，而非外部因素导致的质变。从敦煌吐鲁番的出土发现来看，历书上的自题名"历日"一直延续到唐武宗时期，自唐僖宗时期以后则使用"具注历日"。[4] 也就是说，加有详细历注

① 此外，《居延新简——甲渠候官》所载 EPT65·425 号疑似历书的木牍，在干支日期下注有建除、五行、反支、复日、天李、八魁、血忌、往亡等神煞，或许也是历书加注神煞的例子。
② 江晓原《历书起源考》，《中国文化》1992 年第 1 期，第 155 页。
③ 邓文宽《从"历日"到"具注历日"的转变——兼论"历谱"与"历书"的区别》，《邓文宽敦煌天文历法考索》，第 194～204 页。
④ 陈昊《"历日"还是"具注历日"——敦煌吐鲁番历书名称与形制关系再讨论》，《历史研究》2007 年第 2 期，第 68 页。

的"具注历日"在很长一段时间里仍然沿用"历日"的名称。这说明，是否注有复杂的历忌内容，在当时使用者看来并不影响历日的本质，而题名的变化也不代表形制和内容上的根本转变。"具注历日"仍然是"历日"。

唐宋以后的具注历日与秦汉历书最大的差别，不是历注的有无和繁简，而是前者在历注中直接说明具体事务在当天的宜忌，可以脱离日书直接占视吉凶。[①] 历法和选择两种知识在历日中日益结合起来。与此相应的另一个变化，是记事功能退出了具注历日。正如刘乐贤所说，秦汉历书中所见的记事性文字"在后来的具注历日中是完全看不到的"。[②]

三、秦汉历书的制作与使用

进一步发掘出土秦汉历书作为史料的意义，还需进入它作为实用历书存在的历史时空中，研究它是如何被制作和使用的，特别关注其背后的人的活动。秦汉历书的制作者和使用者是谁，所根据的历朔来自哪里？使用者如何获得历书，又怎样使用它们？历书的制作和使用反映了怎样的时间秩序和社会状况？这些问题都有待研究解答。

从已发表的材料来看，秦汉历书的制作和使用情况较为复杂。历书制作者和使用者往往并不同一。比较同出于周家台 30 号秦墓的秦始皇三十四年和三十六年历书，不难发现前者的干支写法总体上较为拘谨，后者则写得随意些，出锋的笔画较多。典型的例子，如"子"字的写法，三十六年历书"子"字的钩笔均有明显出锋，三十四年历书则否。又如"寅"字，三十六年历书"寅"字"宀"的竖点和钩笔都向下拖长，几乎包住下部，三十四年历书"寅"字的这两笔都较短（见表二）。据此可知，这两件历书不是出自同一书手。周家台秦始皇三十六年历书

---

① 唐宋历日多在某日下明确注出嫁娶、出行、修宅等事项的吉凶宜忌。
② 刘乐贤《秦汉历日的内容及功用》，《古罗马和秦汉中国——风马牛不相及乎》，第 363 页。

上还添加有三十七年的月朔，与原有干支一起组成了三十七年历书。添加这些内容的应是该历书的使用者，所用书体与三十六年历书的原有文字也有差异。最明显的是三十六年历书月名中"二""三""五"等字的长横均不出锋，而所补三十七年月名的相应文字，长横均出锋（见表三）。这类书体差异，足以表明该历书的制作者与使用者不是同一人。有助于进一步说明这一问题的是，两年的历书首尾不相连续。三十六年历书九月辛巳小，则岁末为己酉日；三十七年历书称十月辛亥小，岁首与己酉之间隔了一天庚戌。显然，两年的历朔并非来自同一个源头。

表二　周家台秦简秦始皇三十四年、三十六年历书书体比较表

	周家台秦始皇三十四年历书	周家台秦始皇三十六年历书
子		
寅		

表三　周家台秦简秦始皇三十六年历书三十六年、三十七年月名书体比较表

	三十六年月名	三十七年月名
二		
三		
五		

那么，这些历书来自什么渠道，或者说它的制作者是谁？周家台历书亦可提供些许线索。周家台秦始皇三十六年历书出土时与《日书》为一组，两者书体一致，很可能是同时制作、配合使用的。① 由于秦代《日书》不太可能通过官方渠道颁布，推测该历书也应来源于非官方渠

① 参看夏德安《周家台的数术简》，《简帛》第二辑，上海古籍出版社，2007 年。

道。历书的制作者可能是书商，也可能是兼营书籍的"日者"或其他。这样的历书制作者在当时应有多家并存。历书在形制上存在差异，采用不同的神煞系统，很可能就是不同制作者的风格差异所致。总之，使用者可以通过多种渠道获取历书，自行制作的历书中历朔安排的来源也是多元的。这种多元性对认识历书的史料价值十分重要。出土历书中的所谓"抄误"，即可由此出发来重新解释。

此前学者在使用历书的历朔数据时，往往会指出历书的"抄写错误"。认定"抄误"的理由，主要有三种。一是历书中的干支前后不相连贯，从该历书本身即可判定抄写有误；二是历书所载历朔，与出土官文书或他件历书所见历朔不合；三是历书所载历朔，与学者复原的当时历法推算所得的数据不合。后两种认定抄误的理由共同预设了一个前提，即当时全国的所有场合都使用历朔一致的历书。历书来源的多元性，恰恰动摇了这一前提。

出土历书抄误是可能存在的，但抄误的产生一般应有可追溯的原因，能够通过校勘的一般原则加以识别和解释。比如周家台秦始皇三十四年历书的 26、27、28 号三支简，把"辛酉"误写成"辛丑"。"酉""丑"古音同属幽部，三支简中的第一个抄误应是音近致讹，后两个则是涉上文而讹。这样的抄误是可以认定的。

然而，学者根据上述第二、第三两种理由判断的"抄误"，都是与所谓"正确"的干支相差一日。仍以周家台秦始皇三十四年历书为例，研究秦汉历法复原问题的学者，多认为该历书的三月乙丑朔、五月甲子朔、七月癸亥朔和后九月癸巳朔都抄写有误，需要移动一日，分别改为三月丙寅、五月乙丑、七月甲子和后九月壬辰。[①] 新近公布的岳麓秦简正好也包括秦始皇三十四年历书，它的历朔安排与学者"校正"周家台历书后的结果完全一致。这似乎证明了学者对周家台历书"抄误"的判断。但这样的"抄误"在校勘学上无法解释。很难想象抄写者会将"丙

---

① 较早的代表性论述见张培瑜、彭锦华《周家台三〇号秦墓历谱竹简与秦、汉初的历法》，《关沮秦汉墓简牍》附录三，第 231～232 页。对此后学者意见的综述见李忠林《秦至汉初历法研究》，中华书局，2016 年，第 72～79 页。

寅"抄成"乙丑"，"乙丑"抄成"甲子"，并且之后所有的干支都移动了一格而不自知。

周家台和岳麓秦简两种秦始皇三十四年历书所载历朔的差异，不宜认定成"抄误"，而应理解为采用了不同的历朔安排。刘信芳即持这种观点。他还发现，历书中九月的最后一日"壬""辰"二字分别被涂有一粗笔（第58简第六栏），应是使用者的校改，因此历书中九月的晦日只能是辛卯，而后九月朔日则实际上已被使用者改正为壬辰。如此，该历书也就不存在"三个月连大"这样不合平朔法的"硬伤"了。[①]

类似的情况，还见于岳麓秦始皇二十七年历书。该历书载是年八月朔日为癸酉，而里耶8-133号秦木牍记有"廿七年八月甲戌朔"，[②]较岳麓历书晚一日。此里耶木牍属官文书，所载历朔固然可以认为是当地官府所用，但并不能因此断定岳麓历书必为抄写错误。事实上，这些被认为是"抄误"的历朔歧异，恰恰是尤为宝贵的资料。它们反映出不同地域、不同场合、不同个人之间的用历差异，进而可以启发我们讨论当时历书使用的实际状况。

秦汉国家行颁朔之制，应有官方制作的历书，举国上下实际使用的历法尚未完全统一。春秋战国以来长期分治局面造成的各种地区差异，也包括用历的差异。秦始皇当然做过历法统一的努力，但效力仅限于政府机构，不同的历法仍在民间广泛流行。《史记·历书》云："幽、厉之后……畴人子弟分散，或在诸夏，或在夷狄，是以其禨祥废而不统。……其后战国并争，在于强国禽敌，救急解纷而已，岂遑念斯哉。……秦灭六国，兵戎极烦，又升至尊之日浅，未暇遑也。"这就是说，秦代未及改变战国时期历法不统一的状况。这种状况到汉代仍

---

① 刘信芳《周家台秦简历谱校正》，《文物》2002年第10期，第80～83页。三月连大，是此前研究者认为周家台秦始皇三十四年历书存在抄误的最重要证据。此外，之前研究者所认为的晦日错误，也经刘信芳指出，为复原本脱简所致，并非历书本身的抄误。我同意刘氏的观点，并赞同他复原出土历书的方法。

② 湖南省文物考古研究所编著《里耶秦简（壹）》，文物出版社，2012年，图版第30页，释文第16页。

长期延续。汉初郡国并行，诸侯国官方所用历朔就与汉朝不尽一致。^①
民间更有多种历法同时流行。汉武帝太初改历时，曾"选治历邓平及
长乐司马可、酒泉候宜君、侍郎尊及与民间治历者，凡二十余人"共
同参与。^②可见民间历法修习者众多。这些民间历家分为不同的流派，
所治历法各不相同。《汉书·律历志上》云东周以降畴人子弟所记，
"有黄帝、颛顼、夏、殷、周及鲁历"。此所谓"古六历"又皆见于
《汉书·艺文志》，其实就是汉代政府和民间传习和行用的历法。^③民间
治历者众多，不同历法广泛传习，秦汉时代的实用历法当然也不可能
完全统一。

　　参照唐宋时期的情况，秦及汉初实用历法不统一是不难理解的。
平冈武夫曾概述唐代因计算方法混乱和观念影响，导致实际用历不统
一的情况。^④敦煌出土唐宋历日的朔日，与同年中原历往往有一二日
之差，遇有闰年差别更大；与中原历闰在同月者极少，往往有一月之
差。^⑤即使在中原地区，民间小历和私修历书流行，也常与官方历法
不同。历书出版发行渠道多元，官府无力禁止。^⑥流行印刷历日的时
代尚且如此，在只有手抄本历书的秦汉时期，历书的多样性就更不言
而喻了。

　　从秦汉时代历书的多样性出发，至少有两方面的问题值得进一步
研究。

---

① 比如，据《春秋繁露·止雨》载董仲舒为江都相时教令，江都易王二十一年（即汉
　武帝元光元年）八月朔日为甲申。然而，银雀山元光元年历书及据《汉书·五行志
　下之下》"七月癸未，先晦一日，日有食之"之记载推得的是年八月朔日，则均为乙
　酉。由此可知，武帝初年江都国所用历朔与汉朝不同。详见本书所收拙文《〈春秋繁
　露·止雨〉二十一年八月朔日考》。
② 《汉书》卷二一《律历志上》，第975页。
③ 所谓"古六历"，西晋杜预已经认为"未必是时王之术"，而是后人依托，南朝祖冲之
　进一步指出它们的创作时代都在周末汉初。此后学者，一般都公认"古六历"的实际
　制作和行用年代在战国秦汉之际。参看张培瑜等《中国古代历法》上册，中国科学技
　术出版社，2007年，第327～335页。
④ 参看平冈武夫《唐代的历》序说，上海古籍出版社，1990年。
⑤ 邓文宽《敦煌吐鲁番历日略论》，《邓文宽敦煌天文历法考索》，第98页。
⑥ 参看周荣宝《唐宋岁末的历书出版》，《学术研究》2003年第6期，第102～104页。

首先，时间的测度出于人为，历书事实上决定了使用者对时间的认知。在统一的标准不存在或不被接受时，历书显示的时日无论是否符合王朝的颁朔或今天的推算，对当时的使用者来说都是可信和准确的。由此，同一时刻在不同的人之间可能存在差异。比如秦始皇二十七年八月的甲戌日，对里耶木牍的书写者而言是朔日，对岳麓秦简的使用者来说则是朔后一日。这一天之前的癸酉日，或为八月朔日，或为七月晦日，甚至不属同一个月份。以今天的观念，这将会造成不小的混乱。但古人以干支纪日，无论如何安排月份和朔日，任意一天在干支序列中的位置都是唯一而且确定的。因此，不同历法安排历朔的差异，不会造成严重的问题。现在人们习惯使用的序数纪日广泛流行则是稍晚的事，目前最早见于凤凰山 10 号汉墓中的 F 组记事文书简，时在景帝前期。[①]上文提到，历书中出现数字序号即是这个过程的反映。

其次，历朔制定和历书制作，实际上是安排时间秩序的行为。历法的统一，或由国家颁布历朔施行于天下，不仅是国家权力控制地方和社会的要求，也是儒家理想政治秩序的重要内容。司马迁说："天下有道，则不失纪序。无道，则正朔不行于诸侯。"[②]他把国家正朔是否颁行于天下，亦即历法是否统一，视为天下有道或无道的标准。参考秦汉历书的实际使用状况，司马迁等人极力推动的改正朔运动，应可得到新的理解。[③]

四、结语

本文研究出土秦汉历书的类型，在此基础上讨论了它们的性质、功能与演变，最后推测历书的制作和使用情况，尝试发掘其中蕴含的历史

---

① 见湖北省文物考古研究所编《江陵凤凰山西汉简牍》中的图版、释文及裘锡圭先生的考证，中华书局，2012 年，第 134～138、146～147 页。
② 《史记》卷二六《历书》，第 1258 页。
③ 参看本书所收拙文《秦汉的颁朔与改正朔》。

信息。所得结论，可大致归纳为以下三点。

一、出土秦汉历书分为"历日类"和"历朔类"，两类又可各分若干型和式。不同类型的历书之间可能存在一定的发展继承关系，其中古人称为"质日""视日"或"历日"的年历表数量众多，是秦汉历书的主体。此类历书的发展演变，尤其能够反映秦汉时间观念和时间秩序的变化。

二、秦汉历书主要有查日期和岁时节日、加注记事以及配合日书占视吉凶三种功能。其中，查日期是历书最基本的功能，加注记事功能则是历日类历书所特有的。占视吉凶的功能往往内含于历书之中，在秦汉时期以加注神煞的形式不断发展，至唐宋时期，历书已经可以脱离日书独立实现此项功能。可见，"历法"和"选择"两类知识在实际运用中往往紧密结合，共同包括在古人的时间观念之内。

三、秦汉历书可以是使用者自己制作，也可能来自多元化的公共性渠道。秦汉用历呈现多样性，官方历书和不同流派的民间历书共存，历朔和历日安排往往不尽统一。这种情况，为思考当时人的时间观念以及秦汉国家与社会的时间秩序的构成，提供了启示。

2011 年 2 月 11 日初稿

2016 年 9 月 22 日改定

2023 年 1 月 3 日修订

修订后记：本文原载《简帛研究二〇一六·秋冬卷》（广西师范大学出版社，2017 年），所收资料截止于 2016 年。此后，新的资料、信息和研究不断发表，而且在可以预见的未来仍将继续增加。本文不可能把新的内容都增补进来，而文中提出的分类体系和基本认识也还能够容纳和解释这些新发现。因此，修订时仅订正了格式和部分文字。

在此要补充两点，一是郭津嵩的《出土简牍与秦汉历法复原：学术史的检讨》（《浙江大学艺术与考古研究》第三辑，浙江大学出版社，2018 年）一文更加清晰地说明了历法复原的方法问题，应当参看；二是荆州胡家草场汉简中的《历》《岁纪》等文献反映出汉初历法中的一些不为人知的现象，能够印证本文的观点，值得深入研究。

最后还想再次强调，研究秦汉历法，必须跳出"大一统"观念和技术主义的先入之见的束缚，承认资料来源的多元性和历朔形成过程的复杂性，才有可能接近历史的真实。

序数纪日的产生与通行

　　太阳周期性视运动产生昼夜交替的"日"，是最基本、最直观的时间单位。纪日，即给每一天冠以特定的名称，也就成为时间命名体系和时间秩序的基础。中国已知最早的文字纪日法是干支纪日，在商代就已存在。[①]后世通行的一日、二日、十日、卅日等，用从本月朔日起数的序次（日序）命名日期，以数字表示，故称序数纪日，产生较晚。序数纪日产生以后逐渐通行，进而取代干支纪日，成为最主要的纪日方式。[②]池田温指出，中国古代重数节日的形成即是以序数纪日在三国以后的普及为背景，并且反过来促进了纪日与干支的分离。[③]唐宋以后，干支纪日的使用范围缩小，仅限于数术占验、史书和少数庄重的场合，常常带有拟古、复古等特定意味。本文尝试进一步厘清序数纪日产生与通行的过程，探讨其原因。

　　根据较新的研究和出土资料，序数纪日的普及比池田先生所说更早

---

① 参看陈梦家《殷虚卜辞综述》，中华书局，1988 年，第 235～236 页。

② 秦汉时期存在过一种二十八宿值日法，见于出土日书。不过此法仅用于特定的占验，并不广泛通行，且星宿在一个月内会出现重复，在月份之间也往往不相连续，因而只能视为值日，而非纪日。刘乐贤曾撰写《睡虎地秦简〈日书〉二十八宿纪日法补证》（收入《简帛数术文献探论（增订版）》，中国人民大学出版社，2012 年，第 53～63页），认为将之视为日序纪日法和干支纪日法以外的第三种纪日法并不妥当，建议改称为"二十八宿配日法"。我赞同刘先生的看法，唯思考角度稍有不同，此处不赘。

③ 池田温《中国古代重数节日的形成》，收入氏著《唐研究论文选集》，中国社会科学出版社，1999 年，第 381 页。

一些。汪桂海借助汉简资料研究官文书的形式时发现，西汉至东汉初期官府往来文书一直采用"年、月、朔日、日子（干支）"的格式记日期，此后则于日子之前加记"日数"（序数日）。汪先生推测，上述变化发生在建武以后、永元以前，当时曾由官方做过专门的统一。^① 这是官文书中所见的情况。除了正式的官文书以外，序数纪日在民间也有广泛的用途。它的产生和普及存在两种可能的途径，一是在民间发明和广泛使用后由官方采用，一是官方首先采用，自上而下的推向民间。究竟是哪一种，值得继续追问。

纪日本质上是人为的规定，约定俗成，往往多样，也不固定。但若由官方进行统一和规范，便具有了强制性。这种强制性充分反映在东汉初年官文书整齐划一的变化中。因此，纪日法应该视为帝国时间秩序的组成部分，需要在国家与社会的互动中观察它如何发展和变化。

一、秦及汉初官文书中的日期形式

秦及西汉官文书中标准的完整日期形式是"年 + 月 + 朔 + 日干支"。这样的形式早在秦统一前就已定型，目前所见最早的例子是四川青川郝家坪《为田律》木牍中的"二年十一月己酉朔朔日"，^② 时在秦武王二年（前307）。这个日期因是朔日而省略了日干支。接下来较早的还有秦王政"廿年四月丙戌朔丁亥"。^③ 这种形式的日期，在里耶秦简和岳麓秦简已公布的部分中数以百计，在西北边塞出土的汉代文书中也极为常见。

---

① 汪桂海《汉代官文书制度》，广西教育出版社，1999年，第67～69页。
② 见陈伟主编《秦简牍合集（贰）》，武汉大学出版社，2014年，第190页。
③ 见睡虎地秦简《南郡守腾文书》，睡虎地秦墓竹简整理小组编《睡虎地秦墓竹简》，文物出版社，1990年，释文注释第13页。整理者把该部分划为《语书》，非是，参拙文《睡虎地秦简"为吏之道"应更名"语书"——兼谈"语书"名义及秦简中类似文献的性质》，《出土文献》第六辑，中西书局，2015年，今收入本书。

文书中还有一些简略形式的日期，有时省略年，有时省略朔，有时两者皆省，只保留月份和日子。但最为常见的形式还是年、月、朔、日俱全，正式的书檄类文书开头的日期几乎都是如此。

基于后世经验，不免会有这样的疑惑：为什么标准日期形式中要标明月朔？为什么用干支而非便于加减计算的数字表示日期？这需要通过当时的时间观念和历法行用情况来解释。

标明月朔和不用日序，是紧密相关的。如果把时间看作持续不断的流，年、月、日、时都不是时间本身的自然段落，而是以地球上所观测到的天体运动为标尺测度时间之流，人为划分，又人为命名的。这种划分和命名，创造出时间概念体系。不同人群经常拥有不同的时间概念体系，即便时间概念体系相同，由于纪年、建正和朔闰安排的差异，同名的某一年月日时，对于不同的人或人群仍可能代表着不同的时间。抄写于秦统一前夕的睡虎地秦简《日书》甲种，录有一份秦楚月名对照，直观地反映了这种名与实之间的不确定关系。秦的月份除正月外都以数字命名，楚月则只有七、八、九、十共四个月用数字表示，分别对应秦的四、五、六、七月。可见，战国晚期的秦人和楚人同说数字表示的"某月"时，所指的时间是不同的。[①] 不加说明地使用时间称谓，可能导致信息交换产生误差。

秦统一以后，官方用历趋同，秦楚月名那样显著的大幅度差异消失了，但不同的历法和朔闰安排仍然存在。比如，岳麓秦简秦始皇二十七年质日载是年八月朔日为癸酉；里耶秦简 8-133 号木牍则有"廿七年八月甲戌朔"的纪日，其八月朔日较岳麓简晚一天。又如，周家台秦简秦始皇三十四年历书载是年三月乙丑朔、五月甲子朔、七月癸亥朔；而在岳麓秦简的同年质日中，这三个月的朔日分别为丙寅、乙丑、甲子，均较周家台历书晚一天。[②] 正因如此，官文书需要标明

① 见睡虎地秦墓竹简整理小组编《睡虎地秦墓竹简》，释文注释第 190～191 页。又参于豪亮《秦简〈日书〉记时记月诸问题》，收入《于豪亮学术文存》，中华书局，1985年，第 160～161 页。
② 参看本书所收拙文《秦汉的颁朔与改正朔》，第 79 页。

月朔，以求在全国的行政领域中明确和统一时间序列，确保事务顺利运作。

再来看不用日序的问题。干支纪日产生很早，在长期的使用过程中逐渐形成了统一和连续的系统，现行的干支纪日法至少自春秋以来就未曾中断。[①] 这种稳定性得益于干支系统自身的封闭和独立。在计时单位中，"日"基于太阳东升西落的周期性视运动，最为直观可靠。[②] 因此，更大的计时单位年、月都以日为基础。回归年和朔望月长度分别约等于 365.242 19 日和 29.53 日，都不是一日的整数倍。历法为了使用方便，将年、月定为整数日，因而必须不断调整年、月的天数，步朔置闰，以配合天象。不同历法所做的调整不同，若以年、月为周期计数日期，便会出现日期序数的歧异。六十干支则是独立于年、月以外的封闭周期。无论年月的长度如何调整，60 日一周期的干支循环都可以连续无变化地反复运行。凡是采用干支纪日法的人群，同时也就接受了干支纪日所承载的统一的时间序列。至少在战国晚期，各国的年月朔闰安排仍有各种各样的差异，但对使用干支纪日的所有地区和人群来说，如果提到下一个干支周期的甲子日，则都意味着确定的同一天。由于干支纪日的稳定和通行，战国秦汉之际的人们已经将干支视为日的天然属性，甚至混同于日本身了。[③] 以月朔为基准的序数纪日则不具备这种独立于正朔闰余的特性，在历朔安排不尽统一的条件下，有可能造成同名（日序）不同日。这是秦及汉初普遍以干支而不以序数纪日的原因。

① 陈遵妫《中国天文学史（中）》，上海人民出版社，2006 年，第 982 页。有学者甚至认为纪日干支可以连续上溯到商代武丁时期，见李学勤《中外古代文明年代学研究的比较》，东北师范大学世界古典文明史研究所编著《世界诸古代文明年代学研究的历史与现状》，世界图书出版公司，1999 年，第 174～175 页。
② 吴国盛《时间的观念》，北京大学出版社，2006 年，第 10 页。
③ 由于干支被视为日的自然属性，战国秦汉"日书"中，与日相关的吉凶绝大多数都根据当日的干支来推定；汉武帝太初改历以"甲子朔旦冬至"为契机，其中作为日名的"甲子"与日月合朔、冬至一样，被看作客观的自然现象。

二、序数纪日的产生和使用

在序数纪日产生以前，日与数字的联系已经常常发生。有时需要计算两日之间相隔的天数，有时也用某月的正数或倒数第几天来表示某日。战国末抄写的睡虎地秦简《日书》中有不少"入月若干日""入某月若干日"乃至"某月若干日"的表述，有学者因此认为当时已经采用序数纪日法。[①] 而我的看法是，这些表述用了日数，但还不是以序数纪日。"入月若干日"用于描述一类日期，而非命名一个确定日子，其中的"若干"是积数而非序数；月份前偶尔省略"入"字，也并不改变其意义。下面列举史料加以说明。

周家台秦简《日书》中，有一章"戌磿（历）日"，云：

> ・入月一日、七日、十三日、十九日、廿五日大彻。・入月二日、六日、八日、十二日、十四日、十八日、廿日、廿四日、廿六日、卅日小彻。・入月三日、四日、五日、九日、十日、十一日、十五日、十六日、十七日、廿一日、廿二日、廿三日、廿七日、廿八日、廿九日穷日。[②]

文中三组日数分别对应"大彻""小彻""穷"三个不同的神煞。每一组都以"入月"开头，而不径称"一日""二日"。这表明，其中的数字不是"序数"，而是累计某日距离进入本月之天数的"积数"。同书另一章提供了更明确的证据：

> ・已入月，数朔日以到六日，倍之；七日以到十二日，左之；

① 见张闻玉《云梦秦简〈日书〉初探》，《江汉论坛》1987年第4期，第68～69页。
② 释文见湖北省荆州市周梁玉桥遗址博物馆编《关沮秦汉墓简牍》，中华书局，2001年，第120页。

十三日以到十八日，乡（向）之；十九日以到廿四日，右之；廿五日以到卅日，复倍之。①

此章以"已入月"领起全文，"数朔日以到"云云说明以下的数字都是从朔日开始累计的结果。文中没有指明具体的月份，所谓"若干日"当然不是确定的日子。睡虎地秦简《日书》中有 7 条以入月后若干日为吉凶标准的占法，其中的日数性质当属同类。此外还有这样的文句：

月生五日曰杼，九日曰举，十二日日见莫取，十四日叟（謨）詢，十五日曰臣代主。②

"月生某日"这样的表述，说明这些数字仍是从月亮初生开始的日数累计，而非以序数纪日。③睡虎地《日书》甲种中另有条目不用一般的数词，而用"旬六日""二旬二日"这类形式，用"旬"表示十天，与日合计，积数的性质尤为明显。④还有一条云"凡入月五日、月不尽五日，以筑（筑）室，不居"，⑤称"月不尽五日"从月末倒数，反过来说明前面的"入月五日"也并非序数纪日。与此类似，周家台 30 号秦墓出土的秦二世元年历朔木牍背面用数字说明最重要的节日嘉平所在之日，却从月末倒数，称"月不尽四日"，而不按照顺序说"十二月廿五日"。这块木牍来自国家颁朔，⑥足以说明秦代官方尚未采用序数纪日。

张家山汉简《奏谳书》收录有一个秦王政二年的案例，也用到类

① 释文见湖北省荆州市周梁玉桥遗址博物馆编《关沮秦汉墓简牍》，第 121 页。
② 《日书》甲种简 8、9 背第二栏，睡虎地秦墓竹简整理小组编《睡虎地秦墓竹简》，释文注释第 209 页。
③ 睡虎地秦简《日书》的这条材料及其解读，承蒙程少轩先生提示，谨此致谢。
④ 《日书》甲种简 124 背，睡虎地睡虎地秦墓竹简整理小组编《睡虎地秦墓竹简》，释文注释第 225 页。
⑤ 《日书》甲种简 103 第一栏，睡虎地秦墓竹简整理小组编《睡虎地秦墓竹简》，释文注释第 196 页。
⑥ 关于这块木牍性质和具体内容的解读，详见本书所收拙文《秦汉的颁朔与改正朔》，第 72～76 页。

似的日期表示方式，如"月不尽一日""十一月不尽可三日""十月不尽八日"。①最可注意的是"入十一月一日"。在指明确定月份时亦不省略"入"字，说明当时人还没有用"十一月一日"纪日，以命名一个确定的日子。这句仍应理解为"进入十一月后累计一天"，而非"进入'十一月一日'这一天"。②

"入月若干日"的日期表述形式也见于传世史料。《史记》中褚少孙所补的《三王世家》载，汉武帝元狩六年（前117），议封皇子为诸侯王，太仆行御史大夫事公孙贺上言，称：

> 太常臣充言：卜入四月二十八日，乙巳，可立诸侯王。

太常用选择数术卜日，结合入月日数和干支两方面因素，得出"入四月二十八日"为乙巳日，是立诸侯王的吉日。称"入四月"，表明此处"二十八日"仍是积数。这条材料的时代，可视为汉廷行用序数纪日的上限。

比较特殊的用法，见于睡虎地秦简《日书》甲种的"归行凶日"：

> 正月七日、二月十四日、三月廿一日、四月八日、五月十六日、六月廿四日、七月九日、八月十八日、九月廿七日、十月十日、十一月廿日、十二月卅日，是日在行不可以归，在室不可以行，是谓大凶。③

---

① 张家山二四七号汉墓竹简整理小组编著《张家山汉墓竹简〔二四七号墓〕（释文修订本）》，文物出版社，2006年，第100、101页。
② 类似情况还有随州孔家坡汉简《日书》的《占》篇，其中提到日期，凡以干支表示者都称"正月"某日，用数字表示者，则均称"入正月"几日。加"入"字，说明此数字为积数，而非用来命名日期的序数。参看湖北省文物考古研究所、随州市考古队编《随州孔家坡汉墓简牍》，文物出版社，2006年，第179～180页。又孔家坡汉简《日书》简236，原释文作"六月六日、七日"云云，实为误释，已由学者改正为"入月六日、七日"，见王强《孔家坡汉简校读拾遗》，《简帛》第十一辑，上海古籍出版社，2015年，第178页。
③《日书》甲种简107、108背，睡虎地秦墓竹简整理小组编《睡虎地秦墓竹简》，释文注释第223页。"是谓"，简文作"是"加重文合文号，原释作"是是"，不妥，今改释。

这里既不用"入"也不用"旬"，孤立地看，似乎就是序数纪日。但比较同书中的以下两条，看法就会不同了：

> 入正月七日，入二月四日，入三月廿一日，入四月八日，入五月十九日，入六月廿四日，入七月九日，入八月九日，入九月廿七日，入十月十日，入十一月廿日，入十二月卅日，凡此日以归，死；行，亡。①
>
> 正月七日，二月旬，三月旬一日，四月八日，五月旬六日，六月二旬，七月九日，八月旬八日，九月二旬七日，十月旬，十一月旬，十二月二旬，凡以此往亡必得，不得必死。②

如果排除抄写讹误，这三条罗列的日期基本相同，所占事项也近似。显然，不加"入"、不用"旬"的形式，其意义与"入月"和用"旬"计日的形式等同，可以看作后者的省略和改写，还不能直接认定为序数纪日。

此外，还有少数几个特例需要辨析。岳麓书院藏秦简收录的一段秦律云"恒令令史、官吏各一人上攻（功）劳、吏员，会八月五日"。③这里的"八月五日"完全采用了序数纪日的形式。但同简下文紧接着又说"上计敢（最）、志、郡（群）课、徒隶员簿，会十月望"，同是期会，却不称"十月十五日"。秦律指定期限还多用朔日，一律不称某月"一日"，如《金布律》云："十月户赋以十二月朔日入之，五月户赋以六月望入之。"④可见，当时并没有采用序数纪日的明确意图。只是行政事务

---

① 《日书》甲种简133，睡虎地秦墓竹简整理小组编《睡虎地秦墓竹简》，释文注释第201页。

② 《日书》乙种简149、150，睡虎地秦墓竹简整理小组编《睡虎地秦墓竹简》，释文注释第244页。此条文字有较多讹脱，原应作"正月七日，二月旬四日，三月二旬一日，四月八日，五月旬六日，六月二旬四日，七月九日，八月旬八日，九月二旬七日，十月旬，十一月二旬，十二月三旬"云云。

③ 陈松长主编《岳麓书院藏秦简（肆）》，上海辞书出版社，2015年，第211页，简350。

④ 陈松长主编《岳麓书院藏秦简（肆）》，第107页，简119。

以历法年度为周期，无法以干支日名约定期会，故而采用月朔、月望；少数特殊事务所要指定的日期不在朔望，就不得不采用数字形式来表示了。又，西汉文帝时期抄写的胡家草场汉简中有"避兵方"，提到"以八月八日取去就南行者阴干，候月蚀，乡（向）月县（悬）"。"去就"即蟾蜍，① "八月八日"则应是一个具有数术意义的日期，近于中秋，而取上弦月如刀兵之象，故不能以干支表示，只得采用数字形式。这些的特例，都不能说明人们在有意识地使用序数纪日。当然，必须承认，上述几种日期表述形式与序数纪日十分近似甚至相同，说明战国秦汉之际的人们习惯于以月朔为基准来依次计数日期，已经距离发明序数纪日不远了。

用数字来表示"日"，在不少官私领域都大有用武之地。比如，秦汉帝国要求文书传递达到一定的速度，张家山汉简《二年律令·行书律》规定："邮人行书，一日一夜行二百里。不中程半日，笞五十；过半日至盈一日，笞百；过一日，罚金二两。"（简273）考课邮人行书的速度是否达到标准，当然需要计算实际耗费的天数。这时，如果出发日和到达日都用数字来表示，则只需两者相减就能得出结果。但从里耶秦简和西北边塞出土西汉简中的文书收发记录看，收发日期仍都用干支表示。根据日期干支计算间隔天数，现在可借助代数算法，秦汉时最常用的方法则是罗列干支。上面所举的周家台秦简历朔木牍的背面整齐地写有当年十二月每一天的干支，目的就是计算收到该文书的己卯日距离嘉平戊戌日的天数。类似的例子还有后面会提到的汉宣帝元康五年（神爵元年，前61）诏书的附件。罗列法最为直观，但离开干支表，计算天数就相当不便，远不如序数纪日。此外，考校功劳资历、制定粮食财物支出预算等事务，都需计算日数，西北汉简中有很多这样的例子。在这些场合，如果采用序数纪日能带来很多便利。

在这些需求的推动下，表示不定日的积数日期逐渐向命名特定日的

---

① 参看纪婷婷、李志芳《胡家草场汉简 1039 号简所记辟兵术考》，《文物》2020 年第 8 期，第 65 页。

序数日期发展。序数纪日法大约是西汉文景之际在民间发明和首先使用的。目前最早的序数纪日史料见于江陵凤凰山 10 号汉墓 F 组竹简。该组简册记载景帝三年（前 154）六月至十月中付出笥、枲的数量和价值，纪日均用序数，如：

> 六月十六日付司马伯枲一唐，卅二。【113】
> 八月十三日付□兄与司马伯分二唐，唐卅八，直（值）七十六。【116】
> 九月四日付五翁伯枲一唐，卅。·笥三合，合五十四，直（值）百六十四。【118】

最后有一枚总结简概括该册的内容，并合计付出物品的值钱总数：

> 六月十六日丁卯决乡，至十月十日，·凡三月廿三日。所出·凡千八百卅八。【125】

其中"六月十六日""十月十日"都是序数纪日，而"三月廿三日"是指三个月又二十三天。这组简文表明，序数纪日的使用不晚于景帝初年。它很可能是私人临时记账的簿册，还不能说明序数纪日已经用于正式的文书行政。①

序数纪日的通行是渐进的过程，一方面是以序数来纪日的意图逐渐清晰，一方面是序数纪日运用的范围越来越广，逐渐取代干支纪日而居于主导地位。

---

① 裘锡圭推测墓主人应为江陵西乡啬夫，最初认为这组简是他经营家庭手工业出售产品的记录（见《湖北江陵凤凰山十号汉墓出土简牍考释》，《文物》1974 年第 7 期，第 60 页），后来根据同出简牍的性质及末简的"决乡"二字，主张此组应是乡文书（《啬夫初探》，收入《云梦秦简研究》，中华书局，1981 年，第 273 页）。实际上，同出简牍不都是官文书，也有"中服共侍约"及人名出钱木牍这类私文书。而 F 组简涉及的产品价格在短时期内频繁波动，不像官方定价那么稳定。由此推测，它仍有可能是私人所用的账簿。

先来看第一个方面。抄写于武帝初年的银雀山汉简《七年视日》（过去习称"元光元年历谱"），在月名简后的 30 枚竹简的头端分别写有数字"一"至"卅"，表示对应日子在本月中的序次。[①] 这曾被视为最早的序数纪日资料，[②] 如今记录已经被凤凰山汉简打破，但在秦汉历书发展的序列中，它仍是转向采用序数纪日的重要标志。排比出土秦汉历日型历书（简称"历日"）可以发现，汉武帝前后存在一个明显差异。[③] 武帝以前的全部 19 件历日无一标注日序，其中最晚的一件是湖北随州孔家坡汉墓出土的汉景帝后元二年（前 142）历日，时在武帝即位前一年，而此后的历日则一律标注有日序。由此看来，历日中标注日序是武帝时期开始产生的现象。

不过，银雀山《七年视日》又有其特殊性——在武帝时期及更晚的 40 余件历日中，唯有《七年视日》属于武帝前期。此后年代最近的敦煌武帝太始二年（前 95）和山东日照海曲汉简武帝后元二年（前 87）历日，[④] 已经晚至武帝末，与《七年视日》相距约 40 年乃至更久。昭帝以后，标注日序的出土历日分布则相当密集，每隔几年就有一件，有的年份甚至不止一件。这种时代差异说明，《七年视日》更宜被视为一个孤例，不能作为武帝前期已经流行用序数纪日的证据。更进一步说，《七年视日》中的数字序号后没有加"日"字，与武帝以后的绝大多数历日都不相同，序数纪日的意味比较淡薄。

西北汉简中已知最早的历日，是敦煌出土的武帝太始二年（前 95）历日，现仅存一简，[⑤] 简首书"十"字。其次是属于昭帝时期的肩水金

---

① 有关介绍及复原摹本见罗福颐《临沂汉简所见古籍概略》，《古文字研究》第十一辑，中华书局，1985 年。
② 张闻玉《古代天文历法讲座》，广西师范大学出版社，2008 年，第 55 页。
③ 关于秦汉出土历书的情况，参看本书所收拙文《出土秦汉历书综论》。文中所收历书资料截止至 2016 年，此后还有一些新发现的历书，但不影响此处的基本结论，因而未加入统计。
④ 刘绍刚、郑同修《日照海曲简〈汉武帝后元二年视日〉研究》，《出土文献研究》第九辑，中华书局，2009 年，第 49～59 页。
⑤ 甘肃省文物考古研究所编《敦煌汉简》，中华书局，1991 年，简号 1919，释文第 294 页。

关元凤六年（前 75）、元平元年（前 74）历日，两者都在简端用数字加"日"表示日期。① 从此以后，直至王莽时期的近 40 种出土历日，简端都采用数字加"日"的形式，不再有仅用数字的例子。② 可以说，昭帝以后历日的日序标注相比武帝时期发生了普遍性的变化。变化后的日序标注一律加"日"字，已经可以认为是用序数来纪日。而这些历日很可能都抄写自官方颁下的历本。

再来看第二方面。西北汉简中，武帝后期以降的各类官文书也出现大量数字加"日"的日期形式。排除其中的日数统计，下面这条材料可能是目前所知官文书中最早的序数纪日：

受征和三年十一月簿，余谷小石五十五石二斗。【273.22】

☑□食以八月出谷，到征和四年二月十五日，度尽，余有小斗二斗。【273.25】③

---

① 肩水金关遗址出土两件元凤六年历日。一件在第 21 号探方，简号 73EJT21：139，简首书"十六日"，定年据程少轩《肩水金关简"元始六年（居摄元年）曆日"复原》，李学勤主编《出土文献》第五辑，中西书局，2014 年，第 274～284 页，以及罗见今、关守义《〈肩水金关汉简（贰）〉历简年代考释》，《敦煌研究》2014 年第 2 期，第 109～115 页。一件在第 26 号探方，简号 73EJT26：178、218，简首书"六日""廿一日"，定年据黄艳萍《〈肩水金关汉简（叁）〉纪年简校考》，《敦煌研究》2015 年第 2 期，第 113 页。肩水金关元平元年历日，出土于第 5 号探方，简号 73EJT5：56～58，一枚简的简首书"十一日"，定年据程少轩《〈肩水金关汉简（壹）〉历谱简初探》，复旦大学历史学系、复旦大学出土文献与古文字研究中心编《简帛文献与古代史——第二届出土文献青年学者国际论坛论文集》，中西书局，2015 年，第 202～204 页，及罗见今、关守义《〈肩水金关汉简（壹）〉八枚历谱散简年代考释》，《敦煌研究》2012 年第 5 期，第 113～118 页。简影及释文见甘肃简牍保护研究中心、甘肃省文物考古研究所、甘肃省博物馆、中国文化遗产研究院古文献研究室、中国社会科学院简牍研究中心编《肩水金关汉简》（壹）、（贰）、（叁），中西书局，2011、2012、2013 年。
② 唯尹湾汉简元延二年质日采用"第+数字"的形式，与同时期的西北汉简历日及元光元年视日均不相同，当另有原因。与之同出的元延元年历书和元延三年五月历书木牍都明确采用序数纪日，说明元延二年质日的制作者并非不知序数纪日。
③ 本简首字，《居延汉简释文合校》（谢桂华、李均明编，文物出版社，1987 年，第 461 页）释为"府"，疑非。

此二简同出居延都尉殄北候官通泽第二亭遗址（A10 瓦因托尼），[①] 编号相近，应属于同一简册，与某个"月食簿"有关。简文大意是说交接收到征和三年（前90）十一月的记录，剩余谷物若干，预计至征和四年二月十五日用尽。简文中的"度"是推测、估计之意，说明书写此简时尚未到二月十五日。此"二月十五日"前没有"入"字，与睡虎地秦简和张家山汉简《奏谳书》中所见不同，应可看作纪日。若然，则官文书中序数纪日的实例可以上溯至武帝末年。

至宣帝时期，序数纪日已经比较多见，使用场合也更为广泛。如居延汉简中的元康五年诏书录太常苏昌上太史丞定言"元康五年五月二日壬子，日夏至"，日期表述与50多年前武帝元狩六年太常所言"入四月二十八日乙巳"已然有别。该诏书所附月历木牍罗列该年四月二十九日至五月三十日的日期，每个日期都在干支前写有日序。[②] 类似的月历木牍还有居延汉简中的457.19号，[③] 张永山定在宣帝本始二年（前72）十一月，则还要更早九年。[④] 上述两条材料说明，宣帝时中央的太史官已经使用序数纪日，并且颁行于全国。

此时，用于纪日的序数具备了指称唯一的确定日期的功能，因而可以用来约定时间。《汉书》载宣帝神爵元年敕书云：

> 今诏破羌将军武贤将兵六千一百人，敦煌太守快将二千人，长水校尉富昌、酒泉候奉世将婼、月氏兵四千人，亡虑万二千人，赍三十日食，以七月二十二日击罕羌。[⑤]

① 据中国社会科学院考古研究所编《居延汉简甲乙编》，中华书局，1980年，下册第299、323页。
② 179·10（甲1017）号，中国社会科学院考古研究所编《居延汉简甲乙编》，上册甲图版捌拾，下册释文第122页。
③ 中国社会科学院考古研究所编《居延汉简甲乙编》，上册乙图版贰伍捌，下册释文第243页。
④ 张永山《汉简历谱》，任继愈主编《中国科学技术典籍通汇·天文卷》第一分册，大象出版社，1993年，第223页。
⑤ 《汉书》卷六九《赵充国传》，中华书局，1962年，第2980页。

书中约定发动攻击的时间为"七月二十二日"，使用了序数纪日。出土材料可以证明，在军事领域使用序数纪日进行期会，在当时并非特例。敦煌悬泉汉简中有一枚木牍文书：

> 效谷长禹、丞寿告遮要、悬泉置：破羌将军将骑万人从东方来，会正月七日。今调米、肉，厨乘假自致受作，毋令客到不办与。毋忽，如律令。【Ⅱ0114④：340A】
>
> 掾德成、尉史广德。【Ⅱ0114④：340B】①

此文书没有题署年份，推测应在甘露元年（前53）。②史载，是岁，破羌将军辛武贤将兵万五千人至敦煌，欲以讨乌孙。效谷县为了接待大军，提前要求下辖的遮要、悬泉二置做好准备。文书中用于指明接待确切日期的是"正月七日"，说明官方文书已经用序数纪日来进行期会，也可旁证《汉书》所载敕书中的日期应非后代修史者追改。上述两件文书涉及军事，不得失期，说明序数纪日已经具备了精确指示日期的功能。

大约同一时期，西北边塞的私人文书也开始以序数纪日。如肩水金关汉简中的一则经济文书：

> 四月廿二日丙寅，偃受长叔外长下四千。【73EJT30：1】
>
> 三月一日丙子，偃受长叔十六万五千。　八月廿四日丙寅，靳长叔入钱五千五百，偃受。【73EJT30：2】③

<hr />

① 张德芳、胡平生编撰《敦煌悬泉汉简释粹》，上海古籍出版社，2001年，第164页。

② 整理者认为辛武贤为破羌将军将兵到敦煌有两次，一次在神爵元年下半年至次年上半年，一次在甘露元年，简文所涉以后者的可能性较大（《敦煌悬泉汉简释粹》，第164～165页）。案神爵元年以酒泉太守辛武贤为破羌将军，据上引《汉书·赵充国传》所载敕书，任务是配合后将军赵充国击破羌人。两军会合的地点在"鲜水北旬廉上，去酒泉八百里，去将军可千二百里"。这里的"将军"即赵充国，时驻金城，而此鲜水即羌谷水，在酒泉与金城之间。辛武贤此次是向东进兵，并不经过敦煌。因此，可以排除简文指神爵二年正月七日的可能性。

③《肩水金关汉简（叁）》，释文第104页。

又如敦煌汉简中有一份券书：

> 神爵二年十月廿六日，陵胡燧长张仲 孙 买卒宽德布袍一领，
> 贾（价）钱▢【1601A】
> 神爵二年十月廿六日，广汉县郑里男子节宽德卖布袍陵
> 胡燧长张仲孙所，贾（价）钱千三百，约至正月 责付 。任者
> □□□□□□【1708A】①

这份买卖布袍约定延后付款的券书，使用"十月廿六日"这样的纪日，或许是为了便于计算付款的时日。

根据上述史料来看，序数纪日至迟在景帝年间已经用于民间，在官文书中的行用则不早于汉武帝元狩六年，至武帝末年至宣帝时期开始在涉及政治、军事、经济等领域的官私文书中广泛流行。

三、官文书日期题署变化与序数纪日的流行

汉宣帝以后，序数纪日更为常用，其例不胜枚举。不过，这些纪日都非正式的文书题署。直到东汉初年，正式官文书（特别是书檄类文书）的日期题署还沿用年月朔日齐备而无日序数字的旧有形式。②官文书正式日期题署中最早的序数纪日，出现在东汉光武帝建武十九年（43）：

> 建武十九年四月一日甲寅，玉门鄣尉戍告，候长晏到任。③

---

① 《敦煌汉简》，释文第 281、285 页。
② 目前所见这类例子中最晚的，是悬泉汉简中的"建武廿七年八月丙寅朔庚寅"。参看胡永鹏《西北边塞汉简编年》，福建人民出版社，2017 年，第 414 页。
③ 罗振玉、王国维编著《流沙坠简》，簿书类 43，中华书局，1993 年，第 29、120 页。

不过，此条不包含朔日，可能还不是标准格式的日期。

具有标志性意义的，是汉明帝永平七年（64）的一枚简文：

> 永平七年正月甲申朔十八日辛丑……春秋治渠各一……
> 【2418（一）】①

此后，这种"年＋月＋朔＋日序＋日干支"最终成为新的标准形式。在越来越多的场合，序数日逐渐取代日干支的位置，出现大量用"年＋月＋日序"或"月＋日序"形式表示的日期。永平七年以前还多有"年＋月＋日干支"的省略形式，往后则日干支全部被序数日取代，"年＋月＋日序"成为最常见的日期格式。②

《续汉书·律历志中》载："永平五年，官历署七月十六日食。待诏杨岑……上言月当十五日食，官历不中。"由此看来，东汉明帝时期官方颁布的历日已经标明日序。这条记载可以跟出土的西汉昭帝以后历日的情况相印证。官历业已标注日序，则官文书题署广泛采用序数纪日，无论从制度还是习惯而言都已经顺理成章。可惜尚未发现永平元年至六年的完整日期题署，暂时无法断定制度确立的具体年份。

除西北汉简外，近年在湖南长沙发现的东牌楼和五一广场东汉简牍，包含长沙太守府和属下临湘县的官文书，也可验证序数纪日的通行情况。③五一广场简的时代在东汉和帝永元二年（90）至安帝永初五年（111）间，已公布的简牍中有"月＋日序""月＋日序＋日干支"两种月日的表示方式。在正式公文的开头多采用最为严格的标准日期格式，包含年、月、朔、序数日、日干支全部五种要素，一般的日期题署则多

---

① 甘肃省文物考古研究所编《敦煌汉简》，图版壹捌叁，释文第315页。
② 相关材料参看胡永鹏《西北边塞汉简编年》，第415～424页。
③ 分别见于长沙市文物考古研究所、中国文物研究所编《长沙东牌楼东汉简牍》，文物出版社，2006年；长沙市文物考古研究所《湖南长沙五一广场东汉简牍发掘简报》，《文物》2013年第6期，第4～25页。最近出版的《长沙五一广场东汉简牍选释》（长沙市文物考古研究所等编，中西书局，2015年）公布了更多简牍照片和释文，亦可参看。

省略朔日乃至日干支。如 J1 ③：325-1-140，这是长沙太守府下临湘县廷的指令，其中抄录了武陵太守伏波营军守司马朱郢上言长沙太守府的文书，开头即采用完整形日期"永元十五年闰月丙寅朔八日癸酉"；长沙太守府的处理意见则以"闰月十日乙亥"开头，省略朔日；末尾有临湘县收到并打开文书的记录"闰月十一日开"，连日干支也省去了。又如木牍 J1 ③：285 是一个封检，正面下方有发出文书的题署"永元十五年五月七日昼漏尽起府"，内文末尾附有开封记录"五月九日开"，都不记朔日和日干支，只用序数纪日。五一广场简已公布的其他简牍和时代更晚的东牌楼汉简，情况大体都是如此。

　　序数纪日也见于简牍以外的其他汉代出土文字资料。在刘昭瑞《汉魏石刻文字系年》一书搜集整理的资料中，[①] 比较早的有宣帝时期的鲁孝王泮池刻石，其文曰"五凤二年鲁卅四年六月四日成"，[②] 此后还有新莽时期莱子侯刻石（题"始建国天凤三年二月十三日"）、[③] 冯君孺人墓题记（题"始建国天凤五年十月十枣日癸巳"）。[④] 这些都在东汉建武年间官文书改用序数纪日以前，总数不多，在同类资料中所占比例却不小。东汉（特别是明帝即位以后）的出土材料中，序数纪日的使用更为普遍，大大超过不用序数的情况。刘氏同书所收的东汉镇墓文始于永元四年，凡是保存有日期的，均有序数纪日。文字故作古雅的铜镜铭文，在东汉时期也采用了序数纪日。刘永明《汉唐纪年镜图录》一书中所收的铜镜，铭文中最早包含具体日期的是元兴元年（105）造神人神兽镜，题"元兴元年五月丙午日"，而最早的一枚序数纪日镜则在延熹三年（160），题"延熹三年五月五日"。[⑤] 汉代镜铭多云"五月丙午"，东汉王充云："阳燧取火于天，五月丙午日中之时，消炼五石，铸以为器，

---

① 刘昭瑞《汉魏石刻文字系年》，新文丰出版公司，2001年。
② 王昶《金石萃编》卷五叶一正，"鲁孝王石刻"条，中国书店，1985年。
③ 陆增祥《八琼室金石补正》卷二，文物出版社，1985年，第5页。
④ 南阳地区文物队等《唐河汉郁平大尹冯君孺人画象石墓》，《考古学报》1980年第2期。
⑤ 刘永明编著《汉唐纪年镜图录》，江苏古籍出版社，1999年，第9、15页。

乃能得火。"[1] 丙午日干、支均主火，日中又是阳气最盛之时，故汉人认为利以铸器。以序数纪日铭镜，将丙午改为五日，不免削弱数术上的吉祥意味。出现这种做法，足以说明序数纪日在民间已经十分流行，形成相当强大的习惯。

由于序数纪日的流行，东汉末年黄巾起事也以数字日期相约。《后汉书》载中平元年（184），张角弟子马元义"数往来京师，以中常侍封谞、徐奉等为内应，约以三月五日内外俱起"。[2] 能够用于相约起事，说明序数纪日已经可以精确指示特定的时间，而且取代干支纪日，成为各地区、各阶层民众所共享的最为常用的日期命名方式。

随着序数纪日的通行，过去以干支为定的节日也逐渐改以日序为定。如赵翼和池田温所指出的，上巳节原在三月上旬的巳日，端午节原在五月（斗建在午）的午日，在汉末魏晋之际分别改在三月三日和五月五日。[3] 这样的变更，说明东汉以后，时间标尺逐渐变为以日序为主。在这样的标尺下，由于每月的朔日干支不同，将节日固定在某个特定的干支上，会导致不同年份中节日在本月的日序不同，显得不在"固定"的时间了。当国家政治生活和大众社会生活的时间秩序都以序数纪日来安排，本来具有独立循环周期的干支反而变成"不确定因素"，节日也就自然地从干支转而固定到序数日上来。

生活于东汉前期的王充在《论衡》中转述儒生的蓂荚祥瑞之说后评论道，王者通过观察蓂荚的生落，获知的只有"日数"，而要知道"日名"还需翻检日历，如此"则王者视日，则更烦扰"。他随即嘲讽说："不省蓂荚之生，安能为福？"[4] 在王充看来，用干支表示的"日名"是主要的，"日数"也就是序数纪日表示的日期则似乎可有可无。他肯定想不到，日数和日名的地位很快就颠倒过来了。

① 王充《论衡》卷一六《乱龙》，黄晖《论衡校释》，中华书局，1990 年，第 696～697 页。
② 《后汉书》卷七一《皇甫嵩传》，中华书局，1965 年，第 2299～2300 页。
③ 赵翼《陔余丛考》卷二一"上巳端午除夜"条，河北人民出版社，2003 年，第 382 页。池田温说见前揭《中国古代重数节日的形成》一文。
④ 王充《论衡》卷一七《是应》，黄晖《论衡校释》，第 755～757 页。

四、结语：纪日方式变化的原因与影响

《左传》襄公三十年记载，晋国绛县的一位老人被问及年龄，他答道：

> 臣小人也，不知纪年。臣生之岁，正月甲子朔，四百有四十五甲子矣，其季于今三之一也。[①]

这位"小人"阶级的老者"不知纪年"，只记得自出生以来经过了 $445\frac{1}{3}$ 个甲子周期。他的时间是由日期的干支循环构成的，不存在数字形式的纪日。这种情况在当时的平民中可能很普遍。[②] 由此发展到东汉，序数纪日流行，人们的时间观念和国家、社会的时间秩序可谓发生了巨变。

这场巨变的基本前提，是历法技术的发展。大约在战国后期，四分历的形成和行用使朔闰安排有定法可循，减少了随意性。在时间秩序中，除日干支周期，还建立起相对稳定并且合天的年、月周期。这就使以固定年月周期为基础的序数纪日具备了产生的条件。西汉文景时期，序数纪日产生并小范围运用于民间，至武帝中期以后、末年以前开始用于官文书，并逐渐通行，直到东汉前期才成为正式官文书的标准格式。在这段时期，历法技术却走上歧路：武帝时改定的"太初历"，岁实和朔策的误差都大于"四分历"，以至于东汉时期不得不重新改行四分术。仅从技术发展角度，

---

① 《左传》襄公三十年，《春秋左传注疏》卷四十，《十三经注疏》，艺文印书馆，2001年，第 680 页上。

② 当时的贵族或士大夫阶级是使用纪年的。《左传》文公十六年："宋公子鲍礼于国人……年自七十以上，无不馈诒也，时加羞珍异。"显然，宋的"国人"知道年龄。据研究，春秋时代的国人一般指士或下大夫的阶层（参看吉本道雅《春秋国人考》，中译文见刘俊文主编《日本中青年学者论中国史（上古秦汉卷）》，上海古籍出版社，1995年，第 85~130 页），与绛县老人这样的"小人"不同。

还无法解释序数纪日的产生和通行，个中原因需要到技术以外去寻找。

我在《秦汉的颁朔与改正朔》一文中探讨过汉武帝太初改历（前104）的意义，指出它不仅是变更历法，而且要借改正朔之机，重新确立颁朔制度，扩大颁朔的范围，从而统一汉朝治下包括诸侯国在内的历日朔闰安排，建立起天下共通的时间秩序。在历朔安排统一以前，序数纪日难以通行，而太初改历以国家权力统一正朔，序数纪日便迅速广泛行用起来。但应该指出，武帝改历强烈地表现出模拟上古帝王、重现黄金时代的用意，而序数纪日终究是新生事物，不见经典，于古无征。因此，太初改历并未主动自上而下地推行序数纪日，而是在客观上为其通行创造了条件。

序数纪日产生于民间，因使用需求而流行。个人为了记录和计算的方便而使用序数纪日，通常不以大规模交流为目的，也就不需要以全国性的历朔统一为前提。因此，序数纪日早在太初改历以前就可以产生和行用。当太初改历提供了统一实用历朔，序数纪日便更广泛地流行开来，并被用于官文书。不过，到东汉初年为止，序数纪日的官方地位仍低于干支纪日。接下来推动序数纪日进一步通行的，又是国家之力。出土资料证明，最晚从汉明帝永平七年开始，官文书的标准日期格式已经加入日序，有朔日而无日序的旧格式则不再出现。如汪桂海所言，这样整齐划一的变化，必定是通过行政命令自上而下推行的结果。朝廷主动升格序数纪日，既便于实用，也是承认其在民间广泛流行的既成事实。国家权力促成了纪日方式的变革，但并非变革的内在动力，其影响不应估计过高。

序数纪日通行以后，对接受此法的群体而言，时间的标尺变了，时间秩序和时间观念也要随之改变。节日设定要调整，国家的政治、军事和祭祀等活动同样会受影响。这些影响如何表现，值得研究。此外，魏晋以后，史书纪日仍多用干支。这种背离流行的做法，出于什么原因，又有何种意义，也可以继续思考。

2014 年 6 月 9 日初稿

2016 年 4 月 4 日改定

2023 年 1 月 9 日修订

修订后记：本文原刊《文史》2016 年第 3 辑。文章发表后不久，我即注意到凤凰山汉简中有汉景帝三年的序数纪日用例。原文认为序数纪日产生在汉武帝太初改历以后，而历朔统一是序数纪日产生的前提，这个观点应当修正。这次修订主要调整了这部分内容，此外还补充辨析了睡虎地秦简《日书》以及新见的岳麓秦简秦律、胡家草场汉简中类似序数纪日的资料，调整了若干文字表述，改动幅度较大。请读者以此稿为准。

十二时辰的产生与制度化

　　说起中国的传统记时法，人们往往首先想到"十二时辰"。本文想要说明，这种记时法大约萌芽于汉代，定型和制度化不会早于南朝后期，通行则在唐宋以后，比过去一般以为的要晚。究其原因，有技术和需求两方面：其一，严格意义上的十二时辰表示的是匀定时间，技术上难以精确测度；其二，匀定时间在以农业为主的传统社会并不是日常所需。

　　除了十二时辰，中国的传统分段记时法主要有时称和漏刻两类。时称记时法把太阳的视运动与自然现象和社会生活的节律结合起来，创造出平旦、日出、食时、日中、铺时、下市、日入、黄昏、人定、夜半、鸡鸣等称谓，直观地指称相应的时段。这种记时法在殷商时期就已出现，[①]直至近代仍普遍运用于日常生活中。漏刻记时法利用水钟滴漏计量时间。《周官》中"挈壶氏"一职专掌漏刻，应是战国时代实际制度的反映，只是具体方法还不得而知。秦代地方官府行用昼漏十一刻的制度。[②]西汉中期以后，大体施行昼夜百刻之制，直到明末欧洲天文学传入，清初颁行《时宪历》才正式改为昼夜 96 刻。

　　上述两种记时法有一个共同点，都将白昼来临的时刻作为一日之始

[①]　宋镇豪《试论殷代的纪时制度——兼论中国古代分段纪时制》，北京大学考古文博学院编《考古学研究（五）》，科学出版社，2003 年。

[②]　参看任杰《秦汉时制探析》，《自然科学史研究》2009 年第 4 期。拙文《里耶秦简牍所见的时刻记录与记时法》（载《简帛》第十六辑，上海古籍出版社，2018 年，已收入本书）中有进一步的论述。

（日界），因而有季节性的变化，属于非匀定时制。时称记时法中的日出时，就是太阳升起的时候。从日出到日落之间的时长，每天都在变；各时称代表的时段也随着昼夜长短而伸缩，既不均匀也不恒定。漏刻记时法中，每一刻的时长相等，但百刻在昼夜间的分配却随日出早晚而变化。西汉制度，冬至昼漏 40 刻，夜漏 60 刻，约九天增减一刻，到夏至变为昼漏 60 刻，夜漏 40 刻。[①] 同为"昼漏上一刻"，对应到现行的 24 小时制度中，一年间早晚相差两个多小时。

十二时辰跟上述两种记时法有本质的不同。它将一天等分为十二个时段，从夜半子时开始，依次用十二辰表示。辰的本义指天空中的方位，[②] 而十二时辰则是观察太阳在一天中的视运动，利用它的方位变化来测度时间。古人认为太阳东升西落的运动是匀速的，故而十二时辰的划分与昼夜的季节性变化无关。时辰的长度均匀、恒定，可逐一对应于现代的 24 小时（图一），是一种匀定时制。

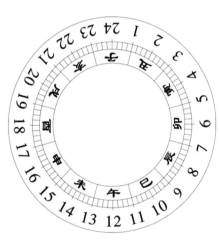

图一　十二时辰对应 24 小时示意图

非匀定时制有季节性变化，适应日出而作、日落而息的工作和生活习惯，在古代世界广泛使用。匀定时制是现代人的常识，但对农业社会中的人来

---

① 据《隋书·天文志》"漏刻"条引刘向《鸿范传》记武帝时所用法。《续汉书·律历志》载和帝永元十四年（102）霍融论历，所述当时官漏之法亦然。

② 辰在古书中有非常丰富的含义。它与所谓十二地支相关的含义，一是斗建，即每月昏时北斗所指的方向，见《左传》襄公二十七年"辰在申"杜预注及孔颖达疏；二是日月之会，指每月朔日太阳月亮会合的方向，见《左传》昭公七年士文伯语及杜预注。两者移动的方向和节律相同，因而混淆。由于都是每月移动一位，一年有十二月，因而也就有十二辰。参看新城新藏著，沈璿译《东洋天文学史研究》，中华学艺社，1933 年，第 4～7 页。无论取哪种解释，辰都对应天空中的方位，作用类似于黄道十二宫，将一周天分为十二等分。

说却既不自然又不便于日用。它是如何产生，又为何能够被官方采用，成为中国古代最有代表性的时制之一呢？

"时制"一词，严格来说应该理解为分段记时的"制度"。作为制度，不仅要有具体而相对固定的规则，还应有制定和维护者，带有某种强制性。研究这种时制的确立，必须考察政治权力对时间秩序的干预，揭示其目的、方式和效果。本文尝试梳理秦汉至唐宋时期的有关史料，旨在厘清十二时辰与时称、漏刻两种记时法的关系演变，探讨十二时辰产生和制度化过程，并且观察哪些因素在其中发挥了怎样的影响。

一、秦及汉初日书中的时称配辰

顾炎武《日知录》有"古无一日分为十二时"条，谈到十二时辰的起源问题。他认为，古代凡言"时"，都是指春夏秋冬"四时"，而非将一天分为若干时段。汉代天文历法和式占中有"加时"之说，用十二辰记时，但此外的场合"若纪事之文，无用此者"。[①] 顾炎武指出十二时产生在汉代以后，并将其产生与历法的发展联系起来，现在看来深具卓识。但还应该指出，无论天文历法中的"加时"抑或数术占卜中的时称配十二辰，跟后来的十二时辰都还不是一回事。

《论衡·譋时》中有一条重要材料，说明十二辰与时称早在东汉已经相配：

> 一日之中，分为十二时，平旦寅，日出卯也。

汉代以平旦为一昼夜之始，接着是日出，因此王充举此二时为例，说明十二时称与十二辰的对应关系。学者结合西晋时期杜预注《左传》昭公

---

① 顾炎武著，黄汝成集释《日知录集释》卷二〇，上海古籍出版社，2006年，第1135～1140页。

五年之文，补出了如下的序列：

> 平旦寅，日出卯，食时辰，隅中巳，日中午，日昳未，晡时
> 申，日入酉，黄昏戌，人定亥，夜半子，鸡鸣丑。

这套十二时配十二辰的序列，跟唐、宋传世和出土文献中所见基本一致。[1] 可以确定，十二时记时法在东汉已经流行，十二个时称不仅基本固定下来，而且与十二辰形成稳定的对应关系。

　　抄写于秦始皇统一前后的睡虎地秦简发现后，学者又将十二时辰的产生上溯到战国晚期。于豪亮首先复原了睡虎地秦简《日书》乙种中一条有关十二辰与时称对应的简文：

> ☑寅日出卯食时辰莫食巳日中午暴未下市申春日酉牛羊入戌黄
> 昏亥人定☑【156】

竹简头端和末端均残断，于先生参照《论衡》及《左传》杜注将之复原为：

> 鸡鸣丑，平旦寅，日出卯，食时辰，莫（暮）食巳，日中午，暴
> 〈日失（昳）〉未，下市申，舂日酉，牛羊入戌，黄昏亥，人定子。

他认为这是关于十二时以及十二辰表示十二时的最早记载。[2] 这一复原至今仍被学界普遍接受。[3]

---

① 其中仅有个别时称稍异，如夜半或作半夜，日中或作正南、正中，日昳或作日昃，均是同义异名。参看李天虹《秦汉时分纪时制综论》，《考古学报》2012年第3期，第292～293页。

② 见于豪亮《秦简〈日书〉记时记月诸问题》，中华书局编辑部编《云梦秦简研究》，中华书局，1981年，第351～354页。

③ 代表性的论述除上引李天虹《秦汉时分纪时制综论》外，还见于张衍田《中国古代纪时考》（上海古籍出版社，2019年，第49～50页）等。

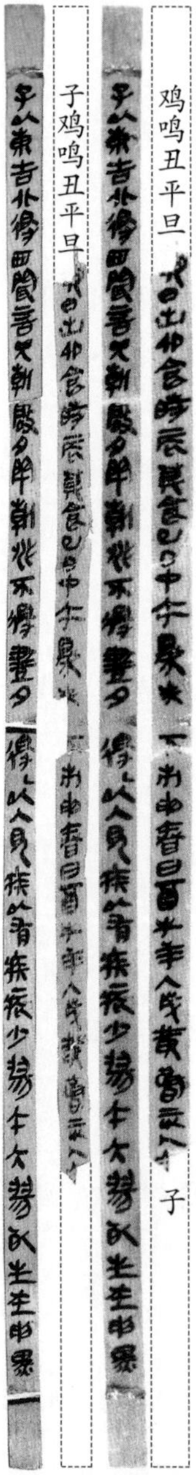

鸡鸣丑平旦

子鸡鸣丑平旦

157 156　157 156

图二　睡虎地秦简
《日书》

仔细推敲，于先生的复原及推论有两个前提，一是《日书》中十二辰与时称的对应关系与后世的十二时辰相同，二是《日书》简文记载的是一种记时之法。这两点其实都有疑问。

先说第一点。2006 年公布的湖北随州孔家坡汉简《日书》（大约抄写于西汉景帝时期）中也发现了一套时称与十二辰的对应系统，见于简 352 至 364，[1] 下面举前三简为例：

子有疾，四日小汗（间），七日大汗（间），其祟天土。甲子鸡鸣有疾，青色，死。【352①】
丑有疾，三日小汗（间），九日大汗（间），其祟三土君。乙丑平旦有疾，青色，死。【353①】
寅有疾，四日小汗（间），五日大汗（间），祟北君冣主。丙寅日出有疾，赤色，死。【354①】

这一章的内容，一是以日名十二辰占测某天"有疾"的痊愈时间和病因，二是占测某天某一时段"有疾"并呈现某色者将死亡。整理者拟题为"死"，仅能涵盖后一部分内容，不如称为《有疾》篇。篇中的十二辰不是指一天中的时段，但显然与时称形成了对应关系，分别是：子—鸡鸣，丑—平旦，寅—日出，卯—蚤（早）食，辰—莫（暮）食，午—日失（昳），未—□市，申—莫（暮）市，戌—黄昏，亥—人郑

<hr/>

[1] 湖北省文物考古研究所、随州市考古队《随州孔家坡汉墓简牍》，文物出版社，2006 年，第 172 页。文中的"祟"字，整理者原释为"秦"，今据字形及秦汉日书相关辞例改正。可参看陈剑《孔家坡汉简的"祟"字》，复旦大学出土文献与古文字研究中心网站，2011 年 11 月 8 日。

（定）。"巳有疾"条未见时称，整理者怀疑脱"日中"二字；"酉有疾"
条残缺，整理者认为可以补"牛羊入"时称。按照这样的复原，两种
《日书》中十二辰与时称的对应关系实有一辰之差。

假如秦简《日书》的时称、十二辰对应关系与后世通行之法一致，
而孔家坡汉简《日书》独异，那会很让人费解。不过，这只是一个错
觉。产生这个错觉，是由于过去对睡虎地《日书》的复原有误。利用新
出《秦简牍合集》提供的原照片（图二右）和新摄取红外线影像（图
二左），[1] 将写有时称与十二辰的睡虎地《日书》乙种156简，与相邻的
157简在中间编痕位置对齐，可以发现简157中与简156"寅"字位置
对应的"闻"字上还有"子以东吉北得西"共七个字，则简156头端残
缺部分大约也应容纳六至七字。过去的复原方案仅在"寅"字上补出五
字，而在末端的"定"后加补"子"字。现在，参考孔家坡《日书》，
可以提出一个"寅"上补六字的新方案，从字体大小和间距上看更为合
理。根据这个新方案，睡虎地秦简《日书》的时称与十二辰的配对关系
跟孔家坡《日书》属于同一系统，而与后世的十二时辰不同（见表一）。

在性质上，《日书》中的时称与十二辰配伍也不同于十二时辰。[2]
十二时辰将一天十二等分，每一辰都表示太阳所在的方位。日中和夜
半是昼夜的中点，太阳分别位于正南午位和正北子位，子午线两侧即
日中到夜半和夜半到日中的时间应该等长。上述《日书》中配十二辰
的时称却显然没有均匀分布在一天之中，所对应之辰与当时太阳所在
的方位也不符合，"日中"对应的"巳"在南偏东，而"夜半"甚至
没有出现。原因在于，《日书》中的十二时称配辰不是以辰记时之法，
而是为了将一天中的各个时段（不一定是全部时段）与十二辰建立对

---

① 照片取自陈伟主编《秦简牍合集（壹）》，武汉大学出版社，2014年，第855页。

② 宋镇豪讨论睡虎地《日书》的简文时，曾说"与其视为秦代流行十二时辰之制的证
据，不如说是当时出于某种需要，而有意将分段纪时之制中的十二时段与十二时辰所
作的对照"，似乎意在说明，秦简《日书》中的十二时配十二辰没有普遍意义，不完
全等同于后世的时辰。但他仍认为"十二时辰大概起于战国秦汉之际"，尚未揭示出
时称配辰与十二时辰的性质差异。其说见宋镇豪《试论殷代的纪时制度——兼论中国
古代分段纪时制》，《考古学研究（五）》，第417页。

表一　时称十二辰对应表

睡虎地秦简《日书》	鸡鸣	平旦	日出	食时	莫（暮）食	日中	昳〈日失（昳）〉	下市	春日	牛羊入	黄昏	人定
孔家坡汉简《日书》	鸡鸣	平旦	日出	蚤（早）食	莫（暮）食	【未见】	日失（昳）	□市	莫（暮）市	【未见】	黄昏	人郑（定）
十二辰	子	丑	寅	卯	辰	巳	午	未	申	酉	戌	亥
《论衡》	夜半	鸡鸣	平旦	日出	食时	隅中	日中	日昳	晡时	日入	黄昏	人定

应关系，以十二辰为媒介来占测吉凶。这是我们要说的第二点。

《日书》占测吉凶，利用的基本要素是日、辰、星。日指日名，用甲乙丙丁等十"天干"表示；辰指方位，用子丑寅卯等十二"地支"表示；星则是指斗、牛、女、虚等二十八宿。用于占测的已知条件，年、月、日期、季节、时刻、方位、颜色、男女、主客等等，一般都要转换到日、辰、星系统中才能对应吉凶。鸡鸣、平旦、日出等时称本身没有吉凶属性，也要纳入干支系统方可用于占测。[①] 因此，睡虎地秦简《日书》时称配辰，更可能是按照十二辰的次序，以"子"开头。这是我们主张新复原方案的另外一个理由。

为了占卜，时称不仅可以配辰，还可以配日、配星。孔家坡《日

[①] 睡虎地秦简《日书》乙种的时称配十二辰究竟用于何种占测，还难以确定，孔家坡《日书》的情况则比较清楚。在简352中，得病的日期是甲子，甲是日，子是辰。时段鸡鸣正好对应于"子"，而病人呈现的青色又是"甲"所对应的东方的颜色。青色和鸡鸣两种因素恰与得病的日、辰相应，在《日书》的逻辑中大约意味着坏的因素叠加，病情严重，将不治身亡。

书》中紧接着《有疾》的一章，整理者拟名为"日时"：

> ☑食到隅中丁，日中戊，日失（昳）己，日失（昳）到夕时庚，夕时到日入辛，日入到人郑（定）〔壬〕，人郑（定）【365】到夜半癸。【366】

此章的时称与《有疾》稍有出入，不能确定一天分为几个时段。[①] 时称所配的是日而不是辰，与十二时辰没有关系。时代更早的周家台秦简《日书》中有一章自题名《击行》，俗称《二十八宿占》，以北斗所指的星宿占测各类重要事项的吉凶成败。所配的图式以二十八个时称对应二十八宿（图三），[②] 是利用北斗斗柄所指方向的周年和周日视运动，确定某一月份内一天中各时段对应的斗柄指向，用以占测吉凶。[③]《击行》的二十八时称中有一些不太常用，几乎不见于其他文献，如曦旦、日出时、廷食、日曦入、定昏、夜三分一等，可能是为了配合二十八宿之数而生造的，[④] 不能据以认为当时通行二十八时记时法。[⑤]

[①] 一种可能的复原方案是："鸡鸣到平旦甲，平旦到日出乙，日出到暮食丙，暮食到隅中丁，日中戊，日失（昳）己，日失（昳）到夕时庚，夕时到日入辛，日入到人郑（定）〔壬〕，人郑（定）到夜半癸。"如此应有 11 个时段。但不能排除其他复原方案，也无法确定对应某一天干的某时到某时之间是否还有其他时段。

[②] 出自陈伟主编《秦简牍合集（叁）》，武汉大学出版社，2014 年，第 21 页。

[③] 参看墨子涵《从周家台〈日书〉与马王堆〈五星占〉谈日书与秦汉天文学的互相影响》，《简帛》第六辑，上海古籍出版社，2011 年，第 117～118 页；黄儒宣《〈日书〉图像研究》，中西书局，2013 年，第 51 页。

[④] 时称与二十八宿对应，用于占卜，还见于放马滩秦简日书。程少轩认为其中有二十八个时称，在占卜中地位与二十八宿相当，一一对应，情况与周家台秦简《二十八宿占》相同。参看程少轩《放马滩简所见式占古佚书的初步研究》，《中研院历史语言研究所集刊》第 83 本第 2 分，2012 年，第 251～527 页。

[⑤] 北京大学藏秦简《秦始皇三十一年质日》的末尾附有一段关于昼夜比例的文字，将一天分为 28 或 27 份，日夜所占份数逐月变化。见拙文《北大秦简中的方术书》，《文物》2012 年第 6 期，第 91 页。今案，这应该是取二十八宿之数，将昼夜平均分为 28 份，今所见分为 27 份的月份应存在抄写讹误。但是在昼夜 28 分中，每一份的长度应该相等，昼夜比例的变化反映的正是日出与日入之间时长所占份数的季节性变化，这与《孔家坡》汉简时称反映的非匀定时间是不同的。

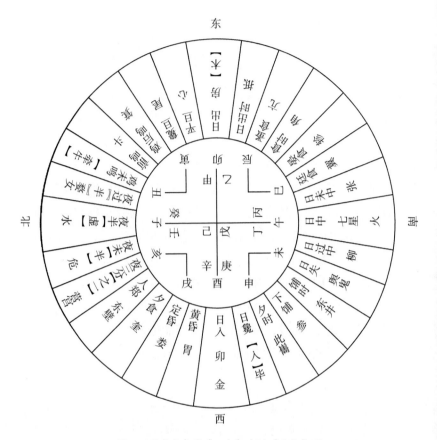

图三　周家台秦简《日书》中的《击行》图

　　孔家坡《日书》中还有一章《击》，原理与《击行》相同，只不过《击》将周天分为十二，以斗击（北斗指向）十二辰为占。《击》中的十二个时称是平旦、日出、食时、日中、[1]日失（昳）、日入、昏、夕、人郑（定）、夜半、夜过半、鸡鸣，与后世通行的十二时时称不同，且日出、日入之间的时长偏短，不是等分的十二时时称系统。更关键的是，这十二时称所配的是斗击之辰，时称与十二辰的对应关系随着月份轮转推移，并不固定。这样的十二辰当然不能用于记时，跟后世的十二

---

①　食时、日失（昳）之间原缺一简，据文意可以补出，推测时称名当是日中。

时辰不是一回事。

以上讨论了秦及汉初日书中的时称配十二辰，说明其中的十二辰只是将时称运用于占卜的媒介，不用于记时，与后世的十二时辰没有直接的关系。不过，十二时辰的产生很可能还是与《击》《击行》这类式占有关。只要把"斗击"变成"日加"，将十二辰与一天之内太阳的视运动方位联系起来，就可以产生出时辰的雏形——"加时"。

二、汉代式占和历算中的"加时"

陈梦家考证，"加时"在传世文献中最早见于西汉后期的元、成时代，是占家所用。[①] 这些占家所用的方法是式占，即用特定的图式或式盘（图四）等工具模仿天体运行，借助日、辰、星系统，将所要占测的年、月、日、时、方位与神煞对应，以判断吉凶。上述周家台《日书》中的《击行》，就是一种以二十八宿系统为主的式占。

在式占中，除了"运于中央"的北斗，太阳所在的方位也很重要。褚少孙在《史记·龟策列传》末尾补宋元王得神龟事，提到卫平运用式占时"仰天而视月之光，观斗所指，定日处乡（向）"，

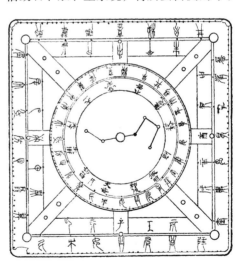

图四　甘肃磨嘴子汉墓出土式盘

---

① 陈梦家《汉简年历表叙》，《考古学报》1965 年第 2 期，此据陈梦家《汉简缀述》，中华书局，1980 年，第 242～243 页。

即便在夜间也要确定太阳所在的方位。此事出于伪托，但可以反映汉代的式占方法。史籍中利用太阳方位进行式占的最早实例，来自西汉占家翼奉。《汉书·翼奉传》载，元帝初翼奉上封事云：

> 乃正月癸未日加申，有暴风从西南来。未主奸邪，申主贪狼。

预示"奸邪"的"未"是干支纪日法中当天的地支，预示"贪狼"的"申"则是"日加"，也就是暴风来时太阳所在的方位，指西南方。"日加申"又被翼奉称为"时"，他说："平昌侯比三来见臣，皆以正辰加邪时。"这里的"辰"指日期干支中的支，[①]"时"则是指一天中的时段，用太阳所处的十二辰方位表示。

太阳所处，古人称"日所加"。日所加之辰表示时段，称为"加时"，又有"加时在某辰""日加某辰""时加某辰""时日加某辰""日加某辰时"等说法。在所有这些场合，辰都代表方位（参看表二），而不是表示时间的词。[②]"日加某辰"，即太阳居于某一方位，整个短语才构成一天中某个时段的标志。

表二　十二辰与方位对应表

十二辰	子	丑	寅	卯	辰	巳	午	未	申	酉	戌	亥
方位	正北	北偏东	东偏北	正东	东偏南	南偏东	正南	南偏西	西偏南	正西	西偏北	北偏西

辰有十二，故定一天中太阳的方位为十二处，依据方位可分为十二个时段。这种十二分法见于西汉的历法。《汉书·律历志》载刘歆《三

---

① 翼奉回答元帝说："师法用辰不用日。辰为客，时为主人。"意思是他得之老师的占卜之法，用日干支中的支（辰）而不用干。取自日干支的辰代表占卜的客体，取自一日中时段的辰代表占卜的主体。

② 参看中国天文学史整理研究小组编著《中国天文学史》，科学出版社，1981年，第180页。

统历》有"推诸加时"法：

> 以十二乘小余为实，各盈分母为法，数起于子，算外则所加
> 辰也。

这里的小余是日之余分。以十二乘小余，然后除以分母，说明一天分为十二等分。"数起于子"，意味着太阳在每天的第一个时段中所加之辰为"子"。"算外则所加辰也"，指由"子"开始，依照十二辰顺序计数，数完除得的整数后再前进一辰，就是天象发生时的日加之辰。[①] 这种加时推算法或许能上溯到汉武帝时，[②] 更早的情况尚难推测，但可以确知此后的东汉四分历及魏晋南北朝时期的历法都有沿用。

历法中所用的十二加时等分一天的时间，每个时段长度相等，且不受季节变化影响，与昼夜长短无关，因而属于匀定记时法。在理念层面，历法中的日加十二辰与后来的时辰已经相当接近，从日加某辰之时变换到某辰时是很自然的。[③] 但加时与时辰之间还存在两个根本的差别，一是十二加时的匀定性仅存在于历法的理论表述中而无法付诸实践，二是加时中的辰仍然是方位词而非时段的名称。

先谈第一点。受限于当时的技术手段，历法理念中十二时的匀定性，难以落实在时间计量中。汉代人想象一天可以根据太阳方位十二等分，但由于地球的自转轴垂直于赤道面，必须使日影所在平面平行于赤道面，才能观测到太阳的匀速运动，测得相等的十二时。能实现这一点

---

① 参看刘洪涛《古代历法计算法》，南开大学出版社，2003 年，第 36 页。
② 一般认为《三统历》是改编汉武帝时所修的《太初历》而成，《三统历》中的加时有可能继承自《太初历》。参看张培瑜等著《中国古代历法》，中国科学技术出版社，2007 年，第 391 页。
③ 参吴守贤、全和钧主编《中国古代天体测量学及天文仪器》，中国科学技术出版社，2008 年，第 420 页。

的赤道式日晷在秦汉时代还不存在。[①] 三国吴人赵君卿注释天文历算名著《周髀算经》，[②] 谈到如何通过日影测量日出日入方位，说"分十二辰于地所圆之周"，[③] 可知是以地面为测影平面。赵君卿的说法应可反映当时人的知识和技术水平。

这里可以举出一个更晚时代的旁证。隋文帝开皇十四年（594），袁充试图用日晷测定日加十二辰的实际时长。他的本意是要通过日影来校准漏刻，但实际结果却是各辰的时长不同，并且随节气变化。《隋书·天文志》（下简称"《隋志》"）"漏刻"条载：

[①] 中国最早明确记载赤道式日晷的文献，是南宋初曾敏行《独醒杂志》卷二中记载其叔父曾南仲设计的"晷影图"。这条材料最早由李约瑟在 1959 年指出，参看李约瑟《中国科学技术史》第三卷《数学、天学和地学》，科学出版社、上海古籍出版社，2018 年，第 300～301 页。已发现的赤道式日晷的可靠实物，则在元代以后。

  1976 年，西安新城广场出土了一件圆形石制晷盘，学者以为是唐代的赤道式日晷（参看陈美东、华同旭主编《中国计时仪器通史（古代卷）》，安徽教育出版社，2011 年，第 311～313 页）。其实这件日晷背面没有与正面相同的刻度，而是均匀分布 13 个小圆孔，与南侧突出的转轴部分垂直，两边刻有二十四节气的名称。我推测，这些小圆孔是用于插入支撑杆的。随着节气变化改换插孔，可以调整晷面与地平面之间的交角，太阳越往南，交角越大。这种设计与赤道式日晷将晷面固定平行于赤道面的做法截然不同，说明制作者还不了解赤道式日晷的原理。至于该日晷的断代，《中国计时仪器通史（古代卷）》依据嘉靖《宁国府志》载南宋理宗淳祐二年（1242）王绰《晷漏铭》称"设土圭，春视其面，秋睨其背，以二分为断，盖一行遗法"，而西安出土日晷比所谓"一行遗法"原始，故认为"其出现应在一行之前"，应在唐初。实则一行之术不见有赤道日晷，王绰"盖一行遗法"之说只是想当然耳，不足以给这件日晷断代。

  2012 年，石云里等学者复原了阜阳双古堆西汉文帝时期的汝阴侯夏侯灶墓出土的一件二十八宿盘架，认为它可以卡住二十八宿盘，共同组成一个赤道型观测仪器，用于夜间观测星象。他们进一步推断，至迟到西汉早期，人们已经知道了赤道安装的方法，自然也能利用晷仪在赤道面上观察日影以确定时间。参看石云里、方林、韩朝《西汉夏侯灶墓出土天文仪器新探》，《自然科学史研究》2012 年第 1 期，第 1～13 页。他们的主要论据是复原的支架可以使二十八宿盘面平行于阜阳当地的赤道平面。不过，即便他们对二十八宿盘支架的复原正确，也很难判断与赤道面的平行关系是设计而成还是出于偶然，而从观星到观测日影也还有不小的距离。此前学者如古克礼认为，这个二十八宿盘是占卜用盘而非天文观测仪器，并给出了充分的理由（Cullen Christopher, "Some Further Points on the 'Shih'", *Early China*, vol. 6(1980～81), pp. 31～46）。仅凭对双古堆二十八宿盘的这个尝试性复原，还不能论证汉代已经存在赤道型天文观测仪器。

[②] 赵君卿的活动年代据钱宝琮说，见钱宝琮点校《算经十书》，中华书局，1963 年，第 5 页。

[③] 《周髀算经》卷下"日出辰而入申"注，钱宝琮点校《算经十书》，第 73 页。

充以短影平仪，均布十二辰，立表，随日影所指辰刻，以验漏水之节。十二辰刻，互有多少，时正前后，刻亦不同。

《隋志》列出了袁充所测二至二分节气日加各辰对应的漏刻数，如表三所示。从中可以看出，袁充所测得的日加十二辰时长差别很大。原因在于，他所用"短影平仪"的测影平面不平行于赤道而平行于地面，在其上平均分布十二辰，日影经过每一辰的时间当然不可能等长。[①] 袁充的做法与目标可谓南辕北辙。《隋志》的作者李淳风是当时著名的天文历法专家，他记述袁充之法后说："袁充素不晓浑天黄道去极之数，苟役私智，变改旧章，其于施用，未为精密。"这个批评一方面表明当时的一流学者主张十二时应该等长，一方面也说明他们还没有找到测出太阳在十二辰间匀速运动的办法。否则，袁充不必别出心裁地改变旧法，李淳风也不会仅仅指责袁充的测量不够"精密"。

表三　袁充所测二至二分辰刻数

节气/辰刻	子	丑	寅	卯	辰	巳	午	未	申	酉	戌	亥
冬至	2	2	6	13	14	10	8	10	14	13	6	2
春分、秋分	4	7	9	14	9	7	4	7	9	14	9	7
夏至	8	10	14	13	6	2	2	2	6	13	14	10

资料来源：《隋书·天文志上》"漏刻"条。

隋及唐初尚且如此，汉代的技术不会太过超前。《续汉书·律历志中》载永元十四年十一月甲寅诏书，改以晷影校定漏刻，其中说：

[①] 参看中国天文学史整理研究小组编著《中国天文学史》，第182页。该书还指出，由于中国古代投影几何学不够发达，在明末受西方天文学影响以前没有继续讨论地平日晷的问题，也难以求得正确的等长时辰曲线。

漏所以节时分，定昏明。昏明长短，起于日去极远近。日道周
圜，不可以计率分，当据仪度，下参晷景。今官漏以计率分昏明，
九日增减一刻，违失其实。……以晷景为刻，少所违失，密近有验。

过去学者多以为这是用日晷仪器校准漏刻误差，[①]细读原文，可知是误
解。这里说参考晷影，目的在于定昏明的长短，也就是昼漏、夜漏的刻
数。具体方法是用正午日影长度与浑仪测定的太阳所在宿度相参校，以
估计太阳去极远近及相应的昼夜长短变化。[②]《律历志》前文引太史令舒
等言"漏刻以日长短为数，率日南北二度四分而增减一刻"，[③]可知永元
新法规定，去极度数每移动 2.4 度，昼夜长短就要增减一刻。这就是所
谓的"以晷景为刻"。此处的"晷景（影）"取两汉常用之义，指圭表影
子的长度，与一天中日影的角度变化无关。退一步说，即便当时有测量
日影在地面角度的方法，所得结果也会跟袁充一样，充其量只能大致估
测太阳的方位，而无法测得等长的日加十二辰，[④]更谈不上校准漏刻。

---

① 参看陈梦家《汉简年历表叙》，《汉简缀述》，第 274 页。
② 这里晷影长度和太阳去极度数的关系，是用代数方法构拟两者各自的周期性变化来
　认识的，尚不能通过两者的几何关系来推算。《续汉书·律历志下》末尾所附的表格
　（《后汉书》，第 3077～3079 页），表示了二十四节气间日所在宿度、黄道去极度数、
　晷影长度、昼夜漏刻数和昏旦中星。其中日所在宿度和晷影长度都是校定漏刻昼夜分
　配的实测依据，而黄道去极度数即太阳去极度数，则是构拟出来作为昼夜漏刻数变化
　在理论上的依据的。
③ 《续汉书》志二《律历志中》，《后汉书》，第 3032 页。
④ 中国国家博物馆收藏有一件著名的"托克托日晷"，是端方旧藏，据说 1897 年出土于
　内蒙古呼和浩特市托克托县。学者根据铭文字体判断为汉代文物，但无法肯定它的作
　用。有学者认为它是地平式日晷，但如孙机所说，此物将圆周一百等分，如果平行于
　地平面放置，实际上并不能校准漏刻。有学者认为只是用于测定南北东西方位，甚
　至都不应该算作日晷。另外，还有传说出土于洛阳金村的一件"汉代日晷"，形制与
　"托克托日晷"几乎一致，现在加拿大多伦多美术馆，被孙机认定为赝品。参看孙机
　《托克托日晷》，《中国历史博物馆馆刊》总第 3 期，1981 年。这两件"日晷"如果与
　测日影以定时刻有关，那也只可能是不成功的尝试。我推测，当时人还未掌握赤道式
　日晷和地平式日晷的原理，他们用等分刻度在地平面上测量日影，结果发现越靠近北
　方，日影移动越接近均匀，故而尝试在最北境的托克托测影，结果当然还是无法测得
　可与漏刻相配合的均匀变化。尝试既不成功，也就没有留下记录。这个推测没有直接
　证据，姑存此备考。

由于缺少测量工具，等长的一日十二分只存在于历法的理论运算中，无法在现实中用作时间的尺度。占者得出加时所在辰，主要还是依赖目测和估算。上引《史记·龟策列传》褚少孙所补故事中，占家卫平"定日处乡（向）"的方法是"视月之光，观斗所指"，工具是"规矩为辅，副以权衡"。显然，他并没有直接精确测量太阳位置的办法。《汉书·五行志中之下》载哀帝建平二年四月乙亥朔，策拜丞相、御史大夫，忽然听到"有大声如钟鸣"。当时，通晓数术的黄门侍郎李寻回答哀帝说："今以四月，日加辰、巳有异，是为中焉。"所谓"日加辰、巳"显然出于估测。若有仪器测定，则辰是辰，巳是巳，不容有此误差。[①]

估算日加十二辰，最简便的办法就是将之跟当时通行的时称记时联系起来，从时称换算出加时。如此得出的加时，当然与时称记时一样，表示非匀定时间。《说文》释"申"字，以餔时对应日加申时，云"吏臣餔时听事，申旦政也"，意思是餔时引"申"延续旦时的政务。许慎虽以此附会"申"义，但指称时段皆用时称记时。东汉赵晔所撰《吴越春秋》中有三条式占占例，[②]都用时称记时。《夫差内传第五》伍子胥谓吴王夫差曰"今年七月辛亥平旦，大王以首事"，《勾践入臣外传第七》范蠡谓越王勾践曰"今年十二月戊寅之日，时加日出"，同卷伍子胥谓夫差曰"今年三月甲戌，时加鸡鸣"。[③]后两条用了术语"时加"，显然受到日加十二辰的影响。其中第二条又云"时加卯而贼戊"，这是将"日出"转换为十二辰中的"卯"，用于占验。[④]《晋书·艺术·戴洋传》载洋曰"十月丁亥夜半时得贼问，……加子时、十月，水王木相"，从夜半推出"加子"为占，亦是其例。赵翼说"历家记载已用十二支，而民俗犹以夜半、鸡鸣等为候也"，[⑤]以为汉代占

---

① 汉代策命通常在晨间，李寻说"日加辰、巳"意在把时间说得更接近中午，以贴合《洪范传》所谓曰"岁半日之中，则正卿受之"，以便抨击丞相和御史大夫。

② 参看严敦杰《式盘综述》，《考古学报》1985年第4期，第447页。

③ 周生春《吴越春秋辑校汇考》，上海古籍出版社，1997年，第81、122、126页。

④ 《吴越春秋》卷七、卷八中还有"时加日昳""时加禺中"的说法，也是用时称表示加时，见《吴越春秋辑校汇考》，第127、130页。

⑤ 赵翼《陔余丛考》卷三四"一日十二时始于汉"条，河北人民出版社，1990年，第693页。

卜家率先用十二辰记时。实则并非如此。加时十二辰只是占卜所需的媒介，仍是占家通过"以夜半、鸡鸣为候"估算转换得到的。只要把"日出""日入"对应于表示东、西方的卯、酉，"日中"和"夜半"对应于表示南、北方的午、子，就能排出《论衡》中所见的时称与十二辰的配伍。这种配伍法的形成当不晚于翼奉的时代，或许可以上溯到西汉中期。东汉魏晋的"历家"在记时方面，与"民俗"没有本质区别。他们所用的加时十二辰，是由日出、日入这样的时称记时换算得出的，所表示的时间自然会随着昼夜长短的季节性变化而变化，因而仍然是非匀定时间，不是匀定的十二时辰。

再来谈第二点。两汉魏晋加时中的十二辰，严格来说还是方位词而非时段名。王充在《论衡·诘术》中说"加时者，端端之日加也"，[1] 表明他理解的加时之辰是指太阳所在的位置。《续汉书·律历志中》总结东汉太史官预测月相弦望的水平，说："加时犹复先后天，远则十余度。"加时的误差可以用黄道上的度数表示，正可说明"日加"的方位意义。前引《论衡·譋时》提到一日分为十二时，"平旦寅，日出卯"，前人未加深究，以为王充所说即十二时辰。然而细绎上下文，可知王充旨在讽刺当时人自相矛盾，一面迷信兴土功要避开岁、月所"食"的辰位，一面又对日加十二辰不予避忌。他说："日加十二辰不食，月建十二辰独食，岂日加无神，月建独有哉？"[2] 文中"日加"与"月建"对文，均表方位，"加""建"都可训为"在"。王充同样是在数术范畴内谈论十二时，所谓"寅""卯"是太阳方位，"平旦""日出"才是"一日之中分为十二时"的时称。由于类似的观念，杜预《左传》昭公五年注中列举十二时之名，仍用夜半、鸡鸣等，而不用十二辰。在汉晋时期，日常行政和社会生活中占据主流的记时法依旧是时称记时。

辰时连称的形式在汉晋时期见于天文、数术等语境，也偶尔出现在

---

① 黄晖《论衡校释》，中华书局，1990年，第1032页。
② 黄晖《论衡校释》，第986页。

官私文书中，①到了南北朝时期似乎还明显增多，颇似后世的时辰，但实际上都是"日加某辰之时"的简称。②"日加某辰时""日加某辰""时日加某辰""加时在某辰"等明确将十二辰作为方位词的表述仍占绝对多数。后人不解旧法，用十二时辰通行以后的习惯理解古书，容易发生误会。《说文·食部》云："铺，日加申时食也。"各本皆同，唯段玉裁注本据宋修《广韵》《类篇》和元代的《古今韵会举要》所引《说文》，删去"日加"二字，就是以今准古、失于武断的例子。③

由于辰能表示的方位仅有十二个，不能十分精密地表示日加，故而最晚在曹魏初期，天文历法使用加时，还出现了附加方位词或以八干、四维表示的例子。《晋书·律历志中》载曹魏黄初年间课日月食验历：

> 三年正月丙寅朔加时申北日蚀。……三年十一月二十九日庚申加时西南维日蚀。……二年七月十五日癸未，日加壬，月加丙蚀。

"申北"表示申位偏北，而"加时西南维""日加壬"这类表述，反映出以日加十二辰命名的十二加时体系在汉魏之际尚未完全稳定。后来，不晚于隋唐，历算家又改用"乾""坤""艮""巽"代替四维，四卦与八

---

① 如《后汉书》卷三〇《郎𫖮传》载郎𫖮上事云"风从寅来，丑时而止"，又云"臣窃见今月十四日乙卯巳时，白虹贯日"。又如《晋书》卷五《孝闵帝纪》："辛未辰时，日陨于地。"《三国志·魏书》卷一四《蒋济传》裴松之注引魏晋时人所作的《列异传》："辰时传阿心痛，巳时传阿剧，日中传阿亡。"新疆吐鲁番阿斯塔那59号墓出土《北凉玄始十二年（423）翟定辞为雇人耕床事》云："玄始十二年□月廿二日，翟定辞：昨廿一日，顾（雇）王里安儿、坚强耕床到申时（图版"时"字残缺不见）。"（国家文物局古文献研究室、新疆维吾尔自治区博物馆、武汉大学历史系编《吐鲁番出土文书》第一册，文物出版社，1981年，第39页）这些都是较早的例子。上引《列异传》文中，辰时、巳时与"日中"混用，也说明两者只是代替"食时"和"隅中"两个时称，而没有表示匀定时间的严格意义。
② 《南齐书·天文志》《五行志》多用子时、丑时、亥时等表示天象或灾异发生的时间，过去将之视为十二时辰，其实它们也都是"日加某时"或"加时在某"的省称。比如《天文志》载永明"十年十二月丁酉，月蚀在柳度，加时在酉之少弱，到亥时月蚀起东角七分之二，至子时光色还复"，"加时在酉"与"亥时""子时"并用，应可说明后者的性质。
③ 段玉裁《说文解字注》，上海古籍出版社，1981年，第220页。案《说文解字》又释"丑"字曰"时加丑，亦举手时也"，亦云"时加"，将"丑"理解为方位。

干、十二辰一起组成二十四时，沿用了很长时间。[①]

综上所述，加时的起讫、时长，甚至分段数，在汉代以后至少到魏晋时期都处于模糊和不稳定的状态，在实践中并非匀定的十二时制，距离真正的十二时辰尚有一段距离。

不过，加时十二辰的产生，仍然是分段记时法发展中的关键性变化。由于加时要与平旦、日出等时称对应，它反过来影响时称记时法，使之摆脱秦汉时期那种名称和数量都不固定的状态，简化为明确的十二个。[②] 王充所谓"一日之中分为十二时"由此成为通行的记时法。《左传》昭公五年卜楚丘曰"日之数十，故有十时"，明云时数为十，杜预注却用十二时加以解释和印证，正反映出十二时制的通行。至此，十二时辰已经在两方面具备了雏形。一是以日加十二辰划分和命名等长的时段，产生了匀定十二时辰的理念；二是以时称表示的非匀定十二时制已经通行。在此基础上，制定明确而合理的测度方法，使日加十二辰在实践中能够基本指示匀定的时间，同时弱化十二辰的方位意义，十二时辰就可以成立。但这不是通过日晷，而是借由水钟漏刻来实现的。

三、从"加时"到"辰刻"

机械钟表发明之前，最精确的绝对时间测度需要依靠水钟漏刻。作为时制的十二时辰，产生于日时加辰与漏刻的结合——"辰刻"。

关于漏刻已有不少专门研究，[③] 但唐代以前的漏刻之法缺少系统资

[①] 参看钱大昕《十驾斋养新录》卷一七"二十四时"条，江苏古籍出版社，2000年，第371页。

[②] 秦汉时期，多种时段划分法并用，至少有十二时、十六时等多种，具体情况如何尚无定论。参看李天虹《秦汉时分纪时制综论》。

[③] 比如华同旭《中国漏刻》，安徽科学技术出版社，1991年；马怡《汉代的计时器及相关问题》，《中国史研究》2006年第3期，第17～36页。

料，还有相当多的细节尚不清楚，而且引发了一些误解，将后世通行的昼夜百刻之制推得过早。[①] 从里耶秦简牍所见记时法看，秦代地方官府还在使用一种昼漏固定为十一刻的粗略漏制，可见当时昼夜百刻尚未通行或成为官方制度。[②] 漏刻运行需要专人看管，保持水流匀速在技术上颇有难度，而且以百刻划分一天的精细度也超过了日常生活和一般行政所需；因此，直到汉代，漏刻记时的使用范围仍很有限。《汉书·武五子传》载昌邑王刘贺接到宣召进京的诏书后，"夜漏未尽一刻，以火发书，其日中，贺发，晡时至定陶"。说明昌邑王宫中用漏刻记时，[③] 但出发时和途经定陶县却未用漏刻记时，或许定陶县的驿站未设有漏刻计时设备，当时人也不觉得必须使用百刻记时。

西汉中期以后，漏刻的重要性上升，在宫廷和官府中成为比时称更正式的记时法，由中央制定和监督执行，具体办法相对稳定。宣帝时曾制定漏法颁下，东汉光武帝又加重申，施行至和帝永元十四年（102）才由霍融提出改革，制定新法，通过上计吏颁行郡国。[④] 不少汉代的史料都说明当时宫中和太史等中央官署采用漏刻记时，[⑤] 特别《汉书·外

---

① 比如，有学者从《初学记·器物部》引梁《漏刻经》所谓"漏刻之作，盖肇于轩辕之日，宜乎夏商之代"出发，推测昼夜百刻之制产生于商代，显然是误信古人了。见阎林山、全和均《论我国的百刻计时制》，中国天文学史整理研究小组编《科学史文集》第六辑"天文学史专辑"之二，上海科学技术出版社，1980 年，第 1～6 页。

② 详见本书所收拙文《里耶秦简牍所见的时刻记录与记时法》。

③ 最近，在江西南昌海昏侯（前昌邑王）刘贺墓中发现了记时用的青铜漏壶（见江西省文物考古研究所、南昌市博物馆、南昌市新建区博物馆《南昌市西汉海昏侯墓》，《考古》2016 年第 7 期，第 51 页。文中称"滴漏"）。此前，河北满城中山靖王刘胜墓（见中国社会科学院考古研究所、河北省文物管理处《满城汉墓发掘报告》上册，文物出版社，1980 年，第 76～77 页）、陕西兴平汉墓（见兴平县文化馆、茂陵文管所《陕西兴平汉墓出土的铜漏壶》，《考古》1978 年第 1 期。该墓为空心砖墓，出土有五铢钱，时代应在西汉武帝中期以后）都出土了铜漏壶，后者可能等级也较高。墓葬出土漏壶，说明漏刻记时已经在西汉中期以后的高等级贵族、官僚生活中起重要作用，亦不排除这些漏壶可能是由朝廷统一制作颁下的。

④ 见《续汉书·律历志中》永元论历条。《隋书·天文志》漏刻条云："刘向《鸿范传》记武帝时所用法云：'冬夏二至之间，一百八十余日，昼夜差二十刻。'大率二至之后，九日而增损一刻焉。"其法与永元十四年霍融所云"官漏"之法相同。若《隋志》引刘向之说无误，这种漏刻之法很可能在汉武帝时期就已经制定了。

⑤ 参看华同旭《中国漏刻》，第 41～42 页。

戚·孝成赵皇后传》载成帝"昼漏上十刻而崩"，以漏刻记录皇帝驾崩这样重大的事件，表明漏刻已是最正式的记时方法。东汉的国家礼仪用漏刻规划时间，也说明了这一点。其事详见《续汉书·礼仪志》，这里仅举一例：

> 立春之日，夜漏未尽五刻，京师百官皆衣青衣，郡国县道官下至斗食令史皆服青帻，立青幡，施土牛、耕人于门外，以示兆民。

《礼仪志》所载制度在当时未必完全执行，但制度设计以漏刻为准，说明漏刻作为时间秩序的标尺已经具备规范功能，可以说是东汉官方的标准时制。[①] 使用漏刻规划礼仪的记载还有很多，而采用时称或"日加"记时的则未曾见。

汉晋时期，漏刻与十二辰加时是两套并行的系统，不能互相换算。这在历法中表现得十分清楚。《续汉书·律历志下》载东汉《四分历》法有如下两条：

> 推诸加时，以十二乘小余，先减如法之半，得一时，其余乃以法除之，所得算之数从夜半子起，算尽之外，则所加时也。
>
> 推诸上水漏刻，以百乘其小余，满其法得一刻。不满法，什之，满法得一分。积刻先减所入节气夜漏之半，其余为昼上水之数。过昼漏去之，余为夜上水数。其刻不满夜漏半者，乃减之，余为昨夜未尽。

---

① 西汉官府实施漏刻制度的情况，还有一些实物可为旁证。宋吕大临《考古图》记丹阳苏氏藏"丞相府漏壶"，铭文作"廿一斤十二两／六年三月己亥令史史／工谭正丞相府"二十一字（《考古图》卷九，叶二三 B，文物出版社，2019 年影印明天启元年郑宏经刊本，第 492 页），从不用年号推测，应是汉武帝中期以前之物。又伊克昭盟文物工作站《内蒙古伊克昭盟发现西汉铜漏》（载《考古》1978 年第 5 期，第 317 页）一文介绍的铜漏自铭"千章铜漏"，造于汉成帝河平二年，又加刻同属西河郡的"中阳铜漏"字样。从漏壶改变县级归属推测，可能是中央或郡一级统一铸造下发，并由郡调拨的。

前一条推加时，与《三统历》大致相同。不同之处是《四分历》的小余乘以十二后，要"先减如法之半，得一时"，实际上是起算时加了半时。原因是《四分历》的一天不是始于子时之初，而是始于子时的中点，即后来十二时辰所谓的"子正"（相当于 24 小时制中的 0 时）。后一条推上水漏刻，不见于《三统历》，应是《四分历》所增。其法"以百乘其小余"，可见是用昼夜百刻之制。所求得的刻数要减去当时夜漏总刻数的一半，方得天象发生时的昼漏上水刻数；所得如果超过昼漏总刻数，则已入夜，故减去昼漏刻数，得夜漏上水刻数。最后一句称，若所得刻数不到夜漏的半数则算作昨夜漏未尽若干刻，可知此法中的一天不始于夜半，而是从昼漏上水开始的，以平旦为日界。这是比照流行的时称记时法，与推加时之法从夜半子时的中点起算截然不同。

漏刻利用水的匀速滴漏，是天然的匀定计时；但在实践中，却要依据日出日入的早晚，随二十四节气变换昼漏和夜漏的刻数，以适应非匀定时制。这个矛盾，恰好可以通过结合加时与漏刻，配合互补的方式来解决。

学者已经指出，加时十二辰与昼夜百刻的结合始于梁武帝时代。[①]《隋书·天文志》载：

> 至天监六年，武帝以昼夜百刻分配十二辰，辰得八刻，仍有余分，乃以昼夜为九十六刻，一辰有全刻八焉。

天监六年（507）的改革，将昼夜刻数改为 12 的整数倍 96，意图很明显，就是要将漏刻与十二辰相配，整合进同一套时制。九十六刻之制沿用三十多年后，大同十年（544），梁武帝又据纬书《尚书考灵曜》改用 108 刻，仍是 12 的整数倍。

---

① 参看吴守贤、全和钧主编《中国古代天体测量学及天文仪器》，第 421 页。需要说明的是，西汉后期甘忠可提出改漏刻之数为一百二十，其后经夏贺良鼓吹，在哀帝时短暂行用，其意在于附会五德历运，以示汉"更受命"，与十二时辰无关。

梁武帝在天监年间对"礼乐制度，多所创革"，[①] 作为个人直接推动了时制改革。但重大的变革往往不是突发的，梁武帝的时制改革也有其端绪。

首先，将漏刻与其他记时法结合的趋势已见于东汉。袁宏《后汉纪·孝献皇帝纪》载：

> 〔初平〕四年春正月甲寅朔，日有蚀之。未晡八刻，太史令王立奏曰："日暴过度，无有变色。"于是朝臣皆贺。帝密令尚书候焉，未晡一刻而蚀。[②]

可见东汉末太史官已经将漏刻与时称记时结合起来。《续汉书·律历志中》云，永元十四年所颁下的四十八箭"文多，故魁取二十四气日所在，并黄道去极、晷景、漏刻、昏明中星刻于下"。此句或有脱讹，历来难得确解，大意应是说四十八箭上所刻字数较多，书中不能全部收录，故仅表列黄道去极以下各项（今本《后汉书》附于《律历志下》末尾）。我推测，四十八箭的原文还应包括时称记时中各时包含的刻数，故前引《后汉纪》中才会有距离晡时若干刻的记载。这是时称记时与漏刻相配的例子。

其次，从汉代开始，天文历算家已经在用漏刻测算日加卯、酉的时间。《周髀算经》介绍测量东西极的方法，需要在冬至的日加酉时和次日的日加卯时观测。由于当时太阳在地平线以下，无法观测日影，因而"皆以漏揆度之"。赵君卿注说明其具体方法是："一日一夜百刻，从夜半至日中，从日中至夜半，无冬夏常各五十刻，中分之得二十五刻，加极卯、酉之时。"[③] 此处用漏刻测算的只有日加卯、酉，且两者是时间点而非时段，跟梁武帝把漏刻平均分配到全部十二个时辰中不同。但这毕竟表明，将漏刻与加时相联系的做法在梁武帝以前早已出现。

---

① 《梁书》卷二七《陆倕传》，中华书局，1973 年，第 402 页。

② 袁宏《后汉纪》卷二七，《两汉纪》下册，中华书局，2002 年，第 523 页。"未晡八刻"，《后汉书·孝献帝纪》李贤注引袁宏《纪》同，而《续汉书·五行志六》刘昭注引作"未蚀八刻"。

③ 《周髀算经》卷下，钱宝琮点校《算经十书》，第 55 页。

再次，加时逐渐从专指"日加某辰之时"，变得具有表示一天中的时间段落的一般性意义。前文举出过"时加日出""时加鸡鸣"这样的用法，"某辰时"的简略用法也越来越常见。刘宋何承天所制的《元嘉历》有一条"推合朔月食加时漏刻法"，[①]其法与上举《四分历》"推诸上水漏刻"相同，但已将漏刻所表示的时间说成是"加时"了。《宋书·律历志下》载大明八年祖冲之论历驳戴法兴议"日有缓急"条，又有"加时在夜半后三十八刻""加时在夜半后三十一刻"之语，用漏刻数来表示"加时"，即是《元嘉历》新说法的实际运用。这样，"加时在某辰"原有的方位意义逐渐脱落，"辰"与其所表示时间的区别也模糊起来。《南齐书·天文志》《五行志》中记载天象频繁使用"某辰时"，反映出当时史官的习惯和时间概念。时制改革前夕的天监四年，朝廷讨论祭祀前应该从何时开始准备牺牲。太常任昉认为，当时所用《仪注》规定未明九刻呈牲，时间太晚，来不及准备，建议根据实际操作惯例提前至二更时。礼学家明山宾反对说："谓〔未明〕九刻已疑太早，况二更非复祭旦。"他的依据是《礼记·祭义》规定将牺牲置入庙中，应该在祭祀当日，[②]未明九刻距离天亮还有一段时间，已经过早，如果提前至二更，那就更不是祭祀的当天了。明山宾秉持传统观念，以天明为两日的分界。梁武帝却说："夜半子时，即是晨始。宜取三更省牲，余依《仪注》。"[③]他把日界定在夜半，认为新的一天从子时开始，反映出十二辰加时和相关历法理念的影响。

在上述背景下，梁武帝的时制改革就显得水到渠成了。他以加时与漏刻相配，可能还受到佛教传统的影响，[④]而仅从时间的计量与时间秩序的安

---

① 《宋书》卷一三《律历志下》，中华书局，1974 年，第 277 页。原文"漏"讹作"满"，此据中华本校勘记改。

② 《隋书》卷七《礼仪志二》载此前何佟之议："案礼，未祭一日，大宗伯省牲镬，祭日之晨，君亲牵牲丽碑。"（中华书局，1973 年，第 132 页）即根据礼书主张，牵牺牲入祭所应在祭祀当日的早晨。

③ 事见《隋书》卷七《礼仪志二》，第 132 页。

④ 江晓原、钮卫星认为，梁武帝改革漏刻的另一目的是受印度天文学影响，为了与佛经中的八时、六时划分法相配合。见江晓原、钮卫星《天学史上的梁武帝》，《中国文化》第十五、十六期合刊，1997 年，第 135～140 页。

排来看，也已经有充分的理由。漏刻制度昼夜百刻划分过细，且昼漏、夜漏的刻数随着节气变化，用于规范日常行政和社会生活则多有不便。加时十二辰无论通过测量日影还是从时称换算，都不能得到均匀而稳定的时段划分，无法实现概念自身的设定，也会在运用于天文历法时造成困难。如果将两者结合起来，把昼夜漏刻平均分配到十二辰中，既能解决测定等长加时的问题，又能提供一套稳定且比"刻"更大的记时单位。

天监和大同年间的两次漏制改革，都由官方主持编定了《漏刻经》，[①]其中应有漏刻与时辰的配套使用的具体方案。经过改革，辰与刻成为同一套时间体系中的大小单位。在"某辰时若干刻"这样的时刻表述形式里，"辰"的方位意义以及"刻"附着在漏箭上的物理长度意义，都消融进统一的时间尺度之中。由此，十二辰正式成为时间单位。十二时辰的制度化迈出了第一步，只是当时还不叫"时辰"，而是与漏刻合在一起，称为"辰刻"。

四、时辰制度的发展与运用

十二时辰的制度化，在梁武帝以后并没有迅速展开。昼夜九十六刻和一百零八刻之制实施时间仅数十年，至陈文帝天嘉年间（560～565）即改回昼夜百刻，此后直至清初再未变更。现存史料中未见十二时辰在梁代的实践中有何体现。梁代《仪注》均已亡佚，从《隋书·礼仪志》等史籍所记的梁代国家礼仪及相关讨论看，当时仍以昼漏夜漏若干刻规划时间，没有用时辰的例子。国家礼仪以外用到时辰的情况也不见于史载。新的记时法对梁代的时间安排似乎影响不大，陈代多袭梁制，而在时间制度上则弃用108刻制。

---

① 《隋书》卷三四《经籍志三》著录《漏刻经》一卷，祖暅撰，同书卷一九《天文志上》载梁大同十年改漏制，"先令祖暅为《漏经》"，应即此书。《经籍志》又著录《漏刻经》一卷，梁代撰，下自注云"梁有《天监五年修漏刻事》一卷"，应与天监六年制作完成的新漏有关，不题撰人，盖因是官修之故。

十二时辰制度的下一个重要发展出现在隋代的历法改革中。开皇十七年（597），张胄玄测知春秋二分"日出卯三刻五十五分，入酉四刻二十五分"，[①] 已用辰刻表示日出日入的时间。同年，朝廷颁行了他编定的历法，其中应该包括上述时刻。后来，张胄玄任太史令，修改前历，制作颁行《大业历》，给出二十四节气日出日入辰刻表（见表四）。在这个辰刻系统中，一辰分为八刻有余，一刻包含六十分。辰、刻、分三者作为时间单位可以互相换算，构成统一的记时体系。时辰与漏刻建立换算关系，显然具有均匀的时长。与漏刻不同的是，时辰的命名和昼夜分配摆脱了季节性变化，反而成了测量日出日入早晚的标尺。

表四 《大业历》二十四气日出日入辰刻表

夏至	芒种、小暑	小满、大暑	立夏、立秋	谷雨、处暑	清明、白露	春分、秋分	雨水、寒露	启蛰、霜降	立春、立冬	大寒、小雪	小寒、大雪	冬至	气
寅七刻三十分	寅七刻三十六分	寅八刻三分	卯二十八分	卯一刻二十八分	卯二刻三十七分	卯三刻五十五分	卯五刻十三分	卯六刻二十五分	卯七刻二十八分	卯八刻四十九分	辰三十二分	辰六十分刻之五十	日出
戌五十分	戌四十四分	戌十七分	酉七刻五十二分	酉六刻五十二分	酉五刻四十三分	酉四刻二十五分	酉三刻七分	酉一刻五十五分	酉五十二分	酉一分	申七刻四十八分	申七刻分刻之三十	日入

资料来源:《隋书》卷一七《律历志中》。

---

① 见《隋书》卷一八《律历志下》，第 528 页。《隋志》称张胄玄测得的结果与何承天一致，或许可以理解为两人测得的日出日入的方位相同，但尚不能从中推知何承天是否已将十二辰与漏刻配合使用。

在历法上与张胄玄争执不下的刘焯，也在仁寿年间（601～604）制作了一部新历。其中有一条不见于此前的历法，名为"求日出入辰刻"：

> 十二除百刻，得辰刻数，为法。半不见刻以半辰加之，为日出实；又加日出见刻，为日入实。如法而一，命子，算外即所在辰；不满法，为刻及分。[①]

方法是先用昼夜刻数 100 除以辰数 12，得到每一辰的刻数 $8\frac{1}{3}$ 作为分母（法）。然后以日不见刻（夜漏加五刻），加上半辰的刻数 $4\frac{1}{6}$，即得到日出辰刻的分子（实）。这个数据再加上日见刻（百刻减不见刻），即得到日入辰刻的分子。子母相除，所得的结果取整，并由地支子开始计数这个整数，所数到地支的再下一个地支，即是所要计算的时辰；而所得的余数即该时辰内的刻和分。[②]

两位严重对立的天文学家一致使用辰刻记时，说明匀定的十二时辰记时法在历法领域已经取得共识。虽然张、刘二人的日出日入辰刻数据有差异，也都未付诸施行，但辰刻记时的基本方法在历法领域确立起来，[③] 此后的历法都继承了这种方法。

十二时辰纳入王朝颁布的历法中，就被赋予一定的规范效力，进入了制度化的新阶段。隋文帝在右武侯属官中新设"司辰师"一职，[④] 与"漏刻生"并列。将掌管计时报时称作"司辰"，说明时辰已经进入国家的制度和政治生活。

那么，十二时辰制度在隋代对行政事务和社会生活的规范作用如何

---

① 见《隋书》卷一八《律历志下》，第 470 页。

② 刘焯《皇极历》的辰刻制度与张胄玄历也有不同，刘焯"刻分以百为母"（《隋书》卷一八《律历志下》，第 470 页），即一刻分为 100 分，张胄玄历则分为 60 分。

③《隋书》卷一九《天文志上》："胄玄及焯漏刻并不施用，然其法制皆著在历术，推验加时，最为详审。"（第 529 页）前一句说的是昼漏、夜漏数据未能付诸实用，后一句可以看作《隋志》作者李淳风对二人贡献的认可，反映了后来历法在方法上的继承性。

④《隋书》卷二三《百官志下》，第 778 页。

呢？从现有史料来看，情况和梁代相似，影响不大。《隋书·天文志上》"漏刻"条：

> 大业初，耿询作古敧器，以漏水注之，献于炀帝。帝善之，因令与宇文恺依后魏道士李兰所修道家上法称漏制造称水漏器，以充行从。又作候影分箭上水方器，置于东都乾阳殿前鼓下司辰。又作马上漏刻，以从行辨时刻。

据此，隋炀帝出行随从的时间测量仪是秤漏和马上漏刻，在洛阳宫中管理时间的仪器是"候影分箭上水方器"，从名称可知，也是漏刻。这些繁简不等的漏刻器具多由专人发明制作，用于特定的场合，普及程度不会太高；它们测得的时间是否都会换算成时辰，也令人怀疑。

唐代延续时间较长，出现了一些新变化。由于复古、因循的倾向，《大唐开元礼》等国家礼典仍然继续采用昼夜百刻之制，吸收新制相对缓慢。但日常政治活动则不然，不少例子表明，到了唐代中叶，时辰记时法已经运用到日常活动中。唐玄宗开元十三年（725），诏一行与梁令瓒等制作水运浑天仪，时人张说奏言该器"前置钟鼓，以候辰刻，每一刻，则自然击鼓，每一辰，则自然撞钟"，[1]史称器成后"置于武成殿前，以示百寮"。[2]水运浑天仪自动按照辰刻击鼓撞钟，显然是模仿当时的人工报时，可知宫廷的时间系统已经采用时辰制度。天宝二年（743）三月，又敕祭祀昭告圣祖宫（老君祠）"宜改用卯时以前行礼"，[3]说明祭祀时间的规划已使用时辰。宪宗元和六年（811）三月二十七日，御史台奏："决囚，准令，以未后者不得至申时，如州府及诸司已至未后者，许至来日。"[4]然则唐令规定处决囚徒的时间，也已经遵用时辰制度。时

---

[1] 张说《进浑仪表》，熊飞《张说集校注》卷二七，中华书局，2013年，第1299页。
[2] 王溥《唐会要》卷四二"浑仪图"条，中华书局，1955年，第754页。
[3] 杜佑《通典》卷五三《吉礼十二》"老君祠"条，中华书局，1988年，第1478页。亦见《唐会要》卷五〇。
[4] 王溥《唐会要》卷四一，第747页。

辰不仅对于宫中和朝廷有效，也被运用到地方政府和专职机构中。

到了宋代，时辰制度运用的范围大大扩展。翻检《宋会要辑稿》《续资治通鉴长编》等史籍，很容易发现，时辰不仅深入行政的各个领域和层级，而且成为国家礼仪的主要时间标尺。此后直到清末，这一状况再也没有改变。从这个角度来看，北宋可以说是十二时辰制度化完成的时代。

不过，严格执行十二时辰制度并不容易，实践与规定往往脱节。《唐六典》云"凡皇城、宫城阖门之钥，先酉而出，后戌而入；开门之钥，后丑而出，夜尽而入"，以时辰定时。但这只是理想化的规定。本书自注又云："宫城、皇城钥匙，每日入前五刻出闭门，一更二点进入；五更一点出开门，夜漏尽，第二冬冬后二刻而进入。"[1] 注文以区分昼夜的漏刻为准，因而有季节性变化。这才是实际使用的方法。

即便行用时辰制度，也难以如理想一般保持均匀恒定。宋代前期历法通过计算给出了二十四节气日出日入的辰刻，除春秋二分在卯正、酉正时以外，其他节气均有分刻之余，[2] 不在时正，且随季节推移而变。但当时的实际做法反而是根据日出时间来定时辰漏刻，"常以四时日出传卯正一刻，又每时正已传一刻，至八刻已传次时"，[3] 即不管四季昼夜长短变化，一律将实际日出的时间定为卯正一刻。这样，卯正一刻与夜半的间距每天都在变，所得的时辰有季节性，并不匀定。此法还将每一时辰定为8刻，少于百刻均分十二辰所得的 $8\frac{1}{3}$ 刻，结果是"即二时初末相侵殆半"，误差很大。仁宗皇祐初年（约1049）改良漏刻，施行新制，把每时分出初、正两段，每段定为 $4\frac{1}{6}$ 刻。据久保田和男的研究，在此以后，卯正一刻才不再随着日出时间变动。[4] 这一改动恐怕也只发

---

[1] 李林甫等《唐六典》卷八"城门郎"条，中华书局，1992年，第250页。

[2] 宋真宗大中祥符年间（1008～1016）编定的《浑仪法要》分一刻为147分，仁宗时制定《皇祐历》则分为60分。

[3] 《宋史》卷七六《律历志九》"皇祐漏刻"条，第1746页。

[4] 参看久保田和男《宋代开封研究》第七章《宋代时法与开封的早晨》，上海古籍出版社，2010年，第163～182页。皇祐新法实际执行如何，特别是在宫廷以外的情况，还需要进一步研究。

生在少数有测量条件的场合。

匀定时制难以贯彻，直接的技术原因是缺少精密而便利的测时工具。上面提到唐开元年间制成的水运浑天仪，看似神奇，其实没发挥多少功效。史称该器物"无几而铜铁渐涩，不能自转，遂收置于集贤院，不复行"。[①] 由于水运浑天仪结构复杂，精密部件容易锈蚀，难以维护，很快就出了故障，而朝廷也没尝试修复。看来，朝廷已经有专职的机构和官员负责漏刻运行和人工报时，不必维护这样一个脆弱的自动报时器。但除了宫廷和官府、寺庙以外，很少有机构能够拥有精密的漏刻记时系统，并且派专人日夜守护，维持其运作。匀定的时辰制度的辐射范围，大体上局限于能够听到这些机构报时的区域。当然，这些机构都有比较强的社会影响力，示范作用不容忽视。社会各阶层很快对时辰制度有所了解并能够模仿运用。宋代漏刻不再限于官方运用，出现了田漏、几漏等多种民用漏刻。这些民用计时器可能也开始标注时辰。[②]

时辰制度实施不彻底，尤其表现在夜间的记时制度上。唐宋时期，即便在宫廷中，十二时辰制度也主要用于白天，夜间报时则采用五更鼓点制。北宋宫廷"每夜分为五更，更分为五点，更以击鼓为节，点以击钟为节"，[③] 自酉时日入以后，仍以漏刻鼓点记时，很少用戌、亥、子、丑。北宋宫中负责报时的鸡人沿用唐代的唱词，在清晨唱道：

> 朝光发，万户开，群臣谒。平旦寅，朝辨色，泰时昕。日出

---

① 王溥《唐会要》卷四二"浑仪图"条，第 754 页。
② 比如元代王祯《农书》记载田漏制法以时辰为准，南宋孙逢吉所制几漏的漏箭也标注十二时辰初正，详细情况参看华同旭《中国漏刻》，第 82～110 页。这些漏刻仪器使用状况如何，时辰与漏刻如何配合，仍有疑问。比如，王祯《农书》所载田漏之法，以三辰为二十五刻，是用昼夜百刻之法。几漏则未必，华同旭认为漏箭本用百刻之制，被清代传抄者误绘为九十六刻。但南宋赵与时说"今世历家百刻，举成数尔，实九十六刻也"（见赵与时《宾退录》卷一，上海古籍出版社，1983 年，第 12 页），说明当时民间历法计算、时刻运用或许采用了昼夜九十六刻的变通之法，以配合十二时辰。具体情况如何，还需考察相关文献的流传情况，再做深入研究。
③ 《宋史》卷七〇《律历志三》，第 1588 页。

卯，瑞露晞，祥光绕。食时辰，登六乐，荐八珍。禺中巳，少阳时，大绳纪。日南午，天下明，万物睹。日昳未，飞夕阳，清晚气。晡时申，听朝暇，湛凝神。日入酉，群动息，严扃守。①

这是以辰配合时称作为时名。入夜所唱则不同，其词曰：

日欲暮，鱼钥下，龙韬布。甲夜己，设钩陈，备兰锜。乙夜庚，杓位易，太阶平。丙夜辛，清鹤唳，梦良臣。丁夜壬，丹禁静，漏更深。戊夜癸，晓奏闻，求衣始。②

夜间分为五等分，以甲、乙、丙、丁、戊为名，是汉代以来一直沿袭的制度。所配的己、庚、辛、壬、癸不是十二辰，而是日干。十二时辰制度没有用到夜间。究其原因，日出而作、日落而息的时间节律形成了深厚的文化传统，并且仍然与唐宋以降乃至明清时期的劳作和主要生活方式相匹配。这种时间节律以日出、日入为界，把一天分为功能截然不同的昼夜两部分，并且随着季节推移而变化。时辰制度基于新的理念，采用匀定时制，反而导致日出日落时刻在四季中来回变动，与当时的文化传统和社会生活习惯不相适应。

十二时辰从制度化到真正流行，还要经历一个被接受的渐进过程。它的社会化，跟明清两代城市钟鼓楼报时普遍化，以及明末以降西洋机械钟表的传入联系在一起。而匀定时制的普及，则要到近代社会化大生产发展起来以后，只是在那个阶段，十二时辰也渐渐被西来的 24 小时制所取代了。③

---

① 《宋史》卷七〇《律历志三》，第 1591 页。
② 《宋史》卷七〇《律历志三》，第 1592 页。
③ 参看湛晓白《时间的社会文化史——近代中国时间制度与观念变迁研究》第三章《近代计时器的更新与时间计量的变化》、第四章《新式交通与时间》，社会科学文献出版社，2013 年，第 100～181 页。

五、结语

以上略述十二时辰产生和制度化的过程。秦汉《日书》中所见的时称配十二辰，配伍形式和性质都与后世的十二时辰不同，并非其源头。十二时辰萌生于西汉式占和历算中的日加十二辰，也称"加时"，是一种理念性的时间体系，不符合日常习惯，也无法通过工具实测，没有流行开来。直到梁武帝改革时制，将昼夜刻数从 100 改为 12 的整数倍 96 或 108，与加时结合为统一的记时系统，才使十二辰成为时间的名称，并且有可能较为准确地测度。这种时辰与漏刻结合的时制，被隋代官方历法吸收，至唐代中期以后，逐渐用于制度规定和日常政务。不过，由于技术和文化习俗方面的原因，时辰的长度在实践中往往随俗从便，仍保留季节性的变化，未必贯彻制度设计理念中的匀定性质，甚至蜕变为新的非匀定时制。

非匀定时制很早就自然地在实践中形成，而匀定的十二时则是从式占、历算技术中衍生的理念性时间。国家通过史官等机构积极地吸纳这些技术中的新因素，使得十二时辰早在流行于社会生活之前，率先制度化。然后，它才随着技术条件成熟以及生产、生活方式发生革命性的变化，逐渐被社会广泛接受。简言之，在十二时辰产生、制度化与实际行用的过程中，理念先于制度，制度先于实践。这与序数纪日恰好相反。后者因实用之需而生，产生后迅速流行，其制度化是后来国家承认既存社会现实的结果。[①] 比较这两者的差别，有助于思考技术、社会与国家权力之间的关系。

十二时辰在行用中适应需要而调整，或与时称记时配合，或据日出、日入时刻以定卯、酉，说明社会习俗对国家的制度化力量有很强的影响。这一点与考察序数纪日时所观察到的现象又有一致性。本文

---

① 参看本书所收拙文《序数纪日的产生与通行》。

主要采取自上而下的视角，对此着墨甚少，期待将来的研究继续开拓和推进。

2016 年 7 月 15 日初稿

2020 年 7 月 17 日改定

2021 年 1 月 2 日修订

修订后记：本文最初在 2016 年 7 月 29 日宣读于香港浸会大学饶宗颐国学院主办的第五届"出土文献青年学者论坛"，得到与会学者的指正。此后，蒙好友赵晶、郭津嵩斧正疏失，刊发于《中华文史论丛》2020 年第 3 辑。

文章发表后，又得北大同学王雨桐、张俊毅、王竣诸君帮助，改正了一些引述上的错误，并补充了几条资料，但基本观点一仍其旧。文中对唐宋以后的文献资料仍然搜罗甚少，讨论也很肤浅，抛砖引玉，期待方家的批评指正和深入研究。

里耶秦简牍所见的时刻记录与记时法

中国古代长期并用时称记时法和一日百刻的漏刻记时法。[①] 里耶秦简牍中所见的时刻记录也有两类，亦为二法并行，但无论时称还是漏刻的数目都与后世通行之法不同。这些时刻通常见于行政文书发送、传递和接收的记录，不仅有助于了解古代中国时制及其实际使用的发展变化，也反映帝国形成之初行政领域的时间秩序和时间观念。

2003 年，李学勤《初读里耶秦简》一文最早介绍和探讨了里耶秦简牍中的时称与时刻资料。他指出，里耶秦简牍记时的方法有二，一是用一日内的时分名称（如旦、日中、夕等），二是记漏刻。记漏刻也有两种格式，一种作"水十一刻刻下若干"，一种略去"十一刻"等字，作"水下若干刻"直至"水下尽"。这种漏制将白天分为十一刻，采用沉箭式漏壶，与汉代昼夜"昼夜百刻"的漏制相比，是很原始的。[②]

李先生根据当时能够看到的部分材料，做了相当准确的解说，同时也引出了一系列新问题。除了昼漏十一刻，秦代有无夜漏，昼夜总计的刻数有多少？昼夜刻数的分配是否像后来的百刻漏制一样随着时令变化调整？这种简易漏刻制度的来源是什么？里耶秦简牍所见的时称记时采用了何种时制，将一日分为几个时段？为什么文书收发传递记录有的用时称记时，有的用漏刻记时，两者是何关系，使用场合有无区别，为何

---

① 中国天文学史整理研究小组编著《中国天文学史》，科学出版社，1981 年，第 116～119 页。
② 李学勤《初读里耶秦简》，《文物》2003 年第 1 期，第 75 页。

没有互相取代，归并为一？

2009 年，任杰发表《秦汉时制探析》一文，认为"秦代官方曾推行昼十一夜五，昼夜各自均分的十六时制"，其来源是昼夜十六分中夏至的昼夜比，[①]已经部分回答了上述问题。但当时研究者能够见到的秦代时刻记录还十分有限，没有条件详细讨论漏刻记时的具体使用情况及其与时称记时关系。2012 年，《里耶秦简（壹）》出版，[②]公布了里耶古城 1 号井中第五、六、八层的 2 627 枚简牍，加上在此前后陆续公布的资料，[③]占总共一万多枚有字简中的五、六分之一，样本量已经比较充足。本文将系统地整理和研究其中的时刻记录，尝试进一步梳理当时所用记时法的实况和相互关系，也想借此一探秦代迁陵县行政工作的时间节律。

在迄今已正式公布的里耶秦简牍中，共检得时刻记录 138 条，绝大部分见于文书正本或副本中题署的收发记录，格式比较固定。发件记录一般在文书抄写人的签署"某手"之后，作"某月某日某时某人行"；收件记录往往在文书牍背面最左侧题写，作"某月某日某时某人以来"，其下多用分隔号"ノ"，加接收和启封文书者的签署"某半"或"某发"。以 16-5 号木牍为例：

> 廿七年二月丙子朔庚寅，洞庭守礼谓县啬夫、卒史嘉、叚（假）卒史穀、属尉：……令人日夜端（端）行，它如律令。【正】
> 三月丙辰，迁陵丞欧敢告尉，告乡、司空、仓主：……它如律令。ノ鉬手。丙辰水下四刻，隶臣尚行。

---

① 任杰《秦汉时制探析》,《自然科学史研究》2009 年第 4 期，第 458～459 页。
② 湖南省文物考古研究所编《里耶秦简（壹）》，文物出版社，2012 年。
③ 主要收入湖南省文物考古研究所编《里耶发掘报告》（岳麓书社，2007 年），宋少华、张春龙、郑曙斌、黄朴华编著《湖南出土简牍选编》（岳麓书社，2013 年），里耶秦简博物馆、中国人民大学历史学院编《里耶秦简博物馆藏秦简》（中西书局，2016 年）等，另散见于整理者发表的论文中。本文引用的第五、六、八层简牍均出自《里耶秦简（壹）》，其他各层简牍主要依据《湖南出土简牍选编》，并参考《里耶秦简博物馆藏秦简》。考虑到除第五、六、八层外，各层简牍尚无整理后的图版，故本文编号一律采用出土号，以求统一。释文略有修订，除特殊情况外不再一一注明。

三月癸丑水下尽，巫阳陵士五（伍）丐以来。ノ邪半。

二月癸卯水十一刻刻下九，求盗簪襄阳成辰以来。ノ弱

半。 如手。 【背】

从此牍正面文字可以看出，这是洞庭郡守下达的文书，背面左下角"如手"二字是文书抄写者的签署。背面左上方两行为收件记录，收件时刻先后为"水十一刻刻下九"和"水下尽"。右上"三月丙辰"以下记录迁陵县廷对该文书的处理，由县丞主持，将郡守的教令传达给县尉及属下的各乡、司空、仓等离官啬夫。[1]令史釦负责抄写。此件包含迁陵县收到文书的正本，留在县廷存档；另一件则包含郡守教令的录副，作为县廷发出文书的正本，当天水下四刻时由隶臣尚携带，送往县尉处。此存档件中的"水下四刻"，即县廷发出文书的时刻记录。

除收发记录外，还有一小部分是文书传递过程中途经某地或某机构的记录。比如 12-1799 号木牍：

书一封，酉阳丞印，诣迁陵，以邮行。

廿八年二月癸酉水十一刻刻下五，起酉阳。

二月丙子水下九刻，过启陵乡。

这是酉阳县廷送往迁陵县廷的文书的传递记录，其中包括了文书从酉阳发出和途经启陵乡的时刻记录。此种记录不包括所传递文书的正副本，类似于西北汉简中的邮书刺，[2]在里耶秦简牍中比收发记录要少得多。

下表按照记录的性质分类汇总了 2016 年 12 月以前已公布里耶秦简牍所见的时刻记录。每条记录包括"年、月、记录机构和简号"，Y（year）、M（month）代表缺失或未记录年、月，O（office）代表记录机

---

① 关于县廷与离官啬夫的关系，参看郭洪伯《稗官与诸曹——秦汉基层机构的部门设置》，《简帛研究二〇一三》，广西师范大学出版社，2014 年，第 101～127 页。

② 关于邮书刺，参看李均明《秦汉简牍文书分类辑解》，文物出版社，2009 年，第421～425 页。

构不详，闰年的后九月用 9L 表示，秦二世纪年前加 II 。"水下若干刻"与"水十一刻刻下若干"两种漏刻记录形式暂时分列，前者用"若干刻"表示，后者用"11-若干"表示。

表一　里耶秦简牍所见时刻记录汇总表

	发件记录	收件记录	传递记录	记录性质不详
旦	Y：M 廷（6-21） Y：9 廷（8-140） 32：4 廷（8-158） 28：5 都乡（8-170） 34：2 廷（8-197 正） 34：1 廷（8-197 背） 29：8 库（8-686） 33：6 廷（8-768） 34：7 廷（8-1525 正） 31：9L 廷（8-1560） 27：3 廷（16-6）	II1：7 廷（5-1） Y：10 廷（8-63） Y：2 廷（8-142） 34：11 廷（8-143） 31：5O（8-196） 29：9 廷（8-645） 33：1 廷（8-651） 30：2 廷（8-672） 33：3 廷（8-697） 31：4 廷（8-736） 35：10 廷（8-1449） 32：6 廷（8-1455） 33：3 廷（8-1477） 34：5O（8-1482） 30：10 司空（8-1515） Y：9 廷（8-1523） 34：7 廷（8-1525 背） 31：5 廷（8-1559） 31：5 廷（8-2011） 31：9L 廷（8-2034） 27：12 廷（9-23） 28：9 廷（9-2321）	Y：11O （8-1432）	35：6O（8-191）① Y：2O（8-2282）
旦食／食时	Y：8 廷（8-657） 35：5 廷（8-770） Y：2O（9-2301）	30：11 廷（8-141） 32：1 廷（8-157） 31：9LO（8-190） 32：9O（8-664） Y：MO（8-716） 30：9 廷（8-1886）	Y：10O （8-1432）	

---

① "旦"字下残缺，不排除时称可能为"旦食"。

	发件记录	收件记录	传递记录	记录性质不详
日中	32∶1 廷（8-157） Y∶9 О（8-890） Y∶3 廷（8-1439） 27∶6 廷（12-849） 32∶9 廷（12-1527）	32∶4 廷（8-152） 31∶7 廷（8-173） 32∶5 廷（8-1520） 33∶3 廷（12-1784）		Y∶3 О（8-86） Y∶9 О（8-252） Y∶M О（8-51）
铺时				Y∶M 廷（8-728）
日入	Y∶M 廷（8-69） Y∶2 廷（8-1538）	28∶2 廷（8-520） Y∶9 廷（8-660） 35∶4 廷（8-1459） 35∶7 廷（8-1554） 33∶10 О（8-1971） 35∶4 廷（9-14） II1∶8 廷（9-1869） 29∶9L 廷（12-1780）		Y∶8 О（8-1468）
夕		33∶11 廷（8-1823） 27∶3 廷（16-6）	Y∶10 О （8-1432）	
时称 不详		Y∶M 廷（16-1）		
一刻				Y∶M О（8-1671）
二刻		28∶9 廷（8-453） 28∶5 О（8-742） Y∶9 廷（8-1225） Y∶9 廷（8-1291） 29∶4 廷（8-1514）		
三刻	26∶12 廷（8-1516） 28∶7 廷（16-2032）	Y∶9（5-22）① Y∶9 О（8-1005） 26∶5 廷（9-2290） 27∶6 廷（12-849）		
四刻	27∶2 廷（16-5）	27∶8 廷（8-133） 28∶9 廷（8-1155）		

---

① 此为狱东曹诣无阳书，送给令或丞封印后送往目的地，令、丞处记录接收时间，统计为县廷。

	发件记录	收件记录	传递记录	记录性质不详
五刻		Y∶M廷（8-657） 28∶7廷（8-767） 27∶5廷（8-1533） 30∶6廷（8-1566）		
六刻	27∶3廷（16-6）	26∶6廷（8-1518） 29∶12廷（8-1524）		
七刻	28∶12廷（8-166）	Y∶9廷（8-1119）		
八刻		28∶1O（8-166） 28∶7廷（8-1562） Y∶2廷（8-1829） Y∶9廷（16-3）		
九刻	29∶9廷（8-1511）	27∶3廷（8-1510）		
十刻				
尽		29∶11廷（8-78） 27∶3O（16-5）		
时刻 不详		28∶MO（8-166） Y∶M廷（8-647） 28∶9廷（8-1463）① Y∶5O（8-2434）		
11-1			Y∶M启陵 （12-1798）	
11-2	32∶3廷（8-62） 32∶2廷（8-154）	Y∶6廷（8-60） 32∶10廷（9-2294）		
11-3	II1∶9L少内（8-164） 26∶12仓（8-1452）	30∶5廷（9-1594）		
11-4		33∶9廷（9-2350）		

---

①　此条残缺，所记时刻疑是仓曹收到令史爰书的记录，均在县廷，故同日（庚子）即达，后在甲辰日由迁陵守丞处理。

	发件记录	收件记录	传递记录	记录性质不详
11-5	Y：4 廷（8-155） 28：2 酉阳（12-1799）	32：4 廷（8-159）		
11-6	Y：M 廷（8-665）			
11-7				
11-8	31：2 廷（8-71） Y：10 酉阳（12-1798）			
11-9	Y：12（8-738）O	Y：10 廷（8-66） Y：9 O（8-2025） 27：2 廷（16-5）	28：2 启陵 （12-1799）	
11-10		Y：7 廷（9-712） 26：5 廷（16-9）		
11-尽		Y：9L 廷（9-1867）		
时刻不详		30：12 廷（8-688） Y：M O（8-738）		Y：M O（8-2290） Y：M O（8-2431） 29：M O（10-1596）

浏览上表可以发现，第一，时称和漏刻记时大致均匀地分布在各年中，始终并行，没有互相取代的关系；第二，漏刻记时两种形式，也并行不悖，可以认为是采用不同记录形式的同一记时法。接下来，汇总统计里耶秦简牍时刻记录，不再区分两种漏刻记时形式。

表二　里耶秦简牍时刻记录统计表

	发件记录	收件记录	传递记录	性质不详	合计
旦	11	22	1	2	36
旦食／食时	3	6	1	0	10
日中	5	4	0	3	12
餔时	0	0	0	1	1

	发件记录	收件记录	传递记录	性质不详	合计
日入	2	8	0	1	11
夕	0	2	1	0	3
时称不详	0	1	0	0	1
一刻	0	0	1	1	2
二刻	2	7	0	0	9
三刻	4	5	0	0	9
四刻	1	3	0	0	4
五刻	2	5	0	0	7
六刻	2	2	0	0	4
七刻	1	1	0	0	2
八刻	2	4	0	0	6
九刻	2	4	1	0	7
十刻	0	3	0	0	3
尽	0	2	0	0	2
时刻不详	0	6	0	3	9
合计	37	85	5	11	138

　　根据统计，里耶秦简牍所见时刻记录所用的时称有旦、旦食、[①] 日中、铺时、日入、夕，共六个。这六个时称涵盖了一天中的大部分时间，从日出前后延续到日落后不久。这应该就是当时郡县以下官署的正常工作时间。旦时或二刻到三刻是文件收发较为集中的繁忙时段，下午则相对空闲。

---

① 旦食，里耶秦简牍中又作旦食时、食时，同名异称，都是指早晨与中午之间的用餐时间。

放马滩秦简《日书》中的《生子》篇将昼夜分为十六个时段，据以占卜生子吉凶。其文如下：

> 平旦生女，日出生男，凤食女，莫（暮）食男，日中女，日过中男，日则（昃）女，日下则（昃）男，日未入女，日入男，昏女，夜莫（暮）男，夜未中女，夜中男，夜过中女，鸡鸣男。①

这被学者普遍认为是秦汉十六时制最早的系统资料。②与之相比，时代相同的里耶秦简所用的时称既不完整，也比较稀疏，无法与前者一一对应，即便时称相近，代表的时段也不同。两者的对应关系大致可以通过下表反映出来。

表三　秦简牍时称对照表

里耶秦简牍时称				旦		旦食时		日中		铺时		日入		夕		
放马滩秦简《生子》篇中的十六时称	夜中	夜过中	鸡鸣	平旦	日出	凤食	暮食	日中	日过中	日侧	日下侧	日未入	日入	昏	夜暮	夜未中

里耶秦简牍所见时称则反映了一种更加粗略的记时法。类似的粗略记时法，也见于秦汉简《日书》。睡虎地秦简《日书》甲种"吏"章将一天中"见人"的时段分为朝、晏、昼、日虒（昳）、夕，③放马滩秦简《日书》甲种"禹须臾所以见人日"章则分为旦、安（晏）食、日中、

---

① 甘肃省文物考古研究所编《天水放马滩秦简》，中华书局，2009 年，第 84 页。
② 参看李天虹《秦汉时分纪时制综论》，《考古学报》2012 年第 3 期，第 301～302 页。过去学者认为秦代还有十二时制，睡虎地秦简《日书》中将十二个时称与十二支对应，即是其反映。实际上此十二时并不涵盖全天，而只是流行的众多时称中选取有代表性的十二个来与十二支相配，用于选择数术占卜罢了。十二时制的产生不早于西汉中期，拙文《十二时辰的产生与制度化》（《中华文史论丛》2020 年第 3 辑，今已收入本书）中另有详论，敬请参看。
③ 睡虎地秦墓竹简整理小组编《睡虎地秦墓竹简》，文物出版社，1990 年，第 207～208 页。

日失（昳）、夕日，①孔家坡汉简《日书》、香港中文大学文物馆藏汉简《日书·吏篇》与此完全相同。②《日书》的这些篇章，是讲如何预测官吏面见上级或者同僚的吉凶，故而不包括夜半、鸡鸣等休息时间，时段划分也比十六时记时系统粗疏。里耶秦简牍所见时称与此相近，只是在日中与夕之间多分了一个时段。这种近似应非偶然，而是由官府处理行政事务的时段和工作节奏决定的。

同为行政活动的时刻记录，里耶秦简牍中的漏刻十一刻所涵盖的时段，应与时称记时大致相同，也就是从"旦"到"夕"。李学勤认为十一刻皆属昼漏，是准确的。据《里耶发掘报告》，未完整公布的材料中还有"夜水下四刻"这样的记时，③若此信息无误，当可表明未标明"夜"的十一刻皆是昼漏。

李先生没有说明，在这种漏刻制度下昼夜共有多少刻。马怡怀疑昼夜各有十一刻，④而任杰则认为应是昼十一夜五。根据任杰的看法，秦时流行将一昼夜划为十六等分，昼漏十一刻之制，很可能是根据昼最长的夏至（五月）日夕比确定的。⑤日夕（昼夜）十六分最早见于睡虎地秦简《日书》甲种"岁"章，简64～67正面第二、三、四栏按月列出日、夕时长的比例，⑥可据之表列如下：

表四　秦简日夕比率表

月份	十	十一	十二	正	二	三	四	五	六	七	八	九
日	6	5	6	7	8	9	10	11	10	9	8	7
夕	10	11	10	9	8	7	6	5	6	7	8	9

---

① 甘肃省文物考古研究所编《天水放马滩秦简》，第85页。

② 湖北省文物考古研究所、随州市考古队《随州孔家坡汉墓简牍》，文物出版社，2006年，第150页；陈松长编著《香港中文大学文物馆藏简牍》，香港中文大学文物馆，2001年，第42～45页。

③ 湖南省文物考古研究所编《里耶发掘报告》，第182页。

④ 马怡《里耶秦简选校》，《中国社会科学院历史研究所学刊》第四集，商务印书馆，2007年，第136页。

⑤ 任杰《秦汉时制探析》，《自然科学史研究》2009年第4期，第458～459页。

⑥ 释文见睡虎地秦墓竹简整理小组编《睡虎地秦墓竹简》，第190～191页。

类似内容还见于该书简 60～68 背面第三、四栏，^① 放马滩秦简《日书》乙种简 78～86 下栏，^② 以及香港中文大学文物馆藏汉简第 76 号简等。^③ 可见昼夜十六分是当时十分流行的一般性知识。秦代迁陵县所用的漏刻之制照此划分昼夜，是不无可能的。

与昼夜十六分不同的是，里耶秦简牍所见的昼漏之数不因季节推移而变化。如简 8-738 记"十二月乙未水十一刻刻下九"，^④ 可知即便是昼短夜长的冬季三个月，昼漏十一刻仍保持不变。任杰认为，这表明秦简漏刻所用的是将白昼进行均分的不均匀时制。^⑤ 具体来说，就是从旦至昏的白昼总长度根据实际日出、日入的时刻随着季节变化而调整，而白昼始终保持十一等分。为此，在使用相同漏壶，漏水流速保持相对稳定的前提下，必须定期更换刻间长度不同的漏箭。我们知道，最晚在西汉武帝时期就有每隔九天更换漏箭的制度，^⑥ 不过当时的漏箭固定为昼夜百刻，每刻的时长一致，更换漏箭只是为了调整昼漏和夜漏的刻数，以适应昼夜长短变化。由汉制推测，秦代存在更换漏箭的制度虽有可能，但目前仍缺乏证据。另一种可能是，秦代漏刻的昼夜长短终年不变，郡县官署在一年中的文书工作时长比较固定，而不是跟随时令天光，日出而作、日落而息。

最后，要来解释时称记时与漏刻记时并用的问题。里耶秦简牍所用时称记时法较为粗略，无需借助工具，即可依靠观察太阳位置、天色和

---

① 睡虎地秦墓竹简整理小组编《睡虎地秦墓竹简》，第 219 页。

② 甘肃省文物考古研究所编《天水放马滩秦简》，第 91 页。

③ 陈松长编著《香港中文大学文物馆藏简牍》，第 40 页。此简释文作："……五夜十一。·正月大，日七夜九。·三月大，日九夜七。·五月大，日十一夜五。·七月大。日九夜七。·九月大，日七夜九。"据文例，简首残缺的部分可能原作"十一月大日"。陈先生以为此简属于日书，将之定名为"日夜表篇"。实则此简与简 77"元年囗"以及陈先生称为"干支表篇"的简 95～119 应合属同一部历日，是这部历日中的两枚月名简。历日的月名简中写有日夕比，这是目前仅见的例子。

④ 见《里耶秦简（壹）》，图版第 105 页。"未"字据图版补释。

⑤ 任杰《秦汉时制探析》，《自然科学史研究》2009 年第 4 期，第 458～459 页。

⑥ 据《隋书·天文志》漏刻条引刘向《鸿范传》记武帝时所用法。《续汉书·律历志》载和帝永元十四年（102）霍融论历，所述当时官漏之法亦然。

通过人的生物钟来判断时刻。漏刻记时需要配置漏壶。汉以前漏壶尚无实物发现，推测秦代基层官署所用当是结构最为简单的单壶泄水式沉箭漏，[①] 材质可能是铜，也可能是陶。这种漏壶操作相对简便，故能普及，但泄水流速受水温、水位影响较大，[②] 记时不可能十分精确。当时将昼夜漏刻书定为十六，远小于后来通行的百刻，既符合相对缓慢的工作节奏，也是由于记时工具精度的限制。

统计所得的 138 个时刻记录中，74 个用时称，64 个用漏刻，分别约占总数的 54% 和 46%，比例大致相当，而用时称者略多。两种记时法在各月的分布比率没有明显差异。漏刻记时在迁陵县除了被县廷使用外，还见于少内、仓、启陵乡等稗官官署所作的记录，在使用场所上也不见有何特殊。里耶秦简牍中还有同一件文书并用两种记时法的情况。简 8-657 背面有两条文书收发记录，其左上作：

　　□月庚午水下五刻士五宕渠道□邑疵以来／朝半

此为迁陵县廷收到洞庭郡所下文书的记录，用漏刻记时。其右作：

　　八月甲戌迁陵守丞膻之敢告尉、官主：以律令从事。传，别书贰春，下卒长奢官。／□手／丙子旦食，走印行。

此为迁陵县廷发出给县尉及属官的文书的记录，用时称记时。同一机构，同一文书，收发相隔仅六天，所用记时法却不同。这究竟如何解释呢？

如果两种记时法并存是出于必要，或许可以作如下推测。时称记时是日出、日中、日入几个点为基准，需要观测太阳位置，适用于晴好天

① 浮箭漏发明不早于西汉中期，此前，秦及汉初都采用单壶泄水式沉箭漏。参看华同旭《中国漏刻》，安徽科学技术出版社，1991 年，第 38～45 页。华著以浮箭漏发明在汉武帝时，但对几条相关史料的解读均有失误，结论并不可靠。浮箭漏实际发明使用的时间应该更晚，待另文详论。
② 参看华同旭《中国漏刻》，第 120～135 页。

气。若逢阴雨，无法看到太阳位置，也不能根据天色判断时刻，漏刻记时就更为可靠。当代的里耶古城"气候温和，雨水较多，云雾多，湿度大"，"年平均降水量 1 303.3 毫米"。①若秦代迁陵的气候与此没有太大的差异，需要改用漏刻记时法的雨雪天或云雾浓重的日子应该为数不少。里耶秦简牍中漏刻记时与时称记时的记录比例大体接近，很可能是与当地的气候状况相适应的。

里耶秦简牍所见的记时法将行政工作的时间划分为六个或十一个时段，与当时常见的十六时制和后世流行的昼夜百刻之制相比，不能不说较为粗略。究其原因，恐怕还是跟当时的行政工作节奏有关。秦的《行书律》规定："行传书、受书，必书其起及到日月夙莫（暮）。"②夙暮，即一天中时段的早晚。律文并未规定记录文书收发传递应采用何种记时方法，细致到怎样的程度，而仅笼统地要求书明早晚即可。里耶秦简所见的两种记时法，都能够满足律文要求。

在里耶秦简牍文书的收发记录中还有一些不记具体时刻的例子。如8-134 号木牍，是秦始皇二十六年八月迁陵司空发给县廷的文书正本，背面书有"八月戊寅走己巳以来ノ麿半"，为县廷收到文书的记录。正面接续司空来书后抄写九月庚辰迁陵守丞敦狐的批复，末加签署"麿手"及发出记录"即令走屯行司空"。麿应是迁陵县的令史，他经手的这件文书收发均未注时刻，原因不明。此外，8-1571、9-984 等木牍也有类似情况。这或许说明，秦对文书运作过程中记录时刻的规定执行并不十分严格。

汉初的《行书律》将邮人行书的速度明确要求为"一日一夜行二百里"，③并且规定达不到标准，要受相应的处罚。在居延汉简中有大量邮

---

① 湖南省文物考古研究所《里耶发掘报告》，第 1 页。
② 睡虎地秦简《秦律十八种》简 184，《睡虎地秦墓竹简》，释文注释第 61 页。岳麓书院所藏的秦代律令抄本中作"传书受及行之，必书其起及到日月夙莫（暮）"，改动不大。见陈松长《岳麓书院藏秦简中的行书律令初论》，《中国史研究》2009 年第 3 期，第 31 页。
③ 见张家山汉简《二年律令》简 274，张家山二四七号汉墓竹简整理小组《张家山汉墓竹简〔二四七号墓〕（释文修订本）》，文物出版社，2006 年，第 46 页。

书刺和邮书课，对文书传递的起、到时刻的部分记录精确到某时若干分，还表明西北汉塞对文书传递的速度以一日夜行一百六十里为标准进行考课，[①]比里耶秦简牍所见的情况要严格得多。这种差异，可能有文书性质、机构属性方面的因素。此外是否与制度和记时技术的发展有关，这是下一步应该研究的课题。

> 2016 年 4 月初稿
>
> 2017 年 3 月修改
>
> 2018 年 3 月 20 日改定
>
> 2020 年 11 月 6 日修订

修订后记：本文原刊《简帛》第十六辑（上海古籍出版社，2018年）。当时未能见到文物出版社 2017 年出版的《里耶秦简（贰）》中的资料，本次修改时也未及再作全部统计，仅择要补充说明。《里耶秦简（贰）》中，9-2351 有秦始皇三十三年十月的夜漏记录"夜水下三刻"，这是又一个夜漏的例证。此牍还有"十一月丙申日入过盈夷乡"等字，可证"盈夷"是酉阳县的一个乡名，我原来推测 8-51 牍有"日中过盈"之称是错的，今已删去。此外，黄浩波先生根据新公布的材料撰写有《里耶秦简牍所见漏刻记录》一文，认为"水下若干刻"并非"水十一刻刻下若干"的省略格式，前者绝大多数分布于秦始皇二十六年至三十年，且两者计数方式不同，应是发生过变更。由于里耶秦简资料尚未完全公布，本文暂时没有吸收黄先生的新说，但其说就现有材料而言是成立的，对我的观点有重要修正，请读者参看。

[①] 参看李解民《秦汉时期的一日十六时制》，《简帛研究》第二辑，法律出版社，1996年，第 87 页。

秦汉的岁星与岁阴

沿用至今的干支纪年起源于岁阴（太岁）纪年，而岁阴位于哪一辰原本取决于当年岁星（木星）在恒星背景中的位置。因此，习惯上有岁星纪年发展出太岁纪年，太岁纪年转化为干支纪年的说法。这是从干支纪年反推得出的。但观测岁星、记录岁名本是为了占验，而非纪年。太初改历以后，岁阴不再严格对应于岁星宿次，形成稳定的连续循环，才能充当长期性的纪年标志。这个条件，在西汉中期以前并不充分具备。

自 20 世纪初开始，已有学者陆续指出习惯说法的错误。但历法与数术被现代中国的史学界当作"专家之学"，并划入不同的学科领域，因此，新知识的传播相当缓慢，远未被一般学者所了解。无论是大部头的重要著作还是普及性的小册子，都仍沿用旧说。[①] 另一方面，对于岁星、岁阴关系及其纪年作用的新认识本身也还不够圆融，让人感到头绪纷繁，疑窦丛生。特别是马王堆帛书《刑德》篇中有表示岁阴（太阴）的干支对应帝王纪年的图表，容易造成干支纪年早就产生的错觉。古人究竟如何理解岁阴的意义？在岁星超次时，怎样安排岁阴与岁星的关系？这些问题需要通盘考虑，认真辨析才能澄清。

本文旨在系统梳理和解释史料记载，说明岁星、岁阴与岁名对应关

---

① 比如陈美东《中国科学技术史·天文学卷》第二章第三节《岁星纪年法、太岁纪年法与干支纪年法》，科学出版社，2003 年，第 61～67 页；张衍田《中国古代纪时考》第四篇之三《纪年方法》，上海古籍出版社，2019 年，第 117～135 页。

系的安排在战国至西汉中期曾有若干不同的方案，直到汉武帝太初改历后才趋于统一。这一时期，岁星占验的重心逐渐从星占转向选择数术，越来越不依赖于即时的天文观测。《太初历》的制定和颁行，受到星占传统和选择数术发达的双重影响，又借助王朝权威截断众流，将岁阴序列定于一尊，反过来影响了数术。探讨这个过程，可以将历史上人们安排时间秩序的自主、多元的尝试钩沉发微，并且揭示中国早期知识的演变与国家时间秩序安排之间的关联。

下面的第一部分先介绍基本的概念和思路，然后以岁星与岁阴资料的时代为序，讨论星岁体系的演变。太初改历时岁星实际位置和岁阴序列的矛盾，虽然时代较晚，却是解开整个谜团的关键，不能不穿插在前面部分中提早论及。

一、星岁体系与岁阴序列

古人将黄道附近的周天分为星纪、玄枵等十二等分，称十二"次"。西汉中期以前，人们一般认为木星在恒星背景下每 12 年运行一周，每年前进约一"次"，称为一岁，所以木星也被称为岁星。岁星在十二次中运行的方向与十二辰的顺序相反，古人还虚拟了一个与岁星做相同速度的反方向运动的岁阴，以 12 年为周期顺行十二辰。岁阴在古书中亦称太岁、太阴、天一、苍龙等。[①]岁星在哪一"次"，可用于星占；岁阴在哪一辰，则常用于选择类数术，特别是式占。岁星和岁阴逐年移徙，这是古代数术的理想设计。

与这个理想设计相冲突的是，岁星有"超次"，影响岁阴的安排。木星实际的轨道周期约为 11.862 年，少于 12 年，而每年运行的度数超

---

① 参看王引之《太岁考》卷上"论太岁之名有六名异而实同"条，《经义述闻》卷二九，江苏古籍出版社，2000 年，第 683～684 页。这些名称在数术中还有其他的用法，为避免混淆，本文在叙述中一般采用"岁阴"这个名称，引用史料和他人论述时则保留原貌。

过一个星次。超过的度数逐年累积，大约每 86 年达到一个星次，[①] 使得岁星比根据 12 年周期算出的位置超前一个星次，称为"超次"。战国秦汉之际人虽然还不理解岁星超次的规律，但在实践中却不能不碰到超次现象。应对超次有两个选项：一是打破岁阴连续循环而与岁星一起跳过一辰，称为"超辰"；二是改变岁阴与岁星宿次的对应关系，以保持原有的连续循环序列。本文将岁星与岁名、岁阴的对应关系称为"星岁体系"，将连续的岁阴循环组成的年代序列称为"岁阴序列"。上述"选择题"可以简单地表述为：在岁星超次时，是改变岁阴序列，还是调整星岁体系？

要理解古人的选择，得先认清岁阴的性质。过去，人们习惯于把岁星和岁阴跟纪年联系在一起，以为古人先以岁星纪年，因为岁星有超次且运行方向与十二辰相反，故而发明出作反方向运动的理想天体岁阴，不与岁星一起超辰，而用以纪年。其实，战国至秦汉之际的岁星和岁阴都还不具有普遍的长期性纪年意义，只是偶尔被用作某一年岁的标志性特征。马王堆帛书《五星占》和《史记·天官书》在描述岁星规律时，都认为它十二岁运行一周天，从未谈到超次。如果当时人已经用岁星实际位置来长期连续纪年，不可能不发现岁星超次。超次现象到汉初仍然没有被重视，反过来说明，岁星还没有成为长期连续的纪年标志。岁阴在岁星超次规律被发现之前就已经创设，自然不可能是为了弥补岁星纪年的缺陷。

此前学者已经指出，古人观测岁星宿次，首要目的是占验。王胜利明确强调岁星的占验属性，说："《左传》《国语》中的岁星纪年法实际上是一种以每年岁星视位置为吉凶征兆的占星术。……其主要用途与其说是为了纪年，不如说是为了星占。"由此出发，他认为战国时期创设岁阴的宗旨也在于占卜。[②]

岁星和岁阴的占验属性，通过马王堆帛书《五星占》和《刑德》等篇可以了解得更加清楚。马王堆汉墓帛书《五星占》在论述岁星与岁阴

---

① 11.862÷（12−11.862）≈86。岁星超次周期还有 83 年（新城新藏著，沈璿译《东洋天文学史研究》，中华学艺社，1933 年，第 387 页）、84.7 年（中国天文学史整理小组编著《中国天文学史》，科学出版社，1981 年，第 115 页）等不同数值，皆因轨道周期取值有精粗，原理和计算方法没有不同。

② 王胜利《星岁纪年管见》，《中国天文学史文集》第五集，科学出版社，1989 年，第 75 页。

的关系时说：

> 岁星与大（太）阴相应也，大（太）阴居维辰一，岁星居维宿
> 星二；大（太）阴居中（仲）辰一，岁星居仲宿星【三。大（太）
> 阴在亥，岁】星居角、亢；大（太）阴在子，岁【星居氐、房、
> 心；大（太）阴在】丑，岁星居尾、箕。大（太）阴左徙，会于阴
> 阳之界，皆十二岁而周于天地。①

《五星占》是记载星占术的书，文中的"太阴"就是岁阴。这段文字体现出战国秦汉之际的岁星占法有以下两方面的特征。

首先，岁阴所在辰位与岁星所在星宿的关系是固定的，这说明创设岁阴不是为了在岁星超次后保持连续。《五星占》所谓"太阴居仲辰"指岁阴位于正东西南北的子午卯酉，此时岁星处在由三个星宿组成的正东南西北星次；"太阴居维辰"指岁阴位于东南、东北、西北、西南这四维的八个辰位，此时岁星处在由两个星宿组成的四维星次。这种对应关系与《淮南子·天文》所谓"太阴在四仲，则岁星行三宿，太阴在四钩，则岁星行二宿"完全一致（参看表一）。②在《五星占》的设计中，岁星无超次，岁阴也不超辰，两者的对应关系固定不变，即所谓"岁星与太阴相应也"。

表一　《五星占》《淮南子》岁星与太阴宿次对应表

四仲八维	仲	维	维	仲	维	维	仲	维	维	仲	维	维
岁星在宿	氐房心	尾箕	斗牛	女虚危	室壁	奎娄	胃昴毕	觜参	井鬼	柳星张	翼轸	角亢
太阴在辰	子	丑	寅	卯	辰	巳	午	未	申	酉	戌	亥

---

① 裘锡圭主编《长沙马王堆汉墓简帛集成（肆）》，中华书局，2014年，第228页。
② 关于星岁对应关系的类似描述，还见于《开元占经》卷二三《岁星占》引《荆州占》，文渊阁四库全书本，叶四Ａ。

其次，岁阴并非天体，而是在地上运行的数术神煞。何幼琦和王胜利都曾指出，古人设想的岁阴是岁星在地面上的对应物。[①]《周礼·春官·保章氏》郑玄注云"岁星为阳，右行于天，太岁为阴，左行于地"，认为岁星与岁阴的关系是分处天地，呈反方向运行。前引《五星占》说岁阴与岁星"皆十二岁而周于天地"，后文又说岁星"十二岁一周天"，[②]可与《周礼》郑注相印证，说明岁阴是"周于地"的，即在地上作圆周运动。《淮南子·天文》云："太阴在寅，岁名曰摄提格，其雄为岁星，舍斗、牵牛。"《开元占经》卷二三《岁星占》引许慎注《淮南子》曰："太阴，在天为雄、岁星，在地为太阴。"[③]可见，岁星与岁阴有"阳与阴""天与地""雄与雌"的对应关系。这样成对的神煞，在数术中还有别的例子。《淮南子·天文》介绍了一种叫"堪舆"的选择数术：

> 北斗之神有雌雄，十一月始建于子，月徙一辰，雄左行，雌右行，五月合午谋刑，十一月合子谋德。太阴所居辰为厌日，厌日不可以举百事。堪舆徐行，雄以音知雌。[④]

堪舆就是北斗，其法有雌雄二神，雄神为斗建，也称阳建；雌神与雄神同步运行而方向相反，称阴建，也叫"太阴"。[⑤]可以推想，北斗雌神是为丰富占验的技法，基于阴阳相辅相成的理念而创造的；因为，斗建每年顺着十二辰方向运行一周，无超辰，没有计数不便的问题。马王堆帛书《刑德》还有一种占法，以"天一"为雄，"地一"为

---

① 何幼琦《评乾嘉间关于太岁太阴的一场争论》，《学术研究》1979 年第 5 期，第 105 页；王胜利《星岁纪年管见》，《中国天文学史文集》第五集，第 80 页。
② 裘锡圭主编《长沙马王堆汉墓简帛集成（肆）》，第 238 页。
③ 《开元占经》卷二三《岁星占》，叶五 A。
④ "月徙一辰"，原作"月从一辰"，王念孙云"从（從）"当作"徙"，说见《读书杂志·淮南内篇》卷三，第 800 页上。案"從""徙"形近，古书多讹混。今据王说改。
⑤ 参看本书所收拙文《北大汉简所见古堪舆术初探及补说》。

雌，二者分行左右。① 岁星有岁阴，应该出于类似的数术逻辑。与北斗雌雄二神不同的是，岁星与岁阴的对应起点不在同一辰位，也从不会合于一辰。这点需要稍作解释。按照《史记·天官书》记载的星岁体系，摄提格岁岁阴在寅，而岁星在正月与斗、牵牛一起晨出东方。斗、牛二宿是太阳冬至前后所在的星次，称为"星纪"，古人认为太阳周年循环运动始于冬至，星纪也是十二星次中的第一次，故而以岁星在斗、牛星纪之次为岁名循环的开始。将这一年的岁阴定为"寅"，则是因为岁星与斗、牵牛晨出东方的月份是正月，而正月斗建在寅。岁星下一次晨出约在十三个月后，即二月，斗建在卯，当年的岁阴也就定在卯。这样，岁阴循环跟岁星晨出的天象联系起来，具有了天文意义。

岁阴本当与岁星相应运行，但它一旦被创设出来，就有了保持连续循环的自主生命力。岁阴主要用于星占以外的另一种数术：式占。式占是一种选择数术，借助宇宙图式，模仿天文历算，将天象转化为数字、干支和神煞组合，用以占卜。它脱胎于天文星占，原以日月、北斗、星宿为核心元素，但不依赖观测，只需在式盘、式图等模拟介质上演算，甚至可以罗列出演算结果，直接查阅文本。② 西汉以后，式占逐渐加入五行、八卦等要素，演算更加复杂，与天文星占的关系则日益疏远。西汉末年刘歆编写《七略》，选择数术被归入"五行"，在"天文"之外别为一类。天文家与五行家，一个重视"变"，一个依赖"常"。天文家一方面"历象日月星辰"，企图掌握天象的规律，一方面又预设天象会有超出规律的变异，无法依靠事先排列的天象运行表作出占验。五行家的选择数术则是模拟天文家的前一方面，把各种规律性的变化因素综合起来，将占验寄托在多种时空要素构成组合时的偶然性上。为了方便推演，五行家可以借助既定的图表，从而要求占验要素保持规律的循环变

---

① 参见裘锡圭主编《长沙马王堆汉墓简帛集成（伍）》，第52页。
② 参看李零《中国方术正考》，中华书局，2006年，第30页。

化，不再与天象严格对应。① 马王堆帛书《刑德》中的《太阴刑德大游图》就是这样的岁阴循环表列（详后）。

岁阴连续循环，形成岁阴序列；岁阴随岁星超辰，则打破连续循环，形成新的序列。理论上，每次岁星超辰都会创造出新的岁阴序列，实际情况却是，旧的岁阴序列往往生命力顽强。汉武帝太初改历，最终沿用了旧的岁阴序列。这个岁阴序列是配合所谓《石氏》星法的星岁体系而产生的，在汉代一度行用较广，由于被太初改历沿用，又成为后世干支纪年的基础。

《石氏》星岁体系在秦汉的数术实践中地位特殊，具有一定的经典性，已知的其他星岁体系多是以之为基础修正调整而成。考察和理解秦汉时期的各种星岁体系和所用的岁阴序列，必须先确认《石氏》星法的内容和创制年代。

二、《石氏》星岁体系的创制

《史记·天官书》记载了司马谈、司马迁父子所传习的星法，其中关于星岁体系的论述，承袭改编自战国后期完成的《石氏》星法。为便于讨论，抄录如下：

> 以摄提格岁，岁阴左行在寅。岁星右转居丑，正月与斗、牵牛晨出东方，名曰监德，色苍苍有光。其失次，有应见柳。岁早，水；晚，旱。

---

① 墨子涵研究战国晚期至汉初日书中的天文学内容，认为这些内容"有时切实地反映当时的天文历法知识体系，有时是作为纯粹的象征，而有时则……给它强加其原无的匀称并将其原有的匀称打破，使之在保存其天文学外貌的同时失去其天文学逻辑和功能"。他所表达的意思与我相近，并举出了更多的例子，可以参看墨子涵《从周家台〈日书〉与马王堆〈五星占〉谈日书与秦汉天文学的相互影响》，《简帛》第六辑，上海古籍出版社，第113～137页。与墨子涵不同的是，我认为秦汉天文学和选择数术一样都有寻求规律性循环的一面，选择数术只是在从中衍生出来之后，进一步简化和抽象化，并未背离当时天文学的逻辑。两者的差别在于，天文学还有星占的一面，注重实际天象的非规律性变化，而选择数术没有这方面的考虑。

......

单阏岁，岁阴在卯。星居子，以二月与婺女、虚、危晨出，曰降入，大有光。其失次，有应见张，名曰降入，其岁大水。

执徐岁，岁阴在辰。星居亥，以三月与营室、东壁晨出，曰青章，青青甚章。其失次，有应见轸，曰青章。岁早，旱；晚，水。

大荒骆岁，岁阴在巳。星居戌，以四月与奎、娄晨出，曰跰踵，熊熊赤色，有光。其失次，有应见亢。

敦牂岁，岁阴在午。星居酉，以五月与胃、昴、毕晨出，曰开明，炎炎有光。偃兵；唯利公王，不利治兵。其失次，有应见房。岁早，旱；晚，水。

叶洽岁，岁阴在未。星居申，以六月与觜觿、参晨出，曰长列，昭昭有光。利行兵。其失次，有应见箕。

涒滩岁，岁阴在申。星居未，以七月与东井、舆鬼晨出，曰大音，昭昭白。其失次，有应见牵牛。

作鄂岁，岁阴在酉。星居午，以八月与柳、七星、张晨出，曰长王，作作有芒。国其昌，熟谷。其失次，有应见危，曰大章。有旱而昌，有女丧，民疾。

阉茂岁，岁阴在戌。星居巳，以九月与翼、轸晨出，曰天睢。白色，大明。其失次，有应见东壁。岁水，女丧。

大渊献岁，岁阴在亥。星居辰，以十月与角、亢晨出，曰大章，苍苍然，星若跃而阴出旦，是谓正平。起师旅，其率必武；其国有德，将有四海。其失次，有应见娄。

困敦岁，岁阴在子。星居卯，以十一月与氐、房、心晨出，曰天泉。玄色，甚明。江池其昌，不利起兵。其失次，有应在昴。

赤奋若岁，岁阴在丑。星居寅，以十二月与尾、箕晨出，曰天皓，黮然黑色，甚明。其失次，有应见参。[1]

---

[1] 《史记》卷二七《天官书》，中华书局，1982年，第1313～1316页。标点根据文意有所改动。点校本对文字的有些校改证据不足，这里没有全部采用。

《天官书》以岁名为纲，依次记述岁阴所在辰以及岁星所在辰、晨出之月及宿次、星名、色彩、亮度，还有当岁及岁星失次的占辞。占辞称因岁星失次而有事应的正是与岁星对冲的星宿分野。这段关于岁星的论述，占验意味相当强烈。《太史公自序》说司马谈"学天官于唐都"，《天官书》说"星则唐都"，可以推测《天官书》所记不是司马氏父子自创，而是传自唐都的星占旧法，而其星岁体系与《汉书·天文志》所谓"石氏"之法恰好相同。

《汉书·天文志》详细记载星岁体系，分为石氏、甘氏和太初三家，[①] 而以《石氏》为本，其文云：

> 太岁在寅曰摄提格。岁星正月晨出东方，《石氏》曰名监德，在斗、牵牛。失次，杓早水，晚旱。《甘氏》在建星、婺女。《太初历》在营室、东壁。
>
> 在卯曰单阏。二月出，《石氏》曰名降入，在婺女、虚、危。《甘氏》在虚、危。失次，杓有水灾。《太初》在奎、娄。
>
> 在辰曰执徐。三月出，《石氏》曰名青章，在营室、东壁。失次，杓早旱晚水。《甘氏》同。《太初》在胃、昴。
>
> 在巳曰大荒落。四月出，《石氏》曰名路踵，在奎、娄。《甘氏》同。《太初》在参、罚。
>
> 在午曰敦牂。五月出，《石氏》曰名启明，在胃、昴、毕。失次，杓早旱晚水。《甘氏》同。《太初》在东井、舆鬼。
>
> 在未曰协洽。六月出，《石氏》曰名长烈，在觜觿、参。《甘氏》在参、罚。《太初》在注、张、七星。
>
> 在申曰涒滩。七月出，《石氏》曰名天晋，在东井、舆鬼。《甘氏》在弧。《太初》在翼、轸。
>
> 在酉曰作詻。八月出，《石氏》曰名长壬，在柳、七星、张。失次，杓有女丧、民疾。《甘氏》在注、张。失次，杓有火。《太

---

① 《甘氏》星法亦见于《开元占经》卷二三（叶五Ａ～十Ａ），与《汉志》所载略同。

初》在角、亢。

在戌曰掩茂。九月出，《石氏》曰名天睢，在翼、轸。失次，杓水。《甘氏》在七星、翼。《太初》在氐、房、心。

在亥曰大渊献。十月出，《石氏》曰名天皇，在角、亢始。《甘氏》在轸、角、亢。《太初》在尾、箕。

在子曰困敦。十一月出，《石氏》曰名天宗，在氐、房始。《甘氏》同。《太初》在建星、牵牛。

在丑曰赤奋若。十二月出，《石氏》曰名天昊，在尾、箕。《甘氏》在心、尾。《太初》在婺女、虚、危。

《天文志》以岁阴所在辰为纲，分述岁名、岁星晨出之月以及三家星法所记晨出时的宿次。其中《石氏》宿次、星名都与《天官书》所记相同，可证后者属于《石氏》之流。三家的岁阴与岁名关系固定，区别在于对应的岁星宿次各不相同（见第216页表二）。《汉书·天文志》以《石氏》为本，称："《甘氏》《太初历》所以不同者，以星赢缩在前，各录后所见也。"这已经指出，三家之法不同的原因是《甘氏》《太初》星法制定在后，岁星运动已经发生变化。

在太初改历时制定的星法中，每一岁名对应的岁星宿次都在《石氏》之后二次。由于改历时岁星处于星纪之初，[①] 可以看作一个超次周期的开端，《石氏》星法合乎天象的时代应在此之前一至二个岁星超次周期，约 86～172 年。《石氏》星法所用岁阴序列创制的年代，也应距此不远。刘坦认定《石氏》星法合天的时代在公元前 276 年至前 191 年，而《甘氏》在《石氏》后三四十年。他应该就是这样推算的。[②] 两种星

---

① 还原太初改历时的天象，可知当时岁星在斗宿，处于星纪之初。通过星空模拟软件 Stellarium 计算，太初元年前十一月甲子日（公元前 105 年 12 月 25 日）在汉长安城（34°18′N，108°52′E）可以观测到岁星约在本地时间（+7.26 小时）早晨 6 时 20 分左右升起于东南方地平线，位于斗宿中部，星纪之次的起点附近。

② 刘坦《中国古代之星岁纪年》，科学出版社，1957 年，第 11 页。刘坦说《石氏》岁星纪年的有效期间为公元前 276～191 年，意即《石氏》星法的岁名序列对应的岁星宿次在此期间符合天文实测。

法所用的岁阴序列也要从那时起算。

郭津嵩先生在与笔者的讨论中提出，汉代所传的《石氏》岁阴序列可能创制于秦王政统治时期，以秦王政元年为起点。我认为这是很有可能的。甲寅年是战国秦汉历法学家重视的历法起始之年，而按照《石氏》的岁阴序列，秦王政元年（前247～前246）恰好是公元前276年至前191年之间唯一的太阴在甲寅之年。这一年对于秦统治下的人们具有特殊的政治意义，很可能被当作新的历法推步起点和岁阴序列的开端，马王堆帛书《五星占》中的五星行度表也以这一年为起点。以秦王政元年或之后不久的天文观测为基础建立的星岁体系，[①] 被后世称为"石氏"之法，虽然制作者不见得是魏国的石申夫本人，更可能只是他在秦国的后学。

《石氏》星法所设定的岁星、岁阴、岁名关系得自观测，随着时间推移会逐渐偏离实测星象。如何顺应岁星超次，调整三者的关系，成了此后星占和治历活动必须处理的问题。《甘氏》星法的制定约在秦楚之际，距离《石氏》较近，岁星尚未超次，仍可沿用《石氏》岁阴序列，将岁星宿次稍稍前移即可。但到了西汉前中期，岁星超次，星岁体系和岁阴序列的冲突不可避免，《石氏》星法不得不面临星岁关系或岁阴序列的调整。

马王堆帛书、《淮南子·天文》和《太初历》的星岁体系方案，分别反映了西汉初年、汉武帝中期以及太初改历时对《石氏》星法所做的调整。下面逐一考察，说明它们之间的异同。

三、马王堆帛书所见的星岁体系

20世纪70年代，马王堆帛书出土，其中《五星占》和《刑德》所

---

① 《吕氏春秋·季冬纪·序意》有云"维秦八年，岁在涒滩"，其时当公元前239年，岁星实际在张宿而近于翼，按照《石氏》星法，岁名当为作噩，在涒滩之后一岁。《吕氏春秋》所用的岁名序列应该更为古老，大约早于《石氏》一个超次周期，创制于战国中后期（约公元前4世纪中期至前3世纪早期之间）。由此推测，汉代所传《石氏》星法当时尚未在秦国通行，可能是此后才编定的。

记的岁星、岁名和岁阴与以往在传世文献中所见不同，引发了激烈的讨论。陈久金、何幼琦、王胜利、刘彬徽、陶磊、刘乐贤等先生相继做过研究，看法分歧很大。[①] 按照《汉书·艺文志》的分类，《五星占》和《刑德》应该分别属于数术略的"天文"和"五行"类，前者是星占书，后者是以式占为核心的选择数术，不直接依赖于天文观测。这里先讨论前者。

马王堆帛书《五星占》中有关岁星的记述，有《岁星占》和《岁星行度表》两部分，大约是在西汉文帝三年（前 177）或稍后，根据当时对岁星的观测结果编订的。[②] 此时岁星相较于《石氏》星法合天的时代已经超次，书中反映的星岁体系也与《石氏》不同。全书开头被称为

---

① 刘乐贤在《从马王堆帛书看太阴纪年》一文中对此前的相关研究已有很好的概括，这里不再重复。见刘乐贤《马王堆天文书考释》，中山大学出版社，2004 年，第 219～229 页。

② 《五星占》中的《岁星行度表》包含的最晚一年是"今三年"。这一年，即汉文帝三年，应是全书写定的年代。但对《岁星行度表》中岁星宿次的编定时间，学界有不同的看法。在《岁星行度表》囊括的 70 年中，岁星会超前接近一次，表中的晨出所在宿次不可能符合所有年份的情况，只能是根据若干年的观测值套用十二年周期推演而成的。席泽宗结合《五星占》金星和土星行度表，推测此三表"是根据秦始皇元年的实测记录，利用秦汉之际的已知周期排列出来的"。他认为，《岁星行度表》中所记秦始皇至汉高祖时期木星宿次大体符合实测，其后岁星超次，表中吕后以降所记与实测不符。他将"晨出东方"理解为晨见东方，重视可见性。在他列出的木星宿次表中，吕后年间岁星所出之月所在宿次与太阳相同，光芒为之掩盖，无法观测到。因此，席泽宗认为《岁星行度表》这几年的记载不合于实测。秦王政（始皇帝）元年岁星在牛宿，与《岁星行度表》称"与营室晨出东方"的宿次不合，但这年正月可在凌晨看到木星升起，故席泽宗认为《岁星行度表》此时合乎天象。见席泽宗《中国天文学史的一个重要发现——马王堆汉墓帛书中的〈五星占〉》，《中国天文学史文集》，科学出版社，1978 年，第 28～32 页。王胜利则不考虑岁星在日出前后是否可见，更重视它所在的宿次。他认为："根据席泽宗编制的《木星位置表》，汉高帝元年和代皇元年的木星实际宿次与《五星占》中岁星表所记一致，说明该表可能是以汉初实际天象为基础编排的。"见王胜利《星岁纪年管见》，《中国天文学史文集》第五集，第 91 页。今案，《岁星占》根据岁星所在宿次进行占验，王胜利重视宿次之说应更符合古人的考虑。《五星占》的岁星行度大致是根据汉初的情况编写排定的。秦王政元年较编定年代早了近一个超次周期，所以才会出现岁星实际在牛宿，而《行度表》排至营室的情况。英国学者古克礼的研究也发现《五星占》中岁星行度最为合天的是在汉初。参看 Christopher Cullen, *Understanding the Planets in Ancient China: Prediction and Divination in the "Wu xing zhan"*, Early Science and Medicine, Vol. 16, No. 3 (2011), pp. 238-240。

《岁星占》的部分，以二十八宿表示岁星位置的十二年周期变化，对应于十二个岁名。其文云：

> 【岁】星以正月与营官晨【出东方，其名】为【摄提格。其明岁以二月与东壁晨出东方，其】名为单閼（阏）。其明岁以三月与胃晨出东方，其名为执徐。其明岁以四月与毕晨【出】东方，其名为大亢（荒）洛（落）。【其明岁以五】月与【东井晨出东方，其名为敦牂。其明岁以六】月与柳晨出东方，其命为汁（协）给（洽）。其明岁以七月与张晨出东方，其名为芮（涒）汉（滩）。其明岁【以】八月与轸晨出东方，其【名为作噩。其明岁以九月与亢】晨出【东方，其名为阉茂。】其明岁以十月与心晨出东方，其名为大渊献。其明岁以十一月与斗晨出东方，其名为困（困）敦。其明岁以十二月与虚【晨出东方，其名为赤奋若。】其【明岁以正月与营官】晨出东方，复为聂（摄）提捔（格）。【十二】岁而周。①

《岁星行度表》则以岁星"与某宿晨出东方"为纲，排列从秦王政（表中称"秦始皇帝"）元年到汉文帝三年共 70 年的岁星宿次：秦王政元年，岁星与营室晨出东方，二年与东壁，三年娄，四年毕，五年东井，六年柳，七年张，八年轸，九年亢，十年心，十一年斗，十二年婺女，十三年以下依次循环。②岁星宿次与《岁星占》基本相同，只有《岁星占》中的虚宿此处作婺女。通过比较可知，马王堆帛书《五星占》接受了《石氏》星法创制以来沿用的岁名序列，但根据实际观测调整岁名对应的岁星宿次，使之较《石氏》星法前进一至二次（见表二）。这反映了石氏、甘氏之外的另一家天文星法。

---

① 裘锡圭主编《长沙马王堆汉墓简帛集成（肆）》，第 223 页，此处释写较原书略宽。原帛残损较多，整理者根据文意及同书的《岁星行度表》，用【】号拟补了不少文字，恢复的结果大体应符合原貌。

② 裘锡圭主编《长沙马王堆汉墓简帛集成（肆）》，第 238 页。

表二 《石氏》《甘氏》《五星占》《太初历》岁名与所在宿次对应关系表 [1]

岁名	《石氏》星法		《甘氏》星法		《五星占》		《太初历》（《汉书·天文志》）
	《史记·天官书》	《汉书·天文志》	《汉书·天文志》	《开元占经·岁星占一》	《岁星占》	《岁星行度表》	
摄提格	斗、牵牛	斗、牵牛	建星、婺女	建、斗、牵牛、婺女	营宫	营室	营室、东壁
单阏	婺女、虚、危	婺女、虚、危	虚、危	婺女、虚、危	—	东壁	奎、娄
执徐	营室、东壁	营室、东壁	营室、东壁	营室、东壁	胃	娄	胃、昴
大荒落	奎、娄	奎、娄	奎、娄	奎、娄、胃	毕	毕	参、罚
敦牂	胃、昴、毕	胃、昴、毕	胃、昴、毕	昴、毕	—	东井	东井、舆鬼
协洽	觜觿、参	觜觿、参	参、罚	觜觿、参、伐	—	柳	注、张、七星
涒滩	东井、舆鬼	东井、舆鬼	弧	东井、舆鬼	张	张	翼、轸
作詻	柳、七星、张	柳、七星、张	注、张	柳、七星、张	轸	轸	角、亢
掩茂	翼、轸	翼、轸	七星、翼	翼、轸	—	亢	氐、房、心
大渊献	角、亢	角、亢始	轸、角、亢	轸、角、亢	心	心	尾、箕
困敦	氐、房、心	氐、房始	氐、房始	氐、房	斗	斗	建星、牵牛
赤奋若	尾、箕	尾、箕	心、尾	心、尾、箕	虚	婺女	婺女、虚、危

---

① 各书所记岁名略有参差，因与文本论旨无关，表中不详列异同，详情可参看刘坦《中国古代之星岁纪年》，第1～10页。

马王堆帛书《五星占》也谈到岁阴，称"岁星与太阴相应也"，说明岁阴对应于岁星宿次，但对其占验意义着墨不多。更加重视岁阴的，是属于五行家的选择数术书《刑德》。马王堆帛书共有三篇《刑德》，甲、乙两篇都包含《太阴刑德大游图》，太阴即岁阴。《刑德》甲篇编写于汉高祖十一年四月至十二年四月之间，乙篇编写于汉惠帝死后至文帝前元十二年之间，[①] 当时岁星已较《石氏》星法创制时超次。这两篇所谱排的岁阴序列，与《五星占》类似，都让岁阴随岁星超辰。

《太阴刑德大游图》包含 60 幅钩绳图，每幅图都用青色、黑色、白色圆点分别标示太阴、德、刑所在的方位，并在右下方依次标注"甲子"至"癸亥"的六十干支，顺序从上到下、从右至左，组成阵列。甲篇壬辰、乙巳、乙卯三图的左下方又分别有"张楚""今皇帝十一""皇帝元"三个对应帝王纪年的注记（图一），相当于秦二世元年（前209）、汉高帝十一年（前196）和秦王政（秦皇帝）元年（前246）。全图左旁记：

【今皇】帝十一年，大（太）阴在巳，左行，岁居一辰，大（太）阴在所，战弗敢攻。[②]

乙篇图文与甲篇大同小异，只是在"皇帝元"前加上了"秦"字，没有"今皇帝十一"字样，而在丁未小图左下方标注"孝惠元"（图二）。

《太阴刑德大游图》中标注的干支对应于所注帝王纪年，恰与根据干支纪年上推的结果一致。陶磊因此相信太岁超辰"在太初以前的纪年实践中并未真正出现过"，[③] 刘乐贤也认为帛书的"太阴纪年法"等同于后世的干支纪年法。[④] 然而，事情并非这么简单，因为现行干支纪年法

---

① 据整理者说明，见裘锡圭主编《长沙马王堆汉墓简帛集成（伍）》，第 2、31 页。
② 裘锡圭主编《长沙马王堆汉墓简帛集成（伍）》，第 18 页。
③ 陶磊《〈淮南子·天文〉研究——从数术史的角度》，齐鲁书社，2003 年，第 91 页。
④ 刘乐贤《马王堆天文书考释》，第 224 页。

图一 《刑德》甲篇《太阴刑德大游图》（据程少轩原图改绘）

图二 《刑德》乙篇《太阴刑德大游图》（据程少轩原图改绘）

承自太初改历所定的岁阴，不能直接上溯太初以前。对此，清代学者已有论述，因其特别重要，这里稍作复述和补充。

汉武帝太初元年（前104）岁名有丙子和丁丑两个，上溯此前当用丙子。太初元年由元封七年改元而来，岁首从十月变为正月，使得这一年从十月开始，经过十一月、十二月、正月……直到第二个十二月才结束，一共包含了15个月。孙星衍指出，此年太岁历经二辰，前十月至前十二月在丙子，正月以后则在丁丑，《汉书·律历志》载下诏改历事在正月以前，故云"太岁在子"。[①]《淮南子·天文》云，太阴（即岁阴）"岁徙一辰，立春之后，得其辰而迁其所顺"，可以支持孙星衍的观点。太初元年的15个月中，前3个月岁阴在子，延续此前的岁阴序列，而从正月开始，岁阴前进至丑。因此，下推太初元年以后当从丁丑起，而要上推此前则应以岁阴在丙子为起点。

由岁阴在丙子上溯，符合西汉前期常用的岁阴序列。改历前一年为元封六年，岁阴在乙亥，再上溯59年为汉文帝十六年，岁阴在子，正当淮南王刘安元年。《淮南子·天文》称"淮南元年冬，太一在丙子"，此"太一"王引之认为当作"天一"，即太岁，[②]与自元封七年丙子上推所得正好相合。北京大学藏西汉竹书《揣舆》篇中有"楚十三年，天一在卯"之语，如以太初元年为丁丑、元封六年为丙子上溯，则战国楚的王年无一能与简文纪年相合。[③]只有从元封七年太岁在丙子上溯，才能推得《揣舆》所记"十三年"是楚悼王纪年。[④]可见，由于太初元年改

---

① 孙星衍《再答钱少詹书》，《问字堂集》卷五，中华书局，1996年，第131页。王引之也指出太初元年实兼丙子和丁丑，见《太岁考》卷上"论太岁建辰之二法法分而名不分"条，《经义述闻》卷二九，第695页。

② 王引之引《广雅》曰："天一，太岁也。"王念孙《读书杂志·淮南内篇》卷三"太一在丙子"条，江苏古籍出版社，2000年，第790页上。

③ 北京大学出土文献研究所编《北京大学藏西汉竹书（伍）》之《揣舆》释文注释部分，上海古籍出版社，2014年，第139页。简文还说"大（太）阴在丑"，如果将之理解为岁阴，而从元封七年丙子上推，亦无楚国王年与之相合。因此，我将这个"太阴"另作别解，详见本文第六节。

④ 参拙文《汉简〈揣舆〉中的楚国纪年》，北京大学出土文献研究所编《北京大学藏西汉竹书（伍）》附录，第237～239页。

变岁首导致太岁历经二辰，上推太初改历所用岁阴序列的起始年代，不能数自丁丑，而必须从丙子开始。①《汉书·律历志》录刘歆《世经》，犹称汉高祖即位之年"太岁在午"，正与从元封七年岁在丙子上溯的结果相合。东汉改行四分历后，干支纪年通行，"汉元乙未"之说逐渐流行，②而东汉末的蔡邕仍在《独断》中说"高帝以甲午岁即位，以乙未为元"，③糅合新旧二说。

由于调整岁首，太初元年经历丙子、丁丑二辰，从丙子上溯得到的岁阴序列，与后世自丁丑下推得到的干支纪年看似不连贯，本质上却出自同源。马王堆帛书《刑德》中的太阴序列与后世干支纪年相同，反而说明它不合于太初改历采用的《石氏》星法岁阴序列，而是顺应岁星超次，让岁阴跟着前进了一辰。

岁阴顺应岁星而超辰，说明主要功能不是纪年，而是占验。《太阴刑德大游图》用帝王纪年标注岁阴，是为了建立推演的坐标，明确每年当值的神煞，以便用于式占。甲篇图左注明："大（太）阴在所，战弗敢攻。"乙篇后面的说明文字称："大（太）阴在【所，迎者大】将死，阴四合，朕（胜）刑德。"都是关于岁阴的占辞。④编著者了解岁阴的天文意义，有意维系岁阴与岁星宿次之间的对应。毕竟，追本溯源，岁阴

---

① 斯琴毕力格等学者对太初历行用前后的太岁安排也有类似的看法，见斯琴毕力格、关守义、罗见今《太初历与颛顼历的衔接问题》，黄留珠、魏全瑞主编《周秦汉唐文化研究》第四辑，三秦出版社，2006年，第56页。他们认为元封七年太岁在丙子，太初元年岁在丁丑，两者并非同一年，而是连续的两年。今按，《汉书·武帝纪》太初元年始于冬十月，《律历志》亦以太初元年有"前十一月"，可见元封七年的冬季三月在改历以后被并入太初元年。与其分为两年，不如说改历时的特殊处理导致一年之中太岁历经二辰。

② 对东汉改行四分历造成的干支纪年错位，刘坦已有详论，参看氏著《中国古代之星岁纪年》，第163～171页。此处不赘。

③ 蔡邕《独断》卷下，明程荣校刻《汉魏丛书》本，吉林大学出版社，1992年，第184页下。

④ 裘锡圭主编《长沙马王堆汉墓简帛集成（伍）》，第18、41页。湖南沅陵虎溪山一号汉墓出土的汉初式盘底面有类似的六十甲子图，应是为了式占时备查，也可说明这类图式的占验属性。参见《沅陵虎溪山一号汉墓发掘简报》，《文物》2003年第1期，第48～49页，摹本图二九：1。

的神力来自岁星。

不过，由于岁阴占验主要属于选择数术，在马王堆帛书《刑德》中已经显示出保持连续循环的惯性。刘乐贤指出，马王堆帛书《刑德》中的岁阴是"由推算而得"，而《五星占》中的岁星宿次"则可能是从观测而得"，两者分属五行家和天文家这两个不同的数术流派。这就将问题的讨论从近代天文学视角的科学史研究，拉回到战国秦汉数术的历史语境，是重要的研究转向。他还推测，"最早将太阴用来纪年的未必一定就是天文家，也有可能是五行家"，说法较为持重。[①] 从后文来看，他的意见其实偏向于后者。我赞同这个意见。

岁阴发展出连续纪年的功能，是由于五行家的运用。在属于天文家的《五星占》中，《五星行度表》追溯既往以说明运行规律，但不预报将来，未说明将来是否可以保持连续循环。而属于五行家的《刑德》则不然。在《太阴刑德大游图》中，60 幅钩绳图的排列完全按照六十干支的顺序，起于右上角的甲子，终于左下角的癸亥，组成的图表不止涵盖 60 年，而是要表明太阴、刑、德三个神煞的运行规律，可以上溯下推，按此规律一直循环使用下去。图中少数几个帝王纪年只是一种注记，表示某个图式在最近一个循环中对应的年份，而每个图式都不止对应于某一个特定年份。[②] 正因如此，时代在前的秦王政元年（图中作"秦皇帝元"），才会排在较晚的高帝十一年（甲篇"今皇帝十一"）、惠帝元年（乙篇"孝惠元"）之后。图中以秦王政元年太阴在乙卯，固然是汉初根据岁星宿次新拟定的，但以此为开端的新序列确立之后，岁阴就在这种选择术中保持连续循环，从而具备了作为年代标志的条件。岁阴所形成的序列到什么时代开始用于占验以外的场合，在何种意义上可以被称为岁阴纪年法或太岁纪年法，是另一个值得讨论的问题。可以肯定的是，如新城新藏所言，这种纪年法在使用之初不会是整齐划一，具

---

① 刘乐贤《马王堆天文书考释》，第 227 页。
② 参看胡文辉《马王堆帛书〈刑德〉乙篇研究》，收入《中国早期方术与文献丛考》，中山大学出版社，2000 年，第 166～171 页。

有普遍性的，^①它或它们跟太初改历以后行用的干支纪年虽有间接的联系，但并不连贯一致。

四、《淮南子·天文》的星岁体系与"晨出"概念

在岁阴纪年通行之前，星岁体系随着岁星超次还可能有不同方式的调整。《淮南子·天文》所载的星岁体系中，岁星宿次与岁名、岁阴在辰三者的对应，与《史记·天官书》《汉书·天文志》所载《石氏》星法完全一致，差异仅在岁星的晨出之月。《淮南子·天文》：

> 太阴在寅，岁名曰摄提格，其雄为岁星，舍斗、牵牛，以十一月与之晨出东方，东井、舆鬼为对。

据此，摄提格岁的岁星晨出东方之月为十一月，而《史》《汉》所记《石氏》星法则为正月。

对于这个差异，过去的两种解释都不可信。其一，钱大昕、钱塘以为一用夏正，一用周正（天正）。^②但是，《史记》意在为汉立言，^③不会用"周正"，书中也别无佐证。秦及汉初以十月建亥为岁首，但仍以

---

① 新城新藏著，沈璿译《东洋天文学史研究》，第 505 页。

② 钱大昕《十驾斋养新录》卷一七"太阴"条，江苏古籍出版社，2000 年，第 369 页；钱塘《淮南天文训补注》，见刘文典《淮南鸿烈集解》附录三，中华书局，1989 年，第 868 页。"以十一月与之晨出东方"，钱塘补注云："《天官书》云'正月'，《天文志》作'十一月'，《史记》用周正，《淮南》《汉志》用夏正。"按今所见《汉志》同《天官书》，钱塘或引证偶误。所谓"《史记》用周正"，指《史记》保存战国星法原文，以建子之月为正月，即夏正十一月。陈久金继承此说，见陈久金《从马王堆帛书〈五星占〉的出土试探我国古代的岁星纪年问题》，《中国天文学史文集》，第 52 页。

③ 参看陈苏镇《司马迁"成一家之言"新解》，《田余庆先生九十华诞颂寿论文集》，中华书局，2014 年，第 50～56 页。

建寅之月为正月。①星占本是实用技术，即使战国时曾以建子之月为正月，经过秦汉百余年的使用，改用秦汉月名是很自然的事。因此，《史记》的正月和《淮南子》的十一月不会是指同一个月。其二，王引之认为《淮南子》"十一月"当作"正月"，以后各月也应顺次改正，今本是后人根据《太初历》之法妄改的结果。②这样轻易改字立说，失于武断。两种旧解都要强行统一《淮南子·天文》和《石氏》星法，而事实上，两者各自与编定时的天象相适应。《淮南子》是淮南王刘安在位期间所编，成书年代在汉武帝时期，岁星已经较《石氏》星法创制时超二次，为了合天，势必不能完全因袭《石氏》星法。

《淮南子·天文》记载的星岁体系，将岁名对应的岁星晨出之月提前两个月，实际效果是将岁名序列提前了两年，以顺应岁星超次。以太初改历前的元封七年十一月为例，按照《石氏》岁阴序列，当时太岁在子，而岁星实际位置在斗、牛，比《石氏》星法规定的氐、房、心超前了两个星次。为应对这个变化，《太初历》将太岁在子之年的岁星宿次改为斗、牵牛，以便沿用《石氏》的岁阴序列。如果按照《淮南》星法，则这一年岁星在斗、牛，年名摄提格，太岁在寅，岁星以十一月晨出东方，恰好与太初改历放弃的"年名焉逢摄提格"方案相同。这个摄提格岁，比《石氏》的岁阴序列（当年岁名困敦，太岁在子）提早了两年。

《淮南》星法保留了《石氏》星法的岁星宿次与岁名、岁阴对应关系，之所以还能有顺应超次的效果，是因为它"偷换"了岁星"晨出"的概念。按照《石氏》星法，岁星在困敦岁十一月与氐、房、心三宿一起晨出东方，而此时太阳在斗、牵牛，岁星位于太阳后方两个星次；

---

① 王念孙《读书杂志·汉书》卷一"春正月"条，第176～180页；能田忠亮《秦の改時改月說と五星聚井の辨》，《東洋天文學史論叢》，恒星社，1943年，第323～364页。此说现已被大量出土秦汉历书所证实。

② 王引之《太岁考》卷下"论岁星晨出东方"条，《经义述闻》卷三〇，第706～708页。刘文典也说"'十一月'应作'正月'"，理由是《淮南》建寅，非《太初》法也"（刘文典《淮南鸿烈集解》卷三，第118页），盖本王氏。

《淮南》星法，岁星在摄提格岁十一月与斗、牵牛晨出东方，则与太阳同在一星次。因此，《石氏》星法的"晨出"是在凌晨天色尚黑时从地平线上升起，《淮南》星法的"晨出"则是与太阳几乎一同升起。[①] 与《淮南》星法类似，《太初》星法以岁星十一月与斗、牵牛晨出东方为困敦岁，也是以岁星与日并升为"晨出"。《汉书·律历志》录刘歆《三统历》论星纪之次云"五星起其初，日月起其中"，描述岁星会合周期云"木，晨始见，去日半次"，都是说岁星晨见时在太阳后方半个星次，也就是与日同次。《三统历》的这个规定，很可能继承自《太初历》。

对岁星"晨出"概念的变化，王引之已有研究。他说，汉代定太岁所建有二法，一在岁星与日同次而晨见之月，二在岁星与日隔次而晨见之月。前者是《太初历》之太岁，后者是甘、石星法的太岁。[②] 事实上，如清人李锐所说，《淮南子》比《太初历》更早采用了同次法，[③] 只不过《淮南子》是保持岁名与岁星所在宿次的对应，改变晨出之月，《太初历》则保持了岁名与晨出之月的对应，调整与宿次的关系（参看表三）。隔次与同次之别，无需像王引之那样联系历元问题，解释得过于复杂。

《淮南》《太初》星法将"晨出"理解为与日同次而出，说明二者都是从《石氏》星法中衍生的。就观象实践而言，在日出前天色尚黑时观测岁星升起较为便利，而按照《淮南》与《太初》之法，岁星与太阳并

---

① 战国秦汉之际，"晨"指子夜之后、天亮以前的一段时间，大约相当于今凌晨 1 点至 3 点。王引之引证《司马法》等众多文献，指出"晨"是指夜半以后、旦明以前，不是指日出时。说见王引之《太岁考》卷下"论岁星晨出东方"条注，《经义述闻》卷三〇，第 706 页。此外，放马滩秦简《日书乙种》中的《黄钟》篇，将一天分为"平旦至日中""日中至日入""日入至晨"三个时段，其中"晨"是一天的最后一个时称，在第二天的平旦之前，早于日出。又，西汉中前期董仲舒在《春秋繁露·三代改制质文》中将夜半和平明之间的时段称为"鸣晨"（见苏舆《春秋繁露义证》卷七，中华书局，1992 年，第 193～195 页），也说明晨在夜半与天亮之间，大约相当于鸡鸣时分，也就是现在的凌晨 2 点左右。

② 王引之《太岁考》卷上"论太岁岁星相应之法有二"条，《经义述闻》卷二九，第 684～686 页。

③ 王引之《太岁考》卷下"论岁星晨出东方"条注引，《经义述闻》卷三〇，第 706 页。

升，星光被日光掩盖，是不容易观测到的。《淮南》《太初》星法如此确定岁名，显然是不得已调整《石氏》星法的结果。相对而言，《石氏》是原生性的星岁体系，《淮南》《太初》星法都是它的衍生品。

附带说明，《史记·天官书》叙述星岁体系时，在摄提格岁和单阏岁之间插入了一段描述岁星运行和会合周期的话，其文云：

> 岁星出，东行十二度，百日而止，反逆行；逆行八度，百日，复东行。岁行三十度十六分度之七，率日行十二分度之一，十二岁而周天。出常东方，以晨；入于西方，用昏。

此条没有引入超次的概念，但区分岁星顺行和逆行，相比马王堆帛书《五星占》"岁星日行廿分"的笼统描述，[1]要更为准确。这应该反映的是西汉初年以后人的认识。文末云岁星晨出东方，昏入西方，是说岁星日出之前升起在东方，又在同一个会合周期的末尾于日落天昏之后没入西方。这一期间大约一个回归年，太阳回到同一宿次，岁星大约向前运行一个星次，而能从太阳后方运行到前方，可见与太阳位于同一星次。这是以岁星与日同次为晨出，已经不同于《石氏》隔次晨出的旧法。[2]

五、太初历的星岁体系

太初历的星岁体系见于前引《汉书·天文志》文。它保持了《石

---

① 裘锡圭主编《长沙马王堆汉墓简帛集成（肆）》，第 238 页。
② 又，《开元占经》卷二三《岁星占》引《甘氏》云："摄提格在寅，岁星在丑，以正月与建、斗、牵牛、婺女晨出东方，为日十二月。"（叶五 A）又云："夕入于西方，三十日复晨出于东方。"（叶三 A）据此，岁星晨出东方后，经过十二个月，又在日落后没入于西方，若然则岁星与日同次。但是，正月日躔在营室、东壁，文中说岁星与建、斗、牵牛、婺女晨出东方，则又是与日隔次，与前文的推测矛盾。这里存在两种可能，一是文中的正月指冬至所在的建子之月，二是汉代以后人增订《甘氏》星法的传本，加入了与日同次之法。

氏》星法的岁阴、岁名序列，而根据岁星超二次的实际天象，调整岁星与岁阴、岁名的对应关系，结果与马王堆《五星占》《淮南子·天文》都不相同。四种星岁体系的异同对照，见于表三。

理解《太初历》星岁体系的关键，是改历诏书中看似自相矛盾的岁名和太岁记录。《汉书·律历志上》载汉武帝元封七年（前104）下诏，命公孙卿、壶遂、司马迁等人议定新的汉家历法，史称：

> 乃以前历上元泰初四千六百一十七岁，至于元封七年，复得阏逢摄提格之岁，中冬十一月甲子朔，旦冬至，日月在建星，太岁在子，已得太初本星度新正。

这段话应是取自改历主持者的上奏，[①] 说明了太初改历的时机和天象起点，极为重要。按照通行的岁名与岁阴（太岁）对应规则，文中称"摄提格之岁"，则岁阴应该在寅，诏书却又说"太岁在子"。一句之中看似前后矛盾，但《史记·历书》载录的汉武帝元封七年诏书却可与之相印证，其文曰：

> 十一月甲子朔旦冬至已詹，其更以七年为太初元年，年名焉逢摄提格，月名毕聚，日得甲子，夜半朔旦冬至。

此处的"焉逢"与"阏逢"同音通用，"年名焉逢摄提格"亦即"阏逢摄提格之岁"。《史》《汉》合观，可知当时朝廷与包括司马迁在内的改历主持者对年名是有共识的，上述矛盾应该可以在汉代的知识体系中找到合理的解释。

岁星、岁阴问题与经学和古史年代关系密切，很受乾嘉学者关注。他们尝试解释上述矛盾，结果聚讼纷纭，莫衷一是。钱大昕主张，古法

---

① 唯其中云据前历上元4617年而复得新元，不用四分历术的一元4560年，而采用太初改历以后的八十一分历新法，王引之怀疑是后人所改。参看张培瑜等著《中国古代历法》，中国科学技术出版社，2007年，第401页。

表三 《石氏》《五星占》《淮南子》《太初历》星岁关系异同对照表

岁阴	《石氏》			马王堆《五星占》			《淮南子·天文》			《太初历》		
	岁星		岁名	岁星		岁名	岁星		岁名	岁星		岁名
	出月	宿次		出月	宿次		出月	宿次		出月	宿次	
子	十一	氐、房、心	困敦	十	心	大渊献	九	氐、房、心	困敦	十一	斗、牵牛	困敦
丑	十二	尾、箕	赤奋若	十一	斗	困敦	十	尾、箕	赤奋若	十二	婺女、虚、危	赤奋若
寅	正	斗、牵牛	摄提格	十二	婺女/虚	赤奋若	十一	斗、牵牛	摄提格	正	营室、东壁	摄提格
卯	二	婺女、虚、危	单阏	正	营室	摄提格	十二	婺女、虚、危	单阏	二	奎、娄	单阏
辰	三	营室、东壁	执徐	二	东壁	单阏	正	营室、东壁	执徐	三	胃、昴	执徐
巳	四	奎、娄	大荒落	三	娄/胃	执徐	二	奎、娄	大荒落	四	参、罚	大荒落
午	五	胃、昴、毕	敦牂	四	毕	大荒落	三	胃、昴、毕	敦牂	五	东井、舆鬼	敦牂
未	六	觜觿、参	协洽	五	东井	敦牂	四	觜觿、参	协洽	六	注、张、七星	协洽

续　表

岁阴	《石氏》			马王堆《五星占》			《淮南子·天文》			《太初历》		
	岁星		岁名	岁星		岁名	岁星		岁名	岁星		岁名
	出月	宿次		出月	宿次		出月	宿次		出月	宿次	
申	七	东井、舆鬼	涒滩	六	柳	协洽	五	东井、舆鬼	涒滩	七	翼、轸	涒滩
酉	八	柳、七星、张	作噩	七	张	涒滩	六	柳、七星、张	作噩	八	角、亢	作噩
戌	九	翼、轸	掩茂	八	轸	作噩	七	翼、轸	掩茂	九	氐、房、心	掩茂
亥	十	角、亢	大渊献	九	亢	掩茂	八	角、亢	大渊献	十	尾、箕	大渊献
调整	—			岁星：调整宿次。岁名：保持循次的对应。岁阴：打破循环，保持与岁星宿次的对应。			岁星：调整出月。岁名：打破循环，保持与岁星宿次的对应。岁阴：打破循环，保持与岁星宿次的对应。			岁星：调整宿次。岁名：保持循环，调整与岁星宿次的对应。岁阴：保持循环，调整与岁星宿次的对应。		

太阴与太岁不同，各自与岁星相应，而彼此常差二辰，东汉以后人才将两者相混淆。^①此说把古人混同的太阴和太岁强行区分开来，没有重视它们原理上的一致性。孙星衍认为太阴与太岁同一，否认古人可能根据实测确定岁阴，进而误以为太初改历时的"焉逢摄提格"与太阴无关，只是上元本星度，而非太初元年的年名。^②王引之的《太岁考》后出而最详。他赞成太阴与太岁名异实同，提出岁星与岁阴的对应法有隔次和同次两种。^③这个看法固然正确，但却无法解释太初改历中岁名摄提格和太岁在子的矛盾。王引之认定，《汉志》所谓"太岁在子"是后人根据《太初历》法将"寅"字改为"子"的结果。这样以消灭问题代替解决问题，失于武断。^④

后人从《史记》《汉书》改历记载中看到"矛盾"，是未能理解当时人对岁星、岁名和岁阴关系的调整而导致的。乾隆年间有一位精于历算的学者王元启，认为焉逢摄提格是根据太初改历时实测的岁星宿次，而"岁在困敦"是西汉末刘歆根据当时已经超辰的岁星位置逆推所得。^⑤其说区分实测和推演，基本已得正鹄，只是忽视了岁阴序列的旧有传统。20世纪上半叶，日本学者新城新藏继承王元启之说，而纠正其误，进一步说明"太岁在子"不是刘歆凭空创造的，应该追溯到战国以降顺次计数的岁名，刘歆只是用岁星超次之法倒推，在秦王政八年设置了一次超辰，才得出"太岁在子"。他认为《吕氏春秋》"维秦八年，岁在涒

① 钱大昕《十驾斋养新录》卷一七"太阴"条，第368～369页；又《太阴太岁辨》，《潜研堂文集》卷一六，《潜研堂集》，上海古籍出版社，1989年，第251～253页。
② 孙星衍《答钱少詹师论上元本星度》《再答钱少詹书》，《问字堂集》卷四、五，第104～106、129～132页。孙星衍割裂《汉书·律历志》文意，又认为《史记·历书》中的太初年名云云，即《历术甲子篇》是褚少孙所补，所说较为牵强。
③ 王引之《太岁考》，《经义述闻》卷二九、三〇，第683～725页。
④ 《史记·天官书》《汉书·天文志》都说"太岁在寅曰摄提格"，《淮南子·天文》亦云"太阴在寅，岁名曰摄提格"，诸家未见异词。根据上述三种文献所述的对应法，太岁在子则岁名曰困敦。《汉书·律历志下》引《汉志》称太初元年"岁名困敦"，又可证前引文中的"太岁在子"不误。
⑤ 王元启《史记三书正讹》卷二《太初改历年名辨》，《丛书集成初编》本，中华书局，1985年，第31～34页。

滩"反映了战国时代所定岁阴序列，以无超辰之法由此下推，得到太初元年岁在乙亥，较之太初元年实测所得的岁名摄提格、岁阴在寅，相差三次，由此可知这个岁阴序列制定于公元前 352 年前后。他又认定，战国人所定岁阴序列的甲寅年经历了两次超辰才得到后世的干支纪年，因而相当于以干支纪年上推的丙辰年，与太初元年的丁丑之间相差 21 次，可定为公元前 365 年。① 新城新藏这样推测是为了牵合《左传》《国语》岁星记事合天的年代。或许由于这个意图的影响，他不信《汉书》所记"太岁在子"为当时实录，还认定《淮南子·天文》中淮南元年太岁"在丙子"原文作"在乙亥"，今本早已经过刘歆的修改。如此将不能解释的史料武断为刘歆改动的结果，是非常令人遗憾的。②

新城新藏说只要稍作修改，承认《淮南子》和《汉书·律历志》所用的岁阴，则可以认定元封七年岁在丙子，而岁星宿次已较战国晚期岁阴序列制定时超二次。改历的主持者根据当时岁星位于斗宿，按照《石氏》星岁体系推定岁阴在寅，岁名摄提格。但若按照战国末年沿用下来的岁阴序列，元封七年冬至，太岁应在丙子，导致改历方案碰到阻碍。

太初改历遭遇重重困难，星岁体系和岁阴序列的冲突就是其中之一。当时人解决的办法，是调整旧有的星岁体系，保持岁阴连续循环序列。因此，焉逢摄提格甲寅岁名最终被放弃，而"太岁在子"的序列沿用下来，到太初元年前进一辰，为太岁在丁丑，从此连续循环至今。

六、太初改历对岁阴的影响

太初改历对岁阴的概念和作用产生了巨大的影响。岁阴先是改用岁星与日同次之法来定义，此后又不再随岁星超次而变动，形成

---

① 新城新藏《东洋天文学史研究》，第 401～402 页。
② 刘歆对太初改历时天象及岁名的看法，见于《汉书·律历志下》所录《三统历》中的《世经》部分，与《律历志》本身对改历的记载不同。这恰可说明《律历志》对太初改历的记载不是出自刘歆之说。

稳定不变的连续循环序列，星岁体系实际上遭到废弃，干支纪年法逐渐形成。

东汉经学家说，岁阴是"岁星与日同次之月斗所建之辰"。[①]若依此法，摄提格岁正月，岁星与日同在营室，斗建在寅，岁阴亦在寅。次年单阏岁，岁星前进至奎、娄之次，经历一个会合周期后在二月复与日同次，斗建在卯，太岁亦在卯。依次类推，十二年后复归摄提格岁。这就是《太初历》所定之法。据此，岁星超次后，与日同次之月就会延后一个月，岁阴若要保持为"岁星与日同次之月斗所建之辰"，亦需与之俱超一辰。但东汉时的实际情况却非如此。《周礼·春官·冯相氏》郑玄注：《乐说》说'岁星与日常应大岁月建以见'，然则今历大岁非此也。"贾公彦疏解释，郑玄的意思是当时所用历法"大岁无跳辰之义"，已经不是原来的太岁（岁阴）了。这是岁阴保持自身连续循环，与岁星脱钩造成的。

这个变化，在两汉之际已经发生。当时，岁星已较太初改历时超辰，但岁阴、岁名序列却沿用不变。新莽嘉量八十一字铭文记王莽受命即真及颁行度量衡事。[②]前事发生在初始元年（8），上距太初元年达111年，岁星已超一次，按照《太初历》同次之法，四月晨出毕宿，属实沈之次，岁阴相应在巳，而铭文云"岁在大梁，龙集戊辰"。后事在始建国元年（9），岁星五月晨出东井，属鹑首之次，岁阴在午，而铭文云"龙在己巳，岁次实沈"。铭文对这两年岁星的记载没有跟上岁星超次的天象，比实际滞后了一个星次。又，据《汉书·王莽传中》，新莽时期有三道诏书提及岁星、岁阴，分别是"始建国五年，……岁在寿星，……仓龙癸酉"，"以始建国八年，岁匵星纪"，"天凤七年，岁在大梁，仓龙庚辰……厥明年，岁在实沈，仓龙辛巳"。其中"仓龙"即"苍龙"，是岁阴的别名。今案始建国五年（13），岁星九月晨出氐宿，

[①] 《周礼·春官·冯相氏》郑玄注，《保章氏》郑注及《乙巳占》卷三《分野》引马融《周礼》注同。

[②] 新莽嘉量八十一字铭文及考释，参看马衡《隋书律历志十五等尺》，《凡将斋金石丛稿》卷四，中华书局，1977年，第142～143页。

属大火之次，太岁在戌，而诏书岁星在寿星，岁阴在酉；始建国八年（即始建国天凤三年，16），岁星在虚宿，玄枵之次，而诏书以为在星纪；天凤七年（后改地皇元年，20），岁星在参宿，实沈之次，岁阴在巳，而诏书以为岁星在大梁，岁阴在辰；次年岁星在鹑首，岁阴在午，而诏书以为岁星在实沈，岁阴在巳。以上几例，王莽所用的岁星宿次都不合实际天象，各自滞后一个星次，原因在于沿用了太初改历时确定的岁阴序列和星岁体系，由岁阴反推岁星，而没有采用天文实测。

太初改历以后，岁星宿次的重要性下降，岁阴在星岁体系中占据了核心地位，岁名随着连续的岁阴序列而循环。[①] 从成书于汉初的《五星占》，到太初改历前后的《淮南子》《史记》，再到定型更晚的《尔雅》和成书于东汉的《汉书》，对岁名与岁星、岁阴关系的叙述方式呈现出明显的差异，很能说明上述变化。

> 《吕氏春秋·季冬纪·序意》：维秦八年，岁在涒滩。
>
> 《五星占》：岁星以正月与营室晨出东方，其名为摄提格。
>
> 《淮南子·天文》：太阴在寅，岁名曰摄提格。其雄为岁星，舍斗、牵牛，以十一月与之晨出东方。
>
> 《史记·天官书》：以摄提格岁，岁阴左行在寅，岁星右转居丑，正月与斗、牵牛晨出东方，名曰监德。
>
> 《尔雅·释天》：太岁在寅曰摄提格，在卯曰单阏。
>
> 《汉书·天文志》：太岁在寅曰摄提格。岁星正月晨出东方，《石氏》曰名监德，在斗、牵牛。……《甘氏》在建星、婺女。《太初历》在营室、东壁。

在《吕氏春秋》和《五星占》中，涒滩、摄提格等岁名是岁星之名。《五星占》的岁星宿次分别决定岁名和岁阴，而岁名与岁阴无关。《史

---

① 司马贞《史记索隐》注《天官书》中的《石氏》岁名，皆云"岁星以某月晨见东方之名"，认为岁名取决于岁星晨出之月，而非其所在宿次。

记》所记虽是《石氏》星法，但以岁名为纲，用十二辰描述岁星位置，或已受西汉观念的影响。其中，岁名已是某年的年名，与岁阴、岁星都有关系，不再仅视岁星而定。《淮南子》中的岁名取决于岁阴，但仍是年名，而非岁阴的名称。今本《尔雅》应该经过西汉中后期人的编订，所谓"岁名"已是岁阴的名称，与岁星宿次无关了。《汉书》的叙述方式同于《尔雅》，当是本于《太初历》。岁名改系于岁阴，发端就在太初改历最终不顾岁星宿次，而根据岁阴以定岁名。

岁阴在星岁体系中占据核心地位，应该归因于选择数术的发达。在不同流派的选择数术中，岁阴都是比较重要或基础性的神煞。《淮南子·天文》叙述星岁体系正是为了说明如何确定岁阴，亦即文中所称的太阴、青龙，而其他神煞则是根据岁阴而定的。《淮南子·天文》云：

> 太阴元始建于甲寅，一终而建甲戌，二终而建甲午，三终而复得甲寅之元。岁徙一辰，……前三后五，百事可举。……太阴在寅，朱鸟在卯，勾陈在子，玄武在戌，白虎在酉，苍龙在辰。……凡徙诸神，朱鸟在太阴前一，钩陈在后三，玄武在前五，白虎在后六。……天神之贵者，莫贵于青龙，或曰天一，或曰太阴。

从中可以看出，朱鸟、勾陈、玄武、白虎等神煞，都是根据与太阴（即岁阴）的前后位置关系而定的。"可举百事"的吉日前三后五，据高诱注，也是以太阴所在日为基准。太阴别称天一、青龙，《淮南子·天文》所谓"天神之贵者，莫贵于青龙"，正说明了岁阴的核心地位。由于这种地位，岁阴保持一年一辰的连续循环，对于方便数术推演十分重要。文中说"三终而复得甲寅"，是用四分历三纪为一元之法。一元跨越4560年，而岁阴可以复归，显然不容间断跳跃。

岁阴在选择数术中的连续循环，是岁阴纪年法和干支纪年法形成的基础。这种连续循环，首先促使太初改历最终选择调整星岁体系，而保持岁阴序列。这个岁阴序列在改历中得到朝廷的确认，通过颁历等方式，影响行政和社会生活，[①] 从而获得了更强的惯性。此后，岁星超次，岁阴都不再响应，而保持连续循环，坚守固定的序列。这个岁阴序列在数术上用干支表示，最终发展成为通行至今的干支纪年法。[②]

岁阴循环序列固定下来后，出现了太阴在太岁之后二辰的说法，这是太初改历时实际天象和原有岁阴序列的分歧造成的。改历卷入了几十位最重要的数术家，虽然结果沿用"太岁在子"的旧序列，但岁名"焉逢摄提格"对应岁阴在寅之说曾经呼声甚高，不能对选择数术毫无影响。当时，《石氏》岁阴在子，子在寅的后方两个辰位，如果称寅为太岁，称子为太阴，则可以说："岁后二辰为太阴。"[③] 所谓"太岁"与"太阴"出自同一原理，它们的分离，是保留了太初改历时的意见分歧。此后，太阴、太岁各自连续循环，都与岁星宿次脱离了关系，变成选择数术的概念。前引《淮南子·天文》说"太阴在寅，……苍龙在辰"，王引之认为太阴就是青龙，即苍龙，以为"苍龙在辰"四字"盖浅人所加"。[④] 此苍龙恰在太阴之前方两个辰位，确有可能是《淮南子》的传抄者根据当时太阴、青龙分立并存的数术而补入的。

由于太阴、太岁都可以指岁阴，古人亦常混淆。《汉书·翼奉传》载翼奉初元二年（前47）上书云"今年太阴建于甲戌"，注引孟康曰："太阴在甲戌，则太岁在子。"翼奉所说"太阴"实际上用了太初改历以来的岁阴序列，孟康却以为是在岁后二辰的太阴，从而推出"太岁在

---

① 西汉后期国家颁布历朔，可能逐渐开始包含岁阴。肩水金关遗址发现的平帝元始六年（居摄元年，6）历日，应是官方所颁，首简标注"大（太）岁在寅"，即采用了太初改历确定的岁阴序列。该历日的复原，可参看程少轩《肩水金关汉简"元始六年（居摄元年）曆日"复原》，《出土文献》第五辑，中西书局，2014年，第274～284页；杨小亮《西汉〈居摄元年历日〉缀合复原研究》，《文物》2015年第3期，第70～77页。

② 如刘坦所说："后世干支纪年岁次虽定自汉章帝元和二年改行四分历，而四分历之干支纪年岁次，则实沿袭太初岁名纪年之岁次而来。"见刘坦《中国古代之星岁纪年》，第148页。

③ 语出《史记·货殖列传》"太阴在卯"张守节《正义》。

④ 王念孙《读书杂志·淮南内篇》卷三"苍龙在辰"条，第796页下。

子"，造成翼奉上书在初元四年的错觉。宋人吴仁杰已辨其非，[①] 清人王引之进一步指出翼奉所说的"太阴"，是用以纪年的"太岁"，而非选择数术专用的岁后二辰之太阴，后者只用十二辰表示，不用日干。[②] 太阴和太岁的位置关系很容易倒置。太初改历所定的岁阴本来应该是"岁后二辰"的太阴，但当它占据主导地位，成为纪年的"岁"，一些数术家又根据太阴在岁后二辰的设定，制造出一个更在它之后二辰的"太阴"。北大汉简《揖舆》记：

> 楚十三年，天一在卯，大（太）阴在丑，皆左行十二辰。

其中的"天一"是太初改历沿用的岁阴，"太阴"则是在其后二辰的神煞。由于"太阴"和"太岁"等称谓的混淆，在阅读古代文献时必须循名责实，不能望文生义，有时也确实难以遽定。

太阴所在，除"岁后二辰"外还有两种异说。《汉书·杨雄传》载《甘泉赋》"诏招摇与太阴兮"句，注引张晏曰："太阴，岁后三辰也。"《文选》李善注引张晏曰同，盖唐本已然，无法认定为讹误。不过，张文虎指出，在《汉书·翼奉传》注中，张晏又以为丙子岁太阴在甲戌，则仍是以太阴在岁后二辰。[③] 姚鼐云"盖晏说犹张守节说也，连本辰计之耳"，[④] 或许是合理的解释。又，《文选》杨雄《甘泉赋》"诏招摇与太阴兮"，萧铣注："太阴，太岁前二辰也。"此"前"字意思可能不是指前进的方向，而是说在十二辰顺序的前列，句意与"岁后二辰"实际相同；[⑤] 当然，亦不排除讹误或确有异说的可能，今暂且存疑，不强求论定。

---

① 王先谦《汉书补注》引，上海古籍出版社，2012 年，第 4899 页。

② 王引之《太岁考》卷下"论张晏孟康汉书注误释太阴"条，《经义述闻》卷三〇，第 708 页。

③ 张文虎《舒艺室随笔》卷五，叶三一 A，朝华出版社，2017 年，第 337 页。

④ 姚鼐《惜抱轩笔记》卷四"货殖传太阴在卯"条，清同治五年（1866）省心阁刻本，叶九 B。

⑤ 钱大昕《潜研堂文集》卷一四《答问十一》，《潜研堂集》，第 216 页。

七、结语

古人观察和记录岁星位置，主要是用于占验而非纪年。岁阴是因占验的需要，借由数术逻辑创造出来的神煞，所在的辰位取决于岁星宿次，两者的关系应该固定不变。战国晚期，《石氏》星法根据当时的天象设计了一套星岁体系，以岁星正月与斗、牵牛二宿一同晨出东方为摄提格岁，岁阴在寅，从而确立起一个岁阴在十二辰循环的序列。

秦汉之际，岁星已经较《石氏》星法制定时超次，星岁体系和岁阴序列面临调整。马王堆帛书《五星占》所记岁星和岁名关系，是根据汉初天象观测推演出来的。当时，岁星与《石氏》星法制定时相比超一次，《五星占》的编写者通过改变岁名与岁星位置的对应关系，保持岁名连续循环。至于岁阴，《五星占》和《刑德》都使之维持与岁星位置的对应，而打破了《石氏》星法设定的岁阴循环序列。至《淮南子·天文》和《太初历》编定时，岁星已较《石氏》星法创制时超二次。《淮南》星法调整岁星晨出之月与岁名的对应，《太初历》则调整岁星所在宿次，两者的结果都将"晨出东方"的意义从岁星与太阳隔一星次升起在日出前升起，更改为在同一星次与太阳并升，以匹配当时的岁星实际宿次。

太初改历还继承战国以来的岁阴循环序列，改变了岁阴与岁星对应关系。而后来的实际运用没有再让岁阴随着岁星超辰，事实上放弃了星岁体系。这个做法确立和放大了岁阴的纪年功能，也为干支纪年法奠定基础。岁阴由此彻底失去天文上的意义，成为纯粹的选择数术概念，并且派生出位于太岁背后两个辰位的选择术神煞"太阴"。

必须承认，我们现在还无法为战国秦汉之际所有星岁记录给出唯一的定解，但可以确信，它们不可能采用了同一套星岁体系和岁阴序列。这种情况与东汉以后岁阴、岁名与帝王纪年的确定关系对比鲜明，恰好说明其间发生了变化。历史研究不能将后世的情况视作当然之理。如果简单地根据东汉以后干支纪年法的序列，从战国秦汉之际乃至更早寻找源头，容易抹杀差异，反而消解了研究的意义。

考察秦汉时期星岁关系的变化，还可以发现，选择数术与天文星占的关系逐渐疏离，彼此独立。天文星占和龟卜都是取象为占，发达较早。选择数术自战国时期开始兴盛，用于占验的概念建除、堪舆、太岁、咸池，以及十日、十二辰、二十八宿等占验模式，都与天象历法密切相关。秦汉时代，星象推移，渐渐偏离战国的情况，而战国时代确立的选择数术却广泛流行并经典化。趋于稳固的选择数术与实际天象拉开距离，进一步抽象化、数字化，从而成为与天文星占完全不同的独立数术门类。

不再依赖观象的选择数术，在秦汉时代成为大众化的技术，并且进入国家制度。秦和汉初中小官吏墓葬中大量出土《日书》，说明选择数术已经渗透进行政和社会生活。选择术的日常运用无需也不可能事事仰仗专业技术人员，使用者自行查阅《日书》即可。选择数术的宜忌，甚至成为国家的规范。比如，张家山汉简《二年律令》记载汉初的《田律》规定"毋以戊己日兴土功"，戊己正是《日书》中说的"土忌日"。[①]西北边塞遗址出土的西汉后期官方所颁的历日，有不少包含了值日的神煞。这些神煞代表的宜忌，应是行政和军事活动需要参考的。[②]选择数术的制度化表现，说明它不仅仅是一种"民间"的信仰或知识。相反，它在秦汉时代是人们认识世界和处理事务的一种基本方式，具有强大的观念力量，而且与国家权力紧密互动，一起决定人们的时间秩序。

2015 年 6 月 21 日初稿

2019 年 6 月 26 日改定

后记：本文原刊北京大学历史学系、北京大学中国古代史研究中心

---

① 参见《张家山汉墓竹简〔二四七号墓〕（释文修订本）》，文物出版社，2006 年，第 43 页。

② 参看本书所收拙文《出土秦汉历书综论》，第 126 页。

编《祝总斌先生九十华诞颂寿论文集》（中华书局，2020 年），此前曾以《秦汉时期的岁星和岁阴——从马王堆帛书中的太阴说起》为题，于 2015 年 6 月 28 日在湖南省博物馆、复旦大学出土文献与古文字研究中心、中华书局联合主办的"《长沙马王堆汉墓简帛集成》修订"国际研讨会上宣读。会后自觉题目重要而写作仓促，遂藏诸箧笥。2019 年春与北大诸生一同研读《汉书·律历志》，再思相关问题，乃稍有所悟，重拾旧稿，改写一过。又得挚友郭津嵩先生指教，同学王景创、王雨桐、李屹轩、厉承祥诸君相与切磋，促使我调整结构，改进论述，编成新稿，在此谨致谢忱！此次收入本书，仅修订了个别字句。

文化与制度

"葉书"与"谍记"

　　《史记》屡称"谍记""谱谍""系谍"，后世通用"牒"字，指记载世系、年代和君王谥号的书。这类书在战国秦汉时期相当流行，是司马谈、司马迁参考的重要资料。上古谍记亡佚已久，依靠新发现的松柏汉牍《葉书》，现代学者才对谍记的形式和内容有了较直观的认识。^①不过，关于"葉书"题名的具体含义，及其与《史记》中的"谍"如何联系起来，学者还有不同看法。李零认为，"葉书"即"牒书"。牒是作为档案记录的零散简牍，将之汇编成册，称为牒书。^②陈伟则主张"葉"应读为"世"，指帝王世系。^③前者从形式和成书过程考虑，后者依据书中内容的属性。两说并立，皆有理据，也都有缺憾。前者不曾说明"牒书"的内容为何主要是年世。后者则引出新的疑问：秦汉的世系之书为什么以"葉""谍"这些从"枼"的字命名，而不用当时已经通行的"世"字？

---

① 《葉书》木牍 2004 年出土于湖北荆州松柏 M1 号汉墓，介绍见荆州博物馆《湖北荆州纪南松柏汉墓发掘简报》，《文物》2008 年 9 月，第 29 页。这枚木牍两面抄写，题有"葉书"二字的一面（正面）顺序罗列秦昭襄王至汉武帝诸国君的在位年数，另一面（背面）则逐一列出从汉文帝前元元年（前 179）至汉武帝元光元年（前 134）共 46 年间每一年的纪年，还在纪年下按照数字从大到小的顺序书写"年若干"，起于"年卅六"而终于"年一"。木牍现在荆州博物馆展出，并附有释文。
② 见李零《视日、日书和葉书——三种简帛文献的区别和定名》，《文物》2008 年第 12 期，第 77～78 页。
③ 见陈伟《秦汉简牍〈葉书〉刍议》，《简帛》第十辑，上海古籍出版社，2015 年，第 88～89 页。

在 2018 年 8 月 18 至 19 日中山大学古文字研究所主办的第七届"出土文献青年学者论坛"上，我报告了论文《松柏汉牍〈枼书〉考》，旨在厘清这块木牍的内容，为用它来研究秦汉的时间秩序做准备。文中尝试解释"枼书"题名的含义，但仍感到两难，觉得从根本上还是要解决"牒"和"世"的关系问题。恰巧，参加此次会议的郭永秉提交了论文《说表示"死"义的"世"字——附〈容成氏〉"各得其世"解》，[1] 涉及战国时期"世"字的孳乳。我读后受到启发，在会上略陈己见，尝试从文化史角度解释"枼"的字义引申及其分化字的孳乳，最终落到如何理解"枼书"的枼。我认为，"枼书"指排列世谥、年代的书。君主死后获得谥号，在简牍上记录"某谥某君若干年"，即为一"牒"，号曰一"世"。后代编牒成册，合为一书，便是谍记、世本。"枼书""谍记""世本"，用字分化，名称各异，而追根溯源，其实一也。

那次发言没有准备，论述粗糙。论文集征稿时，讨论松柏《枼书》的专文暂时还不能发表，故而整理看法，草成此篇，聊以塞责。学识谫陋而探索艰险，不得不勇于推论，思考很不成熟，敬请读者方家批评指正。

一、"枼"及相关分化字

秦汉简牍和古书中常见的"枼""世""谍""牒"等字，都是从"枼"分化出来的，上古音同属枼部或月部，主要元音相同。郭沫若指出"枼"是"葉"的初文，[2] 而刘钊、裘锡圭等学者则纠正《说文》的误解，阐明了"枼"与"世"的关系。[3] 裘先生说，"枼"字为了象树叶之形，将树木

---

[1] 该文修订后收入田炜主编《文字·文献·文明》，上海古籍出版社，2019 年。

[2] 郭沫若《两周金文辞大系考释》，叶二〇八 A，朱凤瀚等整理《张政烺批校两周金文辞大系考释》中册，中华书局，2011 年，第 459 页。

[3] 参看季旭升《说文新证字释》卷三，《说文新证》，艺文印书馆，2014 年，第 158～159 页。

一起表示出来，而"世"字取自其上半部，是由之分化而成的。① 这在文字学上是准确而明了的分析。② 至于"枼"如何获得"世代"的含义，裴先生认为是"由于树叶一年一生"而引申出的。此说未见确据。人生数十年，而树叶生凋仅一春秋，长短不侔，且花草一年一生者多，似乎不一定要取树叶为譬。这点还让人有所疑惑。

"枼"字表示｛世｝这个词，③ 义为"世代"，由来很久。两周铜器铭文中的"枼"字，几乎都用作"世"。毛诗《长发》"昔在中枼"，传亦云"枼，世也"，用"世"解释"枼"。不过，树叶究竟是如何引申出世代之义的呢？对此别有两种异说，也都不能让人完全信服。

其一，以为树叶层层叠叠，形似人之世代。《文选》卷五左思《吴都赋》"元功远致，虽累枼百叠，而富强相继"，李善注："枼犹世也。"林义光《字源》卷二云"草木之枼重累百叠，故引申为世代之世"，④ 应是根据此注。细审原文，意谓伐吴功臣富强百世不绝，如同树叶重重叠叠。此处的"枼"既云"百叠"，便不宜直接训为"世"；即便在此特定语境中有"世"义，也是来自文学上比喻和假借的双关，⑤ 不能当作字义引申来看。

其二，音近通假。李孝定《金文诂林读后记》卷六云："至以一枼为一世者，声近通假耳。"⑥ 据此说，则树叶与世代本无意义上的关联，仅是因为古无专门表示｛世｝的字，而借用表示树叶的"枼"字来假代罢了。那么，｛世｝这个词又是从哪儿来的呢？"世"字出现确实晚于"枼"，不见于商代。"枼"在殷商甲骨文中只用作地名和人名。⑦ 从西周

---

① 裘锡圭《文字学概要（修订本）》，商务印书馆，2013年，第121页。

② 于省吾认为"世"是在"止"上增加一点或三点分化出来的字（于省吾《甲骨文字释林》，中华书局，1979年，第461～462页）。今案"世"字不见于商代，而在西周甫一出现就与"枼"通用，可见两字联系紧密。甲骨文中的"𥰭"，可以认为是"枼"保留象树叶之形的主体，而将"木"旁替换为"竹"旁。今不取从"止"之说。

③ 为简化表述，本文参照裘锡圭《文字学概要》，用花括号标示词或语素。

④ 转引自李圃主编《古文字诂林》第一册，上海教育出版社，1999年，第474页。

⑤ 类似的用法常见于魏晋以后，如左思《咏史诗》"金张藉旧业，七叶珥汉貂"，庾信《哀江南赋》"昔三世而无惭，今七叶而始落"等。

⑥ 转引自李圃主编《古文字诂林》第五册，第982页。

⑦ 徐中舒《甲骨文字典》，四川辞书出版社，1989年，第654页。

中期开始，青铜器铭文出现"世"字。根据学界目前的认识，同时期的"枼"也用于表示"世代"的{世}，而尚未发现其他表示{世}的字。可以说，{世}这个词一出现，就与"枼"或其变体"世"字固着在一起。字形与词义之间不应该毫无关联。

根据以往的认识，"枼"除分化出"世"字表示"世代"，还朝着另一个语义方向发展，分化出与简札、书籍相关的"牒"和"谍"。仔细考察这两个字在秦汉时期的用法，可知实有分别："牒"字与{世}绝缘，而"谍"仍包含{世}义。

"牒"，是秦汉文字中用来表示"简札"的专字。《说文》片部："牒，札也，从片枼声。"《说文》木部又云："札，牒也。"两字互训。段玉裁注"牒"字曰"牒之言枼也，葉也"，指出牒的简札义来自竹木简札类似叶片的平薄形状。从现有资料看，秦灭六国以后，表示简札的{牒}固定用"牒"字来表示，至两汉而未变。陈伟注意到，"在秦汉简牍中，书页意义上的用字通常直接写作'牒'"。[1]比较典型的用法，如《岳麓书院藏秦简（肆）》所收秦律令，有"以尺牒牒书当免者，人一牒"（简348）云云，称"尺牒""牒书""一牒"，三个"牒"字（第二字原为重文号）都表示作为物体的简札。翻检所见，只有睡虎地秦简中抄写年代较早的《封诊式》有一处用"谍"表示{牒}。[2]除此之外，不仅律令、官文书一律用"牒"字，如睡虎地《秦律十八种》、里耶秦简、岳麓秦简律令和奏谳书文献以及张家山汉简《二年律令》和《奏谳书》、西北边塞出土简牍文书等；而且属于私人文书的马王堆一号汉墓、谢家桥一号汉墓、毛家园汉墓、凤凰山八号汉墓等墓葬出土遣策，也都用"牒"字表示简札，一概不用"枼""葉"等字。传世的汉代文献也大都用"牒"表示简札。如《淮南子·齐俗》云"夫竹之性浮，残以为牒，束而投之水则沉"，以竹片为牒；《史记·封禅书》称汉武帝封禅用的玉版为"玉牒书"，《汉书·郊祀志》同；《汉书·路温舒传》称"温

---

① 陈伟《秦汉简牍〈枼书〉刍议》，《简帛》第十辑，第87页。

② 睡虎地秦简《封诊式》简91～92："即疏书甲等名事关谍（牒）北（背）。"

舒取泽中蒲，截以为牒，编用写书"，这是以蒲草代简札；《汉书·匡衡传》云匡衡才学无双，却因缺少入朝为官的门路而"随牒在远方"，又用"牒"表示书写在简札上的户籍、官簿。

"谍"，后世多用于表示"间谍"，在汉代文献中又用于表示"谱牒"的｛牒｝，指记载年世的书，而不同于后代习用"牒"字，与同时期的"牒"字也有用法上的区别。《说文》言部："谍，军中反间也。从言枼声。"段玉裁注："《太史公书》借为牒札字。"此说不确。实则《史记》中"谍"字的用法与"牒"区别明显，专指谱牒类文献，而不用来表示一般的简札。《史记·三代世表》序云：

> 余读谍记，黄帝以来皆有年数。稽其历谱谍，终始五德之传，古文咸不同，乖异。夫子之弗论次其年月，岂虚哉！于是以《五帝系谍》《尚书》，集世纪黄帝以来讫共和，为《世表》。

三次提到前世流传至汉的谱牒，都用"谍"字记录｛牒｝。"谍记"下司马贞《索隐》曰："谍音牒。牒者，纪系谥之书也。"可知，小司马认为记录谱牒之｛牒｝的正字应从"片"，而所见写本之字则是从"言"的"谍"。《十二诸侯年表》序两次提到谱牒，一次说"太史公读春秋历谱谍"，一次说"谱谍独记世谥"，也都用"谍"字。这应是保存了《史记》古本的旧貌，反映出司马迁习惯用从"言"之"谍"表记"谱牒"，而区别于表示"简札"的"牒"字。[①]这样的用字习惯在《汉书》中延

---

① 表示谱牒的谍、牒二字，有过一段混用的时期。唐宋时期的实际文字使用中，用"谍"表示谱牒的情况仍然不少，而用"牒"字的情况则越来越多。北宋中期的字书开始以"牒"为表示谱牒的规范字，而将谍作为表示间谍的专字。明清时期，用"谍"表示谱牒已经相当少见了。今本《史记·太史公自序》述《三代世表》《十二诸侯年表》著作之意，两次用到"谱牒"一词，今通行本字皆作"牒"，南宋初覆刻北宋国子监刊十行本、十四行《史记集解》本并同（十行本据二十五史编刊馆 1955 年影印所谓"景祐本"，十四行本据凤凰出版社 2011 年翻印北京文学古籍刊行社 1955 年影印之北京图书馆藏本）；但后一"谱牒"，南宋蔡梦弼刻集解索隐本及黄善夫刻三家注本皆作"谍"，其字从"言"（均据"中华再造善本"影印本）。我推测，应是北宋国子监校刻正史，根据当时的规范用字改"谍"为"牒"，而南宋建安坊刻（转下页）

续下来。《汉书·杨雄传》录雄《反离骚》曰"灵宗初谍伯侨兮"，谓伯侨为谱牒中的初祖；注引应劭曰"谍，谱也"，说是。《汉书·艺文志》历谱类有《汉元殷周谍历》十七卷，当是以汉元年为起点上溯商周王年、世系的书，其字作"谍"；又著录《太岁谍日晷》二十九卷，"谍"字原讹作"谋"，王念孙指出是因唐人讳"世"，将所从"枼"的上半写成"卋"而致讹。[1] 这个讹误可以佐证原文从"言"不从"片"，因为并没有从"片"从"枼"的字。

汉代文献之所以用"谍"而非"牒"表示谱牒，应是为了容纳谱牒"记载世系"这层含义。前文已经说明，"牒"是秦汉时代中表示"简札"的专字，取其形状平薄如同叶片之义，并用意符"片"加以明确。记载世系的谱牒写在简札上，却不用"牒"字，说明其用从"枼"的字表记，是要取"简札"之外的"世"义。

从"枼"之字的演化，似乎出现两条分岔路：一条路走向世代的"世"，一条路走向类似于树叶的薄片"牒"。"谍"字则既可指书简，又未脱"世系"的意味。松柏汉牍题名"枼书"的"枼"字，也与"谍"类似。李零、陈伟两位先生分别将"枼"读为"牒"和"世"，意见的

（接上页）本加入《索隐》《正义》时又受其他刻本或旧抄本的影响，保存了原字"谍"。此事不易确证，但也并非全然无据。北宋真宗时官修的《广韵》"谍"字尚有释义"谱谍也"（余迺永校注《新校互注宋本广韵》，上海辞书出版社，2000 年，第541 页），至仁宗时重修《集韵》，所收凡三"谍"字，释义一云"安也，一曰军中反间"，二云"《说文》'军中反间也'"，三云"言相次也"（丁度等编《宋刻集韵》，中华书局，1989 年，第 224～225 页），已删去《广韵》"谱谍"之义。可见，"谍"表示谱牒之{牒}的用法，到北宋中期已经不被官方学者认可。唐宋时期，"谍"字逐渐专用于表记"间谍"，而脱去表示"谱牒"的职能，北宋国子监官刻《史记》，所用底本中或已有改作"牒"者，校刻时受当时用字规范的影响，也可能以"谍"为俗字，随手改为"牒"。至于《三代世表》《十二诸侯年表》中的"谍"字，若非"漏网之鱼"，则或是因为校刊者受司马贞《索隐》所云"谍音牒"影响，认定原文作"谍"，才得以"幸存"。

[1] 王念孙《读书杂志》四之七"太岁谋"条云"谋当为谍"，江苏古籍出版社，2000 年，第 278 页上。此外，《史记·陈杞世家》"题公生谋"，《集解》引徐广曰："谋，一作'谟。'"《索隐》则云"注'一作谟'，音牒"，可知今本"徐广曰"中的"谟"在司马贞所见的《史记集解》本中作"谍"，故司马贞注音读为牒。这也是谋、谍两字易讹的佐证。

分歧难定，恐怕也是因为这个字的用法本就兼具两重含义。

对于"葉书""谍记"解释，在"牒""世"之间选取任何一义，都难以得到完满的答案。"葉"和"谍"的多义性，只能通过在"牒""世"两义之间建立联系才能够解释。中大会上关于"即世"一语的讨论让我想到："世"与"牒"之间，确有可能存在某种纽带。

二、"即世"的本义及引申

"即世"，屡见于《左传》《汉书》等古书，意为死亡。这是众所周知的。但"死亡"义无法从"即世"二字的字面得出，应是通过引申或隐喻生成的，而传统解释还不能让人满意。

《左传》成公十三年，晋吕相奉命出使秦国，与之绝交，其辞屡见"即世"。比如"献公即世，穆公不忘旧德，俾我惠公，用能奉祀于晋"，"文公即世，穆为不吊"等，其中的"即世"都是指国君的死亡。《左传会笺》云：

> 《越语》"先人就世"，韦注："就世，终世也。""就""即"同义，"就"训为"成"，"成"字有"终卒"之义，故韦以"终世"释之。①

将"即世"与"就世"相联系，认为"就""即"同义，是正确的。但"就"的"成"义却是"即"所没有的；又训"成"为"终"以牵合《国语》韦昭注所谓"终世"，更是迂曲。杨伯峻采择《会笺》"即世"即"就世"之说，而不取其解释，仅云："汉魏人谓之'下世''去世'也。"② 此解大意不错，但仍无法逐字落实。"下世""去世"都是说离开人世，而"即""就"共同的字义是接近、到达，正与"下""去"相

---

① 竹添光鸿《左传会笺》，辽海出版社，2008年，第267页。
② 杨伯峻《春秋左传注》，中华书局，1990年，第861页。

反。《左传》此文中还有一例：

> 穆、襄即世，康、灵即位。

这是说，秦穆公、晋襄公死后，秦康公、晋灵公各自坐上君位，文例与《国语·越语下》的"先人就世，不穀即位"相同。高木智见把"即世""就世"中的"即"与"就"理解为"到达某个地方或者达到某种状况，或者说占有某个位置"，因而"即世""就世"可以解释成"占有那个叫做'世'的地方或者位置"。至于这里的"世"指什么？高木先生认为当是"表示血族连续"，故而是"始祖以来祖先谱系中末端的位置"。① 这个看法颇有洞见，只可惜他没有进一步解释：{世}这个词为何能够表示祖先谱系中的位置。

郭永秉在提交此次会议的《说表示"死"义的"世"字》一文中，提出了另一个看法。他认为，"世"是东周以后逐渐发展出来的对"死亡"的委婉表达，而"就世""即世"类似于"就死地""即杳冥"。此说的困难之处在于，从动宾结构的复合词"即世""就世"可表示"死亡"这一点，无法推定单独的"世"字有"死亡"义。后者缺少直接的书证，学者也尚未从语言文字发展的角度给予充分解释。如果仅用后世观念来解释上古的现象，说服力是有欠缺的。不过，郭先生在文中举出战国文字中表示"世"的"殜""枻"等字，让我对"即世"的本义及其"死亡"义的来源产生了新的想法。

"枻"字三次出现在战国时期中山国的铜器铭文中，张政烺认为皆与"世"字同义。他说："从'歹'之字多有死亡意，古人谓终一人之身为'世'。……'世'字在西周金文中行用已广，战国时，随着语义的分化造此新字（引案：指"枻"字），大约因意义不大，终归淘汰。"②

---

① 高木智见《先秦社会与思想——试论中国文化的核心》，上海古籍出版社，2011年，第102～103页。
② 张政烺《中山国胤嗣好盗壶考释》，《张政烺文史论集》，中华书局，2004年，第509～510页。

张先生的意思是，"世"有终一人之身的含义，与死亡相关，故被加上意符"歹（歺）"，作为表示世代之｛世｝的专字，并非"世"或"烍"本身就意为"死亡"。因此，"烍"所从"歹（歺）"旁的表意功能显得多余，后来淘汰不用了。

战国时与"烍"作用相同的字，还有常见于楚系简册文字中的"牒"以及比较罕见的从"死"的"薨"字。楚简中"牒""薨"二字都用作"世"，可以按照在语境中的意思译解为"人的一生""时代""继承"等，"时代""继承"都是从"世代"亦即"人的一生"之义引申而来。所有用例都取"世"的常见义，没有一例明确可证是表示"死亡"的。需要稍作说明的是上博楚简《曹沫之阵》中"殁身就薨"一语。整理者原释作"就死"，郭永秉认为当是"薨"字，今从之。"就薨"与前举《越语》"就世"、《左传》"即世"同义。

"即世"一语，又频繁出现在清华简《系年》中，都写作"即牒"，从"枼"。比如：

　　〔郑〕武公即牒，庄公即立（位），庄公即牒，卲（昭）公即立（位）。【10】

文例多达10余条，不烦赘举。这样的用字习惯却表明，对于战国时期这个字的抄写者或创造者来说，"牒"是直接从"枼"分化出来的，未必已经脱去"枼"的本义。既然"世"字的音形义关系尚未定论，不如将目光拉回到"枼"上，通过"枼"来思考"世"。这样，或可在前人解释的基础上有所推进，说明｛世｝的意义来源及其与"枼"的关系。

我的看法是："枼"先引申出简札之｛牒｝，从｛牒｝又引申为｛世｝。金文"枼"和"世"指"世系""世代"的含义，来自王公贵族死后获得谥号写入简札的制度。｛世｝之所以出现在西周中期，可能是因为西周建立以后，宗法制度强化，及时用文字记录世系变得重要。记录世系的"枼"，原始形态应是在每一代王公贵族死后，将其谥号或庙号书写在一片简札上，是为一"枼"，即一牒。每牒记载一人，即表示一个世代，这是"世代"义的由来。从《史记》准确编年资料的可追溯的上限推测，西周晚期以后的"枼"应已包含君王的享国年数。在位的君主没有庙号、谥号，年数未定，要等到死后才写进简札、编入世系之书。这个过程，可称为"即枼（牒）""就枼（牒）"，也写作"即世""就世"。它标志着世代更替，产生出"世"的意义。又因为"即枼（牒）"发生在死后，与死亡密切相关，被用来婉称君主之死，所以楚系文字加上"歺（歺）"旁，写作"即殜""就殜"。简言之，{世}这个词本就来自记载世系的写在叶片状简札上的谱牒。

前面已经讲过，世代的{世}最早流行于西周中期，从一开始，就用"枼"或其省文"世"字来表示。两周金文中常见"世世""万世""世万""世子孙"，也常见"永枼""万枼""枼万"等词语，其中的"世""枼"按照后代的习惯读为世代的{世}，都很通顺。但有一例较为特殊，值得分析。《宣和博古图》著录一件北宋宣和五年（1123）青州临淄县民在齐故城遗址耕地时发现的青铜器"齐侯镈"，[1]郭沫若改称"叔夷钟"，有长篇铭文，讲叔夷有功于齐灵公，以其所赐吉金铸钟，用于祭祀祖先，请求赐福。铭文最后说：

> 女（汝）考寿迈年，永保其身，卑（俾）百斯男。而埶斯字，肃肃义（议）政，齐侯左右，母（毋）疾母（毋）已。至于枼曰："武灵成。"子子孙孙永保用言（享）。

大意是说保佑自己长寿，多子多福，能够长久地在齐侯身边参政辅佐，子孙后代永宝用此钟。唯"至于枼曰武灵成"一句，相当费解。郭沫若在《两周金文辞大系考释》中说：

> "枼"即"葉"之初字。葉，世也。"成"读为"诚"。言至于后世，使人赞叹曰"桓武灵公，诚然武灵"也。语因顾韵，故倒出

---

① 王黼《宣和博古图》卷二二，上海书店出版社，2017年，第392～394页。

之，极有风致。①

他将文中的"枼"增字解为"后世"，又读"成"为"诚"，认为当在齐侯谥号的"武灵"之前，由于照顾押韵而后置。其说迂曲难从。此处的"枼"应指谱牒，即记载世系的简札。"至于枼"是说死后谥号被写到简札上，而武、灵、成三字皆为谥号。整句话的意思是：以武、灵、成这样的谥号，写入记载世系的简札。这里所谓的"至于枼"，不能用后代习惯的"世"来解释，而可视为传世文献和楚简中"即世""就世""即殜""就甍"等的同义语。

"枼"指死后写入的简札谱牒，还有一个旁证。清华简《郑文公问太伯》中述及郑国先君，云"枼及吾先君武公""枼及吾先君庄公""枼及吾先君卲公、厉公"，皆用"枼"字，整理者读为"世"，是可以的。但是否简单理解为世代继承的意思，还可以推敲。文中谈及当世君主时则用了不同的表述，称"今及吾君"，而不说"枼及吾君"。"枼"很可能只适用于死去的先君，因为他们已经以其谥号写入谱牒，在编"枼"而成的书中占据一"枼"的位置，成为一"世"。在位君主还未进入谱牒枼书，既未"即枼 / 世"，也就不能称"枼 / 世及"。

理解了"世"的原初意义来自谱牒，就可以解释，清华简《系年》中"卲（昭）公、同（顷）公皆早殜"（简99～100）的"早殜"，本义是"早早地被写入牒"，指其在位时间短；②清华简《郑武夫人规孺子》中"今吾君既枼"（简5），可从整理者读为"即世"，或从本字读，将"枼"理解为名词用作动词。"殜"单字的本义都来自"枼"，既指记录的载体"简札"，又指记录的内容"世系"，但没有"死亡"的含义；动宾结构的复合词"即世""即殜"，才是用标志死亡的仪式委婉地表达"死亡"之义。

---

① 郭沫若《两周金文辞大系考释》叶二〇八 A，朱凤瀚等整理《张政烺批校两周金文辞大系考释》中册，第459页。

② 据《史记·晋世家》，昭公、顷公分别享国 6 年、14 年，不算太短，云"早世"或因死时比较年轻。

附带一提，战国齐陈侯午敦等器用"埶"表示｛世｝，与"殜""嶻"一样，是"枼"的一种繁化。这种繁化，可能受到"即世"与"即立（位）"对举的影响。加上意符"立"所隐含的意思，可能是将枼书系谱中那一枼或一个行格也当作类似于人君宝座的一种"位"了。

三、编枼为书

记载一个个大小王公贵族年数、谥号的简札，被后人依次整理编连起来，就成了"枼书"，司马迁称之为"谍记"，而松柏汉牍题曰"葉书"。由于｛世｝义来自于｛枼｝，这种书的名称无论最初如何称呼，用什么字来表记，都同时包含"编牒"和"世系"两方面的意涵。前者逐渐淡化，而后者长期保留。

传世文献记有一类被叫做"世"的书，其实就是"枼书""谍记"。《国语·鲁语上》："工史书世，宗祝书昭穆。"《周礼·春官·小史》云："小史掌邦国之志，奠（定）系世，辨昭穆。"所谓"世"即"枼书"，主要是纵向记载父子相承的大宗直系；"昭穆"指族谱，旁行斜上，重在显示横向的兄弟行辈关系。《国语·楚语上》记楚庄王时申叔时回答士亹问如何傅太子，首先是"教之《春秋》"，其次便是"教之《世》"，"以休惧其动"。申叔时说《世》的内容是"昭明德而废幽昏"。旧解较为勉强，未得正鹄。韦昭注曰："世，谓先王之世系也。……为之陈有明德者世显，而暗乱者世废也。"仅将《世》理解为先王的世系，并不能说明何以其中包含彰显明君而贬黜昏君的内容。《周礼·春官·瞽矇》贾公彦疏引《国语》古注云："先王之系《世本》，使知有德者长，无德者短。"此解近于徐元诰《国语集解》引陈瑑所谓"盖教之以知其祚之短长也"，[1] 以为《世》记载年数，是让人了解昏君、明君享国时间长短不同。其说仍未达一间。实则"世"指《世书》，亦即"枼书""谍记"，

---

① 徐元诰《国语集解》，中华书局，2002 年，第 485 页。

所记除年数外，还有谥号，包含对每一代贵族君主功过的褒贬。这就是所谓的"昭明德而废幽昏"，从而能对太子的举动起劝诫作用。

《楚语》教太子以《世》的这段话，说明"葉书""谍记"在春秋战国时期很受重视，成为贵族教育的重要组成部分。虽然还找不到直接的证据，但从东周的情况和古史记载的精确程度推测，"葉书"的编辑可能始于西周中期，最初大约只记谥号、世系，西周末年以后增加了享国年数。到了春秋战国时期，世系又被不断往前追溯，以塑造当代贵族的上古起源。故司马迁说"余读谍记，黄帝以来皆有年数"，而不敢轻易信从。

"葉书""谍记"在汉代还多有保存，为司马谈、司马迁所利用，成为《史记》编排世系和年代的主要依据。今天已经无法见到司马氏父子所用的"谍记"原本，即便《世本》也亡佚已久，仅有面目难辨的辑本。松柏汉牍《葉书》首次明确地呈现了这类书的面貌，其正面篇题后的前四行作：

> 昭襄王五十六年死。
>
> 大（太）上皇帝三年死。
>
> 始皇帝卅七年死。
>
> 胡胲（亥）三年死。

牍文依次罗列四代秦君的谥号和享国年数，最后以"死"作结，印证了"即葉"与死亡的关系。[1] 其中胡亥称名而不称"二世皇帝"，蕴含贬义。[2]

根据松柏《葉书》的提示，还可以发现《史记》中有不少"谍记"

---

[1] 松柏汉牍《葉书》正面最后一行作"今皇帝七年"，记载在世国君的年数。这是秦汉时期的新发展，可能与逐年编牒的做法以及当时的新用途有关，不能反映西周、春秋和战国前期的情况。

[2] 参看拙文《〈史记〉与〈赵正书〉——历史记忆的战争》，《中國史學》第二十六卷，朋友书店，2016年，第32～34页。今已收入本书。

旧文。比如《鲁世家》：

> 三十七年，悼公卒，子嘉立，是为元公。
>
> 元公二十一年卒，子显立，是为穆公。
>
> 穆公三十三年卒，子奋立，是为共公。
>
> 共公二十二年卒，子屯立，是为康公。
>
> 康公九年卒，子匽立，是为景公。
>
> 景公二十九年卒，子叔立，是为平公。

文中列举鲁公的在位年数、谥号以及父子世袭关系，这些都是"谍记""葉书"的核心内容。[①] 鲁国编年史在当时已经中断或者亡佚于后世，但"谱牒"类文献史料却保存下来，为《史记》所用。今本《史记·秦始皇本纪》之末后人附益的秦君世系，记载秦襄公至始皇的谥号和在位年数，也是典型的葉书。其形式是：

> 襄公立，享国十二年。初为西畤。葬西垂。生文公。
>
> 文公立，居西垂宫。五十年死，葬西垂。生静公。
>
> 静公不享国而死。生宪公。
>
> 宪公享国十二年，居西新邑。死，葬衙。生武公、德公、出子。

司马贞《索隐》以此"当据《秦纪》为说"。今案《史记·秦本纪》主要依据秦的编年史《秦记》，与此性质相异而所记年数不同，可知此处文字反映的是一种《史记》未采入的秦"谍记"。书名无论称"葉"还是称"谍"，都包含有世系的含义。

松柏汉牍《葉书》的正面以一代帝王为一行，背面则从汉文帝元年开始，以一年为一行，形式不同，且世系的意义减弱。这部分是否属于《葉书》，抑或是另一部书呢？李零在文中提到，他看到荆州印

---

① 《史记·鲁世家》的这条材料及上述解读，承田天博士提示，谨此致谢。

台 M60 汉墓出土竹简有很清楚的自题"葉书"。^①据发掘者介绍，这部《葉书》类似睡虎地秦简《编年记》，内容有秦昭王、秦始皇和西汉初年的编年、记事。^②可见，西汉初人把逐年编年记事的书称为"葉书"。陈伟据此将没有自题名的睡虎地秦简《编年记》改题为《葉书》。^③这种一年一条的"葉书"应是由一年一牒的记录汇编而成，是一世一牒的记录复杂化的结果，可能受到《春秋》类文献的影响，编年为记，而淡化了世系的意味。

战国时期可能还存在以一"葉"为一"年"的用法。1979 年陕西凤翔县高庄野狐沟一号战国晚期墓出土一件中山国青铜鼎，铭曰：

> 十四葉，右使车（库）啬夫郛瘥，工筲（筹），冢（重）
> 二百六十二刀之冢（重）。

此为典型的工官题名，其中"十四葉"只能是纪年。"葉"字原文从"艹"从"木"，李学勤释为"葉"，应是正确的。^④但李先生又说此字读为"世"，假借为"岁"字，似有未安。^⑤今案，《礼记·曲礼》"去国三世"，《释文》引卢植、王肃注："世，岁也。万物以岁为世。"^⑥意谓"世"有"年岁"之义，非云"世""岁"二字通假。^⑦王念孙说："《晏子·杂篇》曰'以世之不足也，免粟之食饱'，《史记·淮南传》曰'万

① 李零《视日、日书和葉书——三种简帛文献的区别和定名》，《文物》2008 年第 12 期，第 77 页。
② 郑忠华《印台墓地出土大批西汉简牍》，荆州博物馆编《荆州重要考古发现》，第 207 页。
③ 陈伟主编《秦简牍合集（壹）》，武汉大学出版社，2014 年，上册第 8 页。
④ 此字释读有争议。或以为"年"之讹，朱德熙则认为是"異"的省写，假借为"祀"，见《中山王器的祀字》，《朱德熙文集》第五卷，商务印书馆，1999 年，第 172 页。但朱先生对《说文》"祀"字或体"禩"的摹写有误，实则原字与"異"字形相差甚远，应该没有直接关系。朱先生的这个看法很重要，故稍作辨析。此事承郭永秉先生提示，谨致谢忱。
⑤ 李学勤《秦国文物的新认识》，《文物》1980 年第 9 期，第 27 页。
⑥ 陆德明《经典释文》卷一一《礼记音义之一》，上海古籍出版社，1985 年，第 650 页。
⑦ 案《礼记·曲礼》此文，郑玄注云"三世，自祖至孙"，以世为世代，较卢、王说为通。但不妨"世"在别处有"年岁"之义。

世之后，吾宁能北面臣事竖子乎'，《汉书·食货志》曰'世之有饥穰，天之行也'，皆谓岁为'世'。"[1] 这是从先秦秦汉的语言现象，归纳出"世"字有"年岁"的含义。古人以为，"世"的这个含义从草木一岁一枯荣而来，现在推测，此义更有可能来自以一年为一牒（枼）的编年记事法。

四、结论

根据上文的讨论，"枼"字的分化过程可以从文化发展的角度，重新梳理和解释。

"枼"本义是草木的叶子，战国时期分化出从"艹"的"葉"字。由草木叶片平薄的形状，"枼"又引申为竹木简札之义，在战国晚期的秦系文字中分化出专用于此义的"牒"字。

"枼"还与其变体"世"字一起，在西周中期以后的金文中表示"世代"的意思。西周时期，随着宗法制度的完善，及时书面记录先王先君名号形成制度。当时人在周王和封建贵族死后，随即将世系、谥号写在简札上，一人一牒，是为一世，依次编入专门的册书。"枼""世"二形所表示的"世代"之义，就是由此而来的。

"世代"之义引申自记载世代的"谱牒"，此二义在两周时期的用例中往往难以分割。铜器铭文中的"万世""世世"，同样可理解为"万牒""牒牒"。由于秦汉以来"世""牒"音义分离造成的认知习惯，这个现象在今天显得有些难以理解。但考虑到周代"世""牒""枼"语音相同、意义相关，恐怕只有从这个方向思考，先秦秦汉古书和楚简中常见的表示死亡的"即世""就世"，才能得到合理的解读。

"枼书"记载世系，与死亡有密切关系，战国时又造出从"歹

---

[1] 王引之《经义述闻》卷三一《通说上》"世"条，江苏古籍出版社，2000年，第733页上。

（歺）"的"殊"字，专门用来表示 {世}。这个字从"枼"，进一步说明："世代"的 {世} 是从记载世系的 {牒} 分化出来的，而直到战国中后期，两个词的音、义应该还没有分离。

在表示简札的专字"牒"分化出来以后，汉代人有意地另用从"言"的"谍"来表示记载世系的简册，称"谱谍""谍记""系谍"。这个"谍"字尚未脱去"世代"的意涵，与简札之"牒"相区别。印台汉简和松柏汉牍的题名"葉书"，既然不用当时已经通行的"牒"或"世"字，也应当读如其字。"葉书"与"谍记"兼容"牒""世"两义，透露出上古家族制度与书记文化发展的蛛丝马迹。

2018 年 11 月 26 日初稿

12 月 26 日改定

2020 年 10 月 1 日修订

修订后记：本文原刊田炜主编《文字·文献·文明》，上海古籍出版社，2019 年。本次仅订正了个别字句，基本观点不变。

里耶秦方与"书同文字"

　　秦始皇吞并六国，推行"书同文字"政策。[①] 对于这一政策的内容、实质和效果，学者已有比较充分的探讨。特别是睡虎地秦简等简帛文献发现以后，相关研究由于文字资料的大量扩充而走向深入。陈昭容总结前人研究，归纳出"正字形"和"正用字"两种主要意见，作为认识"书同文字"政策的两个方面。她认为："书同文字"政策在"正字形"，即废除与秦系文字不合的字形写法方面，取得了极为具体的成效；在"正用字"，即改用与秦文用字习惯相同的通假字方面，则效果不彰。[②]

　　上述结论还有重新检讨的余地，因为以往的研究为资料所限，存在缺憾。一方面，传世文献和以往的出土发现都没有记载"书同文"的具体规定，过去只能通过秦统一前后出土文字资料中用字情况的变化，间接地推测政策的内容。另一方面，21 世纪初以前，研究"书同文"所能利用的出土文字资料以战国晚期或汉初的书籍和私文书为主，属于秦统一到灭亡这一关键时段的并不多，尤其缺乏最能印证"书同文"政策的秦代官文书。所幸，近年里耶秦简和岳麓书院藏秦简等秦代简牍相继公布，使资料情况大为改观。里耶秦简中的 8-455 号木方还记载了"书同文字"的具体规范，让我们有条件更直接地了解这项影响深远的

---

① "书同文字"，或作"同书文字""同文书""同天下书"，分别见于《史记·秦始皇本纪》《李斯列传》《六国年表》以及秦始皇琅琊刻石等，所指相同。
② 陈昭容《秦"书同文字"新探》，《秦系文字研究：从汉字史的角度考察》，中研院历史语言研究所，2003 年，第 69～105 页。

政策。本文的讨论，即从这块里耶秦方入手。

里耶 8-455 号木方长 12.5、宽 27.4、厚 0.6 厘米。[①] 木方正面分为两栏，用较为拘谨朴拙的篆书抄写，内容包括两个方面的变更和规范：一是"皇帝"名号和其他称谓、用语，二是文字的字形和使用。关于这一木方的性质，学者有不同看法。整理者张春龙、龙京沙认为内容出自诏令，但就其实际用途而言，也可能是书手个人为了避免犯错而编辑汇录的。[②] 此后，胡平生主张木方属于"扁书"，游逸飞认为是官吏个人的笔记或备忘录，不过他们也都同意木方的内容来自秦代的官方规定。[③] 正如张春龙、龙京沙所指出的，木方书写使用篆书，而非日常文书通行的隶书。而在秦代，篆书比隶书更为正式庄重，是诏策所用的书体。常见的秦始皇二十六年统一度量衡诏书铭文就使用篆书，里耶秦简中还有用篆书摹写这一诏书的习字简。[④] 因此，这一用篆书抄写的木方，无论制作目的是什么，内容都应是移录自诏令，其中关于文字规范的部分是

---

① 湖南省文物考古研究所编著《里耶秦简（壹）》，文物出版社，2012 年，彩版第 14 页，图版第 68、69 页，释文第 32～33 页。8-455 是这一木方的出土号，《里耶秦简》一书为图片排版方便，调整简序，编为第八层第四六一号。为避免混乱，以下引用里耶秦简一律采用出土号。

② 该木方因其独特的形制和内容很快引起了整理者的重视，得以提前单独发表。最早的介绍和研究见于张春龙、龙京沙《湘西里耶秦简 8-455 号》，《简帛》第四辑，上海古籍出版社，2009 年。

③ 胡平生《里耶秦简 8-455 号木方性质刍议》，《简帛》第四辑，上海古籍出版社，2009年；游逸飞《里耶秦简 8-455 号木方选释》，《简帛》第六辑，上海古籍出版社，2011年。由于木方中有关于"皇帝"号的变更规定，故推测其中的内容主要形成于秦始皇二十六年以后。张世超对木方内容的来源有不同意见。他认为，木方中"有关字形书写的提示""仅是作者对于当时文字形体的认识"，并非秦代推行"书同文字"的规定。他依据的是木方上栏后半部分"诸官为秦尽更"至"王马曰乘舆马"一段，认为其中所谓的新字形其实早已有之，而所记不应再用的字形却在秦汉时期一直沿用，说见张世超《北京大学藏西汉竹书的文字学启示》，《古代文明》2014 年第 4 期。今按木方规定的字形是否早已有之，废除的字形后来是否沿用，完全可以从"书同文字"政策的性质和效果两方面得到合理解释，难以成为木方内容不是出自官方规定的充分证据。张先生引用的木方文句中，严格来说，只有"故皇今更如此皇""故旦今更如此旦"两句关乎文字正定，其余各句均是讲语词、称谓上的变更。木方中真正与文字字形和用法相关的文句，有一大部分过去还没有得到准确释读，下文将予以详论。

④ 如 9-703 号木简，见《里耶秦简（贰）》，文物出版社，2017 年，图版第 89 页，释文第 29 页。

目前了解秦代"书同文字"政策最直接的史料。

木方记载的文字字形和用法规范，集中在上栏的前半部分（如下图）。陈伟主编的《里耶秦简牍校释》第一卷（以下简称《校释》）为该木方的每句都加了序号，给出修订释文，对于笔画残缺、字形不能完全认定的字，少数根据残笔和文例加补字符号释出，多数则阙疑。[1]这种审慎的做法值得称道。不过，这部分文字残缺较甚，要借此研究秦的"书同文字"政策，不得不尝试更大胆的释读。这段文字在释读上有一个关键的有利条件，即有多句采用相同句式，可以互相参证，"有无相生"，帮助寻找释读的线索。

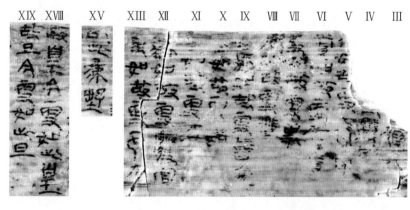

图　里耶秦简8-455号木方中与文字规范有关的局部

根据保存状况较好的Ⅶ、Ⅷ、Ⅸ、Ⅺ、Ⅻ、ⅩⅢ等行，可以推测Ⅲ至ⅩⅢ行文句都采用了"某如故更某"的句式。《校释》Ⅴ、Ⅷ两行的补字，估计就是基于这个判断作出的。按此思路，Ⅳ行"钱"上一字、Ⅵ行"故"下一字所存残笔均与"更"字相符，亦可补出。

接下来便没有可以根据句式补释的文字，只能考虑字形和文意两个方面，从易到难，试作释证。为便于讨论，这里先列出补释后的文句（补释出的字加框表示），说明总体上的考虑。

----

① 陈伟主编《里耶秦简牍校释》第一卷，武汉大学出版社，2012年。

行 号	补释释文	行 号	补释释文
Ⅲ	☐假[人]。	Ⅷ	[卿]如故，更[乡]。
Ⅳ	☐[更]钱☐。	Ⅹ	[者]如故，更[诸]。
Ⅴ	[大]如故，更[秦][守]。	Ⅺ	[酉]如故，更[酒]。
Ⅵ	[赏]如故，更[偿][责]。	Ⅻ	[灋]如故，更废官。
Ⅶ	[吏]如故，更事。	ⅩⅢ	[鼠]如故，更予[人]。

根据此木方其他部分的内容，可以推测"某如故更某"句式应该与文字、称谓的正定和规范有关。然而，"A 如故更 B"句式本身的含义至少可以有两种解释：其一，A 保持不变，将 B 变更为 A；其二，A 在某些场合保持不变，而在某些场合变更为 B。前一种理解较为直接，也是我最初思考的方向。但反复推敲字形和考察用例后发现，第二种理解才符合木方文句的本意。下面逐条说明上述释读以及作第二种理解的理由。

学者一般认为，睡虎地秦简大多抄写在秦统一以前，里耶秦简的书写年代则始于迁陵设县的秦王政二十五年（前 222），绝大多数写于秦并天下以后。两批简牍书写年代清晰，数量较大，且都出自多位不同的书手，具备相当的代表性。因此，我们在补释文字时，还将比较这两批简牍的用字情况，并参考其他简牍，以印证木方文句的含义。

木方此部分中，首先可以补释的是字形最为清楚的Ⅶ、Ⅷ两行。Ⅶ行《校释》原未释的仅有一字，字形作![字形]，当是"吏"字。故此行作："吏如故，更事。"按"吏"和"事"本为一字，秦汉简帛中多通用。赵平安曾经指出，睡虎地秦简在记录 {事} 时，[①] 混用"吏""事"两字，而在龙岗秦简中两字绝不相混。他以此为例，论证龙岗秦简的文字体系

---

① 为了简化表述，本文参照裘锡圭《文字学概要》，用花括号标示词或语素。如此句的 {事}，即指古汉语中的"事"这个词。

较之睡虎地简更趋成熟，反映出秦人对古隶的规范，并将此与秦代的"书同文"联系起来。① 顺此思路，可以进一步来具体考察。

据推测为战国晚期抄写的天水放马滩秦简中已常用"事"字，睡虎地秦简《日书》乙种也有两处作"事"（简 130 背、136 背）。② 不过，睡简《日书》乙种中事务之{事}并不都用"事"字，仍有一处写作"吏"（简 129 背），与官吏的"吏"同字。至于睡简的其他各篇，大量出现的{事}全部写作"吏"，无一用"事"字。这说明，以"吏"字记录{事}，是秦统一前较流行的用字习惯。里耶秦简的情况与睡简恰好相反。在《里耶秦简（壹）》公布的简牍中，大量使用的事务之{事}（105 例）全部写作"事"，③{吏}则没有写作"事"的。此外，岳麓书院藏秦简有秦始皇二十七年和三十四年两篇《质日》，其中的记事文字均写于秦统一后，"事""吏"两字已有明确分工，表示事务者均写作"事"。岳麓秦简《为吏治官及黔首》称民为"黔首"，一般认为也是秦始皇二十六年以后所抄，其中"吏""事"的用字情况亦与《质日》相同。④ 由此看来，里耶秦木方中"吏如故，更事"的意思，应是对原来兼表{吏}和{事}的"吏"字职能进行规范，记录官吏之{吏}仍用"吏"，记录事务之{事}改用"事"字。

---

① 参看赵平安《云梦龙岗秦简释文注释订补——附论"书同文"的历史作用》，初载《简帛研究汇刊》第一辑，中国文化大学史学系，2003 年，后收入《新出简帛与古文字古文献研究》，商务印书馆，2009 年，第 369～378 页。

② 现在，已有学者提出放马滩秦简的抄写年代在秦代，说见程少轩《放马滩简式占古佚书研究》，中西书局，2018 年，第 3～8 页。按照此说，则常用"事"可能是"书同文字"的结果。睡虎地秦简《日书乙种》也不排除有抄写或补写于秦代的内容。

③ 《里耶秦简（壹）》中仅 8-858、8-1026、8-1059、8-1403、8-1524 号共 5 处，原释文作"夬"的字，《校释》改释作"史"，认为通"事"。然而，赵平安指出秦隶中"史""夬"的写法有明显的差别（参看氏著《隶变研究》之八《隶变阶段未识字考》，河北大学出版社，2009 年，第 85～86 页），根据他的区分标准，里耶简中的上述 5 字从字形看似仍应释作"夬"。

④ 王辉举证了岳麓秦简"事""吏"两形分职的用字习惯，并且指出周家台秦简、龙岗秦简中也存在同样的情况。见氏著《简帛为臣居官类文献整理研究》第三章《秦简专论居官类文献整理研究》，中山大学博士学位论文，2012 年，第 41～42 页。据发掘报告，周家台秦简、龙岗秦简的抄写年代估计也在秦始皇二十六年以后。

Ⅷ行原有二字未释，首字作 ，末字作 ，根据字形可分别释为"卿"和"乡"，则此句作："卿如故，更乡。"案"卿""乡"初文相同，本为一字，写法出现分化后，在秦汉简帛中仍多通用，尤多以"卿"字记录{乡}、{向}。睡虎地秦简中这样的例子俯拾皆是，如秦始皇二十年《南郡守腾文书》中有三处"乡俗"，{乡}都写作"卿"。里耶秦简中则几乎看不到这种情况。《里耶秦简（壹）》过去没有释出"卿"字，而已释出的139个{乡}中，除个别笔画残缺或模糊无法确定的字以外，仅8-2264号木牍有一字写作"卿"，其余字形都作"乡"。如果睡虎地秦简和里耶简的这种用字差异不是出于偶然，那么此句的意思无疑可与上句作类似的解读，即：记录公卿之{卿}仍像过去一样使用"卿"字，记录乡里之{乡}统一改用"乡"字。

有了上述两行的基础，我们可以确认，"某如故更某"句式意在根据不同的词义场合，分化原先多义的字。由此出发，即可对其他几处字形更为模糊的地方作出补释。

Ⅴ行，末两字作 、。按此木方中"泰父""泰王""泰上皇"之"泰"分别作 、、，"守□公"之"守"作 。对比字形，上述两字可以释作"泰守"。由此推测，残缺大半的第一字可能是"大"，与残笔 恰可吻合。检睡虎地秦简，无"大守"或"泰守"。《里耶秦简（壹）》中原释出"泰守"13处（最早的纪年是秦始皇二十八年，两见），"大守"仅在同一块木牍（8-66号）上出现两次，且书写时间应在秦尽灭六国正式推行"书同文字"政策以前。[①]可见，"大如故，更泰守"一句意在区分"大""泰"二字的用法，规定在记录太守的{太}时改用"泰"字，不再写作"大守"。两字的分职还表现在其他场合，大西克也认为其使用条件与表示对象的尊卑密切相关，[②]应是正确的。从

---

① 此木牍有纪年秦始皇二十六年十二月，其时，与本木方有关的诏书可能颁布或尚未下达至迁陵。

② 说见大西克也《从里耶秦简和秦封泥探讨"泰"字的造字意义》，《简帛》第八辑，上海古籍出版社，2013年。

实际用例看，这种区分的规定在官文书中得到了执行。①

Ⅵ行，第一字作 ，从字形看可释作"赏"。睡虎地秦律中常见"赏"字，用以表示"负偿"之义，而"偿"字则无一见。此行末两字 、，后一字下部所从的"贝"较为清楚，应是"责"字；前一字左部可见所从的"人"的残笔，联系上下文来看，可能就是"偿"字。②"责"在此读为"债"，"偿责"即"偿债"，构成词例，表示此"偿"作"负偿"之义。赏赐之{赏}与负偿之{偿}词义相反，在用字上加以区分是有理由的。《里耶秦简（壹）》仅见一"赏"字（8-1897号），用作未尝之{尝}，用作负偿之义的"偿"字却出现了两次（8-645、8-1540号），可以旁证这条规定。

Ⅹ行，末字作 ，应是"诸"字。周波已经指出，战国秦文字多用"者"字表示诸多之{诸}，其例见诅楚文、睡虎地秦简等，而秦统一以后抄写的秦始皇诏版、龙岗秦简、马王堆帛书《五十二病方》等均已改"诸"。③从《里耶秦简（壹）》来看，"者"字凡130余见，无一处可以确定为用作{诸}。可以推测，本条应作："者如故，更诸。"④

Ⅺ行，首字几乎完全磨灭，末字作 ，从字形看疑是"酒"字。按睡虎地秦简虽有"酒"字（均见《日书》甲种），但更多的地方仍以"酉"记录{酒}。《里耶秦简（壹）》中"酒"字有四见，{酒}均写作"酒"。抄写于秦代的周家台秦简，情况也与里耶秦简类似，{酒}不再用"酉"字记录。可见，秦代通行的写法是将"酒"从"酉"分出，单独承担{酒}义。由此推测，里耶木方此句很可能原作："酉如故，更酒。"

① 岳麓秦简"芮盗卖公列地案"谳书有"大守"，见朱汉民、陈松长主编《岳麓书院藏秦简（叁）》，上海辞书出版社，2013年，第129页。这部谳书抄写的具体时间不详。它所在的一组简中，最晚的纪年是秦王政二十五年，且用字习惯基本呈现战国秦的特征，如用"鼠"记录{予}，"赏"记录{偿}等。由此可知，这组简册最有可能抄写于秦代以前，或者虽写于秦代但受底本影响保留了旧的用字习惯。
② "偿""责"二字的释读先后得到复旦大学郭永秉、周波两位先生的提示，谨此致谢。
③ 参看周波《战国时代各系文字间的用字差异现象研究》，线装书局，2012年，第63～64页。
④ 郭永秉也对此句做了同样的释读，并有更详细的讨论，参看其《读里耶8：461木方札记》，《古文字与古文献论集续编》，上海古籍出版社，2015年，第390～392页。

XⅡ行，原未释一字作（图）。此字从中间裂开，右半仅存两道残笔，但左半边上"氵"下"去"，字形还比较清晰。推测这应该是"灋"字，右侧所从"廌"字恰好可与残笔相合。故此句作："灋如故，更废官。"按睡虎地秦律无"废"字，｛废｝均写作"灋"。《秦律杂抄》首简"任灋官者为吏，赀二甲"，"灋官"同"废官"。《里耶秦简（壹）》中，"灋"字凡四见，三字为同一枚木楬背后的习字（8-1203），另一字见"犯灋为非"（8-1596），是法度之义，不见记录｛废｝的用法。"废"字在《里耶秦简（壹）》中除此木方外还有一处（8-178），字义不明。木方此句意为，记录法度之｛法｝仍用"灋"字，记录废官之｛废｝时改用"废"字。

XⅢ行，首末两字原未释。首字作（图），当即"鼠"字。最末一字（图）（右下角斜道系裂痕），参考上文"泰守""废官"之例，应是跟"予"构成词例，或可释作"人"。"予人"一词，意在表示此"予"字是给予之｛予｝。此二字的释读，仅从字形上看尚不足以确证，但考虑整句文意，则可讲通。按睡虎地秦简无"予"字，｛予｝均借"鼠"字表示。如《语书》中的"为吏之道"部分有"勿令为户，勿鼠田宇"，《日书》甲种有"可取，不可鼠"等，其中的"鼠"字皆读作"予"。岳麓书院藏秦简中谳书第一组秦王政二十五年南郡州陵县谳"琐相移谋购案"的抄本，亦全部以"鼠"字记录｛予｝。[1] 反观《里耶秦简（壹）》，除本木方外"鼠"字凡三见，皆非"给予"义，而"予"字则大量使用，在此木方以外还出现了12次。另，周家台秦简中"鼠""予"也已并存，各有分职。由此看来，这一句"鼠如故，更予人"的含义，同样也可在秦统一前后的简牍用字对比中得到印证。

上面的释证已经表明：里耶木方中采用"某如故更某"句式的这组文句，主旨是对书写用字进行规范，或者更确切地说，是分散多义字的记录职能。比如：从"大"分出"泰守"的"泰"，从"赏"分出负偿之义写作的"偿"，从"吏"分出事务之义写作的"事"，从

---

① 该抄本图版及释文见朱汉民、陈松长主编《岳麓书院藏秦简（叁）》，第95～112页。

"卿"分出乡里的"鄉"，从"酉"分出酒食的"酒"，从"瀂"分出"废官"的"废"，从"鼠"分出"予人"的"予"。[1] 木方所记的这些规范，大都在秦统一前后的简牍文字中得以印证。可见，分散"大""赏""吏""卿""酉""瀂""鼠"等多义字的职能，确实属于"书同文字"的内容，并且在秦代官方文书的实际使用中基本落实了。用以分职的"事""鄉""酒""废"等字，此前大都已经存在，秦代"书同文字"的方向主要是对既有字形和用法规范和确认，而非创造新字。[2]

除了分散多义字职能，里耶木方中还抄录有归并异体字、规范字形的规定。XV行"以此为野"句，就是意在归并通用字。"野"字的这一写法见于战国后期的放马滩秦简。在睡虎地秦简中，"野"字则多写作 **𡐣**，偶有一处作 **埜**（《日书》甲种简 32 正），而不见作"野"者。里耶秦简中"壄""埜""野"三字并存，秦始皇三十六年习字简 8-1445 号有一"埜"字、二"野"字，习字简 8-174 号有二"壄"字。《说文》："壄，古文野。"颜师古亦曰"埜与壄同，古野字也",[3]认为"埜""壄"是"野"的古文。从目前所见战国的用字情况来看，"埜""壄"两形多见于楚文字，"野"则是秦系文字的固有写法。木方此句的意思，是将过去习用的几种"野"字归并起来，统一作此从"田"的 **野** 形。秦始皇峄

---

① 木方Ⅲ、Ⅳ两行很可能也是"某如故更某"的句式，然残缺特甚，过去仅释出"假"和"钱"二字，应即规定所改用之字。赵平安发现睡虎地秦简未见"假"字，{假}皆记录为"叚"，而龙岗秦简一般作"假"，只有一简作"叚"，且有疑问。参看赵平安《云梦龙岗秦简释文注释订补——附论"书同文"的历史作用》,《新出简帛与古文字古文献研究》，第 376～377 页。"叚""假"的变化与"吏""事"二字相似。今按《里耶秦简（壹）》,"叚"多用作暂摄某官之义，"假借"之义多作"假"，仅有一则书写于秦始皇二十六年六月的文书混用"叚"字。本木方Ⅲ行"假"下一字，从字形看当是"人"字，与"假"组成辞例"假人"，表示此"假"为假借之"假"。或可据此推测，原句为："叚如故，更假人。"Ⅳ行则可能与"泉""钱"二字的分职有关。上述关于此二句的看法还仅系推测，尚有待更多的资料予以证明。

② 大西克也在《从里耶秦简和秦封泥探讨"泰"字的造字意义》一文中提出："泰"字与秦用水德有关，是秦朝为了炫耀天下统一创造的新字。我认为"泰"字有可能是秦代新造的，但未必有象征水德的政治意味。这一问题还有待更多资料来进一步验证。

③ 《汉书》卷五七下《司马相如传下》"膏液润野中"颜师古注，中华书局，1962 年，第 2579 页。点校本"壄"讹作"壄"。

山刻石"野"字作▨，可见此形确是秦代官方的标准写法。

意在正定字形写法的，是XⅧ、XIX两行。XⅧ行曰"故皇今更如此皇"，前一"皇"字，木方原写作▨，即"皇"。此句意在将从上部从"自"的"皇"废除，统一改写为"皇"。按睡虎地秦简共有两"皇"字，其中《日书》乙种的一个，字形作▨（简145），从"自"。里耶秦简中除此木方外，还有一个"皇"字，云梦龙岗秦简中两见"皇帝"，字均写作"皇"，大致反映了规范后的写法。不过，东汉许慎所著《说文解字》却以"皇"为正字，可见秦以后的情况还比较复杂。XIX行"故旦今更如此旦"，"旦"字前者作▨，后者作▨。此处所示两字形的差别，可能是前者所从的"日"中一横与两侧的竖笔相接，并写得易与"且"字相混。秦简隶书相对草率，往往写得接近前一个字形，统一前后变化似不明显。

通过上面对里耶8-455号木方中有关文字字形、用法规定的考察，我们了解到，秦代"书同文字"的政策不仅仅是命令山东六国地区改用秦系文字，还包括建立文字使用规范，并且有关的规定细致到了个别字的写法和用法。过去学者已经指出"书同文字"包括"正字形"和"正用字"两方面，本文观察到的现象可以补充和印证这个认识。同时我们也注意到，要准确认识秦代"书同文字"政策在这两方面的内容和效果，还应该进行更多层面的思考。

首先，从木方所载具体规定的执行情况来看，"正用字"在秦代的效果相当不错，至少是不亚于"正字形"的。过去，"书同文"的效果只能通过汉初的文字资料来检验。这些资料多是私人使用、保存的书籍和文书，秦代国家政策的影响在其中是打了折扣的。从新见的秦代文字资料，特别是官文书来看，情况就很不相同。这提醒我们去思考"书同文字"政策作用于文字发展的场合和途径。已有学者注意到，秦汉避讳执行的宽严程度在公领域和私领域存在差异，[①] 国家的文字规范也有类

---

① 参看来国龙《避讳字与出土秦汉简帛的研究》，载卜宪群、杨振红主编《简帛研究二〇〇六》，广西师范大学出版社，2008年。

似情况。"书同文字"可能包含有文化理想的成分，但其直接目的是便于行政，建立统一高效的文书运作体系。因此，国家的文字规范很快在官文书上得到有力的执行，基层官吏还要抄录有关规定，避免犯错。而在私人的场合，秦代国家很难直接对文字使用提出严格要求并监督其实施，[①]"书同文字"的实现一定是间接而缓慢的，规范化的程度不可能像官文书那么高。因此，在秦代官文书中已经区别使用或基本统一写法的字，到汉代又出现了较为普遍的"不规范"现象，如"卿""鄉"混同，"壄""野"并用等。将这些场合和途径方面的因素充分考虑进来，才能更全面地认识"书同文字"政策的效果。

其次，里耶木方所见关于文字字形和用法的规定非常具体，当然也就只能照顾到文字中很小的一部分。"书同文字"政策最重要也最见成效的方面，即用秦系文字取代六国文字，不太可能通过国家规定每一个字的字形和用法来完成。这个变化完成的主要途径，应是在"以吏为师"的教育模式下，众多秦吏对文字的大量使用和传习。由此形成的"书同文"，一定是"大同"中存有"小异"。所谓"大同"是大体上同用秦系文字，"小异"是不同的书写者在具体写法、用字习惯上存在差异。正如我们在木方中所看到的，秦代国家对某些差异作了有针对性的规范，但不可能巨细靡遗，完全统一。

最后，在里耶木方中，对文字字形和用法的规定与"皇帝"名号、职官称谓变更这些政治范畴的事项是并列混抄的。这恰好说明了"书同文字"的政治性。在汉字发展史上，统一和规范不是自然的趋向。汉字在使用和传播过程中自然而然不断产生的，是异体、讹变、异用、假借和其他种种"不规范"；每次统一和规范，则都能找到政治权力参与其间，只有政治权力才能够制定和强制推行统一和规范文字的标准。在政治权力集中和强化之时，"书同文字"一类的政策规范一再推出，从唐代的《开元文字音义》到中华人民共和国成立后颁布的《简化字总表》

---

① 比如，就里耶木方提到的"卿如故，更鄉"来看，在汉初抄写的马王堆汉墓帛书中，《天文气象杂占》"兵在外龙之鄉（向）也"，"鄉"写作"卿"，《昭力》的"卿大夫"则作"鄉大夫"。

《第一批异体字整理表》《印刷通用汉字字形表》等，都是这样的例子。这些人为的规范和自然发生的"不规范"反复互动，促使着汉字发展一次次走向新的阶段。

里耶木方关于文字规范规定的记载，以及这些规定在官文书和其他场合的执行情况，可以启发和帮助我们更全面地认识秦代国家"书同文字"政策多层面的内容和效果，以及国家权力在汉字发展史上所起的作用。目前公布的资料还只是已发现秦简牍的一部分，本文也仅在有限的范围内做了初步的工作，难免疏漏。相信随着出土资料的积累，对于"书同文字"政策研究还可进一步细化，所得的认识也将更加深入和可靠。

2013 年 3 月 8 日初稿

2014 年 7 月 21 日改定

2020 年 11 月 12 日修订

修订后记：本文最初刊载于《文物》2014 年第 9 期，限于篇幅和体例，改为简体字，并有较多删略；完整的繁体字版刊载于复旦大学历史学系、复旦大学出土文献与古文字研究中心编《简帛文献与古代史——第二届出土文献青年学者国际论坛论文集》，中西书局，2015 年。这次又在后者的基础上稍加修订，调整若干具体的论述，总体认识则维持原样。文章的写作与修改得到李零、来国龙、林志鹏、王辉、游逸飞、郭永秉、周波、张富海等先生的启发和指正。在此致以衷心的感谢！

拙文发表后，学界从这一木方探讨"书同文字"政策的研究有不少推进。陈松长、贺晓朦的《秦汉简牍所见"走马"、"簪袅"关系考论》（《中国史研究》2015 年第 4 期）释出了木牍上栏Ⅸ行"走马如故更簪袅"一句；田炜的《论秦始皇"书同文字"政策的内涵及影响——兼论判断出土秦文献文本年代的重要标尺》（《中研院历史语言研究所集刊》第 89 本第 3 分），论证"书同文字"除了正字形和用字之外还包括正用语，因而 8-455 号木方的全部内容都属于"书同文字"的范畴，可以定名为"同文字方"，尤其值得参考。

秦简牍复生故事与移风易俗

生死，是一个永恒的谜。对于生者来说，死后世界到底怎么样，应该如何对待死者，都难以找到确切的答案。于是，死而复生就成了向生者传达死后世界信息的最佳途径。这种超自然现象实际上不会真的发生，却自古为人们所津津乐道。有文字记录传世的复生故事何止千百，而近来在秦简牍中发现的两篇，是其中已知最早的。

放马滩秦简《丹》篇和北大秦牍《泰原有死者》，分别记述了一位死者复生，然后讲述死后世界和丧葬祭祀宜忌的故事。学界的研究在不少细节上还有争议，但故事的内容已经大致厘清。正如李零所说，两则故事都是讲丧葬习俗。[①] 更具体地来讲，还包括墓前祭祀的礼俗。在此基础上，本文想要进一步讨论，它们反映了什么样的习俗？这样的习俗为什么要以复生故事的形式来表达？这种表达，除了提供当时风俗的若干细节之外，是否还包含了更多的历史信息？

稍作分析就不难发现，以复生故事的形式表达丧葬习俗，目的在于改变当时流行的旧俗，建立新的风俗。两篇秦简牍文献中透露出何种移风易俗的努力，正是本文关心的重点。

---

① 李零《北大秦牍〈泰原有死者〉简介》，《文物》2012 年第 6 期，第 84 页。

一、秦简牍中的复生故事

甘肃天水放马滩秦简《丹》篇发现于 1986 年，整理者最初称为《墓主记》，李学勤随后将之定性为"志怪故事"，[①] 并被最终的整理报告所接受，用作本篇的名称。[②] 这一改题否定了本篇内容与墓主人存在直接联系，为正确理解本篇的性质奠定了基础。不过，"志怪故事"这一命名是参照魏晋以后的《搜神记》等志怪小说而得出的，其所隐含的文学作品性质也未必符合本篇在当时的实际功用。不久前，孙占宇提出应改题为《丹》。[③] 我认为以本篇主人公为题是比较妥当的，本文就采用了这个题名。

迄今已有多位学者对《丹》篇进行了不同的释文标点或释读研究，孙占宇最近做过比较全面的总结。这里不再重复，仅参考众家之说，将全篇录文于下，以便查考。争议之处，或择善而从，或加以己意。[④]

八年八月己巳，邸丞赤敢谒御史："大梁人王里煔徒曰丹，葬今七年。丹刺（刺）伤人垣雍里中，因自刭殹（也）。陈之于市三日，【1】葬之垣雍南门外。三年，丹而复生。丹所以得复生者，吾（晤）犀武舍人。犀武论：其舍人尚（掌）命者以丹【2】未当死。因告司命史公孙强，因令白狐穴屈（掘）出。丹立墓上三日，因与司命史公孙强北之赵氏之北【3】地柏丘之上。盈四年，乃闻犬狋（吠）鸡鸣而人食。其状类（颣）益（嗌），少糜（眉），墨，四支

---

① 李学勤《放马滩简中的志怪故事》，《文物》1990 年第 4 期。

② 甘肃省文物考古研究所编《天水放马滩秦简》，中华书局，2009 年，第 107 页。

③ 孙占宇《放马滩秦简〈丹〉篇校注》，简帛网，2012 年 7 月 31 日。此前，陕西省考古研究院的王辉已经提出此篇可命名为《丹》或《丹记》。不过他仍认为丹即墓主之名，《丹》或《丹记》实际上就是"墓主记"。说见王辉《〈天水放马滩秦简〉校读记》，《简帛》第六辑，上海古籍出版社，2011 年。

④ 参见拙文《放马滩简〈丹〉篇札记》，简帛网，2012 年 9 月 25 日。

（肢）不用。

"丹言曰：死者不欲多衣。【4】死人以白茅为富，其鬼贱于它而富。

"丹言曰：祠墓者毋敢毂（哭）。毂（哭），鬼去敬（惊）走，已，收缀而馨之，如此，鬼终身不食殴（也）。【5】

"·丹言：祠者必谨骚（扫）除，毋以匋（陶）洒祠所。毋以羹沃缀（馈）上，鬼弗食殴（也）。"【6】

语译：

八年八月己巳日，外郡驻都城办事处的长官报告御史："大梁县人王里中的剃发罪犯丹，下葬距今已有七年。丹曾在垣雍里中刺伤他人，因而刎颈自杀。（尸体）在集市上陈列三天后，葬在垣雍里的南门外。三年后，丹转而复活。丹之所以能够复活，是因为见到了犀武的舍人。犀武论断：他的舍人中掌管生命的那位认为丹不应该死。于是告知司命史公孙强，于是命令白狐狸挖开墓穴掘出尸体。丹在墓上站立了三天，于是与司命史公孙强一起往北到达赵国的北地柏丘之上。满四年后，（丹）才听得到狗叫鸡鸣，吃人吃的食物。他的样子是喉部有伤疤，眉毛稀疏，（脸色）发黑，四肢无力。

"丹说道：死者不想要太多衣服。死人将白茅当作财富，哪个死鬼（比别人拥有更多的白茅以至于）不把它当回事，那就是富有的。

"丹说道：祭祀坟墓的人不要哭。一哭，鬼就会受惊而跑掉，（祭祀）结束，收去祭饭，清扫一空，鬼终究什么也吃不到。

"丹说：祭祀的人一定要认真打扫，不要用瓦器冲洗祭祀的地方。不要将汤羹浇洒在祭饭上，鬼是不会食用的。"

篇中先是讲丹如何死亡又如何复活，然后记录丹对死后世界和丧葬宜忌的论说。自李学勤以来，众家研究本篇内容多注重讲死而复生的前半部分，而对丧葬习俗的部分不太重视。直到北大秦牍《泰原有死者》发现后，通过比较，才开始重新认识此类文献的主旨。前引李零的话即是此意。孙占宇也说："二者皆借某位死而复生者之口，述说死人好恶及祭祀禁忌，相通之处颇多。但后者（引案：指《泰原有死者》）所述故事处较为简略，主题更加突出。"[1] 我的看法基本相同。[2]

北大秦简《泰原有死者》最早由李零释读注释。下面的录文是在此基础上做的，仅个别语句的读法稍有调整，不影响基本意思。

> 泰（太）原有死者，三岁而复产。献之咸阳，言曰："死人之所恶，解予死人衣，必令产见之，弗产见，鬼辄夺而入之少内。死人所贵，黄圈。黄圈以当金，黍粟以当钱，白菅以当缥（绅）。女子死三岁而复嫁，后有死者，勿并其冢。祭死人之冢，勿哭，须其已食乃哭之；不须其已食而哭之，鬼辄夺而入之厨。祠，毋以酒与羹沃祭，而沃祭前。收死人勿束缚，毋决其履，毋毁其器，令如其产之卧殴（也），令其魋（魄）不得茖〈荅—呇〉思〈鬼〉。黄圈者，大叔（菽）殴，勢（熬）去其皮，[3]置于土中，以为黄金之勉。"

语译：

> 太原郡有个死去的人，三年后复活过来。他被进献到咸阳，说道："死人厌恶的事，送给死人穿的衣服，一定要让他在生前见过，如果不是生前见过，鬼就会抢走送到小仓库里。死人所宝贵

---

① 孙占宇《放马滩秦简〈丹〉篇校注》。
② 最近，蒋文将《丹》篇的性质概括为"事鬼指南"，可参看。见蒋文《事鬼指南：也谈放马滩简旧所谓"志怪故事"的文本性质》，《古典文献研究》第二十四辑上，凤凰出版社，2021年。
③ "勢"字的释读参看蒋文《"黄豆瓜子"何以支付"地下赋"——从〈泰原有死者〉、马王堆遣策看东汉张叔敬镇墓文》，《简帛》第二十辑，上海古籍出版社，2020年，第172页注④。

的有黄圈。黄圈被用来当作黄金，黏米和小米被用来当作铜钱，
白茅草被用来当作丝绸。女人死了三年之后会再次嫁人，之后再
有死人，不要合并他们的坟墓。祭祀死人的坟墓，不要哭，等死
者吃过之后再哭；不等到吃过就哭，别的鬼会夺走祭饭收进厨房
里。祭祀不要用酒和汤羹浇洒祭饭，要浇洒在祭饭的前面。收殓
死人不要捆绑，不要破损他的鞋子，不要毁坏随葬的器物，让他
像活着时一样地躺下，使他的魂魄不会化为恶鬼。黄圈就是大豆，
熬煮去掉它的外皮，放在泥土中，用来当作黄金（退而求其次）
的替代品。①

此文比《丹》篇短，但关于丧葬习俗的内容则更丰富。其中有些与
《丹》篇所述非常相似，有些则溢出其外。下面讨论两篇故事中所见的
丧葬习俗，大致以《泰原有死者》为主，而辅以《丹》篇。②

二、复生故事中的葬俗和祭俗

我们所说的丧葬习俗，具体而言包括葬仪、葬式，以及墓上祭祀的
风俗。下面大致按照简牍内容的顺序，分别论述。

---

① "解予死人衣"的"解"指送交，类似的用法见于张家山汉简《奏谳书》案例十中
的"解书廷"（简 56），见张家山二四七号汉墓竹简整理小组编《张家山汉墓竹简
〔二四七号墓〕》，文物出版社，2001 年，第 217 页。"黄金之勉"的"勉"字费解，
学者无确解。案郭店楚简《唐虞之道》有"孝，仁之勉也"一句，与此牍以黄圈"为
黄金之勉"相似。儒家认为"仁"是爱人，"孝"则是爱双亲。孝的范围小，道德层
次不如"仁"。但《唐虞之道》又说："孝之施，爱天下之民。""孝"加以扩展，可以
变成"仁"。这里的"勉"读为"勉"，有勉强的意思，表达了仁孝之间的这层关系，
大致是说"孝"具有了"仁"的基本属性，但还没有达到仁。牍文中的黄圈与黄金也
是这种关系。这层意思不容易用现代汉语表达，姑且翻译为"退而求其次的替代品"，
以待方家教正。

② 姜守诚对《丹》和《泰原有死者》有系统研究，详细整理诸家之说，可参看。见姜守
诚《出土文献与早期道教》第一、六章，中国社会科学出版社，2016 年，第 3～102、
284～314 页。

（一）谷物、茅草以当金帛

《泰原有死者》云："死人所贵，黄圈。黄圈以当金，黍粟以当钱，白菅以当繇。"李零指出，黄圈就是大豆黄卷，是用大豆发出的黄色豆芽，《泰原有死者》认为它在死后世界相当于黄金。[①] 陈伟提示，"在马王堆、张家山等地出土的汉代遣策中，有黄卷之名"。[②] 今案马王堆一号汉墓出土木签牌有"黄卷笥"一枚（第 45 号），遣册简 161 书"黄卷一石缣囊一笥合"。此木牌原在 353 号竹笥上，该笥盛梨，报告认为可能当属于 355 号竹笥。355 笥存绢制草药袋 6 个，概即遣策所谓缣囊，黄卷则大概已经腐烂不见了。[③] 这里的黄卷与其他食物并列，其名书于遣册，应该是作为黄卷本身来随葬的。[④] 它与《泰原有死者》中"以当金"的黄圈虽是一物，但不具象征性，随葬的意义不同。马王堆二、三号汉墓、张家山 247 号汉墓遣册中所见的黄卷，恐怕也当作如是观。[⑤]

大豆豆芽在墓葬的饱水环境中难以保存，迄今未见出土于秦汉墓葬的报导，但"黍粟"和"白菅"则都曾在墓葬中发现过。比如：

1. 湖北云梦睡虎地 M11 号墓出土有稻和粟，报告未说明位置。[⑥]

① 李零《北大秦牍〈泰原有死者〉简介》，《文物》2012 年第 6 期，第 82 页。

② 陈伟《北大藏秦简〈泰原有死者〉识小》，简帛网，2012 年 7 月 14 日。

③ 见湖南省博物馆、中国科学院考古研究所编《长沙马王堆一号汉墓（上、下集）》，文物出版社，1973 年。"黄卷笥"签牌摹本在上集第 114 页，释文介绍在第 117 页，图版在下集第 191 页；遣册"黄卷一石缣囊一笥合"释文在上集第 143 页，图版在下集第 234 页。

④ 随葬品在遣册上的名称代表了其作为随葬品的含义。比如马王堆汉墓遣册上写明的舞者、车马，实际是指随葬的木俑、偶车马，反映了它们随葬的象征意义。同理，如果随葬的黄卷是作为黄金的象征物，遣册上就应该写"金"或"黄金"，而不是直书"黄卷"其名了。

⑤ 相关情况参看湖南省博物馆、湖南省文物考古研究所编《马王堆二、三号汉墓·第一卷 田野考古发掘报告》，文物出版社，2004 年，第 57、188 页；张家山二四七号汉墓竹简整理小组编《张家山汉墓竹简〔二四七号墓〕》，第 121、303 页。此处不赘。

⑥ 《云梦睡虎地秦墓》编写组编《云梦睡虎地秦墓》，文物出版社，1981 年，第 60 页。

2. 湖北荆州萧家草场 26 号汉墓边箱西头的一个竹笭中，出土稻粒和稗粒各"少许"。又在边箱中部的竹笭内发现深褐色的芦苇根茎，散乱填满竹笭，晾干后净重 164 克。[1]

3. 北京大学藏秦简牍室内发掘清理中发现，在竹简整体的泥壳及简牍卷册间的淤土中有不少植物种壳。[2] 这些种壳的种属尚待鉴定，根据已公布的显微照片及笔者对实物的观察，可能是稻谷的谷壳。

随葬物品中的这类植物保存下来的几率很小，在考古工作中所受重视程度也还不够。查阅秦及西汉墓葬发掘报告，所见的相关例子非常有限。睡虎地秦墓和萧家草场汉墓的发掘整理者，都未对上述现象作深入分析，大体认为稻、粟和稗粒是作为粮食随葬的。这不失为常规的理解，但结合《泰原有死者》的论述，我们或许还可以考虑另一种可能，即秦及汉初墓葬中的部分谷物和芦苇根茎，是作为钱、帛的象征物随葬的。

在萧家草场 26 号汉墓中除了上面说的稻粒和稗粒外，还有一种粟米。据发掘报告称，粟米出土时与猪骨、鸡骨、鸡蛋蛋膜、生姜、花椒在一起，显然是作为食物随葬的。粟米的出土位置在头箱内的竹笥中，与稻粒和稗粒出土于边箱不同。粟米出土时的含水重量达约 2 千克，数量不小，也迥异于只有"少许"（原报告语）的稻、稗。据此我们有理由怀疑，墓中的稻粒、稗粒和粟米虽同为谷物，随葬的意义却不一定相同。再来看北大秦简清理时发现的植物种壳。这些种壳应是植物种子朽烂后的遗存，发现于简牍之间，有不少还在竹简卷册的内层。考虑到简牍原来应是置于竹笥内，[3] 与其认为植物颗粒从墓中其他位置进入竹笥并深入到叠压紧密的卷册内部，不如推测它们原本就与简牍混置于竹笥内。若这一推测不误，这些植物种子应该也不是作为食物随葬的。《泰原有死者》中所谓"黍粟"，可理解为谷物的泛称。上述秦汉墓中发现的带壳的

① 湖北省荆州市周梁玉桥遗址博物馆编《关沮秦汉墓简牍》，中华书局，2001 年，第 180 页。

② 北京大学出土文献研究所《北京大学藏秦简牍室内发掘清理简报》，《文物》2012 年第 6 期，第 40～42 页。

③ 北京大学出土文献研究所《北京大学藏秦简牍概述》，《文物》2012 年第 6 期，第 65 页。

稻粒、稗粒以及植物种壳，原本都可能是这类"以当钱"的"黍粟"。

《泰原有死者》中所谓"白菅以当緰"，李零解释："緰"通"由"，读为"紬"，是丝帛的通名；白菅就是《丹》篇中"死人以白茅为富"的白茅（*Imperata cylindrica*）。[①] 我推测，这里所说的白菅或白茅未必一定是现代植物学中白茅属的植物，其他白色根茎的常见高秆粗禾草也可有类似用途。萧家草场 26 号汉墓出土的芦苇，散乱填满竹筒，很难解释它作为随葬品的用意。但如果认为它是白茅、白菅一类的东西，在死后世界有象征意义，就比较容易理解其作用了。

江汉地区的秦墓不少有草束护棺，睡虎地 M11 号秦墓的草束上还包扎着素绢和锦。这恐怕不是起简单的保护作用，而是以草束象征丝绸。睡虎地 M11 号秦墓的棺底板上撒有 1 厘米厚的小米，M7 底板上撒有稻谷壳。[②] 睡虎地 M45 秦墓棺中出有稻谷壳，并有稻秆。[③] 这些谷物、稻草都出现在棺内，不像一般的随葬食物那样位于椁室中，贴近墓主，位置重要，当是取其象征钱财的意义。

用便宜且常见的谷物和茅草随葬，认为可以当作死后世界的钱财，似乎不是各阶层中广泛流行的葬俗。李零指出，采用此类葬俗说明死者身份不高，属于较低的社会阶层，[④] 是可信的。需要补充的是，这类较低的社会阶层也包括地方小吏和普通士人。他们一方面有以钱帛随葬的资格和欲求，一方面又会因此给生者造成沉重的负担。以象征物随葬，对他们而言最为实际。这与战国以降明器的大量使用，应属同一历史脉络，可合而并观。

（二）勿束缚、毋毁器

《泰原有死者》又说："收死人勿束缚，毋决其履，毋毁其器，令

---

① 李零《北大秦牍〈泰原有死者〉简介》，《文物》2012 年第 6 期，第 82 页。
② 《云梦睡虎地秦墓》编写组编《云梦睡虎地秦墓》，第 6～8 页。
③ 湖北省博物馆《1978 年云梦秦汉墓发掘报告》，《考古学报》1986 年第 4 期，第 517 页。
④ 李零《北大秦牍〈泰原有死者〉简介》，《文物》2012 年第 6 期，第 82 页。

如其产之卧殹（也）。"这是讲死者尸体的收殓方式。据太原郡的死而复生者说，收殓死人时不要加以捆绑束缚，不要决裂死者所穿的鞋履，不要毁坏随葬的器物，务必让尸体保持死者生前的卧姿。这些收殓的方式本身并不奇怪，有趣的是，牍中表示这些事项时采用了"勿如何""毋如何"的否定句式，暗示出当时存在着一种束缚尸体、决裂鞋履、毁坏随葬器物的葬俗。此类葬俗是否可与秦墓考古的发现联系起来互相发明，有待考古学家进一步研究。笔者的考古学知识相当有限，这里只能尝试稍作推阐。

一般认为，屈肢葬，尤其是"蜷屈特甚"的屈肢葬是秦文化的一个重要特征。[1]汉初以后，屈肢葬式几乎绝迹，即使秦人后裔的少部分墓葬仍保留屈肢葬式，蜷屈程度也已经大为舒缓。[2]以往，考古学家对屈肢葬所反映的秦人族属、文化问题作了不少深入的研究。陈洪最新的系统研究，进一步指明了各等级墓葬葬式向直肢葬演变的时间和过程，并且提出其外因是外来移民大批涌入关中，内因是商鞅变法削弱了旧贵族势力和旧传统的影响，使整个社会容忍平民采用直肢葬。[3]《泰原有死者》中关于葬俗的论述，还能够启发对葬式的这一变化过程的新认识。

引用叶小燕的描述，"蜷屈特甚"或"弯曲特甚"的屈肢葬式，胫骨和股骨之间的角度一般在 40° 以下甚至相并合，脚后跟紧贴臀部，作跪坐姿势，有的下肢上屈，堆于腹上（参看图一）。[4]这当然不是身体的

---

[1] 需要指出的是，直肢葬在春秋战国时期秦的高等级墓葬中占有很大的比例。梁云认为，在考虑文化的主体因素时，相同数量的高等级贵族墓和平民小墓的意义并不对等，因此，"如果把屈肢葬式作为秦文化葬俗方面的主体因素，就会抹杀国君和士大夫级别墓葬的特点"（见梁云《从秦墓葬俗看秦文化的形成》，《考古与文物》2008 年第 1 期，第 55、58 页）。这个观点强调文化内部的"异质性"和复杂情况，是值得重视的。本文根据一般看法，仍将屈肢葬视为秦文化的一个重要特征，并不否认上述复杂性。对此，后文还将有所涉及。

[2] 参看俞伟超《古代"西戎"和"羌"、"胡"考古学文化归属问题的探讨》，收入氏著《先秦两汉考古学论集》，文物出版社，1985 年，第 187～188 页；叶小燕《秦墓初探》，《考古》1982 年第 1 期，第 65、71 页。

[3] 参看陈洪《秦文化之考古学研究》，科学出版社，2016 年，第 12～16、163～190 页。

[4] 叶小燕《秦墓初探》，《考古》1982 年第 1 期，第 65 页。

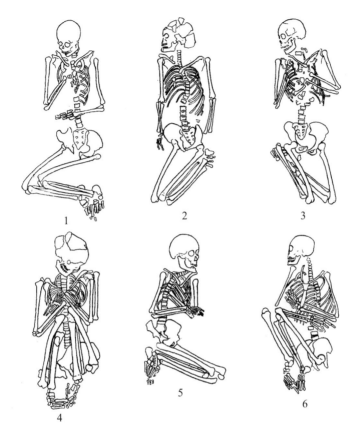

图一　秦墓中的典型屈肢葬

（图片来源：金学山《西安半坡的战国墓葬》，《考古学报》1957 年第 3 期，第 72 页）

自然卧姿，考古学家推测是死后立即捆绑尸体所致，[①]而《泰原有死者》中说"收死人勿束缚"，正是指改变这种捆绑尸体的屈肢葬式。

　　当然，《泰原有死者》并没有直接说明"束缚"的具体方法，令人可以有不同的理解。不过，若将后文"令如其产之卧"考虑在内，不难发现"勿束缚"的结果应该就是让死者保持生前自然的卧姿。虽然难以完全确定这种卧姿究竟指向何种葬式，但无论是仰身直肢葬还是较为舒

_____

① 滕铭予《论关中秦墓中洞室墓的年代》，《华夏考古》1993 年第 2 期，第 91 页；陈洪《秦文化之考古学研究》，第 187 页。

展的屈肢葬或者其他，都不再需要捆绑尸体，不可能仍然"蜷屈特甚"了。可以说，《泰原有死者》的这段论述，恰好印证了考古学家的推测，反映出"蜷屈特甚"屈肢葬式的存在和实现方式，同时也跟这种葬式的消失不无关系。

考古学家一般将汉初作为屈肢葬消亡的标志性时间，但这并不意味着秦朝覆亡是这一秦文化因素消失的根本原因。叶小燕对秦墓的分期，将秦拔六国城池到秦朝灭亡定为第四阶段。在这个阶段，关中地区以外的秦墓已经不同程度地并存有秦文化和其他地区文化的因素。根据考古学家对关中、关东和江汉地区战国晚期到秦代秦墓的分析，屈肢葬在各地区的情况互不相同。[①]战国后期，秦本土以外的秦墓中，屈肢葬相对减少了许多，蜷曲程度也更为舒展。[②]屈肢葬在秦墓葬式中占据大多数的主体地位已经发生动摇，并且逐渐丧失。

举例来说，湖北云梦睡虎地1977年发掘的4座秦墓中可以确定葬式的有3座，其中两座为仰身直肢葬，另一座出土竹简的M11则为蜷屈幅度不大的仰身屈肢葬。[③]考古报告推测，M11的墓主人就是同出竹简《编年记》的主人公"喜"。他死于秦始皇三十年（前217），身份应是低级官吏。从随葬器物分析，睡虎地秦墓的文化特征与关中秦墓和原六国地区的秦人墓基本相同，而跟同一地区的楚墓及楚人后裔墓差别较大。这些墓葬的主人，是秦人的可能性很高。[④]M11采用从未在楚墓出现的屈肢葬式，也可表明墓主秦人的身份。然而，这一屈肢葬式股骨和胫骨的夹角约为110°，明显有别于"蜷屈特甚"的典型秦人屈肢葬式，收殓时应该也未加束缚（见图二）。考虑到可知葬式的另两座秦墓均采用仰身直肢葬，这种较为舒展、不加束缚的屈肢葬，当可认为是文化

---

① 参看刘庆柱、白云翔主编《中国考古学·秦汉卷》，文物出版社，2010年，第146～147页。

② 陕西省考古研究所秦汉研究室编《秦物质文化史》，三秦出版社，1994年，第319页。

③ 《云梦睡虎地秦墓》编写组编《云梦睡虎地秦墓》，第8页；叶小燕《秦墓初探》，《考古》1982年第1期，第70页。

④ 参看《云梦睡虎地秦墓》，第69～71页。叶小燕认为睡虎地秦墓"是秦人深入楚地受楚文化薰染的代表墓葬"，见《秦墓初探》，《考古》1982年第1期，第70页。

融合和葬式演变中的一种过渡形式。[①]
这与《泰原有死者》中"收死人勿束
缚""令如其产之卧"的论述恰好可以
互相印证。

　　不采用"蜷屈特甚"屈肢葬式的
秦墓，究竟属于秦人还是受秦文化影
响的六国人，多数不容易一一判定。
可以确定的是，当秦文化跃出关中地
区而与六国文化相交融之后，墓葬的
秦文化因素一边扩散，一边也会面临
被稀释和被挑战的处境。就葬式而言，
秦文化内部本就存在很强的异质性因
素，直肢葬大量存在于春秋战国时期
的高等级墓葬中。[②]这种异质性因素，
对于屈肢葬被取代的过程无疑会起促
进作用。只是这个改变发生的时间说
明，战国中晚期以后秦与六国文化不
断增强的交流和联系，应该是更为主
要的动因。

　　根据前文的讨论，战国秦汉之际
从屈肢葬为主到被直肢葬取代的变化
是缓慢渐进，而非随着改朝换代迅速
发生的。它不是政治力量直接干预的
结果。过去，考古学者已经从文化融
合和互相影响的角度去理解变化发生
的原因，但还没有说明变革的具体方

0　5　10　　　20 厘米

图二　云梦睡虎地 M11 秦墓棺内
平面图（图片来源：《云梦睡虎地
秦墓》，文物出版社，1981 年，第
13 页）

---

① 参看陈洪《秦文化之考古学研究》，第 229 页。
② 参看滕铭予《论秦墓中的直肢葬及相关问题》，《文物季刊》1997 年第 1 期，以及前引
　 梁云《从秦墓葬俗看秦文化的形成》一文。

式。现在，通过秦牍中的复生故事，我们看到了丧葬习俗变化发生的一个途径，也就是借助"故事"这一文化因素来推动变革、移风易俗。对此，后文将继续讨论。

"勿束缚"的意义，按照牍文的说法，是"令其魋（魄）不得咎鬼"。"咎鬼"，原文讹作"荅思"，不可解。案睡虎地秦简《日书》甲种中的《诘》篇开头就说"诘咎鬼害民罔（妄）行"，"咎鬼"即厉鬼、恶鬼，是"诘"的对象。[①]东汉时期常见的解注镇墓瓶上文字，也有"咎鬼"，如陕西长安县南李王村汉墓出土的陶瓶朱书中多见"咎鬼"。"咎"字从"艹"，而偏旁"卜"简化为一点，与"荅"的字形极为相近。[②]牍文的意思应是："如果不采用束缚的屈肢葬式，尸体就不会变成恶鬼。"屈肢葬被直肢葬取代说明了死亡观念的何种变化，仅凭目前的材料，还无法得到准确的回答。但《泰原有死者》所提供的信息，指示了一个未来思考的方向。

与"勿束缚"相关的，还有"毋决其履，毋毁其器"。这两句话反对的是一种被考古学家和人类学家称为"毁器葬"的葬俗。毁器葬俗曾在各个历史时期广泛地流行于世界各地。学者已经揭示了中国东北和北方古代民族的毁器葬俗，匈奴、鲜卑、契丹、女真等民族均包含在内。[③]商文化墓葬中也常见以故意毁坏的器物随葬，毁坏随葬兵器的特殊毁器

---

① 睡虎地秦墓竹简整理小组《睡虎地秦墓竹简》，文物出版社，1990年，释文注释第212页。整理者将"诘咎"二字连读，与此篇自题"诘"不合。我赞同郑刚的意见，认为"咎鬼"应该连读。参看郑刚《论睡虎地秦简日书的结构特征》，《中山大学学报（社会科学版）》1993年第3期。又案，2020年公布的胡家草场西汉简中有一卷简册，内容与《诘》篇高度相关，第一枚简背面自题篇名"诘咎"（参看李天虹《胡家草场汉简〈诘咎〉篇与睡虎地秦简〈日书·诘〉对读》，《文物》2020年第8期）。这是取前两字作篇题，与《论语》的"学而""雍也"等篇类似，并不意味着"诘咎"应该连读成辞。

② 参看王育成《南李王陶瓶朱书与相关宗教文化问题研究》，《考古与文物》1996年第2期。

③ 参看张英《从考古学看我国东北古代民族"毁器"习俗》，《北方文物》1990年第3期；孙危《鲜卑"毁器"葬俗研究》，吉林大学边疆考古研究中心编《边疆考古研究》第八辑，科学出版社，2009年；马利清《匈奴墓葬出土铜镜及毁镜习俗源流考》，《中央民族大学学报（哲学社会科学版）》2009年第6期。

葬俗一直延续至西周。[①] 目前还没有考古学研究证明秦文化中是否也存在毁器葬俗，但最近马利清指出，出土秦镜的残损比例过高，很可能是随葬时人为打碎所致，并由此推测秦人在用铜镜随葬时有毁器的习俗。她还指出，这种习俗"在陕西、甘陇地区秦人腹地比较流行，其他地区则仅见于屈肢葬的秦人墓葬中"，并且在汉兴以后逐渐式微。[②] 据此，我们有理由相信《泰原有死者》中"毋决其履，毋毁其器"的话并非无的放矢。"决其履"可能已经无法通过考古发现来证明，但"毁其器"的葬俗仍有望在将来的考古工作中有所发现。

有意思的是，毁器葬和屈肢葬在时间和空间上的分布基本重合，它们是否可以看作在与中原和其他地区的文化融合中被逐渐抛弃的秦人旧俗呢？《泰原有死者》将两者并列为否定的对象，是否显示了这篇文献在葬俗上倾向于东方文化的立场？这是值得进一步思考的问题。

（三）夫妇合葬

关于葬俗《泰原有死者》中还说："女子死三岁而复嫁，后有死者，勿并其冢。"这是一条非常有趣而又难于确解的材料。李零认为，这是讲冥婚，即为未婚早夭的男女举行婚礼并合葬。相比之下，我更倾向于将之理解为关于夫妇合葬的论述。

文献和考古资料都表明，夫妇同坟异穴的合葬方式，秦以前已相当流行。[③] 秦牍中所谓"并其冢"，应该就是指后死的丈夫与妻子同坟合葬，只不过这里讲的是合葬需要注意的禁忌。"女子死三岁而复嫁"，应是指已婚女子死亡三年后会在地下世界改嫁他人。丈夫若在此后死去，

---

① 参看邵向平《商墓中的毁器习俗与明器化现象》，《考古与文物》2010 年第 1 期；张明东《略论商周墓葬的毁兵葬俗》，《中国历史文物》2005 年第 4 期；井中伟《西周墓中"毁兵"葬俗的考古学观察》，《考古与文物》2006 年第 4 期。

② 马利清《出土秦镜与秦人毁镜习俗蠡测》，《郑州大学学报（哲学社会科学版）》2009 年第 6 期。

③ 参看太田友子《中国古代的夫妻合葬墓》，《华夏考古》1989 年第 4 期；刘洁《周代的夫妻合葬墓》，《青岛大学师范学院学报》2009 年第 2 期。

便不宜再与亡妻同坟合葬。①

　　这一禁忌的隐含意思是，生者世界的婚姻关系在死后世界仅有三年有效期，过期作废。它似乎包含了对夫妇合葬及其思想内涵的某种保留意见，其信仰背景和思想意涵还需要另作探讨。

（四）祠墓宜忌

　　《丹》与《泰原有死者》中死者所说还讲到了另一个主题，即祠墓的宜忌。《丹》篇称"祠墓"，《泰原有死者》称"祭死人之冢"，也就是在墓前祭祀死者。两则故事都指出，祠墓时不能哭，否则死者不能享用祭品，但两者所陈述的原因不太相同。根据"丹"的话，如果祠墓者哭，死者的鬼魂会受到惊吓而跑走。祭祀结束后，祭饭又被收走清空，死者的鬼魂就终身不能享用它了。《泰原有死者》中的复生者则说，如果在所祭祀的死者享用祭品前哭泣，其他的鬼会来抢走祭品收入后厨，不让被祭祀者食用。

　　两则故事共同提出另一个祠墓的注意事项，是祭祀时不要将酒和汤羹浇灌在"腏"（祭饭）上，那样会使死者不食。《泰原有死者》还指出，正确的做法是将酒和汤羹倾倒在祭饭之前。故事中的这条论述也是有针对性的。在当时的祭祀活动中，确有用酒浇灌祭饭的习惯。周家台秦简记载腊日祠先农之法，"到囷下，为一席，东乡（向），三腏，以酒沃，祝曰：……"②可见，在祠先农时要以酒沃腏即浇灌祭饭。当时祠墓应该也有同样的仪式，故《泰原有死者》要加以反对。

　　《丹》篇还指出，"祠者必谨骚（扫）除"，基本想法应是保持祭祀场所的清洁。周家台秦简记载的祠先农法则不同，其法在第二天出种后，"即取腏以归，到囷下……斩豚耳，与腏以并涂囷廥下"③。这是要在

① 黄杰对此句的理解与我相近，并发表在先。可参看黄杰《北大秦牍〈泰原有死者〉管见》，简帛网，2012年7月17日。
② 湖北省荆州市周梁玉桥遗址博物馆编《关沮秦汉墓简牍》，第132页。
③ 湖北省荆州市周梁玉桥遗址博物馆编《关沮秦汉墓简牍》，第132页。

祭祀仪式的末尾，将祭饭倾倒并涂抹于神灵所居的祭祀场所。大约在当时祠墓的习俗中也流行这种做法，故而《丹》篇才会特意提出要认真扫除，用来否定时俗。

通过上述几个片段的讨论，我们从秦简牍复生故事中了解到当时存在的若干葬俗，以及时人想要将之改造成什么样子。可以说，两者展现出了战国末到秦代存在的一种移风易俗的努力。这是以往所不知道的。更难得的是，简牍复生故事还为了解这种移风易俗进行的方式提供了一些线索。

三、复生故事与移风易俗

战国末到秦代，在丧葬方面的移风易俗是如何进行的？对此，简牍文字本身并没有任何说明，必须通过其他途径来切入思考。这里可以注意的，一是文本的体裁，二是文本的载体。

放马滩秦简《丹》篇和北大秦牍《泰原有死者》，就基本内容而言，都在讲丧葬应该如何、不应如何。但它们不是教条式的单纯说教，而采用了复生故事的体裁。两篇复生故事总体结构很相似：一个死而复生的人，讲述死后世界的情况、死人的好恶以及丧葬祭祀的宜忌。不过具体地来说，还是有一些不同。《丹》篇对丹如何死去又如何复活的过程叙述比较详细，占去了全文约一半的篇幅，因而过去被习称为"志怪故事"，并与《搜神记》中的故事作比较。近来，研究者趋于质疑和放弃这个定性和定名。《泰原有死者》对复生情节则一笔带过。它被发现后，李零进一步从文学虚构性的角度，反思了秦简牍复生故事的性质。[①]

在我看来，将《丹》篇与后世的复生故事、同主题志怪小说相类比是有道理的，它们之间很可能存在亲缘关系。按照当下研究古小说的标

---

① 李零《北大秦牍〈泰原有死者〉简介》，《文物》2012 年第 6 期，第 84 页。

准，即便把《丹》篇定性为"志怪小说"也无可厚非。同时，我十分赞同李先生的观点，这类故事对于当时人来说并非虚构性的文学创作，而有实用性的具体目的。体裁相同而形式较为简洁的《泰原有死者》，恰好更能揭示这类文献的本质和主旨。

《泰原有死者》应是这类文献中一个形态较原始、结构较单纯的文本。其中，死者复生的过程极尽简化，显然不是全篇主旨。全篇主要且核心的内容，是关于丧葬墓祭宜忌的论述。复生一事只作为这个论述的引子，使之得以从一个曾去过死后世界的人口中说出，而更具说服力。在《丹》篇中，作为引子的复生部分被大大加长和丰富，也为现在的研究者提供了更多不同方面的新材料。但内容上的变化，并没有颠覆故事的基本结构和主旨。两则故事在当时的目的和效果，应该是大体一致的。

对于生者，死后世界神秘难测。在轮回观念传入以前，在人们看来，可以往来于生死之间的除了神祇，就只有死而复生一途了。若要想说明死后世界的情况，自然要通过复生者来讲述才可信。因此，死而复生故事在很长的历史时期中，被用于表达对死后世界的认识，以及由此产生的丧葬宜忌观念。《太平广记·再生》搜罗了从汉至唐的很多此类故事。比如《再生一》"崔涵"条云，北魏时因为发墓取砖而复生的崔涵宣称"柏棺勿以桑木为㰍"，否则仍不能免去地下的兵役。据说"京师闻此，柏木涌贵"，以致当时人怀疑是卖棺者贿赂了崔涵。[1]《再生三》"赵泰"条载晋人赵泰复生后，备言所见生前为恶者在地狱受刑的景象，以及他与地狱官吏的对话，意在劝人奉佛法，免恶报。[2]此外，如"韦讽女奴"条、"袁廓"条等，都是具有类似结构和主题的故事，这里不必一一列举。《泰原有死者》和《丹》篇应是这类复生故事中迄今所知最早的例子。

死而复生并非自然现象，即便在古代也不合乎常情。要让故事的受

---

① 李昉等编《太平广记》，中华书局，1961年，第2980～2981页。

② 《太平广记》，第2996～2998页。

众相信死而复生者的话，首先需要证明死而复生之事的真实性。为此，秦简牍中的两篇故事都有意做了铺垫。《丹》篇在形式上是一则官署间的公文，胡平生将之命名为"邸丞谒御史书"。[①]不过，这个文本并非来自于真实行政文书。它采取"邸丞谒御史书"的公文形式，更像是有意的虚构，模拟某郡驻咸阳办事处通过御史向秦王上奏的文书，意在表明丹死而复生事件的真实性。《泰原有死者》中的复生事迹极其简略，但也包含了同样功能的情节。文中称，太原郡的死者复生后，"献之咸阳，言曰"云云。咸阳是秦的都城，[②]此云将复生者"献"之咸阳，自然不会是交给非官方的人或机构，而是指将之作为异人或妖孽贡献给中央官署乃至秦王。这与《丹》篇采用"邸丞谒御史书"的形式，作用十分相似。作者意在借此表明，复生者所说的话是在咸阳面对秦王或中央官署作的自陈或供词，而又通过官方途径记录和传播，其真实性和权威性当然就非比寻常了。[③]

两则复生故事都有官方化的"包装"，恰恰让我们更加明了它们的非官方性质。如果官方有意移易丧葬习俗，会通过诏令、教示等政府文告的形式进行，无需利用复生故事这一体裁。那么，是谁在以非官方的身份，借由复生故事做移风易俗的努力呢？

在汉代地方平民教育普及以前，文字的使用局限于少数精英。两则复生故事书于简牍的载体形式，显示出它们不是一般民间口头流传的传说、神话故事，而是识字阶层有意的创作或者记录，即便有民间传说的基础，在形成文本的过程中也一定加入了识字阶层的思想，反映出他们的意图。文本形式的复生故事，当然也只有在识字阶层中或通过识字阶层来传播和发挥影响。

---

① 胡平生、李天虹《长江流域出土简牍与研究》，湖北教育出版社，2004年，第230～233页。宋华强支持这一摘取首句而成的命名，认为更符合出土文献的命名原则。见宋华强《放马滩秦简〈邸丞谒御史书〉释读札记》，《出土文献研究》第十辑，中华书局，2011年，第137页。

② 秦迁都咸阳在秦孝公十三年（前349），《泰原有死者》的创作当在此后。

③ 有趣的是，前引《太平广记·再生一》"崔涵"条的故事，也有崔涵被执送胡太后和孝明帝，其对答得到官方验证的情节。可与此对照。

识字阶层利用这类复生故事所要达到的目的，简单来说是改变旧有的丧葬习俗，具体可能包括以下三个方面。第一，主张用粟米、茅草等象征物代替钱帛随葬，理念与随葬器物的明器化一致，反映出生死有别的思想，并据之推行较为俭朴的葬俗。第二，反对屈肢葬、毁器葬等秦文化原有的或许在当时即被认为带有戎狄因素的、落后的葬俗，促使丧葬风俗向东方六国的理想形态靠近。第三，在墓前祭祀中，主张感情更节制、仪式更洁净，这或许也被认为更加文明。这些当然出于推测，难免有证据尚不充分之处。不过，总体而言，识字阶层移风易俗的方向是改变秦人旧俗，特别是秦人中下层平民的旧俗，使之转近于东方列国的"先进"风俗，这应该是大致不错的。

移风易俗为何要用这样的方式来推进呢？这可能是因为当时的国家和官吏并不把改变民间习俗作为施政的任务。睡虎地秦简中的《南郡守腾文书》中有"去其邪辟，除其恶俗"（简2）等语，[①] 但所针对的只是违反秦律令的那些习俗，而律令所涉及的范围主要是与国家统治秩序相关的那些领域，民众日常社会生活中的诸多事项，国家不会也没有能力一一干涉。《语书》中原来被称为"为吏之道"的部分中有一段话，"倨骄毋（无）人，苛难留民，变民习浴（俗），须身籧（遂）过……央（决）狱不正"（简38叁～44叁），[②] 改变民间习俗与一连串负面的行为并列，显然被认为是官吏不应当做的。

从秦简牍复生故事推测，丧葬祭祀这类民间事务仍然由识字阶层以非官方的身份在管理和主导。[③] 在他们的领导下，从战国后期起，秦俗的转变大致是向东方六国文化靠近。这与政治上"改六国之制以从秦"的方向，恰好相反。这种文化风俗和政治制度变迁之间的错位，是秦汉之际历史中一个值得研究的现象。

---

① 睡虎地秦墓竹简整理小组《睡虎地秦墓竹简》，释文注释第13页。
② 睡虎地秦墓竹简整理小组《睡虎地秦墓竹简》，释文注释第170页。
③ 出土《丹》和《泰原有死者》的墓葬，墓主人都可能是地方小吏。他们一方面是政府官员，一方面也应该有非官方的社会身份，很可能是本地的宗族领袖。在使用简牍复生故事时，后一种身份应该是起主要作用的。

四、结语

最后，简要概括一下本文的结论：

一、放马滩秦简《丹》篇和北大秦牍《泰原有死者》是两篇同类文献。它们的内容都是借由死而复生者之口，论述死后世界的情况和丧葬祭祀的宜忌，主旨在于移风易俗。

二、两篇文献所涉及的丧葬习俗包括提倡随葬象征物代替金帛，反对屈肢葬和毁器葬，限制夫妇合葬，倡导较为节制和洁净的墓前祭祀等。这些内容包含有移风易俗意图，意在使秦人中下层平民的旧俗向东方六国的共同习俗靠拢。

三、从两篇文献的体裁和载体看，它都是识字阶层的作品，虽然故事利用官方介入的情节以加强说服力，但仍反映出识字阶层以非官方身份主导丧葬习俗移易的努力。

从考古发现看，秦文化的明显变化起于战国晚期，大致与秦吞并六国的进程同步。滕铭予将战国晚期至秦代定义为"秦文化的转型阶段"。她指出，在这个阶段，墓葬所反映的文化面貌较此前发生了较为重大的变化。这些变化包括：人骨头向仍以秦人传统的西向为多，但出现部分北向、东向和南向的墓葬；葬式以屈肢葬为主的同时，已有较多墓葬使用直肢葬；随葬器物中，原有的非常明器化的秦式青铜礼器完全被东方列国式的铜礼器所取代，仿铜陶礼器在形制上完全同于三晋两周地区的同类器物，且由秦国本地生产；秦国本地生产的日用陶器也出现多样化，等等。[①] 一言以蔽之，秦文化的转型可以说是逐渐偏离秦的旧有传统而转向东方六国文化的主流。

考古学文化偏于物质层面，但毫无疑问是与精神层面的风俗、思想

---

① 参看滕铭予《秦文化：从封国到帝国的考古学观察》，学苑出版社，2002 年，第 120～121 页。

因素联系在一起的。两篇秦简牍复生故事虽然仅涉及葬俗习俗变化的部分内容，它们作为一个缩影，却能让我们窥见秦俗和秦文化转变整个过程之一斑，逐步了解这个过程的某些具体环节，思考统一帝国形成后社会文化的发展方向，以及政治军事以外的非官方力量在其中发挥的作用。

这里还要说明，秦统一前后情况可能发生过变化。《史记·秦始皇本纪》载二十六年（前 221）琅琊台刻石云"匡饬异俗，陵水经地"，三十七年的会稽刻石更大肆宣扬移风易俗的功绩：

> 饬省宣义，有子而嫁，倍死不贞。防隔内外，禁止淫泆，男女絜诚。夫为寄豭，杀之无罪，男秉义程。妻为逃嫁，子不得母，咸化廉清。大治濯俗，天下承风，蒙被休经。

如果说琅琊台刻石还只是泛泛而谈，宣扬君威，会稽刻石则可以说是逐条规范家庭内部的伦理风俗，禁止已婚妇女生子后改嫁，严厉禁止婚前性行为、女子逃婚和男子入赘。考虑到会稽刻石立于帝国占领不久的东南边陲越人聚居之处，铭文与其说是向东方列国推广秦俗，不如说是将从东方列国习得的文化作为帝国的统一风俗传播到边疆。这样说是有根据的。睡虎地秦简《语书》"为吏之道"部分末尾抄写的《魏户律》和《魏奔命律》都是对"赘婿、后父"的歧视性规定。[1]这恰好说明，当时的秦统一前夕的律令中还没有相关的内容，而秦人禁止男子入赘、女子携子改嫁的风俗，是从东方学来的。

2012 年 9 月 23 日初稿
12 月 30 日改定
2020 年 10 月修订
2022 年 6 月再订
2023 年 1 月 12 日增订

---

① 睡虎地秦墓竹简整理小组《睡虎地秦墓竹简》，释文注释第 174～175 页。

修订后记：本文原刊于《简帛》第八辑（上海古籍出版社，2013年）。初稿原题《秦简牍复生故事与丧葬习俗》，曾在 2012 年 11 月 17～19 日召开的"简帛论坛 2012：秦简牍研究"上作为会议论文宣读。文章的写作和修改得到李零先生的指点，朱凤瀚、彭浩、王子今、曹方向、黄杰等先生用不同的方式对初稿提供了批评和建议，帮助本文的修改。在此谨致谢忱！

论文发表后，又经 2020 年秋季"秦汉史研究"课程的讨论，吸收同学诸君的意见，参考新出的论著和资料加以修订，补充了《丹》《泰原有死者》两篇的语译以及对秦政与民俗关系的一些想法，但没有改变主要结论。

汉代二千石秩级的分化

——从尹湾汉简中的"秩大郡大守"谈起

　　张家山汉简《二年律令·秩律》让我们获知，在西汉初年，从御史大夫、九卿到地方郡守、郡尉只有"二千石"一个秩级。传世史籍中常见的中二千石、真二千石、比二千石，都是此后分化衍生出来的。阎步克在《从爵本位到官本位》一书中根据有限的史料，大致厘清了各二千石秩级的产生、行用时间和成因。他赞同中二千石的"中"指中央、京师之说，认为"中二千石"秩级的产生反映了中央官相对于地方郡国官地位的提升。阎先生还提出，比二千石属于"比秩"，专门用于非吏职、军吏等特殊的官职。① 这实际上已经揭示，二千石秩级的分化与职事密切相关。

　　职事与秩级分化的关系不是阎著的主要线索，书中没有展开讨论。我在阅读尹湾汉简时发现，汉成帝元延年间的官方簿书称东海太守"秩大郡大守"，用职事来命名秩级，显示官职的类别（太守）和事务的繁简（大郡）。这个现象过去没有为学界所注意，也越出了秩级以俸禄数量"若干石"命名的常识，需要给予解释。由此不仅可以重新认识秦汉秩级的命名方式，而且促使我们考虑：秩级与职事两者如何互动，反映出官僚制度和政治文化的何种变化？

---

① 阎步克《从爵本位到官本位：秦汉官僚品位结构研究》下编第一、六章，三联书店，2009 年，第 285～322、433～468 页。

一、"秩大郡大守"释证

江苏连云港尹湾西汉墓出土的《东海郡都尉县乡吏员簿》木牍，列举成帝元延年间本郡太守、都尉府和每个县级行政区的官吏员额，并注明守、尉、令、丞等长吏官职的秩级。其中太守府一条如下：

> 大（太）守吏员廿七人。大（太）守一人，秩□□□□。大（太）守丞一人，秩六百石。

关键的太守秩级处墨迹残损，释读困难。整理者的释文在"秩"字旁打了问号，[①] 实则从后文文例来看，释为"秩"是可靠的。"秩"字以下，据残笔和空间大小判断应有四字，整理者未释，引发了研究者的猜测。西汉郡守的秩级一般为二千石，而此东海郡太守官职的秩级有四个字，显然不会是"二千石"，但郡太守身份又应与二千石有关。学者似乎一致认为后三字一定是"二千石"，提出了"中二千石""真二千石""比二千石"三种假说。[②]

学者最初释读此牍，只能利用不够清晰的彩色照片，或脱离图版而臆测。2000年出版的《江苏连云港·扬州新出土简牍选》中收录了此牍的高清黑白照片。[③] 审读可见，未释四字中后三字的残画不能与

---

① 连云港市博物馆、东海县博物馆、中国社会科学院简帛研究中心、中国文物研究所编《尹湾汉墓简牍》，中华书局，1997年，第79页。

② 其中"中二千石""真二千石"说居于主流地位。谢桂华推测东海太守的秩级"不会低于二千石"，说见谢桂华《尹湾汉墓所见东海郡行政文书考述（上）》，收入连云港市博物馆、中国文物研究所编《尹湾汉墓简牍综论》，科学出版社，1999年，第31页。杨际平明确提出东海太守"秩亦应为真二千石，或更高的中二千石"，说见杨际平《汉代内郡的吏员构成与乡、亭、里关系》，《厦门大学学报（哲学社会科学版）》1998年第4期。"比二千石"说见朱绍侯《〈尹湾汉墓简牍〉是东海郡非常时期的档案资料》，《史学月刊》1999年第3期，对此说的驳论见卜宪群《也谈〈尹湾汉墓简牍〉的性质》，《史学月刊》2000年第5期。

③ 连云港市博物馆、扬州博物馆、每日新闻社、（财）每日书道会编集发行《江苏连云港·扬州新出土简牍选》，2000年，第56页。

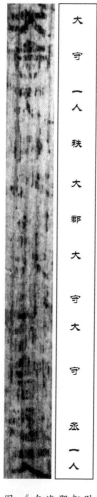

图　《东海郡都尉
县乡吏员簿》木牍
（局部）

"二千石"吻合，而后二字同于上下文的"大守"。尹湾汉简《集簿》记载东海郡的户数为"廿六万六千二百九十"，远超元帝建昭二年（前37）增三河、大郡秩后以十二万户为大郡的标准，而抄写年代约为成帝元延中，又在绥和改制废除大郡太守以前。学者早已指出，当时的东海属大郡，太守禄秩高于普通的郡守。[①]如果跳出秩级必以"若干石"命名的成见，不难想到"秩"下所残四字应是"大郡大守"。核以字形（见左图），可确认无疑。

下面引录相关史料，稍加释证。

《汉书·元帝纪》建昭二年：

> 益三河、大郡太守秩。户十二万为大郡。

是年，元帝增加河南、河东、河内三郡和大郡太守的禄秩，以辖下户数达到十二万为大郡的标准。此事也见于卫宏《汉官旧仪》：

> 建昭二年，[②]益三河及大郡太守秩。

所增"及"字明确了"三河"与"大郡"是并列关系，而非仅以三河为大郡。[③]此条本注又曰：

---

① 参看谢桂华《尹湾汉墓所见东海郡行政文书考述（上）》，《尹湾汉墓简牍综论》，第31页。

② 清四库馆臣辑卫宏《汉官旧仪》卷下，周天游点校《汉官六种》，中华书局，1990年，第49页。"建昭"原作"建始"，形近而讹，今据四库馆臣按语改正。

③ 三河在大郡之外单列，当是因为属于近畿要地，与三辅同属司隶校尉所部，有特殊地位。从户数上看，《汉书·地理志》所记元始二年三河郡户数都在23万以上，远超户十二万为大郡的标准。三河太守的秩级或许同于大郡太守，抑或更高。另外，同属司隶校尉部的弘农郡由于户数较少，至西汉末仍不到十二万，故未提升秩级。

> 十二万户以上为大郡太守，小郡守迁补大郡。

可知大郡太守增秩后，还在迁转中成为普通郡守以上的一阶。

设立大郡太守的第二年，朝廷又提高了三辅都尉和大郡都尉的秩级。《汉书·元帝纪》建昭三年（前36）：

> 令三辅都尉、大郡都尉秩皆二千石。

根据张家山汉简《二年律令》，汉初郡尉与郡守同秩，都是二千石，但《汉书·百官公卿表》称郡尉秩比二千石，低于郡守，不知何时降秩。[①]元帝诏令部分太守益秩的此年，又相应提高同郡都尉的秩级，才使之回到二千石。尹湾《东海郡都尉县乡吏员簿》记东海郡都尉的秩级为"真二千石"，这在当时应该就相当于原来的二千石之秩。[②]

需要指出，从《汉书》所载益秩的对象以及规定"小郡迁补大郡"来看，元帝建昭年间连续提高部分郡守和都尉的秩级，不是给予某些官吏个人特殊的品位待遇，而是对特定职位的秩级作出制度性调整。尹湾汉简《东海郡都尉县乡吏员簿》称东海太守"秩大郡大（太）守"、都尉"秩真二千石"，描述的不是时任守、尉的个人品位，而是这两个官职本身的秩级。[③]在讨论这两个秩级名称时，可以排除官吏个人增秩、

---

① 阎步克《从爵本位到官本位：秦汉官僚品位结构研究》下编第三章第五节，第365～366页。

② 阎步克认为，真二千石秩名的所指发生过变化，在成帝绥和元年后的某个时间合并于二千石，说见《从爵本位到官本位：秦汉官僚品位结构研究》下编第一章第四节，第311页。如果大郡都尉在建昭三年升秩二千石后没有再提高，那么尹湾汉简《东海郡都尉县乡吏员簿》记载的都尉"秩真二千石"也就等于"秩二千石"。这是成帝元延年间事，更在绥和以前。参考阳朔二年废除八百石、五百石两个秩级，分别向下归并到六百石、四百石，真二千石秩级在俸禄数量上可能也是向下归并到二千石，只是在有的场合还保留了"真二千石"的秩名，以区别于"比二千石""中二千石"。

③ 《东海郡都尉县乡吏员簿》中的"员"指员额，即编制数，不是在职吏的实际人数。东海郡吏的实际人数见于所谓《东海郡属吏设置簿》，所记属吏的人数是93人，接近于员额的4倍。相应地，《吏员簿》中的秩级，也是针对职位的制度规定，而未必等于此职位现任官吏个人享有的实际禄秩。事实上，所谓《吏员簿》自题名残缺不全，就其包含官职的秩级而言，更合理的定名应该加上"秩"字，称为"郡都尉县乡吏员秩簿"。

贬秩、以低秩守官等因素。

尹湾汉简中释读出的"秩大郡大（太）守"一语，提醒我们回头省视传世史料中关于西汉调整郡级官员秩级的记载，从中可以提出若干值得思考的问题。大郡太守的俸禄是多少，《吏员簿》为何不用"若干石"表示其秩级？为何汉元帝要对大、小郡长官的秩级做出制度性区分，而成帝绥和改制又取消了这种区分？本文的以下三部分，就尝试来回答这些问题。

二、以官职为秩名

"秩大郡太守"的记录提醒我们注意汉代官僚等级制度中的一个现象：以官职为秩名。这个命名法也使得有关官职的俸禄多少不那么明确。元帝建昭二年益秩后，三河及大郡太守的俸禄高过了普通二千石郡守，但到底是多少，相当于哪个秩级，《汉书》未曾明言。东汉末年，荀悦删略《汉书》而作《汉纪》，在"益三河〔大〕郡大守秩"下增"中二千石"四字，[①]当属臆补。

从史料推测，三河、大郡太守的禄秩应该低于中二千石。《汉书·百官公卿表》有如下记载：成帝建始二年（前31）"河东太守杜陵甄少公为京兆尹，二年（前29），贬为河南太守"，永始二年（前15）刘子泄"为京兆尹，二年（前13），贬为河南太守"。当时，三河太守员秩尚未废省，秩级仍高于普通的郡守二千石，但从《汉书》明确称由中二千石的京兆尹迁河南太守为"贬"来看，其秩应低于中二千石。[②]

---

① 荀悦《汉纪·孝元皇帝纪》，《两汉纪》上册，中华书局，2002年，第398页。"大"字原脱，据《汉书·元帝纪》《汉官旧仪》补。

② 西汉三辅的秩级，《汉书·百官公卿表》称是二千石，《续汉书·百官志》则说是中二千石，至东汉失去首都地位后才降为二千石。《汉书·王尊传》注引如淳说亦云："三辅皆秩中二千石，号为卿也。"学者一般信从中二千石说。参看安作璋、熊铁基《秦汉官制史稿》下册，齐鲁书社，1985年，第41页。从三辅长官与中二千石官的互相迁转情况来看，我认为西汉三辅应属中二千石，《百官公卿表》编者或将东汉制度误植于西汉。

再来看大郡太守。汉成帝河平中，王尊为东郡太守，因为面对水灾时安民有功，得到嘉奖，诏书称"秩尊中二千石，加赐黄金二十斤"。[①] 此事在绥和以前，而《汉书·地理志》记载东郡在西汉末的户数超过 40 万，无疑属于大郡。东郡太守王尊受到特殊嘉奖，提高个人禄秩至中二千石，反过来说明大郡太守职位的禄秩低于中二千石。类似的例子，还有成帝时孙宝任广汉太守一事。《汉书·孙宝传》载"上以宝著名西州，拜为广汉太守，秩中二千石，赐黄金三十斤"。时在元延元年至二年之间，[②] 早于大郡太守之废，而广汉应属大郡。[③] 孙宝以丞相司直（秩比二千石）弹劾外戚王立有功，适逢"巴蜀不安"，朝廷因其声名，委以重任，故而特加荣宠。传文特意说明其"秩中二千石"，与"赐黄金"并叙，表明待遇超过常制，高于一般的大郡太守。至于三河太守与大郡太守共用同样的秩级，抑或二者之间又有细分，现在还不得而知。

书缺有间，这个问题只能暂且讨论到此。[④] 可以肯定的是，"大郡太守"作为与"中二千石"不同的一个秩级名称，存在于汉元帝到成帝的官僚等级制度中。这个秩级的名称，没有采用常见的"若干石"形式，用俸禄数量来命名。

实际上，"大郡太守"这个非数字形式的秩名并非特例。阎步克曾

---

① 《汉书·王尊传》，第 3238 页。王尊为东郡太守的年限，据严耕望《两汉太守刺史表》，上海古籍出版社，2007 年，第 39 页。

② 案《汉书·百官公卿表》，孙宝以元延二年（前 11）自广汉太守迁京兆尹，则任广汉太守当在此前。案《汉书·百官公卿表》原文作"广陵太守孙宝为京兆尹"，据《孙宝传》"著名西州"云云，知"广陵"为"广汉"之讹。参看严耕望《两汉太守刺史表》，第 71～72 页。

③ 据《汉书·地理志》，广汉郡在西汉末户数超过十六万，而孙宝任广汉太守，在元始前十余年，户数不会少太多。西汉户口的年增长率尚无精确数据。据尹湾汉简《集簿》，成帝元延年间东海郡某年的户数为 266290，较前一年增长 2 629 户，年增长率约 1%。假定以此为西汉中后期户数的平均增益率，则由广汉郡平帝元始二年（2）户数 167 499 上推，成帝元延元年（前 12）户数为 147 175。

④ 大郡太守禄秩同于中二千石的推测并非毫无理由。考虑到大郡都尉的秩级与三辅都尉同时提至二千石，假如郡守和都尉的禄秩保持对应，则三河、大郡太守增益后的俸禄似应提高一级，与位列中二千石的三辅相当。但如上所举，支持大郡太守较中二千石低的证据显然更加直接。

经指出西汉的丞相和后来的三公虽不以"若干石"为秩名，俸额却是跟中二千石以下各级构成连续、成比例的关系，可以看作特殊的秩级，御史大夫亦可作如是观。[①]阎先生的语气不十分肯定，但在他的提示下，我们不难在丞相、御史大夫、三公之外找到以官职命名的秩级，如汉景帝至武帝时期的"诸侯相"、武帝至成帝时的"万骑太守"，以及元帝时的"光禄大夫"。它们都跟"二千石"有密切的关系。

先来看"诸侯相"。《史记·孝景本纪》：

> 后元年（前163）……三月丁酉，赦天下，赐爵一级，中二千石、诸侯相爵右庶长。

这条史文中关于赐爵的记载很可能录自诏令原文。其中将"中二千石"和"诸侯相"并列，值得注意。阎步克回顾西汉诸侯相地位、秩级的下滑过程，指出汉初诸侯丞相与汉丞相地位相当，至景帝时改称"相"，降至与汉九卿同列，禄秩相当于中二千石，进而在武帝朝下降到真二千石，元帝朝降为二千石，与郡守同秩而位在其下。[②]据此，主要对应列卿官职的中二千石秩级在景帝后元年已经形成，而诸侯相的禄秩与中二千石相同。但上引史文并不以"中二千石"涵盖诸侯相，这是因为"中二千石"意味着"中央"二千石官，而诸侯相不是汉廷的中央官，不能称"中二千石"。

诸侯相的秩级以官职为名，称"诸侯相"。这个秩级在汉武帝时还被用于提高郡守个人的待遇。《汉书·卫青霍去病传》云，武帝元狩四年（前119），云中太守遂成伐匈奴归来后得到赏赐，"秩诸侯相"；《史记·汲郑列传》《汉书·汲黯传》并云，元鼎二年（前115），武帝令淮阳太守汲黯"以诸侯相秩居淮阳"，作为优待。当时，郡太守秩二千石，

[①] 阎步克《从爵本位到官本位：秦汉官僚品位结构研究》，第287～288页。

[②] 阎步克《从爵本位到官本位：秦汉官僚品位结构研究》下编第三章第二节，第348～352页。汉武帝元朔二年（前127）颁布推恩令，估计其后不久，诸侯相降秩为真二千石，月俸二万，数额同于万骑太守。

低于诸侯相。遂成、汲黯因功受赏，故得以提高个人品秩，领取更高的俸禄。但他们并非中央官，提升后的秩级不用"中二千石"，而用当时已经被看作地方官的"诸侯相"。这表明，"诸侯相"是官职，也是一个秩级的名称。

"万骑太守"始见于汉武帝时期。卫宏《汉官旧仪》卷下云：

> 元朔三年，以上郡、西河为万骑太守，月奉二万。[①]

在此之前的元朔二年（前127），汉攻取了匈奴的河南地（今内蒙古鄂尔多斯市），上郡、西河（陕西、山西北部，内蒙古西南部）作为攻打匈奴的前方军事重镇，实力大增。朝廷在次年提高此二郡太守职位的俸禄，应是为加强管理，准备后续征战。增秩后的新秩级并不称"若干石"，而是以官职为名，称"万骑太守"。万骑太守之名，当得自郡骑士达到或接近万人。[②]《汉官旧仪》卷下又云：

> 绥和元年（前8），省大郡、万骑员秩，以二千石居。[③]

其中"万骑"与"大郡"并列，"员"指员额，"秩"指秩级。绥和改制同时废除大郡太守和万骑太守的员额和秩级，说明在此之前两者同为独立的秩级。

"诸侯相"和"万骑太守"秩级还有旁证。居延甲渠候官遗址（破城子）出土的一枚汉简提到：

> 臣请：列侯、中二千石、诸侯相、边郡万骑太守减中郎一人……【EPT51：480】

---

① 周天游点校《汉官六种》，第49页。
② 匈奴有"万骑"之号。《史记·匈奴列传》："自如左右贤王以下至当户，大者万骑，小者数千，凡二十四长，立号曰'万骑'。"武帝立"万骑"名号，或亦与此有关。
③ 周天游点校《汉官六种》，第49页。

此简当是诏书残文，无纪年，但从诸侯相位列中二千石之后而属吏不同于一般郡守推测，很可能在元帝降诸侯相秩为二千石之前。据简文，万骑太守位列中二千石、诸侯相之后，此前属吏中有郡守所无的中郎，可知地位高于普通郡守。简文中的"中二千石"，无论作为职类还是秩级，都没有将诸侯相和万骑太守包含在内。这些现象印证了上文的推测：诸侯相、万骑太守两者与中二千石、二千石都有区别，是独立的秩级。

名为"诸侯相"和"万骑太守"的秩级，俸禄数额低于中二千石，可能在武帝至成帝之间一度相当于真二千石。成帝即位后，为了让大鸿胪冯野王避嫌，"以秩出为上郡太守，加赐黄金百斤"，[①] 即在出任万骑太守时保留大鸿胪的中二千石之秩作为个人的品位优待。这是万骑太守秩级低于中二千石的明证。另有证据表明，万骑太守和诸侯相秩一度相当于真二千石。《史记·汲郑列传》"黯以诸侯相秩居淮阳"句下《集解》引如淳曰：

> 诸侯王相在郡守上，秩真二千石。律，真二千石俸月二万,二千石月万六千。

据如淳引"律"，真二千石的月俸为二万钱，与《汉官旧仪》所云万骑太守月俸恰好相同。[②]

既然诸侯相、万骑太守的俸禄同于真二千石，为何《史》《汉》不云遂成"秩真二千石"，汲黯"以真二千石秩居淮阳"，卫宏也仅言及月俸数量，而不说万骑太守"秩真二千石"？究其原因，很可能是先有诸侯相、万骑太守秩，然后才比照二者的俸禄数额，针对中央的后宫、东宫官设立真二千石秩级。

"真二千石"秩名的产生，应不早于元鼎二年汲黯获得诸侯相秩，

---

① 《汉书·冯野王传》，第 3303 页。
② 据《汉书·卫青霍去病传》，元狩四年与云中太守遂成一同受赏的还有西河太守常惠。常惠仅赐爵关内侯而未增秩，盖因西河为万骑太守，月俸二万，已经达到诸侯标准。

而不晚于武帝末年。《汉书·百官公卿表上》注引臣瓒曰：

> 《茂陵书》，詹事秩真二千石。

《茂陵书》是武帝茂陵中的随葬品，所载应是武帝朝某时期的制度。[1] 詹事在《汉书·百官公卿表》中记为二千石官，作为真二千石大约是一时之制。由于这一俸禄级别的适用范围扩大到中央官，不便套用以地方官职命名的秩名，为避免俸禄相同而秩名不同的现象，创造出"真二千石"这个不带职类色彩的新名称。此后，在如淳所据的汉律中，诸侯相秩级已经并入真二千石，不再单列。不过此律大约也只适用于武帝到元帝进一步降低诸侯相秩级之间的某个时期，并非西汉一朝的通制，未可据以认定诸侯相的秩级一直是真二千石。

"光禄大夫"的问题较为复杂。《汉书·百官公卿表上》明确说光禄大夫"秩比二千石"，但元帝时期的一个例子表明"光禄大夫"本身可以作为一个秩级的名称。《汉书·诸葛丰传》：

> 元帝擢为司隶校尉，刺举无所避……上嘉其节，加丰秩光禄大夫。……丰上书谢曰："臣丰驽怯，文不足以劝善，武不足以执邪。陛下不量臣能否，拜为司隶校尉，未有以自效，复秩臣为光禄大夫，官尊责重，非臣所当处也。"

元帝为了嘉奖司隶校尉诸葛丰，增加其禄秩。传文云"加丰秩光禄大夫"，[2] 又引诸葛丰上书云"秩臣为光禄大夫"，都将"光禄大夫"用作秩名。这恐怕不仅是因为当时光禄大夫之秩高于司隶校尉的本秩比二千

---

① 参看辛德勇《谈历史上首次出土的简牍文献——〈茂陵书〉》，《文史哲》2012年第4期。
② 荀悦《汉纪·孝元皇帝纪上》作"加丰光禄大夫"，据《汉书》载诸葛丰上书所云"秩臣为光禄大夫"可知《汉纪》脱一"秩"字。光禄大夫是诸葛丰的个人禄秩待遇，而非给予他的加官。《汉纪》点校本将下文"侍中许章"的"侍中"连上读，以为是诸葛丰的另一个加官，则是错上加错。见《两汉纪》上册，中华书局，2002年，第377页。

石，① 更由于"光禄大夫"在当时具有独立秩名的意义。

"大郡太守""诸侯相""万骑太守""光禄大夫"这些秩级名称，放进以"若干石"排列的西汉秩级表中，会显得有些"突兀"。但既然已经得到证实，不能简单地认定相当于"若干石"了事，而应正视其存在，给出历史的解释。上述非"若干石"形式的秩级都处于中二千石到比二千石之间，与"二千石"这个重要等级有密切关系。我们的解释也将从这两点出发，尝试勾勒出历史发展的线索。

三、西汉二千石秩级的分化

张家山汉简《二年律令·秩律》发表后，学者已经认识到，汉初的秩级序列在千石以上只有二千石，后来常见的中二千石、真二千石、比二千石秩级都是由二千石分化而生的。② 前文又揭示出，西汉还存在过"诸侯相""大郡太守""万骑太守""光禄大夫"等与二千石紧密相关的秩级。二千石秩级上发生的复杂分化，在《秩律》列举的 11 个秩级中是绝无仅有的。

我认为，二千石秩级上发生的分化，是同一官僚层级中职事类别和繁简分化导致的。细读《二年律令》可以发现，汉初的"二千石"不仅是秩级名称，而且指代了一系列处于官僚体系中某个特定层级的官职。《二年律令·置吏律》：

> 县道官之计各关属所二千石官。其受恒秩气（饩）稟，及求财用年输，郡关其守，中关【214】内史。【215】
> 县道官有请而当为律令者，各请属所二千石官，二千石官上相

---

① 司隶校尉秩比二千石。《汉书·百官公卿表》称司隶校尉及城门等八校尉"秩皆二千石"，经王先谦暗示，大庭脩指出，阎步克又加以充分论证，现已可以相信原文有脱误，司隶校尉等的秩级应该是比二千石。参看阎步克《从爵本位到官本位：秦汉官僚品位结构研究》下编第六章第三节，第 455～458 页。

② 阎步克《从爵本位到官本位：秦汉官僚品位结构研究》下编第一章第一节，第 288 页。

国、御史，相国、御史案致，当请，请之，毋得径请。径请者者
【219】，罚金四两。【220】

《二年律令·捕律》：

> □□□□发及斗杀人而不得，官啬夫、士吏、吏部主者罚金各
> 二两，尉、尉史各一两；而斩、捕得不得、所杀伤及臧（赃）物数
> 属所二千石【147】官，二千石官上丞相、御史。【148】

可知，二千石官领有县道官，是县道官与皇帝及其宰辅联系所必经的媒
介。县道官的上计、上谳、上请等事务，都通过二千石官进行。《二年
律令·秩律》列举秩二千石的官职云：

> ·御史大夫，廷尉，内史，典客，中尉，车骑尉，大（太）仆，
> 长信詹事，少府令，备塞都尉，郡守、尉，衛〈卫〉将军，衛〈卫〉
> 尉，汉【440】中大夫令，汉郎中、奉常，秩各二千石。【441】

其中包含了中央到地方不同类别的官职。由此可知，《二年律令》中的
二千石官也应包含不同类别的官府机构：涉及财政、上请时，在京师地
区（中县道）指内史，在地方郡县是郡守；涉及追捕盗贼时，在京师是
中尉，在郡是郡尉；涉及刑狱上谳时，在京师是廷尉，在郡是郡守；涉
及边防事务时，可能是边郡的守、尉，也可能是备塞都尉；诸陵县、邑
所属的二千石官则是奉常。这些官职或在京师，或在地方，职类不同，
但属下一般都领有令、长等千石至三百石的中层官吏。

为了便于讨论，我们可以把秦至汉初的官僚体系分为"中枢"（丞
相、御史）—"高层"（二千石官）—"中层"（令长）[1]—"基层"（稗
官）四个依次统属的层级。"二千石"不仅是表示俸禄的一个秩级，还

---

[1] 这里所说的官僚体系的中层包括县道官令长，也包括中央二千石官的属官令长。

对应着官僚科层体系中的特定层级。这个较高层级的产生与定型比中层的令长一级要晚，在岳麓秦简律令中称"执法"，应是沿用先秦旧名，[①]表明这一层级的主要职能是秉持和执行法律，监管实际施行政令的中层官吏。"执法"的俸禄在秦及汉初确定为二千石，而"二千石"这个秩级的名称又演变为执法官的新称谓。[②]

二千石秩级的分化，是秦汉官僚科层体系中高层组织复杂化导致的。据张家山汉简《二年律令·秩律》，最晚在汉初，令长一级的中层官吏已经根据权责大小领取不同的俸禄，分出千石、八百石、六百石、五百石、四百石、三百石六个秩级，高层官吏却仅有二千石一级。文、景以后，高层官吏的权责也逐渐分化，随之衍生出不同的秩级。

首先，中央列卿地位提升，凌驾于地方郡守，其秩级也从二千石分化出来，成为"中二千石"。"中二千石"不仅标示俸禄数量和级别待遇，而且还保有对应于特定职类的意义。正如劳榦指出并经由阎步克充分论证的那样，"中二千石"本义是中央的二千石官，"中"指中央、京师，与指代地方的郡国相对。大约在汉景帝中五年或稍后，中二千石成为一个更高的秩级，从二千石分化出来。[③]新分化出来的这个秩级没有用纯数字式的

<hr>

① 《战国策·魏策四》"秦攻魏急"章有"秦自四境之内，执法以下至于长挽者"云云，上海古籍出版社，1985年，第920页。
② 岳麓秦简《秦律令》云："咸阳及郡都县恒以计时上不仁（认）邑里及官者数狱属所执法，县道官别之，且令都吏时覆治之。"（第一组，简027、028）整理者注释引《二年律令·具律》："上狱属所二千石官，二千石官令都吏覆之。"（见陈松长主编《岳麓书院藏秦简（肆）》，上海辞书出版社，2015年，第47、48、75页）已经暗示秦汉律中的"二千石"和"执法"在律文的表述结构中处于相同位置，职能相似。我推测，汉初《二年律令》中的"二千石官"应是从秦律令中的"执法"官演变来的。由于执法官职能的扩大，在汉以后用秩级代替职能作为这一类官的名称。岳麓秦简中有大量秦代律令目录简，题为"内史郡二千石官共令"，应理解为"内史和郡两类区域二千石级别官府所共用的法令"。在此，"二千石官"已经成为一个官僚体系中一个包含京师内外的层级的名称。近来，学界对岳麓秦简中的"执法"有不少讨论，多认为其属地方监察官，与御史系统有关。可参看土口史记《嶽麓秦简"执法"考》，《東方學報》第92册，2017年，中译文见周东平、朱腾主编《法律史译评》第六卷，中西书局，2018年。对此，笔者仍有保留，将来如有机会再进一步讨论。
③ 阎步克《从爵本位到官本位：秦汉官僚品位结构研究》下编第一章第三节，第301～304页。

"若干石"为名，称"二千几百石"，而是加上表示职类的"中"字，有意使之专属于中央官。这个秩级分化，对应于职事上的中央、地方差异。武帝时期，诸侯相纳入汉朝的官僚体系，出现了俸禄高于二千石的"诸侯相秩"。接着，内史和主爵都尉在太初元年（前104）正式演化为京兆尹、左冯翊、右扶风三辅，身份属于列卿而主要职事类似郡守，终西汉一朝具有中二千石的俸禄。郡守中的万骑、三河、大郡太守又在武帝和元帝时期先后获得高于二千石的俸禄。三辅属于列卿，可用中二千石秩级；郡国守相不是中央官，在对应秩级时都避开"中"字，采用"诸侯相""大郡太守""万骑太守"这类官职作为秩名。在与官职相对应这点上，"大郡太守"等秩级的命名原则与"中二千石"恰是一致的。

其次，同一职类中不同官职的事务存在繁简差异。郡国的守相在官僚体系中同处高层，但因为政区性质、户口多寡、地理位置和战略意义等因素，职事繁简有别，轻重各异。这种差异，成为区分秩级的依据。"万骑""大郡"都代表着职事繁重，不同于常郡。

再次，细分秩级便于朝廷安排不同资格、能力的官吏，让他们出任层级相同而职权不等的官职，既满足官吏逐渐提高地位和待遇的意愿，也有利于维持地方统治的质量。郡国守相地位较高，一般人需要长时间积累资历才能达到，而位至守相后，进一步升迁中二千石的机会却很少，又可能影响施政的积极性。为此，汉廷先是以调整个人禄秩为主，后来发展为细分官职秩级，在制度上添设阶条，拉长晋升通道，增加升迁机会。

宣帝极为重视郡级统治，在守相的个人禄秩安排上大胆尝试。他一方面从秩级仅为六百石或八百石的刺史、县令、大夫等官吏中妙选高才，超迁为郡国守相，以低于二千石的禄秩守官；另一方面，又对治绩出众的守相赐爵、赏金，并提高其个人的禄秩等品位待遇，使之长期安于原职。《汉书·循吏传》记载了很多这方面的例子。比如，最先受到这类褒奖的是胶东相王成，宣帝地节三年（前67）下诏"赐成爵关内侯，秩中二千石"，[①]增秩和赐爵相配合。最有名的是黄霸。宣帝先

---

① 《汉书·循吏传》，第3627页。

是将他从六百石的扬州刺史超迁为颍川太守，但不直接给予二千石的禄秩，先以稍低的比二千石秩守官，同时在车舆上赐以殊礼。这既可彰显宣帝重视郡级吏治，不拘一格选用人才的决心，又能安抚资深的二千石郡守，对黄霸也有激励、督促之效。黄霸在颍川"治为天下第一"，遂"征守京兆尹，秩二千石"。京兆尹本秩中二千石，令黄霸以二千石守官，也是资浅官吏担任更高职务的例子。黄霸不幸在此任上一再犯错，连遭贬秩，最后只能回归颍川太守，以低于正常的八百石秩居官。神爵四年（前58），黄霸又以颍川太守身份获得中二千石的禄秩，不久便调入长安为太子太傅，这才真正以中二千石秩担任中二千石官。[1] 郡守官吏禄秩非二千石的例子还有不少，《汉书·宣帝纪》注引如淳曰"太守虽号二千石，有千石、八百石居者"，已经指明了这个现象。

　　在理解上述现象时，应该严格区分附丽于官职的秩级和从属于个人的品位待遇。宣帝灵活处理担任守相官吏的禄秩，是一种人事方面的安排，而非对官阶的制度性改革。前述黄霸的经历说明，禄秩待遇的升降取决于个人的资格、功劳，附丽于官职的郡国守相秩级并不因之改变。宣帝的人事政策，正是通过让官吏个人品位待遇偏离官秩制度来实现的。《汉书·循吏传》称宣帝认为太守是"吏民之本"，不应该经常换人，"故二千石有治理效，辄以玺书勉厉，增秩赐金，或爵至关内侯，公卿缺则选诸所表以次用之"。其中，增秩与赐金、授爵并列，可知性质相近，都是为了使有能力的守相长期安于本职而给予个人的品位待遇。与此同时，郡国守相官职保持二千石秩级不变，二千石已经成为守相的代称。[2]

---

[1] 黄霸事见《汉书·宣帝纪》神爵四年夏四月条（第264页）及《循吏黄霸传》（第3632页）。太子太傅的秩级应有变化，《汉书·百官公卿表》记为二千石，《汉旧仪》称真二千石，《续汉书·百官志》则称中二千石。西汉太子太傅位次列卿之首太常，多以九卿转任，又常见直接迁为御史大夫的情况，其秩级在大部分时期更有可能是中二千石。

[2] 《汉书·循吏传》载宣帝感叹，能与自己共同治理天下者"其唯良二千石乎"，传文紧接着说他"以为太守，吏民之本也"。可知所谓"良二千石"就是指好的郡守，当然，也包括诸侯相。

在西汉，制度性的非二千石郡国守相，仅仅限于地位逐级下滑的诸侯相和一度特殊化的万骑、三河和大郡而已。某些郡拥有较高的地位，最初主要表现在迁转序列中，但当迁转序列中的地位高低逐渐固定下来，形成惯例性的次序，就可能衍生出新的秩级分等。在上述三类特殊的郡中，万骑太守设置最早，在武帝元朔三年，而仅有西河、上郡两个。史料中有二千石升任为万骑太守的例子。宣帝时，杜延年为北地太守，治郡有功，"上使谒者赐延年玺书，黄金二十斤，徙为西河太守"。[1] 西河是万骑郡，杜延年这次徙官配合赏赐，显然是升迁。此后，杜延年又由西河太守征调为御史大夫。御史大夫一般由九卿升任，这次越级征调固然与杜延年此前曾"为九卿十余年"的资历有关，[2] 但也说明西河太守与中二千石在秩级、地位上相当接近，普通郡守二千石转任万骑太守能提高秩级。三河在宣帝时也已超越常郡。严延年从涿郡太守迁河南太守，同时赐黄金二十斤，[3] 应可理解为升迁。元帝提升三河、大郡太守的秩级，可以理解为对已经形成的迁转惯例中的郡间等差加以制度化。

四、汉成帝至王莽时期的秩级归并及其反复

职事类别和繁简的分化导致秩级的分化。至汉元帝时，二千石上下已经有多个不同名称的秩级。这个分化的趋势在成帝时期却遭到扭转。

成帝时，朝廷实施一系列改革，有意减少秩级，简化禄秩等级序列。阳朔二年（前23），除吏八百石、五百石秩，废除的两个秩级分别向下归并入六百石和四百石。[4] 由此，中层官职的秩级减少到千石、六百石、四百石、三百石共四级。此后，经过绥和年间的调整，万骑太

---

① 《汉书·杜延年传》，第 2666 页。
② 见《汉书·丙吉传》载丙吉言，第 3148 页。
③ 见《汉书·严延年传》，第 3669 页。
④ 《汉书·成帝纪》，第 312 页。

守以及三河、大郡太守都归并到二千石,而诸侯相早在元帝时期就已经改为二千石。这就形成了中央高层官职为中二千石(太子少傅、大长秋等东宫、后宫官除外),地方高层官职郡国守相为二千石的整齐格局。这个格局经过王莽时代,在东汉稳定下来。

阎步克在禄秩序列的视角下观察二千石秩级的变化,指出存在一个郡国官秩级相对下降的过程。他认为,在西汉为强化中央集权而压低郡国和县级长官在秩级序列中位置的趋势下,大郡郡守秩级一度上升应被视为其间的曲折,不会影响列郡秩级相对下降的总体判断。① 在两汉范围内来看,阎先生的结论是恰当的。但如果转换观察的角度和时段,对同一个变化还可以做出其他的解释。

如前所述,战国秦汉官僚科层体系中县级官僚组织的发育和全面铺开使中层秩级出现从三百石到千石的众多等级,二千石秩级的分化也是高层组织复杂化的结果。从武帝到元帝时期,秩级数量在政务实践中不断增加,以适应官职的不同类别和繁简。这是战国以降官僚科层体系和禄秩等级发展趋势的延续。

成帝时期的一系列官制改革则是反其道而行之。就主事者的意图而言,改制的目的是恢复儒家经典记载的古制,特别是理想中的周制。② 在中央设置三公,地方上罢刺史而置州牧,都是复古思潮在官制上的体现。复古思潮的另一个表现,是试图恢复公、卿、大夫、士这一来自于所谓"周制"的身份等级秩序。阿部幸信指出,绥和元年规定对秩级各异的县令、县长、侯国相等一律授予铜印黑绶,意在表明他们在身份上都属于大夫,不同于黄绶的士。③ 相应地,银印青绶的比二千

---

① 阎步克《从爵本位到官本位:秦汉官僚品位结构研究》上编第二章第二节、下编第三章第四节,第 56～57、355～364 页。

② 这场复古改制运动还涉及宗庙、郊祀改革,并包含存二王后、限田、限奴婢、罢乐府、出宫人、退酷吏、允许博士弟子行三年丧等政策措施。参看阎步克《士大夫政治演生史稿》,北京大学出版社,2015 年,第 344～346 页;陈苏镇《〈春秋〉与"汉道":两汉政治与政治文化研究》,中华书局,2011 年,第 343～347 页。

③ 参看阿部幸信《綬制よりみた前漢末の中央、地方官制——成帝綏和元年における長相への黒綬賜与を中心に》,《集刊東洋学》卷八四,2000 年。

石、二千石、中二千石是卿，金印紫绶的大司马、丞相、司空是公，至于诸侯王则用金玺緣绶。这种在印绶制度中体现出来的"周制"等级划分与官职不无关系，但比秩级更强调官吏个人在官僚体系层级或统属关系中的身份性位置，而较少考虑职事繁简和权责轻重。由于这样的倾向，同一层级中根据职权划分的秩级被归并简化，而以职事命名的"大郡太守""万骑太守"等秩级更属"离经叛道"。《汉书·王莽传中》载，始建国元年（9）"更名秩百石曰庶士，三百石曰下士，四百石曰中士，五百石曰命士，六百石曰元士，千石曰下大夫，比二千石曰中大夫，二千石曰上大夫，中二千石曰卿"。这就彻底取消秦汉秩级，走向以公、卿、大夫、士划分官员等级的"周制"。至此，复古改制在禄秩上的表现登峰造极。站在这里，回望成帝以降朝廷对禄秩序列的调整，不难看出儒家思想的影响扭转了禄秩等级发展的趋势，复古运动使官僚等级制度在汉末新莽之际发生了突变。

突变，往往不免反复。新莽覆灭以后，公、卿、大夫、士构成的"周制"爵命序列仍然或隐或显，与职官品秩长期保持参照关系，[1] 东汉也继承了西汉末归并简化后的秩级序列。尽管如此，职事类别在秩级划分中的影响仍在长时段中清晰地展现出来。一方面，中二千石、二千石之间的中央、地方差别进一步固化，三辅秩级降为二千石，除兼具中央官身份的河南尹外，不再有地方官职拥有中二千石秩级。另一方面，根据职事繁简在同一地方行政层级内部对职级、待遇做出区分的趋向又重新抬头。阎步克认为东汉列郡有高下之别，推测"守相的换迁频繁，大约是以剧、中、平为依据的"。[2]《三国志·魏书·王观传》载，魏明帝即位后"下诏书使郡县条为剧、中、平者"，至少说明曹魏有此制度。而它可能是上承自东汉。

魏晋禅代之际，裴秀等所定官品再度简化等级序列，分众官为九

---

① 参看阎步克《品位与职位：秦汉魏晋南北朝官阶制度研究》第五章第三节，中华书局，2002 年，第 256～263 页。
② 阎步克《从爵本位到官本位：秦汉官僚品位结构研究》下编第三章第四节，第 362 页。

品，等级数目较东汉的 16 个秩级进一步减少。[①] 这次官制改革与恢复五等爵制同时进行，也是东汉以降以儒家大族为主的统治阶级力求模拟"周制"的结果，[②] 恰与汉成帝时期的复古改制遥相呼应。

官僚士大夫不甘充当皇帝治国理政的驯服工具、按劳取酬，而希望依靠德行、声望和家世获得更加稳定的地位和收入。司马氏在攫取最高权力的过程中为了换取支持，不得不对官僚士大夫让步。但地方行政单位的地理、人口、经济等因素总是千差万别，当皇权稳固强大之时，朝廷对地方官往往倾向于"按劳分配"，依据权责职事的轻重繁简来厘定官职的地位和收入。北魏宣武帝即位之初颁布的职令将州、郡、县三级政区各分为上、中、下三等，其长官对应不同的官品；梁武帝分郡守为十班、县七班，而州又有六等；北齐将州刺史、郡太守和县令都分为九等，上等郡太守的品秩甚至超过下等州刺史，官品俸禄与层级之间出现错位。[③] 如此种种，都是地方行政组织复杂化的表现，可与西汉二千石秩级的分化并观。

五、结语

最后，让我们回到汉代二千石秩级分化的问题上来，做一个简要的小结。

尹湾汉简中西汉成帝时期东海郡太守的秩级应为大郡太守，而不是比二千石、真二千石或中二千石。这种不以俸禄数量而用官职类别命名的秩级，还有诸侯相、万骑太守，在一定时期中可能还包括光禄大夫。

---

① 现存魏官品仅见于《通典·职官十八》。熊德基、祝总斌、阎步克都认为其制定年代在咸熙元年（264）。参看阎步克《品位与职位：秦汉魏晋南北朝官阶制度研究》第五章第一节，第 226～238 页。

② 关于儒家大族恢复五等爵制的政治理想，参看陈寅恪《崔浩与寇谦之》，《金明馆丛稿初编》，三联书店，2001 年，第 141～145 页。

③ 参看阎步克《从爵本位到官本位：秦汉官僚品位结构研究》第三章第四节，第 362～363 页。

它们和大郡太守一样，都与二千石秩级密切相关。考察西汉二千石秩级的变化，可以发现西汉官僚体系中高层官职的秩级存在根据职事类别、繁简发生分化的趋势。这一趋势在西汉末一度遭到扭转，但在东汉以后却继续发展，并且集中体现在南北朝官品的制度安排之中。在长时段中观察，汉末新莽时期以及魏晋之际品秩等级的归并简化，可以说都是官僚科层制度内在逻辑以外的因素所导致的波折。

官职与品级的安排，以及如何处理两者与官员的个人身份、资历之间的关系，是官僚制度史和政治文化史中的重要问题。阎步克曾经提出"汉代禄秩附丽于职位"的重要结论。[①] 本文从"秩大郡大守"出发的琐碎考察，可以进一步说明秩级分化与职事类别、繁简之间存在密切的关系，而秩级的命名不仅依据俸禄数量，也依据职位的名称。禄秩附丽于职位，因为它本就来自于职位。

2017 年 6 月 20 日初稿

9 月 3 日二稿

2020 年 11 月 26 日修订

修订后记：本文曾宣读于中国人民大学历史学院、国学院主办的"出土文献的世界：第六届出土文献青年学者论坛"（2017 年 8 月 8 日至 9 日），参考游逸飞、邹水杰先生的意见修改，收入《出土文献的世界：第六届出土文献青年学者论坛论文集》（中西书局，2018 年）。2020 年 11 月又在研究生课程讨论的基础上再作修订，基本观点仍旧。

看校补记：新出张家山汉简《功令》规定："中二千石有缺，课郡守以补之。"据此，"中二千石"的称谓在文帝前期已经存在，并在迁转序列中高于郡守。而在胡家草场汉简包含的文帝中后期的《朝律》中，中二千石也独立出来，位次在诸侯丞相和吏二千石之前，很可能已经成为独立秩级。这个时间比以往认为的景帝后期要早。

---

① 阎步克《品位与职位：秦汉魏晋南北朝官阶制度研究》第四章，第 160～225 页。

出土文献研究

睡虎地秦简《编年记》中"喜"的宦历

　　睡虎地秦简《编年记》记载了秦从战国晚期到始皇时期的大事，和一位小人物"喜"的生平家事，是一部由多个层次构成的书。按照整理者的看法，从秦昭王元年（前306）到秦王政十一年（前236）的大事记是一个层次，这一段内关于"喜"的记载和秦王政十二年以后的简文笔迹较粗，可能是后来续补的结果。[①] 后一层次中的喜，一般认为即出土竹简的 M11 号墓的墓主人，[②] 身份是秦南郡的低级官吏。由于简文释读的疑难，喜的仕宦履历还有可议之处。一是秦王政四年"喜□安陆□史"一句，缺释两字整理者怀疑分别是"除"和"御"，整理说明即按此介绍喜的履历；但这个履历不合当时的官制。二是《编年记》载喜于秦王政六年（22岁）为安陆令史，次年调任鄢令史，此后在鄢县治狱，并多次从军，积累的功劳应当不少，却至死未见升迁记录，令人生疑。

　　这些疑难原本不易解决，所幸最近出现的材料和研究提供了新的线索。以此为契机，可以补正《编年记》简文释读，复原喜的宦历，思考其与同墓所出简册的关系。由于简文对个人生平的记载与大事记合并混抄，对简文的改释和改读还会影响对秦统一前夕若干重要史事

---

① 睡虎地秦墓竹简整理小组编《睡虎地秦墓竹简》（精装本），文物出版社，1990年，释文注释第3页。实际上，在所谓第一个层次中，昭王元年到十二年的书体明显右倾，后文则略显左倾，应非同时书写。

② 《云梦睡虎地秦墓》编写组《云梦睡虎地秦墓》，文物出版社，1981年，第69页。

的认识。

按《编年记》，喜生于秦昭王四十五年。至秦王政元年，喜 17 岁，始"傅"，即作为成年男子登记户籍。秦王政三年八月，喜"揄史"，被授予"史"的身份，时年仅 19 岁。次年十一月，喜"□安陆□史"。[①]由于秦以十月为岁首，此时距喜"揄史"仅三个月。看来，这应是喜仕宦生涯中的第一个具体职务。

"安陆"前一字作"▓"，[②]整理者怀疑是"除"，文意通畅，从字形看也是合理的。后一字作"▓"，左部模糊，中间残损，只有右部所从的"卩"比较清楚。过去据此偏旁推测为"御"，从字形上说得过去，在制度上却难以讲通。栗劲就指出："如果秦县令下设御史，其官阶也必然高于令史，喜'揄史'的第二年，就被任命为御史，是不符合正常升迁程序的。"[③]御史是国君的史，地位较高。秦派出御史监察诸郡，见于史载，[④]县一级是否设御史，则没有直接史料证明。《编年记》整理者引据《战国策·韩策》及《韩非子·内储说上》，以求说明战国时有的县令下设有御史。实则这些史料中的御史即便设在县，也是由中央或监郡御史派出的，与县令没有统属关系。岳麓秦简《为狱等状》"癸、琐相移谋构案"中，监御史康劾州陵县守啬夫缩论处不当，要求重新论处后上报新的处理方案。[⑤]有如此职权的御史，[⑥]不可能让刚刚"揄史"的资浅小吏担任。

在"揄史"和出任令史之间，喜有可能经历何种职务呢？对此，里

---

① 释文据《睡虎地秦墓竹简》（精装本），释文注释第 6 页。

② 本文引用睡虎地秦简字形图版采自睡虎地秦墓竹简整理小组编《睡虎地秦墓竹简》（线装本），文物出版社，1977 年。行文中图片已缩小，相应大图见文中所列字形表。

③ 栗劲《〈睡虎地秦墓竹简〉译注斠补》，《吉林大学社会科学学报》1984 年第 5 期，第 91 页。引文中后一"御史"，原误植为"令史"，今据文意改正。

④ 关于郡监御史，参看游逸飞《守府、尉府、监府——里耶秦简所见郡级行政的基础研究之一》，《简帛》第八辑，上海古籍出版社，2013 年，第 234～236 页。

⑤ 见朱汉民、陈松长主编《岳麓书院藏秦简（叁）》，上海辞书出版社，2013 年，第 13、99 页。

⑥ 据张家山汉简《二年律令·秩律》，汉初御史秩千石，高于绝大多数县令。秦的御史秩级也不会太低。

耶秦简 8-266 号所见的资中令史釦伐阅，提供了启发，其文如下：

> 资中令史阳里釦伐阅
> 十一年九月隃（揄）为史
> 为乡史九岁一日
> 为田部史四岁三月十一日
> 为令史二月【第一栏】
> 钱计　户计
> 年卅六【第二栏】
> 可直（值）司空曹【第三栏】①

这位釦是原任资中县（当时应属蜀郡）令史，②秦王政二十五年调往新设立的迁陵县为吏，③很可能落籍在阳里。④他的伐阅在迁陵县廷经主事者批示，指派作为令史在司空曹值勤，从事与司空相关的文书工作。⑤釦揄史后担任的第一个职务是乡史。以此为参照，再来看《编年记》中的残字"■"，左部可释为"乡"，联系右部的"卩"旁，可推测原字是"卿"。"卿""鄉"本是一字。睡虎地秦简中，乡里的"鄉"多用"卿"

---

① 此牍收入湖南省文物考古研究所编著《里耶秦简（壹）》，文物出版社，2012 年，图版第 54 页，释文第 26 页。"钱计"的"钱"字据文意补释。

② 关于这一"伐阅"文书的考释，可参看戴卫红《湖南里耶秦简所见"伐阅"文书》，《简帛研究二〇一三》，广西师范大学出版社，2014 年，第 82～92 页。戴文对"资中"做了考证。

③ 釦于秦王政十一年九月揄史，为乡史九岁一日后，至秦王政二十年九月，又为田部史四岁三月十一日，至秦王政二十五年十一、十二月间，为令史二月后调任迁陵，时在秦王政二十五年正月、二月间。《里耶秦简》8-757 云"迁陵廿五年为县"，即秦王政二十五年，迁陵初设为秦县。

④ 承鲁家亮先生提醒，迁陵县有阳里，见里耶秦简 8-78、8-1477 等，故可推测伐阅中的"阳里"很可能是指釦在迁陵县的落籍地。关于迁陵县的行政区划，参看晏昌贵、郭涛《里耶简牍所见秦迁陵县乡里考》，《简帛》第十辑，上海古籍出版社，2015 年，第 145～154 页。当然，不排除"阳里"指资中县阳里的可能。

⑤ 关于令史与县廷各曹的关系，参看郭洪伯《稗官与诸曹》，《简帛研究二〇一三》，广西师范大学出版社，2014 年。

字来表示。①《编年记》中的"卿史"就是"鄉（乡）史"。②

郭洪伯最近已经论证县的田、乡部等稗官有史，并说明了这一职务的类似于"秘书"的辅助性功能。③这些史在身份上有特殊性。睡虎地《秦律十八种》中的《内史杂》有如下律条：

> 非史子也，毋敢学学室，犯令者有罪。

据此，如果不是史的儿子，则无权在学室学习。学习的内容自然是史的书写技能。根据汉律承袭秦法的一般情况，张家山汉简《二年律令·史律》中的如下规定应该也可以大致反映秦的情况：

> 史、卜子年十七岁学。史、卜、祝学童学三岁，学佴将诣大史、大卜、大祝，郡史学童诣其守，皆会八月朔日试之。史学童以十五篇，能风（讽）书五千字以上，乃得为史。

律文规定史之子能够学史，考核合格乃得为史。结合《内史杂》律条可知，秦至汉初的史保留着世官制度，父亲不是史的人不能进入官立的学室学习史的技能。看来，秦及汉初的史与非史不仅职能有别，而且存在身份上的差异。各级官署中的佐不具备史的身份。④只有经过考试认定

---

① 已知秦统一以前抄写的简牍，通常用"卿"来记录｛鄉｝，至秦统一后才通过"书同文字"规范，用"鄉"分担"卿"字的职务。参看本书所收拙文《里耶秦方与"书同文字"》。

② 这里需要补充说明，《编年记》称喜除"安陆乡史"，仅称县名，与里耶秦简中出现的"贰春乡史"（简 8−342）不同，容易让人产生疑惑。对此可以从两方面来解释。首先，从张家山《二年律令·史律》来看，史由太史或郡守统一管理和派往县道官。乡史是县直接管理任命的吏，部署在某乡，却并不隶属于乡，故可冠以县名。其次，《编年记》中的个人记事不同于官文书，行文无需严格遵守定法，可以省略乡名。

③ 参看郭洪伯《稗官与诸曹》，第 108～109 页。

④ 关于史的讨论，参看李学勤《试说张家山简〈史律〉》，《文物》2002 年第 4 期。李先生已经指出，史的世袭限制到《说文解字》的时代（东汉）业已解除。从里耶秦简等文书看，史和佐在实际政务中的职责可能差别并不太大。

为史的人数不足时，太史和郡守才会让资深的佐改任史的职务。^①

《编年记》中的喜 17 岁始傅，约三年后的八月揄史，符合《史律》规定的 "年十七岁学"，"学三岁"，"会八月朔日试之"。由此推测，喜很可能是有资格入学室的史之子。根据《二年律令·史律》，成为史后还要将八体课呈太史，每县取最优秀的一名直接提拔为令史。其他大部分史则要在为令史之前积累更多的功劳资历，担任田、乡部等稗官的史应是主要途径。喜与资中的釦都没有直升令史，但喜揄史时仅 19 岁，比釦（23 岁）年轻，升迁速度也更快。釦从揄史升任令史花了 13 年，而喜仅用了不到 3 年，仕途可谓相当顺利。以常理推测，喜在成为令史到去世的 24 年中，应该还有机会进一步升迁，反映在《编年记》中。

《编年记》相关字形表

喜～安陆～史	～属	喜～安陆令史

《编年记》秦王政二十一年条记事的末尾两字，整理者释为 "□属"，与此前的 "有死" 两字连读，认为是记与昌平君相关的军国大事。今案原来未释的一字，字形作 " "，细审当是 "为" 字。^②《编年记》中书体相同的 "喜为安陆令史" 一句，"为" 写作 " "。虽然不十分清楚，还是看得出来两字结构和笔画相似。"为属" 二字应独自成句，是关于喜个人的记事，指担任南郡属。

属是丞相、二千石官属吏的一种，职能与卒史相当，而秩级、身份略低。里耶秦简 16-5 所抄洞庭郡文告，有如下内容：

---

① 张家山汉简《二年律令·史律》："史、人〈卜〉不足，乃除佐。"（简 481）又云："吏备（惫）罢、佐劳少者，毋敢亶（擅）史、卜。"（简 482）这里还要指出，目前所见乡史的实例仅见于秦，汉代是否还有乡史尚难断定，不排除像监郡御史那样被废除的可能。

② 已有学者指出此字 "似是 '为'"，见陈伟主编《秦简牍合集（壹）》，武汉大学出版社，2014 年，第 27 页。

> ……洞庭守礼谓县啬夫、卒史嘉、段（假）卒史穀、属尉：令曰……嘉、穀、尉各谨案所部县……县丞以律令具论当坐者，言名，夬（决）泰守府。嘉、穀、尉在所县上书嘉、穀、尉……①

洞庭郡同时派出卒史、假卒史和属三人，分别到属县监督法令执行，并在当地代表郡守接受县的报告。三人的职掌权责完全一致，只是在文告中排名保持固定的先后顺序，显示出身份有高低。岳麓秦简中的一条秦令从免官程序角度证明卒史身份高于属，其文曰：

> 史以上，牒丞相、御史，御史免之；属、尉佐、有秩吏，执法免之，而上牒御史、丞相，后上之，恒与上攻（功）皆（偕）。狱史、令史，县……②

"史以上"当指卒史以上，要上报中央朝廷，由代表君主的御史罢免；属、尉佐、有秩吏则由执法（即所属二千石长吏）罢免，在下一次上计时向朝廷报备即可；简文最后残缺，但大意应是说狱史、令史由县长吏直接罢免。由此可以看出，属的地位相当于尉佐、有秩吏，低于卒史，高于令史、狱史，与上引里耶秦简可相印证。岳麓秦简中还有一条秦令，曰：

> 诸吏为詐（诈）以免去吏者，卒史、丞、尉以上上御史，属、尉佐及乘车以下上丞相，丞相、御史先予新地远蠻害郡……③

这是免官重新任用的规定。与上一条类似，卒史、丞、尉以上由御史负

① 湖南省文物考古研究所《里耶发掘报告》，岳麓书社，2007年，第192页，彩版三十一。
② 陈松长主编《岳麓书院藏秦简（肆）》，上海辞书出版社，2015年，简348、349，第210页。
③ 这条简文最早见于于振波《秦律令中的"新黔首"与"新地吏"》，《中国史研究》2009年第3期，第75～76页。后收入陈松长主编《岳麓书院藏秦简（陆）》，上海辞书出版社，2020年，简248，第178页。

责奏闻，属及尉佐、有秩乘车吏以下则由丞相府直接处理。这些都说明，卒史和属之间存在一条重要的等级分界线。[①]

秦汉的卒史通常由劳绩突出的斗食或有秩吏升任[②]。岳麓秦简《为狱等状》中的 "同、显盗杀人案" "癸盗杀安、宜等案"，提供了秦统一前夕南郡的资深令史通过特殊的业绩被提拔为卒史的例子。两者都提到升迁者符合劳年中令、清洁无害、敦悫守事、心平端礼等条件，其中的一位触已任令史 22 年，年龄达 43 岁，可见标准颇高。[③]属的职事与卒史相同，但地位较低，当提拔对象有能力而年资较浅时，先任命为属，应是兼顾才用和资格的合理办法。喜为属时，年三十七，已任令史 15 年，比触资浅，可能因此暂不任为卒史。

通过上述考证，喜的宦历已经比较清楚。秦王政三年八月，喜 19 岁，获得史的身份，三个月后被任命为南郡安陆某乡的乡史。秦王政六年四月，喜 22 岁，升任安陆县令史，次年正月，调任同郡鄢县令史。秦王政十二年四月癸丑，喜 28 岁，"治狱鄢"，即出任鄢县的狱史。[④]秦王政廿一年，喜 37 岁，升任南郡郡属。这份履历为研究秦代基层官吏的升迁途径提供了一个完整的案例。在此顺便一说，喜 19 岁获得史的

---

① 卫宏《汉旧仪》载武帝元狩六年，丞相吏员有 "史二十人，秩四百石，少史八十人，秩三百石，属百人，秩二百石"（周天游点校《汉官六种》，中华书局，1990 年，第 68～69 页）。史在丞相府中的地位类似于二千石官的卒史，丞相史较属秩级为高，也可旁证卒史与属的关系。

② 参看严耕望《中国地方行政制度史》甲部《秦汉地方行政制度》，中研院历史语言研究所，1997 年，第 108～109 页。所引《史记·萧何世家》、《汉书·张敞传》《朱邑传》皆是其证。

③ 简文见朱汉民、陈松长主编《岳麓书院藏秦简（叁）》，第 180、181、191 页。此简文所反映的卒史迁任条件，又见游逸飞《战国至汉初的郡制变革》，台湾大学历史学系博士学位论文，2014 年，第 107～108 页。张家山汉简《奏谳书》亦载有秦王政六年，咸阳狱史举阑因 "能得微难狱"，办案表现突出而被奏请补卒史。见张家山二四七号汉墓竹简小组编《张家山汉墓竹简〔二四七号墓〕（释文修订本）》，文物出版社，2006 年，第 111 页。

④ 狱史秩级与一般令史相当。岳麓秦简《为狱等状》"癸盗杀安、宜等案" 中的官文书说狱史触 "为令史廿二岁"（朱汉民、陈松长主编《岳麓书院藏秦简（叁）》，第 191 页），可见在晋升卒史时，狱史并非令史以外的更高一级资历，而包含在了任令史的年资中。由此推测，狱史可以说是一种特殊的 "治狱" 令史。

身份后，22 岁即为令史，与岳麓秦简中的触 21 岁为令史相仿，都是比较顺利的，因而能够积累足够的资历升迁到郡级属史。岳麓秦简中还有一位爽，也是 21 岁初为史，22 岁就成为令史。[①] 不过，他们的情况可能并不普遍。里耶秦简中的钿 22 岁才获得史的身份，其后又为稗官史超过 13 年，到 36 岁才成为令史，很可能没有机会继续升迁为郡吏了。

了解喜生前曾任南郡郡属之后，可以更新对与《编年记》同一墓葬出土简册性质和来源的认识。墓中有秦王政二十年四月南郡守腾下发给所属县道官吏的文书抄本。该文书意在纠劾县级属吏的不法行为，禁止长吏纵容，其中说：

> 今且令人案行之，举劾不从令者，致以律，论及令、丞。有（又）且课县官独多犯令而令、丞弗得者，以令、丞闻。[②]

郡守派到各县巡视举劾、报闻情况的人，应该是郡的属吏。喜在秦王政二十一年为属，所谓"举劾不从令者，致以律"，正是他的职责所在。此外，睡虎地秦简《效律》和《秦律杂抄》都侧重于对官吏的监督，很可能是喜担任郡属以后获得，并用于履行职务的。

确认喜曾"为属"，还触及到一个有过激烈讨论的重要问题。《编年记》秦王政二十一年条，整理本释读作：

> 廿一年，韩王死。昌平君居其处，有死□属。

释出"为"字后，"有死为属"显然难以连读，读法不得不改为：

---

① 简文作："爽初书年十三，尽廿六年年廿三岁。（0552）廿四年十二月丁丑初为司空史。（0687）廿五年五月壬子徙为令史。（0625）卅年十一月爽盈五岁。（0418）"见陈松长《岳麓书院所藏秦简综述》，《文物》2009 年第 3 期，第 77 页，简序有调整。据此，爽在秦王政十六年初令男子书年时登记为 13 岁，至秦始皇二十六年称皇帝时为 23 岁。他在秦王政二十四年初次当任史，任职于司空官，次年即升任令史。此文书统计他到秦始皇三十年，担任令史已达 5 年。

② 睡虎地秦墓竹简整理小组编《睡虎地秦墓竹简》（精装本），释文注释第 13 页。

廿一年，韩王死。昌平君居其处，有（又）死。为属。

据此则昌平君死在秦王政二十一年，与《史记·秦始皇本纪》二十三年"荆将项燕立昌平君为荆王"的记载相矛盾。如果这一改读无误，就不能不重新思考和认识秦灭楚的历史过程以及昌平君、昌文君、项燕等人在其中发挥的作用。[①]此事前人已经提出多种不同的看法，[②]问题相当复杂，只能等待发现更多证据后，再另文讨论了。

2015 年 4 月 10 日初稿

6 月 15 日改定

2020 年 10 月 30 日修订

修订后记：本文初刊于《国学学刊》2015 年第 4 期，改定过程中先后得到游逸飞、郭洪伯、鲁家亮等先生的指正，获益良多。此次修订补充了岳麓秦简中的新资料，删除了旧稿中对"下吏"的误解，简化了对属和卒史关系的讨论，并订正若干疏误，主要观点未变。

---

① 黄盛璋在《云梦秦墓两封家信中有关历史地理的问题》（《文物》1980 年第 8 期）一文中曾把"死"字与昌平君联系起来，推测他在秦王政二十一年就死了，项燕后来所拥戴的是昌文君。可惜黄先生对此没有论证，后来学者一般也未予采信。

② 除上述黄盛璋文外，主要的讨论还有田余庆《说张楚——关于"亡秦必楚"问题的探讨》，原载《历史研究》1989 年第 2 期，收入《秦汉魏晋史探微（重订本）》，中华书局，2004 年；辛德勇《云梦睡虎地秦人简牍与李信、王翦南灭荆楚的地理进程》，《出土文献》第五辑，中西书局，2014 年。

睡虎地秦简"为吏之道"应更名"语书"

——兼谈"语书"名义及秦简中类似文献的性质

  1975 年，湖北省云梦县睡虎地 M11 号秦墓出土了 1 200 多枚竹简。整理者根据竹简在棺中的出土位置，将之分为甲、乙、丙、丁、戊、己、庚、辛八组。位于墓主人腹下的辛组简，又被整理者分篇复原为四种书：《语书》《为吏之道》《效律》和《秦律杂抄》。这种分篇及命名沿用至今。不过，关于其中《语书》与《南郡守腾文书》的分合以及《为吏之道》的命名，过去都曾有争议。笔者重读睡虎地秦简，发现整理本对这两个问题的处理确实存在问题，有必要重新讨论。

  出土简册复原的目的，是恢复随葬时的编连顺序。复原时首先需要考虑竹简本身的形制、编绳和出土位置关系等客观因素，各段简册之间的文字内容是否同类，则出于整理者的主观判断，不能在复原中起决定作用。换言之，形制相同、编痕契口对应、出土位置相邻的两组简册，即使未发现内容上的关联性，也可复原为同一卷册；反之，如果两组简册形制迥异，编痕契口不能对应，出土位置相隔甚远，即便内容密切相关，仍不可能属于同一卷简册。过去对《语书》的复原，主要是基于与《南郡守腾文书》在内容上似乎相关，而忽视了客观因素方面的诸多反证，误将本不相连的两者合为一篇；同时，《为吏之道》分栏抄写的特殊形式也产生误导，使整理者将这部分独立为一篇，而未重视其与《语书》有关的诸多现象。

  本文意在订正《语书》的复原，指出它与《南郡守腾文书》原来并非同篇，而应编连在所谓"为吏之道"后。简背的"语书"二字，应涵盖"为吏之道"在内，是全篇的自题。也就是说，过去所谓的"为吏之道"实际上是《语书》的一部分。由此出发，思考《语书》及类似的王家台秦简《政事之常》、岳麓秦简《治官为吏及黔首》、北大秦简《从政之经》等篇的性质，将会得到更加准确的认识。

一、《语书》六简与《南郡守腾文书》本非一篇

文物出版社 1990 年出版的《睡虎地秦墓竹简》精装本（以下简称"精装本"）是整理小组的定本，也是研究者最常使用的通行本。在精装本中，整理者复原编定的《语书》一共有 14 枚简组成，分为前后两段。前段八简是秦王政二十年南郡守腾下发所属县道官吏的文书。后段六简内容相对独立，最末一支简的背面书有篇题"语书"，书体与正面一致，应是原抄写者题写的，整理本即以此作为全部 14 枚简的总篇题。[①] 不过，在《语书》释文注释前的"说明"中，整理者指出"后段的六支简简首组痕比前八支简位置略低，似乎原来是分开编的"，对两者合为一篇表达了疑虑。同年，张政烺、日知编的《云梦竹简 I》作为"世界古典文明丛书"之一出版，书中认为《语书》只是后六简的名称，将另八简命名为《南郡守腾文书》。[②] 此外，负责《睡虎地秦墓竹简》精装本定稿的李学勤，在 1976 年曾执笔写过《云梦睡虎地秦简概述》一文，[③] 后来收入论文集《简帛佚籍与学术史》时做了修改，[④] 也将这 14 枚简分为《南郡守腾文书》（原整理本《语书》前八简）和《语书》两种，确认了精装本"说明"中的怀疑。这个处理十分精审，可惜张先生和李先生都惜墨如金，未详述具体的论证。现在，多数学者已经熟知精装本所谓的《语书》实际包含了两份文书，但还没有将它们作为分开抄写的两部书

---

① 由于整理之初未发现简背的"语书"篇题，1977 年文物出版社出版的《睡虎地秦墓竹简》线装大字本将此 14 枚简定名为"南郡守腾文书"。

② 张政烺、日知编《云梦竹简 I》，吉林文史出版社，1990 年，第 7 页。

③ 季勋《云梦睡虎地秦简概述》，《文物》1976 年第 5 期。

④ 李学勤《简帛佚籍与学术史》，时报出版公司，1994 年；又，江西教育出版社，2001 年。

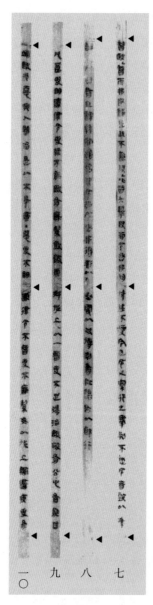

图一　睡虎地秦简《南郡守腾文书》（七、八）、《语书》（九、十）契口位置比较图（底图取自《睡虎地秦墓竹简》精装本）

来看待。[①] 在此有必要重新提出，并作几点补充论证。

从简册的客观因素考虑，《南郡守腾文书》（以下简称《腾书》）和《语书》在随葬时并非同篇，至少有三个方面的证据。

一、契口和编绳的位置。整理说明已经提到，《腾书》和《语书》简首编绳位置不同。两种文书在编绳位置均存有契口，观察精装本图版可见，当《腾书》与《语书》竹简的中间契口互相对齐时，两者的上、下契口却不能完全对齐。测量图版，《腾书》上契口距简首约 0.9 厘米，距中契口约 12.9 厘米，《语书》六简上契口距简首约 1.2 厘米，距中契口约 12.5 厘米，两书契口位置相差不少（参见图一，三角箭头所指处即为契口位置）。契口的作用是固定编绳，契口、编绳位置不同的两组竹简编连在一起的可能性很小。上述两组竹简契口间距的差异，是《腾书》和《语书》原非一编的有力证据。

二、出土位置关系。发掘报告《云梦睡虎地秦墓》只给出了甲组竹简的出土情况示意

---

① 各家观点参看中国政法大学中国法制史基础史料研读会《睡虎地秦简法律文书集释（一）：语书（下）》，中国政法大学法律古籍整理研究所编《中国古代法律文献研究》第七辑，社会科学文献出版社，2013 年，第 80～81 页。需要一提的是，张金光认为《语书》原来并非一篇，是墓主喜把两篇文献合编到一起，加上了"语书"的篇题。这个看法仍以为《语书》14 简出土时已是经过合编的一个整体，与本文的观点不同。

图，^① 其他各组均阙。从甲组此图看，发掘时对成卷的竹简采用了由上而下分层揭剥、逐枚编号的方法。因此，出土号大致存在这样的规律：竹简原卷末尾外层的简出土号在两头，收卷时位于内层的简出土号在中间，原卷中相邻的简出土号也多连续。对于没有出土位置图的竹简来说，发掘报告附录《竹简篇名、编排顺序和出土登记号对照表》^② 中所见的出土号，多少可以用作了解竹简原始位置关系的线索。《腾书》和《语书》同出于墓主腹下，出土时归入竹简的辛组。从表中可见，前者 8 支简的出土号为辛 158、151、150、159、164、149、157、152，后者六简则为辛 24、14、21、107、108、109。两者出土号相隔甚远，说明出土时应非紧邻。这个现象不支持将两者编连在一起的复原方案。

三、容字和书体。吴福助已经指出，《腾书》每简容字 41 至 44 字，《语书》则为 35 至 38 字，相差较大；而两者的书体也有明显区别，应是两人异时书写。^③ 今选取"吏""令""明""书"四字为例，列出下表（表一），以见其差别。《腾书》的特点是："吏"字下部的"手"弯曲幅度较小，几乎与上部"中"的竖笔相连；"令"字捺笔平直；"明"字所从的"月"开口很大，写得近似"勺"形；"书"字上部的折笔和下方"日"部都呈圆弧形。反观《语书》，"吏"字的"手"弯曲幅度大，与上部明显分离；"令"字捺笔右斜，且微有波磔；"明"所从的"月"开口很小，几乎闭合；"书"字折笔及"日"部笔画方直。《语书》中四字书体均与《腾书》迥异，加上每简容字的差异，说明两者不是由同一位书手同时写成的。这可以作为两者本不属同篇的佐证。^④

---

① 《云梦睡虎地秦墓》编写组编《云梦睡虎地秦墓》，文物出版社，1981 年，第 14 页。

② 见《云梦睡虎地秦墓》，第 74～103 页。表中的"编排顺序号"是整理者根据内容最后排定的简序，"出土登记号"则是发掘者在提取竹简时给予的编号。

③ 见吴福助《〈语书〉论考》，《睡虎地秦简论考》，文津出版社，1994 年，第 64～65 页。但他仍认为两部分内容相关，故而被编连并放置在一起。

④ 睡虎地秦简也存在同一篇卷中包含多种书体中的情况，如《编年记》《为吏之道》和《日书》甲种都是如此。但它们大都分栏抄写，且存在一种主要书体，其他书体部分可以看作在已抄写编连好的卷册上所作的补抄。这与《腾书》和《语书》之间的关系是不同的。

表一　《语书》六简、《南郡守腾文书》部分文字书体对照表

	吏／事	令	明	书
《语书》六简				（语～）
《南郡守腾文书》				

通过上面补充的三点，应该已经可以确认《腾书》和《语书》原本分开编连，分属两种不同的书。不过，随之产生了新的问题：《语书》仅由六枚简组成，还是应包含其他的内容？

二、《语书》的复原

按照简牍室内发掘的经验，[①] 如果少量简独立成卷，收卷后各简应该互相紧靠，出土号自然会连续或比较集中，《腾书》就是如此。已知属于《语书》的六支简情况却不同。这六简明显地分为两组，前三简（24、14、21）和后三简（107、108、109）之间出土号大幅度间断。如果此六简独立成卷，这种情况较难解释。但若假设它们是某一较长简册的一部分，就不一样了。考虑到"语书"篇题书于末简，则此六简应位

---

① 参看胡东波、常怀颖《简牍发掘方法浅说——以北京大学藏秦简牍室内发掘为例》，《文物》2012 年第 6 期。

于简册尾端，收卷后包裹在该卷外围；发掘者从上到下分层揭取竹简，外围上、下两面之间的出土号就会大幅间断。

如果上述根据出土号所作的推测成立，《语书》六简原本与其他一部分简合编为一卷。这部分简当然只能从同出土于墓主腹下的辛组简，即整理者分出的《效律》《秦律杂抄》和《为吏之道》三篇中去找。

根据发掘报告，原归入《语书》的 14 枚简简长为 27.8 厘米，《为吏之道》《秦律杂抄》为 27.5 厘米，《效律》为 27 厘米。[①] 从数据看，《腾书》和《语书》长度一致，而《语书》与《为吏之道》《秦律杂抄》《效律》的长度则不相同。这似乎支持了整理者原来的分篇。然而，根据实际经验，秦汉简册一卷之中的简长很少完全整齐划一，由于竹简削制工艺所限，各简之间长度存在毫厘之差，反而是更加普遍也更合乎情理的情况。因此，在重新考虑篇卷分合时，有必要根据已公布的原大照片，逐一测量简长。

测量精装本图版所得的数据较发掘报告所示略大，《腾书》和《语书》中一些简的照片长度达到 27.9 至 28 厘米。我怀疑，精装本照片经过反复制版，比例已经不够精确，故而改用最早出版的线装本重新测量。[②]《睡虎地秦墓竹简》线装本出版于 1977 年，距简册出土仅两年，应是直接使用原始照片制版，加之该书的出版在当时是作为一项政治任务完成的，图版质量明显好于后出的精装本，照片比例也更可靠。线装本卷首附有《南郡守腾文书》八简、《语书》第一简（当时未发现"语书"篇题，两者合称《南郡守腾文书》）和《为吏之道》前九支简的彩色原大照片。经测量，照片长度与同书的黑白照片误差很小（1 毫米以内），而与精装本照片有明显出入，所得数据见表二（《语书》第二至六简无彩色照片，只能采用线装本黑白照片测量数据）。

---

① 见《云梦睡虎地秦墓》，第 12 页。
② 睡虎地秦墓竹简整理小组编《睡虎地秦墓竹简》，文物出版社，1977 年。

表二 《睡虎地秦墓竹简》线装本原大照片实测简长（单位：厘米）

简序	一	二	三	四	五	六	七	八	九
《腾书》	27.7	27.8	27.6	27.5	27.7	27.6	27.6	27.6	—
《语书》	27.5	27.6	27.6	27.5	27.6	27.6	—	—	—
《为吏之道》	27.6	27.7	27.6	27.6	27.7	27.6	27.6	27.7	27.6

根据测量结果，《腾书》的简长在 27.5 至 27.8 厘米之间，多数为27.6 或 27.7 厘米；《语书》简长为 27.5 至 27.6 厘米；《为吏之道》简长为 27.6 至 27.7 厘米。上述数据的绝对值可能存在误差，但其反映的各简长度的相对关系应该是准确无误的。据此，发掘报告显示的《腾书》《语书》与同属辛组的《秦律杂抄》《为吏之道》之间的长度差异，事实上并不存在。这四部分应该看作规格一致的简，长度均为秦的一尺二寸左右，完全有可能重新组合。

辛组简中只有《效律》的长度自成一格，为 27 厘米，书体相比其他部分特征明显不同，且首简简背自有篇题"效"。由此推测，《效律》与《语书》六简合编的可能性很小，可以不论。

《秦律杂抄》和《为吏之道》简长与《语书》相同，编绳契口位置也互相吻合，两者都有与《语书》六简合编的可能。相比之下，《为吏之道》与《语书》合编的可能性，还能找到书体方面的证据。

《为吏之道》除去简 44 第四栏和简 16 第五栏以后的补写部分外，其余内容相关度高，书体风格一致，应是同一人所抄写的该书原有的主体部分。[①] 将这部分的书体与《语书》六简对比，可以发现结构笔法完全一致，应是出自同一书手。《秦律杂抄》的书体则有明显差别。仍以"吏""令""明""书"四字为例，列出下表，从中可以清楚地看到这一点。

---

① 整理者在《为吏之道》释文注释前的说明中已经指出："第四、五两栏后面字迹较草的部分，有可能是补写上去的。"（《睡虎地秦墓竹简》精装本，释文注释第 167 页）这个推测表述很谨慎，应该是正确的。

表三 《语书》六简、《为吏之道》、《秦律杂抄》部分文字书体对照表

	吏/事	令	明	书
《语书》六简				（语～）
"为吏之道"				
《秦律杂抄》			无此字	

睡虎地秦简各篇之间书体都不相同。两篇出自同一书手的情况，在整理者分出的各篇之间是绝无仅有的。结合竹简形制考虑，可以认为被整理者分开的《语书》六简和《为吏之道》（不包括补写部分）原来应合编在一卷中，属于由一位书手一次写成的同一篇文献。

综上所述，整理者分开的《为吏之道》和《语书》，应该视为同一部书的两个部分。简册的篇题一般书写在全卷的开头或末尾，篇题"语书"在《语书》六简最后一简的背面，由此推测，《语书》六简原来应编在《为吏之道》后，是全书的结尾。"语书"作为篇题，应涵盖了全书中的这两个部分。换言之，整理者复原为独立一书的所谓"为吏之道"，随葬时是和另外6枚简合编在一起的，应按照全卷原有的自题，定名为"语书"。

需要说明的是，睡虎地秦简这部分的分卷揭剥图没有全部公布，简册之间的出土位置关系只能通过出土号来推测，加之原简经脱水已

经断裂变形，无法复核原始长度，因此，现在所做的推断就单个论证来说难免尚存缺憾。但综合考虑位置、形制、书体各方面因素，仍可发现它们总合起来的指向相当一致，可以彼此支撑，得出比较有把握的结论。

上面的结论也经得起内容方面的验证，并且可以解决"为吏之道"部分的命名问题。过去，由于《语书》的"为吏之道"部分未见篇题，整理者只好取首句"凡为吏之道"为题，通行至今。但此部分包含了多个独立的章节，取第一章的首句为题，终究无法涵盖全篇，故而一直有学者表示不满。林素清即认为以此为题"是不够周延的"，"并不十分恰当"。① 李学勤曾称此篇为"吏道"，可能是想避免照搬首句原文，而据内容拟题。相比之下，"语书"这个篇题则很切合全篇的内容。李学勤曾说，郭店楚简《语丛》的内容都是短章零句，大部分类似格言，体裁接近睡虎地秦简的《吏道》。② 换言之，"为吏之道"就体裁而言即是《语丛》一类的文献。现在我们知道，它本就以《语书》为名。这正符合其体裁，也反过来印证了李先生的卓见。

三、《语书》的"语"和"书"

对于篇题"语书"的含义，睡虎地秦简的整理者引用《国语·鲁语》"主亦有以语肥也"句韦昭注，认为是"教戒之也"。③ 这是把"语"作动词解。这是因为整理者理解的《语书》包含《南郡守腾文书》，有教戒辖内县道官吏的话。现在既已厘清《语书》的内容，对"语"释义

---

① 见林素清《秦简〈为吏之道〉与〈为吏治官及黔首〉研究》，《简帛》第八辑，上海古籍出版社，2013 年，第 280、307 页。
② 李学勤《〈语丛〉与〈论语〉》，初载《清华大学思想文化研究所集刊》第二辑，清华大学出版社，2002 年，此处引自氏著《中国古代文明研究》，华东师范大学出版社，2005 年，第 223 页。
③ 见《睡虎地秦墓竹简》精装本，释文注释第 16 页。

也应该重新考虑了。

"语"的本义是言语、论说，在战国时代已成为文献的类型和贵族教育的内容。作为文献类型，它包括与事相关、就事而发的"事语"，多是政治性讲话，^① 还包括单纯的"嘉言善语"、格言警句。俞志慧做了类似的区分，称前者为事类之语，后者为言类之语，并认为后者有很多渊源于前者。^② 这两类的"语"虽然体裁不同，但都与明德、为政有关，汇编起来用作教材。《国语·楚语上》载申叔时就如何教育楚庄王太子答士亹问，将"语"与"春秋""世""诗""礼""乐""令""故志""训典"并列，作为教育太子的科目之一。申叔时说："教之语，使明其德，而知先王之务，用明德于民也。"韦昭注："语，治国之善语。"这是就高级贵族的教育而言的。

对于低级官吏和庶民来说，"语"是学会写字之后最重要的教育科目之一。北京大学藏秦简《算书》中有一段关于数学起源、作用的话，^③ 对话人鲁久次问陈起说：

> 久次读语、计数弗能并彻，欲彻一物，可（何）物为急？

鲁久次、陈起都不见于其他文献，可能是不知名的低级士人。他们谈论的"读语""计数"，颇近于今天中小学课程中的语文、数学，应是低级士人有机会学习的主要科目。出土《语书》的睡虎地 M11 号秦墓，墓主人是一位地方低级官吏，拥有并学习这类的"语"，内容不是高论治国之道，而落在明德修身、为吏从政、临官治民的层次上，与他的身份相符。

"书"作为名词，在古汉语中有文字（包括文字的书写）、文书、典

---

① 参看张政烺《〈春秋事语〉解题》，《文物》1977 年第 1 期，第 36 页。
② 参看俞志慧《古"语"有之——先秦思想的一种背景和资源》，华东师范大学出版社，2010 年，第 11～12、17～51 页。
③ 见韩巍《北大秦简中的数学文献》，《文物》2012 年第 6 期，第 86 页。

籍三个基本含义。^① "语书"的"书"无疑应取第三义。不过,处于写本时代的战国秦汉古书从形式到内容都不像唐宋以后那样稳定,与文书的界限也时或模糊,因而跟现代一般意义上的"典籍"不完全一致。已知出土战国秦汉简帛古书中,以"书"作为自题的至少还有如下几种:睡虎地秦简《日书》、北大秦简《田书》《隐书》、张家山汉简《奏谳书》《筭数书》《引书》《脉书》、北大汉简《日书》《雨书》。这些古书都是某一类型或某一内容的文献的集合或汇编,自题采用类型或内容名称加上"书"的偏正短语结构。^② 北大汉简《赵正书》情况稍有不同,是取篇首"昔者秦王赵正"中的"赵正"二字为题,但篇题中的"书"与前举各书一样,都表示文本的载体和构成形式。

简言之,睡虎地秦简《语书》的题名符合它的内容,即格言警句汇编而成的书籍。

四、《语书》及秦简中有关各篇的性质

《语书》中过去称作"为吏之道"部分的主体文本(不包括后来补抄的《魏律》等内容)大致语句整齐,^③ 多为韵文,与岳麓书院藏秦简《为吏治官及黔首》、北大秦简《从政之经》以及尚未全部发表的王家台秦简《政事之常》的主体部分近似,很可能脱胎于一个更早的母本。因此,学者习惯于将这些文献合起来,一并讨论它们的性质。目前较

---

① 参看李零《简帛古书与学术源流(修订本)》第二讲《三种不同含义的书》,三联书店,2008年,第42～55页。

② 《日书》为时日选择数术书,《田书》为计算田亩面积和租税之书,《隐书》为隐语谜题之书,《奏谳书》为司法审查复核之书,《筭数书》主要收录数学应用题,《引书》《脉书》分别讲导引和诊脉之术,《雨书》讲跟雨有关的占验。

③ 有学者将原《为吏之道》认定为"杂抄"。我们认为,简44第四栏和简16第五栏以后的部分,从时间上说是在题名"语书"以后补抄的。这些补抄的部分并不属于题写篇题的原抄写者所认定的《语书》,故不列入本文的讨论。排除了补抄部分,《语书》的杂抄性质就不那么明显了,甚至可以说各个段落在内容和形式上有明显的一致性。

通行的观点认为，这些书都是秦代官吏的宦学课本或道德训诫类官箴文献，另外也有学者主张是官吏的识字课本。[①] 不过，这些文献的近似主要是在文本层面。文献还包括形成时间、来源、作用等多方面的外部因素。外部因素存在差异的文献，即使文本近似或相同，其性质也可能存在差异，值得分开来讨论。这时候，各篇文献中的特殊格式就成了重要的线索。

重新复原的《语书》在 "为吏之道" 部分外的六简虽然内容高度相关，且由同一人同时抄写，但未分栏，文体亦非韵文，形式上差异显著。两者关系如何，颇费思索。为便于分析，先录文如下：

> 凡良吏，明法律令，事无不能殹（也），又廉絜（洁）敦悫而好佐上，以一曹事不足独治殹（也），故有公心。有（又）能自端殹（也），而恶与人辨治，是以不争书。
>
> ·恶吏不明法律令，不智（知）事，不廉絜（洁），毋（无）以佐上，缩（偷）随（惰）疾事，易口舌，不羞辱，轻恶言而易病人，毋（无）公端之心，而有冒柢（抵）之治，是以善斥事，喜争书。争书，因恙（佯）瞋目扼绾（腕）以视（示）力，吁询疾言以视（示）治，詻訏丑言痽矸以视（示）险，坑阆强肮（伉）以视（示）强，而上犹智（知）之殹（也）。故如此者不可不为罚。发书，移书曹，曹莫受，以告府，府令曹画之。其画最多者，当居曹奏令丞，令丞以为 "不直" 志。千里使有籍，书之以为 "恶吏"。[②]

这段文字分述良吏、恶吏的特点。"发书，移书曹，曹莫受" 的 "曹" 是县廷令史所值的各曹。句意指值曹令史不接受交给本曹的文书，即推脱交办的事务。这是呼应上文提到的恶吏表现出的 "疾事" "善斥事"。[③]

---

① 参看鲁普平《〈为吏之道〉研究述评》，《邢台学院学报》2013 年第 2 期。
②《睡虎地秦墓竹简》，释文注释第 15 页。释文标点有调整。
③ "斥事" 解释为推脱事务不做，参看尹伟琴、戴世君《秦律三种辨正》，《浙江社会科学》2007 年第 2 期，第 163 页。

对于这种情况，《语书》称县廷会报告给郡府，郡府命令属曹记录下来。被记录最多的县曹令史，由相应的郡曹通报给本县长吏令、丞，长吏在考课中给予"不直"的记录。①都吏也将在掌管属吏名籍中把他们记录为"恶吏"。②根据上面的解读，"发书，移书曹"并不能说明这段话来自官文书。③它仍然是接着上文，补充说明"恶吏"的认定标准。不过，这段话似有自上而下的口吻，又避秦始皇讳，以"端"代"正"，考虑到当时避讳并不严格，④不能排除它是从某个郡府下发的教令中抄录的。

岳麓秦简《为吏治官及黔首》中也有一段通栏书写的文字，对理解全篇的性质最为关键。其文曰：

> 此治官、黔首及身之要也与（欤）！它官课有式，令能最，欲毋殿，欲毋罪，皆不可得。欲最之道，把此日视之篓（屡），勿舍风（讽）庸（诵）为首；耤（清）正守事，劝毋失时，攻（功）成为保。审用律令，兴利除害，终身毋咎。⑤

简文云"把此日视之篓（屡），勿舍风（讽）庸（诵）为首"，要求每天

---

① 黄盛璋已将"志"属上读，理解为记录，认为"以为不直志"就是用"不直"来记其罪名。见黄盛璋《云梦秦简辨正》，《考古学报》1979 年第 1 期，第 19 页。本文根据新出材料，主张"志"即县廷考课属吏的记录，里耶秦简中提到的"课志"就是这类文献。关于课志，参看李均明《里耶秦简"计录"与"课志"解》，《简帛》第八辑，上海古籍出版社，2013 年，第 149～159 页。

② 整理者指出"千里"指郡的辖境，是正确的，见《睡虎地秦墓竹简》，释文注释第 16 页。今按"千里使"可能是一种俗称，相当于里耶秦简 8-455 号（图版号四六一）"书同文方"中所谓的"乘传客"，指郡府派出巡察各县道的都吏。

③ "发书，移书曹"等用语，很像官文书，故而整理者认为与《南郡守腾文书》呼应，说明这部分是其附件，见《云梦睡虎地秦墓》，第 16 页，又《睡虎地秦墓竹简》，释文注释第 13 页。现在我们知道《语书》和《南郡守腾文书》并非同一个文献，不能合在一起考虑。

④ 参看陈伟《秦简牍校读及所见制度考察》第一章第一节《避讳"正"字问题再考察》，武汉大学出版社，2017 年，第 1～10 页。

⑤ 释文据陈松长主编《岳麓书院藏秦简（壹—叁）释文修订本》，上海辞书出版社，2018 年，第 37 页。原标点作"与它官课，有式令能最"，不辞。今改动标点如上，文意解释详后。

把这篇文献拿在手里反复看，不停诵读，说明多少带有教材意味。文中总结全篇的内容是"治官、黔首及身之要"和"欲最之道"，前者指处理官府事务、统治人民、修饬自身这些具体行为的要诀，后者指在考课中取得最佳成绩的方法。前者是手段，后者说明目的。此篇既以考课优胜为宗旨，读者无疑是官吏或学为吏者。同时，这个宗旨着眼于个人仕途，未指向"致治"这类朝廷或官僚机构的"公"的目标。文中还明确说"它官课有式，令能最，欲毋殿，欲毋罪，皆不可得"，强调仅仅按照官府考课的程式不能令人得"最"，也不能避免殿后、获罪。接着又说，想在考课中赢得优胜，首要的是天天诵读此书。这清楚地表明了作者的非官方立场，可证《为吏治官及黔首》应是低级吏员中自发编辑流传的为官诀窍。

北大秦简中被称为《从政之经》的一篇，前半分栏书写，最末部分的格式也发生了变化。其中后六简为通栏书写；倒数第七简最下接续前文第四栏，而上部则不再分栏，以"贤者自立"为开头独立成段；倒数第八简分四栏，但第一栏中的"贤者"二字不与第一栏前文和第二栏的开头相接，只是利用空位插入，当是拈取倒数第七简的首字以为题目。① 《从政之经》的汇编性质相当明显，即便是总题为"贤者"的部分，也是"几段文字的杂抄"。② 这些汇编的内容都是"语"。与《从政之经》合编为一卷的《教女》，③ 亦多韵文，也可以理解为"语"类文献。两者书体不同，但简背划痕相连，应是同时同地制作、编连在一起的。因此，《从政之经》来自官方途径的可能性也比较小。

王家台秦简《政事之常》更为特殊。根据整理者介绍，这篇文献抄写在特定的图式（可称为"居官图"或"天牢图"）中。该图分为四圈，中间一圈书有"员（圆）以生方，正（政）事之常"八字，其余三圈分为十二段，文字朝四个方向书写。由内而外的第二圈写有与《语书》中

---

① 参看朱凤瀚《北大藏秦简〈从政之经〉述要》，《文物》2012 年第 6 期，第 74、78 页。
② 朱凤瀚《北大藏秦简〈从政之经〉述要》，《文物》2012 年第 6 期，第 78 页。
③ 北大秦简《教女》，初称《善女子之方》，后根据简文改题。见朱凤瀚《北大藏秦简〈教女〉初识》，《北京大学学报（哲学社会科学版）》2015 年第 2 期。

"处如资"至"民将姚去"一章相近的文本，第三、第四圈则是进一步阐发第二圈文字的含义。[①] 这个形式以第二圈为经本，三、四圈为传说，证明"语"是可用于师生相授的。不过，与其他三种书不同，《政事之常》的"员（圆）以生方"等语表明其包含抽象的思想性，不完全是实用的。它不会来自秦王朝官方，也非简单的杂抄汇编，而是由特定作者精心结构的个人著作，可以说已有诸子书的性质。

《语书》及相关秦简文献在核心文本上具有相当高的一致性，大量文句都是在相同的基础上改编而成的。但今天我们见到的每一个具体的文献，又都经过不同程度的加工，来源和性质各不相同。了解这种丰富性，有助于我们想象秦统一前后基层官吏群体的生态。他们一面要接受上级官府的考课，将长官的训诫引为行动准则；另一面还纷纷在私下传授规避、侥幸的窍门、口诀，确保自己取得好评，避免获罪。对于国家统治的正式制度，小吏既积极迎合，又另辟蹊径，在严密的法网和考课中寻找自处之道。将这些文献与秦律中的《效律》等行政法令以及里耶秦简中考课官吏、处罚殿者的文书对读，秦统治的历史会在我们面前重新变得生动起来。

2013 年 6 月初稿

2014 年 12 月 30 日改定

2020 年 10 月 26 日修订

修订后记：本文原刊于李学勤主编《出土文献》第六辑（中西书局，2015 年），现据简牍资料的最新公布情况做了修订，并将表一、表三中的简文单字改换成陈伟主编《秦简牍合集（壹）》（武汉大学出版社，2014 年）中更加清晰的图像。文中对《语书》性质的认定有所调整，补写了全文的最后一段话，其他主要观点没有变化。

---

① 王明钦《王家台秦墓竹简概述》，《新出简帛研究》，文物出版社，2004 年，第 39～42 页。

北大汉简所见的古堪舆术初探及补说

唐宋以来，"堪舆"一词主要指相墓相宅之术，与"风水"同义，属于数术中的形法类。但最初，堪舆并不是风水术，它是指一种"日者之术"，主要用于占问时日吉凶，属于选择类数术。这种作为择日术的堪舆，我们称之为"古堪舆术"。

早在明清之际，方以智已经指出了堪舆术的古今之变。[1] 钱大昕更明确说："古堪舆家即今选择家，近世乃以相宅图墓者当之。"[2] 这个看法被清代官修的《四库全书总目》采纳，[3] 成为乾嘉以后学者的共识。1984年，英国著名汉学家鲁惟一（Michael Loewe）也专门撰文论证"堪舆"古义，得出了与清代学者相同的看法。[4] 可以说，古堪舆术的性质已经被揭示出来。然而，对古堪舆术的具体情况，我们还了解得远远不够。古堪舆术属于选择术中的哪一类型，有何区别于其他选择术的特点，"堪舆"这一名称的本义究竟是什么？这些基本的问题仍有待解答。

过去，由于文献不足征，要解答上述问题十分困难。北京大学藏西

---

① 见方以智《通雅》卷一二，影印《文渊阁四库全书》第 857 册，台北商务印书馆，1986 年，第 290～291 页。

② 钱大昕《恒言录》卷六，《嘉定钱大昕全集》第八册，江苏古籍出版社，1997 年，第 173 页。

③ 见永瑢等撰《四库全书总目》子部术数类"相宅相墓之属"小序，中华书局，1965 年，第 923 页。

④ Michael Loewe, "The Term *K'an-yü* 堪 舆 and the Choice of the Moment", *Early China 9－10 (1983－85)*: 204－217.

汉竹书中发现的古佚书《堪舆》，[①] 有望帮助我们改变这一情况。它提供了西汉堪舆术的第一手信息，为进一步认识古堪舆术创造了条件。由于古堪舆术的术语繁多，方法也相对复杂，我们的研究才刚刚起步，这里仅根据北大汉简谈谈古堪舆术的几个基本问题。最后，根据《北京大学藏西汉竹书（伍）》出版后学界的讨论，做一些补充论说。

一、北大汉简中的堪舆文献

北大汉简中最主要的堪舆文献是《堪舆》一书。入藏时，该书编绳已经朽坏，竹简完全散乱。我们根据简的形制以及简文的字体和内容，参考简背划痕，基本复原了简册的原貌。复原后的简册存两千余字，首尾完整，内容连贯，除三支简部分残失外，没有明显的缺简和缺字，可以说是出土秦汉简牍文献中罕见的"完璧"。

这部竹书的正文书写在竹黄面，多数简通栏书写，每简容 37 至 46 字（不含符号）不等。部分简以中间的一道编绳为界，分成上、下两栏，上栏有时采取图表的形式。第三支简背面靠近上端的地方，刮去一层竹青，写有"堪舆第一"四字，书体与正文一致，当是抄写时一并书写的篇题。我们据之将本书定名为《堪舆》。"堪"，《广韵》知鸩切，上古音属侵部端母字，与"堪"字（侵部溪母）古音相近，可通。[②] "堪舆"无疑应读为"堪舆"。

除《堪舆》外，将在稍后出版的《北京大学藏西汉竹书》第六卷中也包含有部分与堪舆有关的文献。其中最重要的《钦舆》，是《日忌》中的一章。《日忌》简长约 46 厘米，宽 0.9 ～ 1.0 厘米，分上下篇，各有目次。上篇共 79 章，以选择之事项为纲，下篇为第 80 至 106 章，以

---

① 收入北京大学出土文献研究所编《北京大学藏西汉竹书（伍）》，上海古籍出版社，2014 年。

② 上述古音根据郭锡良《汉字古音手册（增订本）》，商务印书馆，2010 年。以下古音皆据此书，不再一一出注。

神煞为纲。上、下篇的形式，分别类似于《协纪辨方书》中的《用事》和《宜忌》。①《钦舆》是《日忌》的第 103 章，属下篇。下篇目次中有"钦舆百三"，标示了章题和序号，正文中《钦舆》的首简上端标有序号"百三"，下端注有章题"钦舆"二字。"钦"古音属侵部清母字，与"堪"音近可通。②"钦舆"也就是"堪舆"。

《钦舆》的正文分为两部分。第一部分是以"厌"开始的与阴建有关的十二值及其宜忌。第二部分是一张表格，以二十八宿表示十二月中"大凶""致死（即小凶）""小吉""大吉""奄（掩）衡""折衡""负衡""剽""玄戈"共九种神煞所值之日。《钦舆》与《揕舆》的内容既有相似，又可互补。③此外，北大汉简《日约》的历忌总表里，对应特定的干支，注有"缭力""亢根"。二者也见于《揕舆》，是堪舆术特有的神煞。

二、古堪舆术的主要内容

（一）阴建、阳建与八会

传世文献中关于古堪舆术最早也最重要的记载见于《淮南子·天文》：

> 北斗之神有雌雄，十一月始建于子，月徙一辰，雄左行，雌右行，五月合午谋刑，十一月合子谋德。太阴所居辰为厌日，厌日不可以举百事。堪舆徐行，雄以音知雌。故为奇辰，数从甲子始，子

---

① 关于北大汉简《日忌》的介绍，参看李零《北大汉简中的数术书》、陈侃理《北大汉简数术类〈六博〉、〈荆决〉等篇略述》，俱载《文物》2011 年第 6 期。
② 《山海经·西山经》"是与钦䲹"，郝懿行云《庄子·大宗师篇》作"堪坏"，见袁珂《山海经校注》，巴蜀书社，1993 年，第 51 页。是"钦""堪"通假之证。
③ 参见北京大学出土文献研究所编《北京大学藏西汉竹书（伍）》中的《揕舆》释文注释部分。

母相求，所合之处为合。十日十二辰，周六十日，凡八合。合于岁前则死亡，合于岁后则无殃。[1]

根据这段描述，堪舆与另一种选择数术"建除"一样，其术起于北斗。不同的是，堪舆术除了北斗雄神外，还有北斗雌神。二神自十一月起，从"子"位开始运行，雄左（顺时针）雌右（逆时针），至五月相会于"午"位，下一个十一月重新会合于"子"。北斗雌神在《淮南子》中被称为"太阴"，是堪舆术的至凶之神。太阴所在为"阴建"（相应地，北斗雄神所在为"阳建"），其日为"厌日"。厌日大凶，"不可以举百事"。

北大汉简《堪舆》开头即表列十二个月中"厌""衡""无尧""陷"的所在。"厌"即《淮南子》所谓"厌日"，其他三个神煞也是由阴建衍生出来的。在汉简《日忌》和《日约》中，则有"前余（又名"郭"，即《堪舆》中的"陷"）""前三""前四""前五""勺""衡""不翠""后五""后四""后三""后虚（即"无尧"）"等神煞，比《堪舆》所列更为完整。顾名思义，它们都是根据与阴建的关系推演而生。这充分说明了北斗雌神在堪舆术中的特殊地位。

北斗雌神和雄神的会合之处称为"合"或者"会"，也很重要。《越绝书》卷六《越绝外传纪策考第七》称伍子胥曰："太岁八会，壬子数九，王相之气，自十一倍。"[2]《周礼·春官·占梦》郑玄注："以日月星辰占梦者，其术则今'八会'其遗象也，用占梦则亡。"贾公彦疏云："按《堪舆》大会有八也，小会亦有八。"[3]可知《周礼》郑注所谓"八会"即堪舆八合，而贾公彦所了解的堪舆八会还分为"大会"和"小会"各八。据《淮南子》，"会"或"合"与另一神煞"岁"的位置关

---

[1] 何宁《淮南子集释》，中华书局，1998年，第278～280页。"月徙一辰"，原作"月从（從）一辰"，《集释》引王念孙云"從"当作"徙"，说见王念孙《读书杂志》，江苏古籍出版社，2000年，第800页上。案"從""徙"形近，古书多讹混，今据王说改。"堪舆徐行，雄以音知雌"，《文选》卷七《甘泉赋》李善注引《淮南》作"堪舆行，雄以知雌"（中华书局，1977年，第111页下），乃此之省文，意思无别。

[2] 《越绝书》，上海古籍出版社，1985年，第43页。

[3] 《周礼注疏》卷二五，阮刻十三经注疏本，艺文印书馆，2001年，第381页。

系，最终决定着吉凶（"死亡"或"无殃"）。

"会"也见于汉简《揕舆》的"岁立（位）"章，但与《淮南子》等传世文献所见不尽相同，问题比较复杂，需要多花一点篇幅来谈。

《淮南子·天文》述八合云：

> 甲戌，燕也；乙酉，齐也；丙午，越也；丁巳，楚也；庚申，秦也；辛卯，戎也；壬子，代也；癸亥，胡也。戊戌、己亥，韩也；己酉、己卯，魏也。戊午、戊子。八合，天下也。

这段文字今本有脱误，经过钱大昕等学者的订正才能理解。钱大昕指出，"《淮南》所列甲戌至癸亥，盖大会之日"，而其中"庚申"当作"庚辰"。他接着说："其下又有戊戌、己亥、己酉、己卯、戊午、戊子，当是小会之日，而尚缺其二。以例推之，当是戊辰、己巳也。"[1]

与《淮南子》对八会的笼统说法不同，钱大昕和贾公彦都区分了大会和小会。关于大小会的原理，现在可知的最早文献是《堪舆经》的佚文。这部《堪舆经》可能编成于唐代或稍早，大约亡佚于元明之际。它的佚文现在主要见于清代官修的两种选择大全《星历考原》和《协纪辨方书》，而两书又是转引自元代天文官曹震圭编著的《历事明原》，并对原文有所改动。本文以《历事明原》的引文为准。[2]《堪舆经》"阴阳大会"条云：

---

[1] 钱大昕《潜研堂集》文集卷十四"答问第十一"，上海古籍出版社，1989年，第219页。王念孙赞同钱说，并认为所缺的"戊辰"当在"戊戌"上，"己巳"当在"己亥"上。见王念孙《读书杂志》九《淮南内篇第三》"庚申 戊戌己亥"条，第800～801页。

[2] 关于《堪舆经》的佚文及《历事明原》一书的情况，请参看拙文《跋北京大学图书馆藏明抄本〈历事明原〉》及《〈堪舆经〉辑校》，并载《版本目录学研究》第四辑，北京大学出版社，2014年。拙文发表后，得知日本的大川俊隆教授等学者已对《历事明原》做过更为详尽的研究，见大川俊隆《「暦事明原」成書考》（上、下），《大阪産業大学論集（人文科学編）》第99、101号，1999、2000年；大川俊隆、大野裕司《北京大学図書館蔵「暦事明原」の発見と新たな校訂》（上、中、下），《大阪産業大学論集（人文・社會科学編）》第15、17、21号，2012、2013、2014年。敬请读者参看。承蒙大川俊隆先生赐教并赠予大作，谨此致谢！

假令正月阳建在寅，阴建在戌。阳主日干，阴主月支。阳建在寅，近于甲也。使甲往呼戌，为阳日呼阴辰也。阳甲阴戌，支干相和合，故甲戌为正月大会也。

从中可以了解到，所谓大会是指阴阳二建的会合，因而也称"阴阳大会"。阴阳二建都以十二支的次序运行，但在形成会合时，阳建"主日干"，其位置要转换为十干。比如，正月阳建在寅，最近的日干是甲。甲与阴建所在的戌奇偶相合，可以配伍为甲戌，故甲戌即为正月的阴阳大会。二月乙酉、五月丙午、六月丁巳、七月庚辰、八月辛卯、十一月壬子、十二月癸亥情况相同，也是阴阳大会。

这八个阴阳大会及其原理，在汉简《揕舆》中被清晰地表现在如下的一幅图式中。《揕舆》有一章题为"大罗"，其文云：

昔者澄（既）建岁、日、辰、星，冬〈各〉有其乡（向），辰、星乃与岁、日相逆，以正阴与阳。

这幅图式由内到外布列十干、十二支、二十八宿，分别对应于"大罗"章所谓的日、辰、星。图中，日干左行（顺时针排列），十二支对应十二月代表阴建，而跟二十八宿一起右行（逆时针排列）。这象征着堪舆独特的神煞体系，与一般的式图不同，而与"大罗"章所云"辰、星乃与岁、日相逆"恰好吻合。我们认为，这幅图可根据《揕舆》正文，称作"大罗图"（图一）。在图上，十干中除戊、己外的八干分列四方，表示阳建所主之日干。特别值得注意的是，甲—戌、乙—酉、丙—午、丁—巳、庚—辰、辛—卯、壬—子、癸—亥这八个干与支位置相邻的组合之间，各有一条直线将干支两两相连，所表示的正是八个阴阳大会。

按照上述八会之说，一年中的三、四、九、十这四个月是没有大会的。《堪舆经》解释其原因是"阴阳不合，招呼不比"。以三月为例，《堪舆经》自注引天老曰：

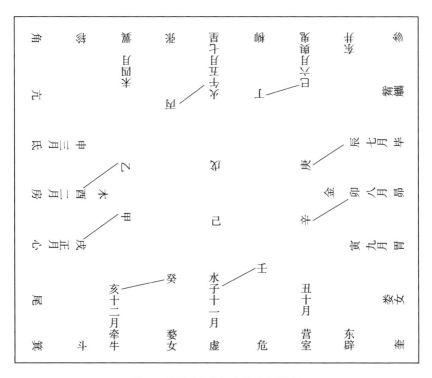

图一　汉简《堪舆》中的"大罗图"

假令三月阳建于辰，阴建于申。辰欲使丙呼申，隔于巳，又近于午，呼召不吐〈比〉；以辰近于乙，使乙呼申，申又不受乙，即阴阳不和也。

三月阳建在辰，阴建在申。与辰相近的天干是乙和丙。丙、申奇偶相合，可以组成干支，但丙与辰之间还隔着巳，辰无法越过巳去招呼丙来与申相配，此所谓"招呼不比"。乙与申相邻，可以招呼，但乙为偶（阴）日，而申为奇（阳）辰，两者不能相配组成干支，此所谓"阴阳不和"。因此，三月阴阳二建无法配合，成为无大会之月。四、九、十月的情况与此相同，不必赘述。

然而，汉简《堪舆》却在"岁立（位）"章中列出了四个无大会之月的"会"，称"申会于三月，未会于四月……寅会于九月，丑会于十月"。与其余八会不同，这四会没有完整的干支，而仅为本月阴建所在之辰。它们也不是《堪舆经》等所谓的"阴阳小会"。《堪舆经》中与此四会关系密切的是行狼、了戾、孤辰三种神煞。三者只存在于四个无大会之月的太阴所在之日。以三月为例，是月阴建在申，甲申为行狼，丙申为了戾，戊申、庚申、壬申为孤辰。汉简《揕舆》中所称"申会于三月"，应该也是指这五"申"。同理，四月未、九月寅、十月丑皆同于后世相应月份的行狼、了戾、孤辰。① 根据《堪舆经》，行狼、了戾、孤辰均为阴阳二建不能合会而产生的。汉简《揕舆》为什么将这些日子列为"会"，我们现在还不清楚。

（二）岁

对会有了大致了解之后，再来看看它是如何运用于占验的。《淮南子·天文》云"合于岁前则死亡，合于岁后则无殃"。据此，时日的吉凶取决于八合与"岁"的位置关系。因此，首先需要知道这里的"岁"指什么。

《堪舆经》"天子用日"条云"以阳建之方为岁位"。可知古堪舆术中的"岁"指小岁，其运行同于北斗之雄神（阳建）。不过在此只取其转徙四方的含义，故而汉简《揕舆》常说"岁之一方""岁前之一方""岁后之一方"。春三月，小岁分别居于寅、卯、辰，皆在东方，故东方为岁位，北方为岁后，南方为岁前，西方为岁对。小岁又以夏三月居南方，秋在西方，冬居北方，岁后、岁前、岁对也随之变换。

从汉简《揕舆》来看，岁在古堪舆术中是占问结果的决定性因素。即便占问之日（十干）、辰（十二支）、星（二十八宿）不吉，只要它们都在"岁后之一方"，结果仍是"有大喜"（简7贰～8贰）。这里，日、辰、星的"不吉"不知是如何确定的，但在《揕舆》的另一段话中，

---

① 汉简《揕舆》中有神煞"缭力""犹根"与《堪舆经》中的"了戾""行狼"音近可通，当出同源，但所对应的日辰不同。限于篇幅，只能留待另文讨论。

日、辰、星由于岁的位置区分出了四种吉凶属性：

> 春三月，东方之日、辰、星大凶，南方之日、辰、星小凶，西
> 方之日、辰、星小吉，北方之日、辰、星大吉。
> 夏三月，南方之日、辰、星大凶，西方之日、辰、星小凶，北
> 方之日、辰、星小吉，东方之日、辰、星大吉。
> 秋三月，西方之日、辰、星大凶，北方之日、辰、星小凶，东
> 方之日、辰、星小吉，南方之日、辰、星大吉。
> 冬三月，北方之日、辰、星大凶，东方之日、辰、星小凶，南
> 方之日、辰、星小吉，西方之日、辰、星大吉。

简文中虽然没有出现"岁"的字样，但四方之日、辰、星在四季中的吉
凶显然是根据岁而转换的：岁位之方大凶，岁前小凶，岁对小吉，岁后
大吉。类似的吉凶安排还见于九店楚简日书：

> 【凡春三月，】甲、乙、丙、丁不吉，壬、癸吉，庚、辛城
> （成）日。
> 【凡夏三月，】丙、丁、庚、辛不吉，甲、乙吉，壬、癸城
> （成）日。
> 凡秋三月，庚、辛、壬、癸不吉，丙、丁吉，甲、乙城（成）日。
> 凡冬三月，壬、癸、甲、乙不吉，庚、辛吉，丙、丁城（成）日。[①]

按照日干与方位的配伍，甲、乙为东方之日，丙、丁南方，庚、辛西
方，壬、癸北方。此简以日在岁位、岁前之方为不吉，在岁后为吉，在
岁对为成日（亦吉），虽然名称不同，但实质与上引《堪舆》是一致的。
此外，睡虎地秦简《日书》甲种的"玄戈"章，也包含了同样的因素，

---

① 湖北省文物考古研究所、北京大学中文系编《九店楚简》，中华书局，2000年，第
49～50页。

且与北大汉简《日忌》"钦舆"章的一部分内容几乎相同。这里限于篇幅，不能详述。

堪舆术中，岁本身包含有吉凶属性，而会与岁的位置关系对于决定吉凶就更为关键了。汉简《揕舆》云：

> 日、辰、星唯（虽）皆吉，而会于岁立（位），以作事、祭祀，至死，卒岁复至于其月或有咎。会于岁前，至其所会之月有咎。会于岁后，至其所会之月有大喜。会于岁对，至其所会之月有小喜。

简文称，即便在日、辰、星皆吉的情况下，会于属性为凶的岁位和岁前，占问结果都是"有咎"；若会于大吉的岁后或小吉的岁对，则占问结果分别是"有大喜"和"有小喜"。这说明，会是比日、辰、星更能决定吉凶的神煞。简文云"有会于不吉日，至其所会之月将有咎，若会吉日，无咎，唯其所会之三九吉凶合之"，即是此意。至于有咎或有喜的时间，一般都是"其所会之月"或"卒岁复至于其月"。这都是指大会所在之月。假使会于甲戌，甲戌是正月大会，则其月即为正月。

（三）大会所领日

会既然如此重要，问题也就随之而来。我们知道，六十甲子中只有八个阴阳大会，即便加上《揕舆》中四个无大会之月的会，也无法包含所有的时日。那么，占问或占问事项发生的时间是用何种方式与特定的会联系起来，以求得吉凶呢？在其中起关键的连接作用的，应是"大会所领日"这个概念。

大会所领日见于《堪舆经》的"阴阳大会立成"表（表一），表下解释了所领日是如何得出的：

> 其所领日，从本会日逆数，至上会日止，即所得领日数也。

也就是说，每个大会所领之日，即从当日起（不含当日）依照六十甲子顺序逆数至上一个会日的所有日子，且包含上一个会日在内。如此，大会通过其所领日，涵盖了全部的六十甲子。反过来说，任何一天通过"所领日"这一媒介，都可以联系到某个大会日。大会及其所领日根据其会所在之月确定方位，进而与岁形成岁位、岁前、岁对、岁后四种位置关系，据之占定吉凶。

表一 "大会所领日立成"表

月会大会	大会所领日	春	夏	秋	冬
正月 太子 甲戌	癸亥、甲子、乙丑、丙寅、丁卯、戊辰、	岁位	岁后	岁对	岁前
七月 诸候 庚辰	甲戌、乙亥、丙子、丁丑、戊寅、己卯	岁对	岁前	岁位	岁后
二月 士人 乙酉	庚辰、辛巳、壬午、癸未、甲申	岁位	岁后	岁对	岁前
八月 大夫 辛卯	乙酉、丙戌、丁亥、戊子、己丑、庚寅	岁对	岁前	岁位	岁后
五月 乘舆 丙午	辛卯、壬辰、癸巳、甲午、乙未、丙申、丁酉、戊戌、己亥、庚子、辛丑、壬寅、癸卯、甲辰、乙巳	岁前	岁位	岁后	岁对
十一月 皇后 壬子	丙午、丁未、戊申、己酉、庚戌、辛亥	岁后	岁对	岁前	岁位
六月 三公 丁巳	壬子、癸丑、甲寅、乙卯、丙辰	岁前	岁位	岁后	岁对
十二月 庶人 癸亥	丁巳、戊午、己未、庚申、辛酉、壬戌	岁后	岁对	岁前	岁位

传世文献中《吴越春秋》收录了一些占例，其中有两则可能就运用了大会所领日。《吴越春秋·夫差内传第五》载伍子胥曰：

> 今年七月辛亥平旦，大王以首事。……合壬子，岁前合也。[①]

又同书《勾践入臣外传第七》载范蠡曰：

> 今年十二月戊寅之日，时加日出。……合庚辰，岁后会也。[②]

这两个占例，如果按照前表，完全可以通解。前一占例占测之日为七月辛亥，辛亥是十一月大会壬子所领日，故云"合壬子"。时为秋七月，岁在西方，而会十一月，在岁前之北方，故为"岁前合"。后者占测之日为十二月戊寅，戊寅是七月大会庚辰所领日，故云"合庚辰"。时为冬十二月，岁在北方，而会七月，在岁后之西方，故为"岁后会"。

汉简《揣舆》的后半部分收录了不少楚国的占例，也多是由占验事项发生之日，推算其所属的大会日，以之为占。比如：

> ① 昭甲以三月辛卯亡。许尚占之，……所亡者剑。以其会丙午，剑在南方，……视所会以期之。
>
> ② 昭甲以九月戊寅起众作事西北。许尚占之，不吉。以其会庚辰，昭甲得罪，以七月游西南，四乡（向）皆然。
>
> ③ 司马昭段以五月甲辰寂（聚）众于北方，以城阳耀（翟）。许尚占之，以其会丙午，事亟成，国不吉。以岁厌辰，长吏有咎。且亡其民于北方，后而有（又）得之，以其寂（聚）于壬子，而有（又）寂（聚）于丁巳之吉。其数至六月必至。
>
> ④ 九月丙寅，王以葬，占之，不吉。……以其寂（聚）甲戌，

[①] 周生春《吴越春秋辑校汇考》，上海古籍出版社，1997年，第81页。
[②] 周生春《吴越春秋辑校汇考》，第122页。

占之，凶，以寅对戌。不至七月庚辰㝛（聚），必至。

这些占例中还有若干费解之处，不妨暂且搁置，先来看看其中涉及会及所领日的问题。例①所占之事发生在辛卯日，许尚占语中说"其会丙午"；例②事在戊寅日，占曰"其会庚辰"。检大会所领日表，辛卯正是大会丙午所领日，戊寅则是大会庚辰所领日。结合前述《吴越春秋》中的占例可以确信，汉简《揕舆》虽未明说，实际已使用大会所领日，将所占之事的日辰转换到所属的大会日来进行占测。例③五月甲辰"其会丙午"，例④九月丙寅"其㝛（聚）甲戌"，①都是如此。

在上述几个占例中，还可以看到大会所在月份对于占测的意义。它除了在方位上与岁相配合以形成吉凶外，还决定着占测结果应验的时间。例①云"视所会以期之"，就清晰地表明了这一点。这句话是说，占测的应验会发生在相应的大会所在的月份。据此来解读例②所称"以其会庚辰，昭甲得罪，以七月游西南"可知，占测结果发生的期限"七月"，是由庚辰为七月大会推算得出的。同样，例③"至六月必至"也是从丁巳为六月大会而来。

上述占例还透露出一个信息：大会在占测中可以一推再推，也就是说，从所占日辰推至所属之会后，还可以再推此会日所属之会，来做进一步的占测。比如，例③先从所占之日五月甲辰推得"其会丙午"，占测结果为"事亟成，国不吉"。随后又进一步说"亡其民于北方，后而有（又）得之，以其㝛（聚）于壬子，而有（又）㝛（聚）于丁巳之吉"，其中壬子、丁巳两会是再推，三推而得。前一步所得的大会丙午为十一月大会壬子所领日，故再推而得壬子。壬子在北方，故占云"亡其民于北方"。壬子又是六月大会丁巳所领日，又推得会丁巳。简文云"丁巳之吉"，可能是因为丁巳相对于十一月壬子来说是在岁对，其占小吉，故"后而有（又）得之"。最末说"其数至六月必至"，则是由于丁巳乃六月大会，故所占得的命运也在六月到来。再来

---

① 这里的"㝛"同"聚"，是聚会之义。"其㝛甲戌"，即其会甲戌，也是讲阴阳之会。

看例④所谓"以其宩甲戌……不至七月庚辰宩，必至"，其中的甲戌也是大会庚辰的所领日。至于在什么情况下大会可以再推，以会日之会为占，简文没有做说明。

此外，从汉简《堪舆》看，如果所占之日本身即是大会日，有时也可直接为占，不必再推领此会日的大会。比如全篇的最后一个占例，所占之日是十一月癸亥，为正月大会甲戌所领日，但简文并没有以甲戌为占，反而说"其东北者，以癸亥之聚也"。这是将癸亥作为会日，据而以十二月癸亥会占得方位在东北。为何有的大会日需要根据大会所领日推其大会，有的则不必？简文也没有说明。其中的奥妙，现在我们还不能解释，或许这是古代占者留给自己掌握的空间吧？

通过前面关于堪舆术内容的讨论可以了解到，古堪舆术是以北斗之神为核心的选择数术。北斗雌神所在阴建及其与北斗雄神的会合，构成了堪舆最主要的神煞体系。另一个神煞"岁"，是堪舆术中决定时日吉凶的主要依据，它也随着北斗斗柄所指而四季转徙。此外，本文未及详述的台、堵、却、连、阘衡、折衡、负衡、杓、莱等神煞，都与北斗的指向（斗建）有直接关系。在汉简《堪舆》的占例中，还有"迎斗""当斗"这样直接以北斗指向为依据判断吉凶的占辞。从这些认识出发，可以进而来探讨堪舆术命名的本义。

三、"堪舆"的本义

"堪舆"一词，有三种不同的汉魏古训。《淮南子·天文》"堪舆徐行"句，许慎注云："堪，天道也。舆，地道也。"[1] 此其一。《汉书·杨雄传》"属堪舆以壁垒兮"，颜师古注引张晏曰："堪舆，天地总名也。"此其二。颜注又引孟康曰："堪舆，神名，造图宅书者。"[2] 此其三。以上

---

[1]《文选》卷七杨雄《甘泉赋》李善注引《淮南子》许慎注，第111页下。许慎说又见《汉书·艺文志》"堪舆金匮"条注及《后汉书·王景传》注。
[2]《汉书·杨雄传》，中华书局，1962年，第3523页。

三说，训释不同，却未必互不相关，其间似有语义发展的线索可寻。张晏将堪舆释为天地总名，是合许慎"天道""地道"之训而成，而孟康以堪舆为神名，则是在"天地总名"的基础上将"天地"人格化为神。问题在于，这些古训与"堪""舆"二字在当时的基本字义和一般用法都不相合，很难说是"堪舆"的本义。

《说文》云："堪，地突也。"①《诗·周颂·小毖》"未堪家多难"毛传云："堪，任。"②《方言》及《广雅·释诂》又训"堪"为"载"。③段玉裁《说文解字注》云"堪，言地高处无不胜任也"，④实为调和《说文》与后两种训释。从实际用例来看，任、载是"堪"字在先秦秦汉时代最常用和最基本的义项，"地突"之义则几乎不见其例。《广雅》"錔、堪、龛、受，盛也"，王念孙《疏证》云："錔、堪、龛、受者，《方言》：'錔、龛，受也。齐楚曰錔，扬越曰龛。受，盛也，犹秦晋言容盛也。''錔'通作'含'。凡言'堪''受'者，即是容盛之义。"⑤这是从语音角度，说明"堪"具有容盛之义。容盛与任载是相通的。现在我们知道，"堪舆"在北大汉简中也写作"揕舆"或"钦舆"。"揕"假借为"堪"。"钦"与"堪"音近义通，段玉裁云："钦、欪、欨、歉皆双声叠韵字，皆谓虚而能受也。"⑥所谓"虚而能受"，也是能容盛任载之意。"堪舆"的"堪"取义应近于此。"堪，天道"之训显然脱离了"堪"的本义，应是后起的。

"舆"，《说文》云："车舆也。从车舁声。""舆"字的声符"舁"，《说文》云"共举也"，王筠《说文句读》称其形象两人共举一物，四手相向而不相交。⑦四手之间形成了一个可以容盛任载的空间，车舆之舆也取义于此，加上形旁"车"，特指车上容载的空间。

---

① 《说文解字》卷一三下，中华书局，1963年，第287页上。
② 《毛诗注疏》，阮刻十三经注疏本，艺文印书馆，2001年，第746页上。
③ 《方言》卷一二，周祖谟《方言校笺》，中华书局，1993年，第76页。
④ 段玉裁《说文解字注》十三篇下，上海古籍出版社，1981年，第685页下。
⑤ 王念孙《广雅疏证》卷三上，江苏古籍出版社，1984年，第81页下。
⑥ 段玉裁《说文解字注》八篇下，第410页下。
⑦ 王筠《说文句读》卷五，中国书店，1983年，第390页。

从上述可知，"堪""舆"是两个含义相近的词。《方言》"堪、輂，载也"，郭璞注云"輂、舆，亦载物者也"，而周祖谟云"輂即舆也"。[①]可以认为，"堪舆"是同义连用构成的一个双音节复合词，指一种可以载物的车舆。然而，它为什么会成为一种选择术的名称，还需要具体来解释。

"堪舆"作为选择术的名称，必然在某个具体含义上与这种选择术相联系。我们推测，这个联系点就是北斗。前文已经指出，北斗之神是堪舆术的核心。《淮南子·天文》论堪舆的一段话，开头就说"北斗之神有雌雄……雄左行，雌右行"，接下来又说"堪舆徐行，雄以音知雌"。其中，"堪舆"与"北斗"在文义上恰好是对应的。

堪舆在词义上也确与北斗有关。北斗很早就跟车舆联系起来。《史记·天官书》："斗为帝车，运于中央，临制四乡（向）。"[②]北斗七星中的斗魁四星，形状似舆，斗柄又像是车辕，故被比喻作天帝的车舆。杨雄在《甘泉赋》中提到的"堪舆"，其实也是指北斗七星。其原文作："于是乃命群僚，历吉日，协灵辰，星陈而天行。诏招摇与泰阴兮，伏钩陈使当兵，属堪舆以壁垒兮，捎夔魖而抶獝狂。"[③]这一段描写汉成帝前往甘泉宫举行祭天仪式，携群臣出行时仪卫壮丽的景象。杨雄以天上的星斗比喻群臣仪仗，故云"星陈而天行"。文中招摇、泰阴、钩陈均是常见的星名，不必赘述。壁垒，亦称垒、垒壁，也是星名。《史记·天官书》云北宫虚、危二宿之南"有众星曰羽林天军，军西为垒"，又云其"旁有一大星为北落"。[④]张衡《思玄赋》云"观壁垒于北落兮"，说明了两星的关系。[⑤]既然并列者均为星名，那么"属堪舆以壁垒兮"中的"堪舆"当然也应该理解为星宿的名称，最合理的解释就是指北斗七星。杨雄在文中巧妙地用北斗为帝车之意，以喻天子乘舆。同样，招摇、泰

---

① 周祖谟《方言校笺》卷一二，第 76 页。舆，原作輂，周祖谟云："戴本作'舆'，是也。"
②《史记·天官书》，中华书局，1982 年，第 1291 页。
③《文选》卷七，第 111 页下。
④《史记·天官书》，第 1309 页。
⑤《后汉书·张衡传》，中华书局，1965 年，第 1934 页。

阴、钩陈都是中宫紫微垣的星宿，用来比拟皇帝的近侍宿卫。西汉"堪舆"一词在数术之外的用例仅此一见，但将之与《淮南子》对读，足可确证："堪舆"一词的本义，具体来说就是北斗。

北斗在上古天文历法中有特殊重要的地位。《史记·天官书》云："分阴阳，建四时，均五行，移节度，定诸纪，皆系于斗。"因此，将意指北斗的"堪舆"作为以北斗为核心的时日选择数术的名称，是合乎情理的。

确认"堪舆"的本义为北斗，并不必然要否定传世古书中所见的汉魏古训。相反，了解堪舆名义的时代差异，恰可帮助我们认识堪舆从选择术转变为风水术之称的历史过程。这个问题，只能留待另文探讨了。

四、补说：大罗图的命名及其中十二支的排列方向

本文原先作为《北京大学藏西汉竹书（伍）》一书的附录，力求节省篇幅，没有展开说明个人的思考。书出版后，引起了学者的讨论，这是很令人高兴的事。借此机会，谨就大家关心的"大罗图"命名及其中十二地支（《堪舆》中称为"辰"）的排列方向问题稍加补充，作为对学界有关讨论的回应，希望有助于澄清一些误会，也欢迎继续批评指正。

大罗图的命名依据了"名从主人"的原则，取自《堪舆》文中的"大罗"章。这个名称可以认为是古书内部的自题名。大罗图的干支、星宿布列方式专门用于堪舆占法，故就内容而言，也可称为"堪舆图"。堪舆占法是广义式占的一种，如果把用于式占的图称为"式图"，则堪舆图也不妨说属于式图。但"式图"的概念相当宽泛，包含多种很不相同的图式。若用"式图"来命名，不仅不能说明《堪舆》篇中"大罗图"的特性，反而容易引起误会。

此前学界习称的式图是指画在式盘或用于式占上的宇宙模型图式，最典型的见于六壬式盘（图二、图三）。这类图式通常以日廷图（或曰钩绳图）为核心要素。日廷图常见于秦汉《日书》，正中横竖两条线十

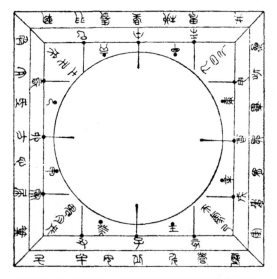

图二 安徽阜阳双古堆汉墓M1式盘地盘（据安徽省文物工作队、阜阳地区博物馆、阜阳县文化局《阜阳双古堆西汉汝阴侯墓发掘简报》,《文物》1978年第8期，第25页）

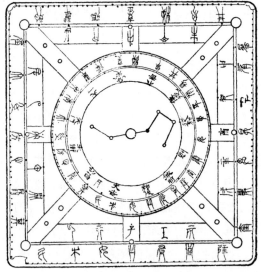

图三 甘肃武威磨嘴子汉墓式盘地盘（据甘肃省博物馆《武威磨咀子三座汉墓发掘简报》,《文物》1972年第12期，第15页）

字交叉，指向东南西北四方，称为二绳；四角有四个直角钩画，交角指向中心，尾端指向八维，称为四钩（参看图四）。图中，十二支顺时针布列于四方八维，日干甲乙、丙丁、庚辛、壬癸两两分布在东、南、西、北。汉代六壬式占所用式盘地盘，还会在外围逆时针布列二十八宿，有时在四角补写戊、己（如图三）。

在日廷图和六壬式图中，干支、星宿都与方位正常对应，象征宇宙空间。而"大罗图"上的十二支却与之不同，呈逆时针排列，申酉戌在东方对应木，寅卯辰反而在西方对应金。可见，它们并不表示一般意义上的方位，而是为了配合堪舆占法，专用于表示每个月中虚拟的北斗雌神（阴建）之所在。图中，十一月对应子，十二月对应亥，正月对应戌，二月对应酉，逆时针逐月排列十二支，与斗建运转的方向相反。只有

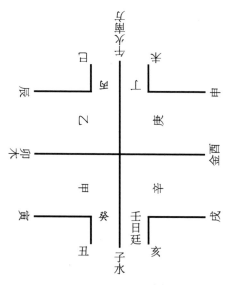

图四　北京大学藏西汉竹书《日书》"日廷"示意图

这样，才能把适当的干支组合在一起，表现出堪舆占法中的甲戌、乙酉、丙午、丁巳、庚辰、辛卯、壬子、癸亥这阴阳八会。

与"大罗图"十二支布列方式相似的出土图画，还有马王堆汉墓帛书《阴阳五行甲篇》中的堪舆图（图五）和仪征刘集联营西汉墓出土占盘上的图式（图六）。马王堆帛书此图，过去曾经被称为"式图"，[1]但北大简《堪舆》发表后，学者已经认为应更准确地命名为"堪舆图"。[2]仪征占盘的考古简报作者也注意到其中十二支排列方向不同于一般的式盘，故称"占卜盘"而非"式盘"，[3]这是值得称道的谨慎做法。现在，

---

① 马王堆汉墓帛书整理小组《马王堆帛书〈式法〉释文摘要》，《文物》2000年第7期；裘锡圭主编《长沙马王堆汉墓简帛集成（伍）》，中华书局，2014年，第93页。

② 负责《长沙马王堆汉墓简帛集成（伍）》中相关部分编著的程少轩先生在新近撰写的《马王堆帛书〈刑德〉〈阴阳五行〉诸篇图像复原》一文（宣读于首都师范大学历史学院主办"古文献复原与整理学术沙龙"，2015年6月14日）中，已经将原来所谓"式占"改名为"堪舆图"了。

③ 仪征博物馆《江苏仪征刘集联营西汉墓出土占卜漆盘》，《东南文化》2007年第6期。原图为彩色，黑底朱文，为使视觉效果更加清晰，文本引用时调整为黑白，并做了反色处理。同时将图像整体逆时针旋转90度，以符合汉代以南方为前方、上南下北的习惯。

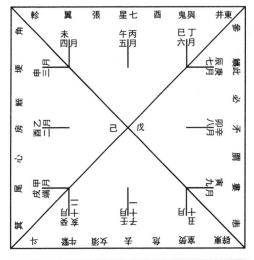

图五　湖南长沙马王堆汉墓帛书《阴阳五行甲篇》中的"堪舆图"（据裘锡圭主编《长沙马王堆汉墓简帛集成（伍）》，中华书局，2014年，第93页）

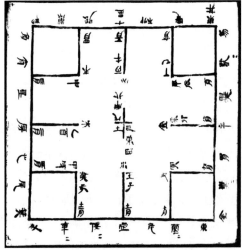

图六　江苏仪征刘集联营西汉墓出土占卜漆盘（据仪征博物馆《江苏仪征刘集联营西汉墓出土占卜漆盘》，《东南文化》2007年第6期，封二）

参考新的发现，已经可以将之明确命名为"堪舆占盘"。

了解了"大罗图"或曰"堪舆图"的特性，有助于正确理解《淮南子·天文》中所谓的"雄左行，雌右行"。前文曾指出，"雄左行"是顺时针运动，"雌右行"是逆时针运动。虽然有王宁先生的批评，[①] 但目前还是维持原先的看法。因为，《淮南子》所谓"左行""右行"，是说北

① 王宁《北大简〈堪舆〉"大罗图"的左行、右行问题》，简帛网，2017年3月12日。

斗斗柄指向的实际变化。它可以落实到表示宇宙图式的日廷图或六壬式图中，但不能放在十二支排列与实际方位相逆的大罗图里来解释。在日廷图中，十二支顺时针布列，因此，北斗雄神（斗建）逐月顺行十二支是顺时针转动，北斗雌神（阴建）逆行十二支则是逆时针。

要说明的是，古人仰观天象，看式盘、图像却是俯视，两者观察到的运动顺逆是相反的。如王宁先生已经指出的，占家重视方位，为了使天地之间方位不错乱，只能假想自己处于苍穹之中、星体之上，将天象投影、叠加到地面上来观看。[①] 因此，坐南向北仰头看天，面前上南下北左西右东，北斗在空中以东（右）—南（上）—西（左）—北（下）的次序逆时针旋转；投影到地上，体现在日廷图中，低头俯视则是上南下北左东右西，同是东—南—西—北的次序，却成了左—上—右—下的顺时针旋转。从二十八宿以逆时针布列可知，堪舆图也是如此。我们需要把占卜用图中的方向与仰观天文的方向区别开来。

此外，王宁先生还认为堪舆家用斗建（北斗雄神），建除家（指六壬式法的占者）用太阴（北斗雌神），[②] 而我的看法刚好相反。如前所述，堪舆占法中重要的神煞"厌"（即《淮南子·天文》所谓"厌日"）"衡""无尧""陷"都是由阴建产生的，而由斗建决定的"岁"只起辅助作用。堪舆家的特色还是在于对阴建的重视。

古堪舆术的具体情况是从出土文献中获得的新知识。它与其他选择数术的关系如何，自身又有怎样的历史发展？对这些问题我们还没有清晰的看法。期待学界同仁共同努力，继续深入研究。

2012 年 3 月初稿

2017 年 8 月订补

2023 年 1 月 12 日修订

[①] 王宁《北大简〈堪舆〉十二辰、二十八宿排列浅议》，简帛网，2017 年 3 月 24 日。王先生还指出，六壬式盘天盘中的北斗被画成反向，也是因为假想从上往下看的缘故。这是很对的。

[②] 王宁《北大简〈堪舆〉十二辰、二十八宿排列浅议》。

修订后记：本文原题《北大汉简所见的古堪舆术》，收入北京大学出土文献研究所编《北京大学藏西汉竹书（伍）》（上海古籍出版社，2014 年），后经修订并增加"补说"部分，回应学界近年来的研究，又刊于谷中信一编《中國出土資料の多角的研究》（汲古書院，2018 年）。现在后者的基础上略加修订，收入本书，基本观点仍旧。

海昏汉简《论语》初读

——兼谈西汉中期的《论语》学

海昏侯刘贺墓出土简牍包含了大量西汉儒家经传抄本，从《诗》《礼》《春秋》到《论语》和《孝经》类文献，种类丰富，数量庞大。这样丰硕的考古收获出人意料，却也在情理之中。

汉武帝晚年到昭帝时期，宗室近亲已经开始接受儒学教育。刘贺之父第一代昌邑王刘髆，是汉武帝的宠妃李夫人所生。武帝爱母及子，十分爱护刘髆，天汉四年（前97）将他立为昌邑王，随后任命"通五经，以齐《诗》、《尚书》教授"的大儒夏侯始昌为昌邑太傅，[①]负责教导。刘髆与武帝在同年（前87）去世，刘贺继承王位，时年不过五六岁，而身边大臣中也已经有多位为世所重的儒生，如王式、龚遂、王吉等。刘贺的老师王式，是《诗经》与《春秋》穀梁学大师鲁申公的再传弟子，自称曾"以《诗》三百五篇朝夕授王"，他有多位弟子后来成为五经博士。[②]刘贺受征入朝继位时的郎中令龚遂，因为通明经学而出身为官，对刘贺多有劝诫，提出在王国郎署中挑选品行端正、学通经义者为贴身侍从，时时用《诗》《书》礼仪熏陶教化。[③]昌邑中尉王吉也"兼通五经，能为驺氏《春秋》，以《诗》《论语》教授"，且多用《诗》《书》《春秋》劝谏。[④]刘贺入继大统时表现得举止轻佻，胸无城

---

① 《汉书》卷七五《夏侯始昌传》，中华书局，1962年，第3154页。
② 《汉书》卷八八《王式传》，第3610页。
③ 《汉书》卷八九《龚遂传》，第3637～3638页。
④ 《汉书》卷七二《王吉传》，第3058～3066页。

府，主要是因为年仅十八九岁，缺乏处世经验，脾气毛躁，而不是没有受过儒家教育。

刘贺从皇帝位上被废以后，即返回昌邑国，软禁在原来的宫殿中，直到十多年后改封为海昏侯。他迁往海昏时，身边虽不再有大儒，但携带的昌邑国旧物中还有少年时读过的儒家典籍。这些书籍在刘贺死后随葬于地下，是很自然的事。

解释了刘贺墓随葬儒书的原因后，更应该深入到书的文本结构和内容上去。现在学者对于西汉经学的了解，主要来自西汉末年乃至东汉人的概括性描述。正如钱穆已经指出的，西汉经学高度发达，众说纷纭，至宣帝石渠阁会议以后才整合形成家派。[①] 各家派经传说的特征和自战国至西汉的传授谱系，是宣帝以后儒生的追述。这些追述是在新出现的家法宗派观念影响下产生的，一定会有失真。要了解西汉经学的真实状况，必须研读出土的汉代儒书，特别是抄写于宣帝时代及以前的经学文献。

在出土汉代儒书中，《论语》有自身的特点，利于经学史的探讨。《论语》非经，却是学经的基础，传习很广。已出土的竹简《论语》就有三批，时代集中在昭宣时期，此外还有散见于西北边塞汉简中的断简残篇。出土《论语》诸书各自带着《汉书·艺文志》所谓齐《论语》或鲁《论语》的某些特征，但又存在区别于该系统的地方，无法用西汉末年以后人们所述的家法来概括。这恰是经学在西汉中期的实际面貌。

海昏侯刘贺墓出土竹简本《论语》包含今本所无的《知道》篇，符合《汉书·艺文志》所谓齐《论语》的特征。但它不等于《汉志》中的齐《论语》，更不是刘向校录的中秘藏本，而应该看作可能与王吉或昌邑王师王式有关的一个特殊文本。由此出发来观察其特点，才能准确认识它与后来的各家《论语》的关系，理解它在《论语》学中的位置，进而更新对汉代《论语》学的认识。

---

① 钱穆《两汉博士家法考》一○《宣元以下博士之增设与家法兴起》，《两汉经学今古文平议》，商务印书馆，2001 年，第 205～220 页。

由于竹简保存状况不佳，仍需等待加固后进一步揭剥、脱色，拍摄正式照片，海昏侯《论语》的整理工作还只开了一个头。现在先根据初步释文，谈谈对这个本子的印象，然后试着举一些例子，与各本相比较，来说明此本的特点，略窥这一时期《论语》学的发展情况。

一、特色与性质

初步统计，刘贺墓出土《论语》现存竹简 500 多枚，大部分有残缺。从少数基本完整的简可以看出，每简容 24 字，三道编绳，简背有斜向划痕。各篇首简凡是保存较为完整的，背面都发现有篇题，如"雍也""子路""尧"（对应今本《尧曰》）和"智道"等，都是在背面靠近上端的位置刮去一段竹青后题写的。由此推测，此书原来很可能是每篇独立成卷的。篇中分章抄写，每章另起一简，但未见分章符号。文字书写严整，不用重文、合文符号，也未见句读钩识。书风总体上庄重典丽，但不同篇章之间字迹似有不同，可能不是出于一手。

刘贺墓《论语》简保存状况不佳，完整简少而残缺严重，可释读文字约为今本的三分之一。现存文字较多的有《公冶长》《雍也》《先进》《子路》《宪问》等篇，而对应于今本《乡党》《微子》《子张》篇的内容则尚未发现，《颜渊》篇是否存在也还不能确定。另外，全书尚未发现大题，"论语"这个书名是整理时根据内容拟定的。

此《论语》的文本与宋代以后的通行本（以下称"今本"）有不少差异，用字习惯亦不相同。如今本的"知"字在此本中皆作"智"，"政"皆作"正"，"能"皆作"耐"，"室"皆作"窒"，"氏"皆作"是"，"旧"皆作"臼"，"尔"皆作"壐"或"壐"；今本中表示反问的"焉"，此本皆作"安"；今本读为"欤"的"与"，此本皆作"耶"。此外，今本的"如"，简本多作"若"；今本的"佞"，简本或作"年"。简文还严格避讳"邦"字，一律改用"国"，如云"壹言丧国"，与今本不同。全书各篇用字习惯的一致，说明此本的用字应被有意识地整齐过，

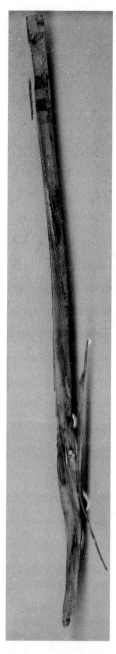

图一 《智（知）道》
篇题简

而整齐后的结果又与今本差别较大。

最引人注目的是，书中保存有"智（知）道"篇题（图一）和一些不见于今本的简文，符合《汉书·艺文志》所谓的"齐《论》"的某些特征。学者此前多将此本称为"齐论语"，[①] 我也曾经推测它可能源出于西汉最重要的"齐《论》"学者王吉，是《齐论》系统的一个代表性传本。[②] 这样说并非没有依据，但却可能误导读者将此本等同于汉成帝时刘向校书所见的"齐《论》"，而忽略了它的特殊性。这种特殊性恰恰说明，在昭宣到元成这一汉代经学发展的关键时期中，《论语》文本的变化十分复杂，不是《汉书·艺文志》概括的三个系统能够涵盖的。

《汉书·艺文志》著录有齐、鲁、古三个系统的《论语》文本和解说。第一种为"古"《论语》，凡二十一篇。《汉志》自注："出孔子壁中，两《子张》。"颜师古注引如淳曰："分《尧曰》篇后子张问'何如可以从政'已下为篇，名曰'从政'。"曹魏末年，何晏等撰《论语集解叙》云："分《尧曰》下章'子张问'以为一篇，有两《子张》，凡二十一篇，篇次不与齐、鲁《论》同。"据此，古《论语》与汉魏之际通行的鲁《论语》最显著的差别，是把第二十篇《尧曰》的最后一

① 杨军、王楚宁、徐长青《西汉海昏侯刘贺墓出土〈论语·知道〉简初探》，《文物》2016 年第 12 期，第 72～75、92 页。
② 江西省文物考古研究院、北京大学出土文献研究所、荆州文物保护中心《江西南昌西汉海昏侯刘贺墓出土简牍》，《文物》2018 年第 11 期，第 92 页。

章取出独立成一篇，有的本子题名"子张"，有的本子题名"从政"。除了篇数增加一篇，二十篇的次序也有独特之处，现在所知只有南朝梁代皇侃所说的"篇次以《乡党》为第二篇，《雍也》为第三"，其他是否还有参差，已不得其详。皇侃还称"篇内倒错不可具说"，可知古《论》的章序和分章也与鲁《论》、齐《论》多有不同。据说孔安国为古《论》做了传，但并不通行。

第二种为"齐"《论语》，二十二篇。《汉志》自注："多《问王》《知道》。"这条自注应该本于西汉成帝时刘向校书时所作的"别录"，反映出刘向定为"齐《论》"的本子要比"鲁《论》"多出两篇，内容在二十篇以外。其中的"问王"已被证明是"问玉"之误，[①] 后面我们就直接称之为《问玉》了。

第三种为"鲁"《论语》，二十篇，以张禹所传为代表。《汉志》"论语类"还著录有《鲁安昌侯说》，就是张禹对鲁《论》的解说。张禹师授汉成帝，又拜相封侯，在儒生中最为尊贵。因此，他所传的《论语》后来被称为"张侯《论》"，大行于世，使得其他各家渐渐衰微。[②] 尽管成为鲁《论》的大宗，张禹之学其实渊源并不单纯。《汉书·张禹传》开头说他从"琅邪王阳（即王吉）、胶东庸生问《论语》"，结尾时又说他"先事王阳，后从庸生"。王阳、庸生两位都是《汉书》中确指的齐《论》大师，而传文却没有提到张禹在鲁《论》方面有何师承。何晏《论语集解叙》说张禹"本受鲁《论》，兼讲齐说"，与《汉书》本传不合。皇侃在《论语义疏》的序言中更指明张禹鲁《论》之学得自夏侯建，[③] 又疏解何晏叙云："张禹从建受鲁《论》，兼说齐《论》，又问庸生、王吉等，择其善者从之。"宋人邢昺《论语疏》大体承袭此说。这当然不是有什么确凿的早期史料依据，不过是牵合《汉书》，坐实何晏叙中的话罢了，是不

---

① 王应麟《汉艺文志考证》卷四，《汉制考 汉艺文志考证》，中华书局，2011年，第182页。近来又有学者在汉代边塞中发现可能属于《论语·问玉》篇的残简，见王楚宁、张予正《肩水金关汉简〈齐论语〉整理》，《中国文物报》2017年8月11日第6版。

② 见《汉书》卷八一《张禹传》，第3347～3352页。

③ 皇侃《论语义疏》，中华书局，2013年，自序第4～5页。

足凭信的。^①总之,目前尚不清楚东汉以后成为鲁《论》代表的"张侯《论》"源头所在,但"张侯《论》"中包含所谓齐《论》的因素,则是可以肯定的。只是它没有吸收《问玉》《知道》两篇,不具备《汉志》所说的齐《论》的主要特征,因而仍被归入鲁《论》系统。

"张侯《论》"后来成为鲁《论》的主流,也是今本《论语》的主要源头。东汉末年,郑玄注《论语》即以此为底本,将之视作鲁《论》;他有时据古文本《论语》改订文字,故注中多有"鲁读某为某,今从古"之说。^②曹魏之末,何晏等人汇集众说编撰《论语集解》,也是以"张侯《论》"为基础,由此形成了今本的祖本。《集解》本从篇章和文句的主体上承自鲁《论》,又囊括郑玄等各家传注,不免吸收了若干齐《论》、古《论》的因素,但很多地方没有遵从郑玄"改鲁从古"。隋唐以后,齐《论》、古《论》失传,以至于吐鲁番出土的郑玄注因与通行本不同,而被时人标注为"孔氏本",当作古《论》了。^③

以上基于《汉书·艺文志》及其后的记载,介绍《论语》文本、解说的系统及其变迁,大致可以说明西汉末年以后的情况。但如果向前追溯,则可以发现,《汉书·艺文志》将古、鲁、齐三派区别得泾渭分明,掩盖了此前《论语》的不同文本和解说长期并存、交织互动的历史。据《汉志》的归纳,《论语》三派之间篇章数目互异,齐《论》、鲁《论》的解说又各自分家:

---

① 此前学者早已有类似的观点,参看张蓓蓓《关于"张侯论"的一些问题》,《孔孟月刊》第26卷第3期,1987年,第39页。
② 郑注今佚,"改鲁从古"的注文见于陆德明《论语音义》所引及近代发现的唐写本《论语》郑注,参王国维《书〈论语郑氏注〉残卷后》一文以及王素后来的整理和研究,收入王素编著《唐写本论语郑氏注及其研究》,文物出版社,1991年。何晏《论语集解叙》云"郑玄就鲁《论》篇章,考之齐、古,以为之注";陆德明《论语音义》亦云"郑校周之本,以齐、古读正,凡五十事"(陆德明《经典释文》,上海古籍出版社,1985年,第1350页),但所引仅有以古校鲁,未见注明齐《论》异文。吴承仕推测"或齐《论》初无异本,非同于鲁则同于古耳"(吴承仕《经典释文序录疏证》,中华书局,2008年,第125页),可备一说。我认为何晏《集解叙》所谓"考之齐、古"主要是指参考齐《论》、古《论》的解说,现在可以确信用于校订文字的则只有古《论》。
③ 参看金谷治《郑玄与〈论语〉》,见王素编著《唐写本论语郑氏注及其研究》,第237~238页。

> 汉兴，有齐、鲁之说。传齐《论》者，昌邑中尉王吉、少府宋畸、御史大夫贡禹、尚书令五鹿充宗、胶东庸生，唯王阳名家。传鲁《论语》者，常山都尉龚奋、长信少府夏侯胜、丞相韦贤、鲁扶卿、前将军萧望之、安昌侯张禹，皆名家。张氏最后而行于世。

据此，齐《论语》的解说只有王吉一人形成家派，王吉字子阳，《汉书》又称他为"王阳"；而鲁《论语》则有龚、夏侯、韦、扶、萧、张，家派众多。皇侃《论语义疏》序引刘向《别录》说："鲁人所学，谓之鲁《论》；齐人所学，谓之齐《论》。"以传习者的籍贯划分学派。实则《汉书·艺文志》提到的齐《论》大师中，五鹿充宗为晋人；鲁《论》大师中，萧望之是齐人，张禹是晋人（河内），龚奋出身不详，很可能也非鲁人。武帝尊儒以后，招揽经师会聚到长安，各地儒生纷纷进京求学，师徒相授也已经突破地域限制。《汉书·王吉传》记载他"少时学问，居长安"。王吉被推为齐《论》名家，其子王骏却传鲁《论》，《汉志》著录有《鲁王骏说》二十篇。张禹同样也是在长安求学的。可见，学派以籍贯分，只是大略言之，并不切合实情。不仅如此，各家之间未见有不容逾越的门户界限，学者可以左右采获，不必专守。读《汉书·张禹传》可知，鲁《论》各家中后来影响最大的"张侯《论》"，在文本和解说上应是张禹"采获所安"，自行辨析抉择的结果。对上述不同于《汉志》和刘向《别录》的史实，王素早有准确的论述。只是他将《汉志》的齐《论》、鲁《论》之分当作西汉中期已经存在的事实，因而将鲁地以外的人传习鲁《论》都看作学风"由齐转鲁"的结果，[①]这可能不是正确的解释。上述现象其实说明，晚至元帝时期，《论语》的篇章、文本尚未最终固定为齐、鲁两个系统，学者在划分章句、选择文本和解说时还相当自由。

《论语》篇数在汉代已经大致上稳定下来，齐、鲁、古三派都只是

---

① 王素《河北定州出土西汉简本论语性质新探》，《简帛研究》第三辑，广西教育出版社，1998年，第463页。

图二 "起智道廿一"
简背局部

在二十篇的基础上略有增改，至于如何增改则尚在变动中。这一点，从刘贺墓出土《论语》中可以窥见端倪。《汉书·艺文志》称齐《论》"多《问王》《知道》"。据此，当是《问王》在前，为第二十一篇，《知道》在后，为第二十二篇。但刘贺墓出土《论语》中发现一枚简，背面靠近简首处写有"起智道廿一"五字（图二），应是使用者后加的，墨色较浅，书风草率，不同于正面文字。这五个字标明了此本《论语》中《知道》的篇序应是第二十一篇，紧接着前二十篇，而不是排在《问王》篇之后。翻检刘贺墓竹简《论语》的初步释文，也没有发现可以确定属于《问王》篇的文句。根据这两个现象推测，此本《论语》很可能不包含《问王》，是一个二十一篇本。

如果上面的推测成立，则刘贺墓出土的这部《论语》还不是《汉书·艺文志》所谓的齐《论语》。它有《知道》却无《问王》，可能体现了齐《论语》形成过程中的一个中间形态，说明齐《论语》是在《论语》二十篇的基础上，陆续加入其他来源的孔门言行，分阶段形成的。因此，在考察西汉后期以前的《论语》文本、解说时，不应该先区分齐《论》、鲁《论》、古《论》。将这些后来才明确化的概念套用到此前的文本上，削足适履，会妨碍我们对《论语》学发展的认识。正确的方式应该是反过来，从分析西汉中期抄本出发，考察《论语》文本的变化。

二、与其他西汉中期竹简本的比较

刘贺墓出土《论语》反映出齐《论语》的篇次在西汉中期尚未定型。这种未定状态，在其他出土《论语》本中也能见到。结合海昏简本，考察这些西汉中期《论语》竹简本的特殊形态和显著异文，可以揭示出《论语》文本发展过程中的一些有趣的变化。

（一）定州汉墓竹简《论语》（二十篇残本）

在刘贺墓《论语》之前，最重要的出土《论语》是定州中山怀王刘脩墓出土的竹简本《论语》。刘脩卒于汉宣帝五凤三年（前55），是为此简抄写年代的下限。这批竹简出土前经盗墓者焚烧，保存状况不佳，后又遭唐山大地震损毁，未能发表清晰的照片。从公布的部分摹本来看，字体已是成熟的汉隶，完全脱去篆书和古隶的形体和笔法，抄写年代不会早于武帝以前，应是昭宣时期的抄本，大约与刘贺墓出土《论语》同时或稍晚。[①] 简文共录得释文 7 576 字，不足全书的二分之一，多存古字，不少分章与基于鲁《论》篇章的今传本不同，而异于今本的字词中又有一些符合郑玄注《论语》时所谓的"鲁读"。

由于简文所呈的现象扑朔迷离，这部《论语》属于哪个系统也有多种观点。参与整理的李学勤最早提出此本与今本差异较多，不是鲁《论》，而考虑到古《论》当时流传不广，故此本更可能属于齐《论语》系统。[②] 整理报告执笔者刘来成则认为，简文多保留古字，是因为鲁《论语》也是从古文隶定而成，不免留下古文的痕迹。他又指出此简与鲁《论》大师萧望之的奏议同出，应非偶然。可见，他倾向于认为此简是鲁《论》。[③] 王素则明确主张此本是一个"融合本"，以鲁《论》为底

① 参看河北省文物研究所定州汉墓竹简整理小组《定州西汉中山怀王墓竹简〈论语〉释文选》《定州西汉中山怀王墓竹简〈论语〉介绍》，《文物》1997 年第 5 期，第 49～54、59～61 页。这部《论语》的整理本又见河北省文物研究所定州汉墓竹简整理小组《定州汉墓竹简〈论语〉》，文物出版社，1997 年；胡平生、徐刚主编《中国简牍集成》第 18 册《河北卷》，敦煌文艺出版社，2005 年，第 1409～1560 页。

② 李学勤《定县八角廊汉简儒书小议》，《简帛研究》第一辑，法律出版社，1993 年，第 260 页。

③ 河北省文物研究所定州汉墓竹简整理小组《定州西汉中山怀王墓竹简〈论语〉介绍》，《文物》1997 年第 5 期，第 60 页。

本，校以齐《论》，是经学学风"由齐转鲁"潮流下的产物。①

上述三种观点，都是以当时《论语》已经存在齐、鲁、古三个系统为前提的，所下结论都有难以自圆其说之处。对于前两说，王素已经做了有力的批评：齐《论》说难以解释简文为何没有《问玉》《知道》两篇，鲁《论》说则要面对简文与郑玄所谓"鲁读"异大于同的困难。他还令人信服地否定了此简本为古《论》的可能性。②不过，他的鲁、齐"融合本"说也有缺点。王素提出的以齐校鲁的明确证据，是简本《尧曰》篇末用双行小字补注了"孔子曰不知命"章。③此章为"张侯《论》"所无，在东汉见于古《论》。陆德明《论语音义》在"孔子曰不知命无以为君子也"下引郑玄注云"鲁读无此章，今从古"，④是其明证。何晏《集解》在这一章也只收录了孔安国、马融两位古《论》传习者的解说，而未见齐《论》包含此章的证据。王素仅以古《论》在当时没有流传为由，断定定州简本的此章不是来自古《论》，而是来自齐《论》。他还认为此章是作为原文二章以外的附录，故而用了双行小字，写在简的最下部。王先生排除古《论》的理由并不充分。退一步说，假设此章确是从齐《论》中抄入的，反而可以说明此简的其他部分没有受到齐《论》的影响，因为它的格式在全书中是绝无仅有的。采用特殊格式，且不计入本篇的章数统计，都说明它更像是全书抄写完以后另外补入的部分。⑤因此，不能根据这个后加的段落，断定全书其他部分的编写情况和性质。

排除上述既有观点后，定州汉简《论语》的性质已经清楚了。它不是齐、鲁、古三种《论语》中的任何一种或其变型，而是三《论》特

① 王素《河北定州出土西汉简本〈论语〉性质新探》，《简帛研究》第三辑，广西教育出版社，1998年，第459～470页。
② 王素《河北定州出土西汉简本〈论语〉性质新探》，《简帛研究》第三辑，第460～463页。
③ 王素《河北定州出土西汉简本〈论语〉性质新探》，《简帛研究》第三辑，第465页。
④ 陆德明《经典释文》，第1391页。
⑤ 可惜目前还看不到双行小字抄写此章的笔迹风格与其他部分是否一致。

征和区分确立以前的一种古本《论语》。① 其他抄写于同一时期《论语》书，也有类似的性质。

顺便说明，海昏汉简《论语》中是有"不知命"章的，仅存一枚下方残断的简，其文如下：

> 孔子曰："不智（知）命，无以为君子也。不智（知）礼，无以立也。不智（知）言，无……"（图三）

简文与今本及定州本的补入部分没有大的差异。出土编号与此相邻的简都属于《尧曰》，笔迹也与此相同。可以推测，这一章在海昏本中已经正式归入《尧曰》篇。这个特征，按照郑注和何晏集解来看，是属于古《论》的。我们当然不能据此断定海昏侯本就是古《论》。

（二）平壤贞柏洞汉简《论语》（《先进》《颜渊》二篇）

20 世纪 90 年代初，在朝鲜平壤市乐浪区统一街建设过程中发现的贞柏洞 364 号墓，出土了约 120 枚《论语》竹简。同墓所出的还有《乐浪郡初元四年县别户口多少簿》，由此估计，此墓墓主应该是汉元帝初元四年（前 45）或之后不久下葬的乐浪郡属吏。《论语》简的抄写年代，也应在宣帝到元帝之间，与定州汉墓竹简《论语》年代相近或稍晚。竹简未见在朝鲜国内公开发表，为学界所知的仅有日本和韩国学者披露出来的 39 枚简。其中，属于《先进》篇的 31 枚，17 章 557 字，《颜渊》篇 8 枚，7 章 144 字。根据介绍和推测，尚未发表的简也都属

---

① 整理小组最早提出这是一部"古本《论语》"，但又说它是"鲁论、齐论、古论三论并行时的一个本子"（国家文物局古文献研究室、河北省博物馆、河北省文物研究所定县汉墓整理小组《定县 40 号汉墓出土竹简简介》，《文物》1981 年第 8 期，第 11 页），可见当时所说的"古本"只是相对于今本而言的泛称。我在此用"古本"一词，是指此本的传抄要早于齐、鲁、古三论概念的形成。这与当初整理者的看法是不同的。

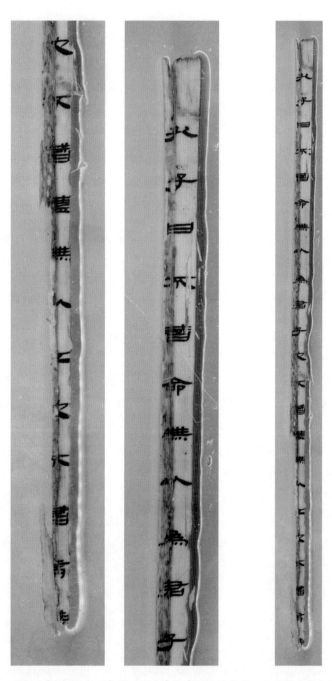

图三 《智（知）道》篇"不知命"章（右为整简，左为局部放大）

于这两篇。①

根据学者对已发表简文的校读，可以看出平壤简本《论语》与今传本在文意上差异不大，但它在用字上与今本还是有不少出入。②有些是平壤简本独有的特征，比如"沂"写作"㴲"，"哂"写作"訉"，用作连词的"而"以"如"字表示，等等。③还有一些是与定州简本、海昏简本两个同时期抄本或其中一本相同的，比如《先进》篇"颜渊死子哭之恸"的"恸"，三个汉简本都作"动"，用作第二人称代词的"爾"，三本都作"壐"；《先进》篇"子贡侃侃如"的"侃"未见于海昏本，但平壤本与定州本都作"衍"；表示排行的"仲"，平壤本、定州本都作"中"。这些现象说明，西汉中期流行的《论语》文本既有共同的早期文本特征，又有各自的特点，仅用齐、鲁、古三分法来划定它们的性质、来源是行不通的。

平壤本《论语》还有一处异文值得注意。《先进》篇"子路使子羔为费宰"章首句中的"子路"，平壤本作"季路"。④《白虎通·社稷》引《论语》此章亦作"季路"，⑤可知这条异文至东汉初年仍然存在，并且被主流学者所采用，不是平壤本偶然的改动。定州本此处已残损，整理者的释文作"子路"，可能是参考了今本。旧说以为，子路此时为季氏宰，引荐子羔为季氏采邑费的邑宰。不过，如果这里要说子路引荐，不当称"使"。比较《雍也》篇中"季氏使闵子骞为费宰"章，其中以季氏鲁国卿大夫和封君的身份，用"使"字方为恰当。由此推测，此章的"季路"本来也应作"季氏"，后来可能因下文有子路的辩解，而被当作

---

① 参看李成市、尹龙九、金庆浩《平壤贞柏洞 364 号墓出土竹简〈论语〉》，中国文化遗产研究院编《出土文献研究》第十辑，中华书局，2011 年，第 174～206 页。

② 参看单承彬《平壤出土西汉〈论语〉竹简校勘记》，《文献》2014 年第 4 期，第 33～45 页。

③ 魏宜辉《汉简〈论语〉校读札记——以定州简与朝鲜平壤简〈论语〉为中心》，《域外汉籍研究集刊》第十辑，中华书局，2014 年，第 312～315 页。

④ 今本首句中的"后"，平壤本作"费"，学者已有说，不赘。见单承彬《平壤出土西汉〈论语〉竹简校勘记》，《文献》2014 年第 4 期，第 41～42 页。

⑤ 陈立《白虎通疏证》卷三《社稷》，中华书局，1994 年，第 88 页。这条引文蒙北京大学历史学系博士生厉承祥提示，谨此致谢。

"季路"之讹，继而又改作"子路"。可惜海昏简本中尚未找到此句，但海昏《论语》简文中"季氏"皆作"季是"。[①]"是"字与"足"形近，有可能被误当作"路"字的残文。

平壤出土汉简《论语》的另一个特征是，它仅有《先进》和《颜渊》。如果这就是墓中随葬《论语》的全部，那么可以说《论语》二十篇此时还未被视为绝对不可分割的整体，而是像其他古书一样，可以单篇别行。海昏侯汉简也是每篇独立成卷，分别题名，原本不著篇次。[②]这也使传习者有可能更改篇序和增入新篇章。

从上面简单的分析来看，西汉中期的《论语》文本存在各不相同而又不同于今本的用字习惯，文本相对稳定但又尚未固化，篇章组合上仍有较强的灵活性，也存在单篇别行的情况。当时《论语》的流传状况，远不是三《论》并行可以概括的。

三、独特的异文：以"曾皙言志"简为例

海昏汉简《论语》与今本文句相似程度较高，差异多表现在虚词和用字习惯上；但也有一些实质性异文，表达的意思与今本有重要差别，值得尽早介绍出来，提供给学界讨论。

这里要介绍的简文，属于今本《先进》篇的最后一章。这一章的内容是孔子让曾点（字皙）、仲由、冉求、公西赤四位弟子各言其志，表达如果为人所知，获得任用，想要有何作为。前三人都谈到如何治国，只有曾点说：

> 莫春者，春服既成，冠者五六人，童子六七人，浴乎沂，风乎

---

① 海昏汉简《卜姓》中的"氏"也都写作"是"，见赖祖龙《海昏竹书〈卜姓〉〈去邑〉初释》，朱凤瀚主编《海昏简牍初论》，北京大学出版社，2020年，第268～269页。

② 前文提到，有一枚简简背写有"起智道廿一"五字，字体草率，应是使用者后加的。《智（知）道》篇正式的篇题"智道"二字下并没有序数。

舞雩，咏而归。

四人言毕，孔子唯独赞赏曾点之志，感叹道："吾与点也。"此语被宋儒用于推说孔子的志趣，做了影响深远的阐发。但今本《论语》中的这段话在情理上原有难解之处，反映的孔子志趣在全书中也显得特殊。海昏侯汉简《论语》此处恰与今本有多处异文，可作不同于以往的解读，破解今本的疑难。

下面先疏通简文，然后探讨其中的异文。海昏汉简《论语》此简共24字，首尾完整，释文作：

童子六七人容乎近风乎巫礜沔而遝子喟然曰吾与箴也三（图四）

今试加句读：

"……童子六七人，容（颂）乎近（沂），风（讽）乎巫礜（雩），沔（滂）而遝（馈）。"子喟然曰："吾与箴也。"三……

"童子六七人"在简首，当接"冠者五六人"。"容乎近"，读为"颂乎沂"，指在沂水岸边朗诵。"风乎巫礜"，"风"通"讽"，"巫礜"就是今本的"舞雩"，是鲁国举行求雨祭祀的场所。"沔而遝"，"沔"读为"滂"，是下大雨的样子，"遝"读为"馈"，指馈飨神灵的祭祀。"喟然"下今本有"叹"字，文意无差。"箴"字原简中裂，缀合后字形清晰（图五），与《史记·仲尼弟子列传》中曾皙之名"蒧"是同一个字的异体，段玉裁认为都是"籯"的省写，今本《论语》用"點（点）"字，则是同音假借。[1]"三"下一句作"三子者出，曾皙后"，见于另一枚简。根据以上解读，曾皙所言之志是主持祈雨的雩祭之礼，礼成而雨澍。这与今本及汉代以来的通行解说相去甚远，需要进一步辨析。

---

[1] 段玉裁《说文解字注》十篇上《黑部》，上海古籍出版社，1988年，第488页上。

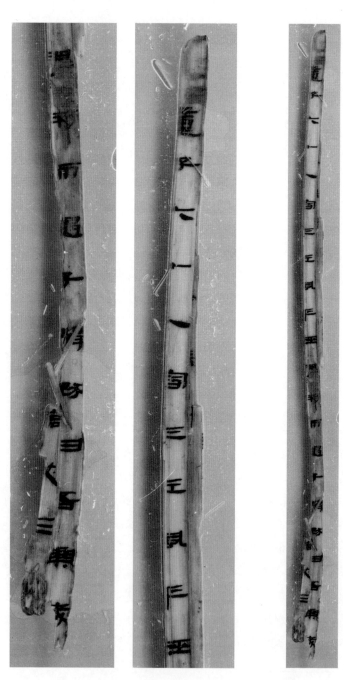

图四 "曾皙言志"简（右为整简，左为局部放大）

海昏简本作"容乎近"的地方,《论语》今本、定州汉简本及《史记·仲尼弟子列传》作"浴乎沂",平壤贞柏洞汉墓出土《论语》作"浴乎濊",①"濊"通"沂"。"沂"指鲁国都城郊外的河流沂水。②"浴"字旧有洗澡、涉水、盥濯手足三种解释。东汉至唐代的经学家一般认为"浴"是洗澡,后文"风乎舞雩"的"风"读如本字,指在风中晾干身体。何晏《论语集解》录东汉初年包咸之说云:

图五　缀合后的"箴"字

> 莫春者,季春三月也。春服既成,衣单袷之时。我欲得冠者五六人,童子六七人,浴乎沂水之上,风凉于舞雩之下,歌咏先王之道,而归夫子之门。③

皇侃《论语义疏》也据此阐释经文。这可以反映东汉以降的主流意见,但并不是所有人共同的看法。东汉王充在《论衡·明雩篇》中转述当时《论语》学者的通说:"浴者,浴沂水中也;风,干身也。"随之批评道:"周之四月,正岁二月也,尚寒,安得浴而风干身?"王充故意将暮春三月(建辰)说成是周正四月、夏正二月(建卯),是为了配合古书所记雩祭的时间。④即便按照包咸之说定在三月,在华北要下河洗澡并在风中裸身晾干,仍然不近情理。王充则将曾点所说的事解释为雩祭,认为"浴乎沂"指"涉沂水也,象龙之从水中出也"。但"涉"与"浴"意思

---

① 定州汉简本据河北省文物考古研究所定州汉墓竹简整理小组《定州汉墓竹简〈论语〉》,第53页。今本据阮元校刻《论语注疏》,《十三经注疏(清嘉庆刊本)》,中华书局,2009年,第5430页下。

② 参看魏宜辉《汉简〈论语〉校读札记——以定州简与朝鲜平壤简〈论语〉为中心》,《域外汉籍研究集刊》第十辑,第312~313页。

③ 阮元校刻《论语注疏》,第5430页下。

④ 对此,前人已经驳斥其非,参看黄晖《论衡校释(附刘盼遂集解)》卷一五《明雩篇》,中华书局,1990年,第673~678页;赵翼《陔余丛考》卷四"浴乎沂风乎舞雩"条,中华书局,1963年,第76~77页。

差别很大，其说难以让人信服。又有学者将"浴"解释为在水边祓除。蔡邕《月令章句》引述《论语》此文之后说："今三月上巳被禊于水滨，盖出于此。"[①] 这是将"浴乎沂"当作祓除仪式，只需洗濯手足。朱熹在《论语集注》中采用此说，云："浴，盥濯也，今上巳祓除是也。"他又补充说，沂水"地志以为有温泉焉，理或然也"，显然是为了应对天凉不宜洗濯的质疑。[②] 韩愈则索性认为"浴"是"沿"的讹字，[③] 改字作解，失于武断。清代以来学者多取朱熹之说。可是，"浴"解作盥濯祓除也很牵强。《说文》："浴，洒身也。"这里的"洒"是古"洗"字，在《说文》中与"涤"互训。可见，许慎认为"浴"本义是用水洗去身体上的污垢，不能理解为仅用手足接触流水。这样，"浴乎沂"与暮春天气的矛盾仍然难以解决。因此，简本的"容"字不宜直接根据今本读为"浴"，而应该寻找其他更合理的解释。

将"容"读为"颂"，指郑重地朗诵，是比较自然的。"颂""容"两字古书经常通用，段玉裁论之已详。[④] "公"为见母东部字，"谷"为见母屋部字，声母和主要元音相同，作为声符在战国秦汉时期常被混用。"颂"籀文作"額"，从"容"，而"容"字《说文》古文作"宏"，从"公"得声。与"颂"相通的还有"讼"字，《说文》古文作"諮"，"从言谷声"。写成从"谷"的"容"字和"浴"一样是余母字，声符相同，被汉代人读为"浴"，是情有可原的；但若读为"颂"，则不会有春凉难以洗澡的疑难，更为合理。海昏汉简《诗》的目录中有"鲁容""周容"，皆以"容"字表示"颂"，[⑤] 这也有力地佐证了《论语》此

---

① 《续汉书·礼仪志上》刘昭注引，《后汉书》，中华书局，1965 年，第 3111 页。

② 朱熹《论语集注》卷六《先进》，《四书章句集注》，中华书局，1983 年，第 130 页。

③ 《论语笔解》录韩愈说，见程树德《论语集释》卷二三《先进下》，中华书局，1990 年，第 808 页。韩愈将暮春三月理解为周正三月、夏之正月，那当然绝无下水洗浴的道理，也谈不上洗濯祓除了。不过，正月天气寒冷，与原文所说"春服既成"矛盾，"周三月"之说应是误解。

④ 段玉裁《说文解字注》七篇下，第 340 页上；九篇上，第 416 页上。

⑤ 同一目录中还有"颂卅扁（篇）"及"商颂"，可证"鲁容""周容"的"容"都当读为"颂"。详情参看朱凤瀚《海昏竹书〈诗〉初读》，朱凤瀚主编《海昏简牍初论》，第 87 页。

简的"容"字当读为"颂"。

"容（颂）乎近"的"近"字，左半残缺，右半部分"斤"下有一捺笔，据此推测左边应是"辶"旁。"近"可以按照通行本读为"沂"。

"风乎巫翠"的"风"，古人已经提出当读为讽诵的"讽"。王充解释"风乎舞雩"说"风，歌也"，[1]同为东汉人的仲长统也说"讽于舞雩之下，咏归高堂之上"，[2]都是读"风"为"讽"。"巫翠"，今传各本都作"舞雩"。"翠"是"雩"的异体字；"巫"通"舞"，也可读如本字。《论语·颜渊》篇记"樊迟从游于舞雩之下"事，可知"舞雩"为地名，应是举行雩祭的场所，古人认为在鲁城门外沂水南岸。[3]曾皙说要在沂水边朗诵，在雩祭之所歌唱，所指的应是行雩祭之礼。

"沔而逞"的"沔"字从红外扫描影像可见左边是"水"旁，但右半部分被污物遮挡，经江西文物考古研究院重新清洗拍照，可以看出从"丙"（图六）。"沔"字不见于字书，很难解释。如从今本读为"咏"，在文字学上可以讲通，[4]但联系上下文并考虑意符"水"旁，我倾向于读为"滂"。[5]滂，指雨水丰沛的样子。前文既然讲行祈雨之礼，此处以大雨落下为结果，文意顺畅。

"逞"是"归（歸）"的异体，《论衡·明雩篇》引此作"咏而馈"，[6]《论语》郑玄注本亦作"馈"，郑注云："馈酒食也。鲁读'馈'为

图六　"沔"字右半部分照片

---

① 黄晖《论衡校释》卷一五《明雩篇》，第 675 页。

② 范晔《后汉书》卷四九《仲长统传》，中华书局，1965 年，第 1644 页。

③《水经注》云："沂水北对稷门，……门南隔水有雩坛，坛高三丈，曾点所欲风舞处也。"见陈桥驿校证《水经注校证》卷二五，中华书局，2007 年，第 593 页。

④ 从"丙"得声的字有通假为"永"声字的例证。如《诗·卫风·考盘》"永矢弗谖""永矢弗告"、《木瓜》"永以为好"，阜阳汉简本"永"皆作"枋"。见胡平生、韩自强《阜阳汉简诗经研究》，上海古籍出版社，1988 年，第 9～10 页。

⑤ 从"丙"得声的字与从"方"得声的字通假，简帛古书中例子很多，参看白于蓝《简帛古书通假字大系》，福建人民出版社，2017 年，第 1012～1017 页。此不赘述。

⑥ 黄晖《论衡校释》卷一五《明雩篇》，第 676 页。

'归'，今从古。"① 可见郑玄看到的古文《论语》作"馈"，今本作"归"是依据了郑玄所谓的鲁《论》。周家台秦简中记载祭祀先农之法，要设祭饭、斩豚耳，祝词说"岁归其祷"，② "归"显然指祭祀上食，读为"馈"。这也可以佐证《论语》简文中的"逞"应读"馈"，指祈雨如愿后进行祭祀，用酒食馈飨神灵。

从在水边坛上讽诵求雨之辞，到大雨应祷而至，于是祭祀馈飨，构成了完整的雩礼过程。这是曾晳自述如果得到知用想要做的事。孔子问诸生之志，子路等三人都高谈治国之术，而曾晳的回答过去被认为只是沐浴、风凉、歌咏等行游之事，显得答非所问，十分特殊。程颢因此对曾点评价极高，说他特立独行而不掩饰，"真所谓狂矣"，而又"与圣人之志同，便是尧、舜气象也"。③ 朱熹进一步阐发，说"曾点之学，盖有以见夫人欲尽处，天理流行，随处充满，无少欠阙，故其动静之际，从容如此"，④ 认为狂放作答显示出天理战胜人欲之后的从容态度，这样洒脱放达的气象，正合圣人之道。程朱的阐发对宋明儒者影响很大，但清代以后受到学者批评，以为流于虚浮。⑤ 钱穆也认为这"有失《论语》原旨"，将之归咎于禅学的影响。⑥ 现在我们知道，程朱称许曾点只是依据了汉代学者对《论语》的读法之一。海昏侯汉简《论语》体现了汉代的另一种读法，曾晳要做的是通过祭祀之礼，在春旱时求得澍雨，造福于民。这个回答更加平实切题，也符合本章后文中孔子所主张的"为国以礼"。

比较上面这段短短的简文，也可以说明，齐、鲁、古三系之分难以

---

① 见陆德明《经典释文》，第 1374 页。

② 陈伟主编《秦简牍合集：释文注释修订本（叁）》，武汉大学出版社，2016 年，第 238 页。

③ 程颢、程颐《二程遗书》卷一二《明道先生语二》"戌冬见伯淳先生洛中所闻"条，《二程集》，中华书局，2004 年，第 136 页。

④ 朱熹《论语集注》卷六《先进》，《四书章句集注》，第 130 页。

⑤ 参看程树德《论语集释》卷二三《先进下》，第 816 页。

⑥ 钱穆《从朱子论语注论程朱孔孟思想歧点》，《劝读论语和论语读法》，商务印书馆，2014 年，第 150～158 页；又，钱穆《论语新解》，九州出版社，2013 年，第 340 页。

解释出土西汉《论语》各本与今本之间的异文。此简"容乎近"一句，今本和定州简本作"浴乎沂"，平壤本"浴乎濺"，互不相同；今本"咏而归"处，三个汉简本又都作"归"或"遅"，不作"馈"，异于郑玄所谓的古文本。可见，此章在汉代至少存在用字用词不同的四个文本。齐、鲁、古三系的区分和定型在西汉中期还没有完成。如果分析更多的异文，《论语》文本和篇章结构的发展变化以及汉儒对孔门思想的不同理解会更加清晰起来。

《论语》文本在何晏《集解》以后逐渐定于一尊。宋以后学者研读的《论语》正文都源出于《集解》。如果《集解》对异文的选择不当，那么后人对《论语》义理的解释就有可能建立在误读的基础上。思想的创见固然往往源自误读，但从源头上澄清误解，仍然是思想史研究的任务。这样做并不贬损后世创说的意义，却有助于把某个时代的思想归还到它本来所属的时代。这是研究西汉中期《论语》文本的学术意义之一。

四、《知道》篇举隅

刘贺墓出土《论语》中特有的《知道》篇，是学界尤为关心的。不过，要厘清此篇的结构、内容却相当困难。因为，《论语》简出土时与一些性质不明的竹简混杂难分，字迹也相近。这些竹简有的抄写有与今本《礼记》中《中庸》《祭义》等篇相同的文句，有些内容则不见于今本《论语》和《礼记》。后者中应有一部分属于《知道》篇，只是这部分的起讫目前只能从出土位置来推测，很难准确地划分出来。

现在能够确知是《知道》篇内容的，首先是已经发表的含有"智道"篇题的一简，应是这一篇的首章（图七），简文作：

孔子智（知）道之易也，"易易"云者三日。子曰："此道之美也，莫之御也。"

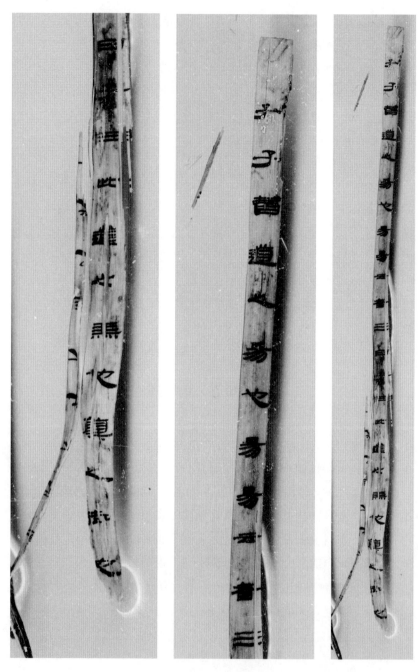

图七 《智（知）道》篇首章（右为整简，左为局部放大）

此前学者已经指出，这段文字也见于肩水金关遗址出土的《论语》残简，在《孔子家语·颜回》中又有化用本章后半部分的内容。①《韩诗外传》中也有"孔子知道之易行"一语，可见是此语在西汉流传颇广。

此外，前文提到还有一简简背草书"起智道廿一"五字，此简所在的一章应属《知道》篇（图八），其文云：

> 后军问于巫马子期曰："'见其生，不食其死。'谓君子耶？"曰："非也，人心也。"后军曰："膳也不与焉。"巫马子宽曰："弗思也。"后军退而思之三月，曰："膳亦弗食也。"

文中涉及两个人物。后军名膳，其人不详。《史记·仲尼弟子列传》记孔子弟子有后处，字子里，可能与他有关。另一位巫马子期，即巫马施，比孔子小 30 岁。《仲尼弟子列传》称他字子旗，《孔子家语·弟子解》则称他字子期。此章下文中的巫马子宽，应该也是他，"宽"与"施"可以互训。巫马子期在孔门弟子中表现不算突出，在《论语》二十篇中仅见于《述而》"陈司败问于孔子"章。此外，《吕氏春秋·察贤》有他与宓子贱的对比，《韩诗外传》卷二载有他与子路的对话，《孔子家语·弟子解》也记载有他与孔子的问答。在《知道》篇的这一章中，他处于比较重要的位置，回答后军的问题并且最终说服了他。巫马子期告诉后军，见到动物活着的样子，就不忍心吃它，这并非君子所独有，而是人人都有的心理。起初，后军不信，巫马子期便让他回去思考。过了三个月，后军终于醒悟，说自己也不忍心。

此章主旨是人人皆有恻隐之心，故事虽然独特，但所谈的命题在儒家学说中是常见的。《孟子·梁惠王上》云：

> 君子之于禽兽也，见其生，不忍见其死；闻其声，不忍食其

---

① 杨军、王楚宁、徐长青《西汉海昏侯刘贺墓出土〈论语·知道〉简初探》，《文物》2016 年第 12 期，第 72～73 页。

 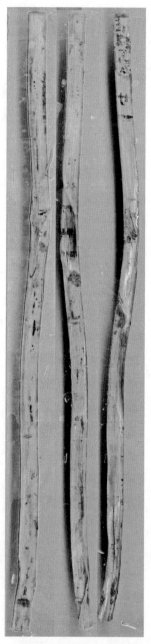

8a "后军问于巫马子期章"正面　　　8b "后军问于巫马子期章"背面

图八 "后军问于巫马子期章"

肉。是以君子远庖厨也。

《大戴礼记·保傅》述三代之礼曰：

> 于禽兽，见其生不食其死，闻其声不尝其肉，故远庖厨，所以
> 长恩，且明有仁也。

《贾谊新书》中的《礼》篇有类似的话，称：

> 圣王之于禽兽也，见其生不忍见其死，闻其声不尝其肉，隐弗
> 忍也。故远庖厨，仁之至也。

马王堆帛书《五行》第十五章"说"的部分也有"见亓（其）生也，不
食亓（其）死也"之语，池田知久指出是根据了《孟子》。[①]孟子所言意
在解释和阐发齐宣王见到将用于衅钟的牛以后生出不忍之心，是仁的表
现，而又归结到《礼记·玉藻》中的"君子远庖厨"。孟子在特定的语
境下说出"见其生，不忍见其死"，应是原创。《知道》篇此章中，后军
针对"见其生，不食其死"一语，提问是否专就"君子"而言。可知此
章是基于"君子之于禽兽也，见其生，不忍见其死"这句现成的话而创
作的，很可能是战国中期以后"思孟学派"的儒者在《孟子》的基础上
进一步发挥，而伪托成孔子弟子的对话。

　　战国秦汉之际，流传着很多关于孔门言行的记述，有不少现在还保
留在《礼记》《韩诗外传》《说苑》《新序》《孔子家语》等各类传世文献
中，也见于定州汉墓出土的《儒家者言》、北大汉简《儒家说丛》等。
它们的体裁和内容有很多与《论语》相似之处，却不属于今本《论语》
的范围。如果《论语》的篇章在西汉中期还没有最终固定，这些孔门言

---

① 池田知久《马王堆汉墓帛书五行研究》，线装书局、中国社会科学出版社，2005年，
第286页。

行不是没有可能被加入到《论语》中来。今本《尧曰》中的"不知命"章以及《汉书·艺文志》所谓齐《论》中的《问玉》《知道》两篇中的各章，很可能就是在西汉中期被编入《论语》的某些传本的。

《论衡·正说》中有一段关于《论语》学发展的话，与《汉书·艺文志》的记述颇为不同，十分重要。其文曰：

> 夫《论语》者，弟子共纪孔子之言行，初（原作"敕"）记之时甚多，数十百篇，以八寸为尺，纪之约省，怀持之便也。以其遗非经，传文纪识恐忘，故以但八寸尺，不二尺四寸也。汉兴失亡，至武帝发取孔子壁中古文，得二十一篇，齐、鲁（此下原有"二"字）、河间九篇：三十篇。至昭帝，始（原作"女"）读二十一篇。宣帝下太常博士，时尚称书难晓，名之曰"传"，后更隶写以传诵。初，孔子孙孔安国以教鲁人扶卿，官至荆州刺史，始曰《论语》。今时称《论语》二十篇，又失齐、鲁、河间九篇。本三十篇，分布亡失，或二十一篇。目或多或少，文赞或是或误。

这段话文字颇有讹误，今据武内义雄，将"敕"改为"初"，"女"改为"始"，据孙人和，删去"鲁"下的"二"字，稍加疏通。① 大意是说，孔门弟子记载师门言行，原本数量很多，达到数十百篇。汉代以后，经过亡佚，又从孔子壁中得到二十一篇，在齐、鲁、河间找到其他九篇，合为三十篇。但由于昭帝时用汉隶释读转写的只有二十一篇，其余各篇就亡佚了，只剩下二十篇或二十一篇。

王充的这段话应是站在当时世传不广的古《论》学立场上说的，所叙述的《论语》学发展史与本于刘向《别录》、刘歆《七略》的《汉书·艺文志》可谓迥异。王充认为《论语》完全是汉兴以后重新发现的

---

① 参看武内义雄《孔壁古論出現以前的孔子的語録——齐鲁二篇本と河間七篇本》，《武内義雄全集》第一卷《論語篇》，角川書店，1978年，第75页；孙人和《论衡举正》，上海古籍出版社，1990年，第134～135页，又见黄晖《论衡校释》卷二八《正说篇》所引，第1137～1138页。

古文本，自不可信，但他说《论语》的定型晚至宣帝以后，是可以在出土汉简《论语》中得到印证的。

王充又说，原来的齐、鲁、河间九篇分散亡佚，反映出《论语》二十篇固定下来，经历了篇章从多到少的淘汰过程。这点也值得重视。前面提到，海昏《论语》简出土时与今天归入《礼记》的某些篇章以及一些暂不知归属的简混杂在一起，难以区分。既然《论语》曾被称为"传"，与上述内容本非泾渭分明，那么，出土时混杂难分的状态，正反映出西汉中期儒家传记类文献的实际情况。

随着资料整理工作的推进，今后要继续发现和分析刘贺墓出土《论语》的文本特征，还要思考它与同出儒家传记类文献的关系，分析它们在内容、形制和出土位置等方面的关联，以期获得更加深入、可靠的新认识。

新材料的独特价值，尤其在于其中呈现的新现象溢出了旧的框架。学者应该努力把捉这些"溢出"的现象，提出新问题和新解释，创造出新学问。上面的讨论试图说明，齐、鲁、古三《论》的划分不符合西汉中期的情况，应从出土文献包含的早期文本出发，讨论学术史的变迁，理解学派区分观念的形成，而不是反过来。

自 序

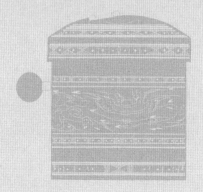

如今，出书不难，难得的是自知之明。论文集本就读者不广，有何价值，值得烦劳编校，灾梨祸枣呢？自忖良久，或许可以说出这么两点：一是文章大都有若干新见，二是力求"以小见大"。

得出这两点，启发自两位我所尊敬的逝者，一位是祝总斌先生，一位是刘浦江老师。祝先生说，"没有新见，就不要写文章"。这个要求看似基本，实则不易。特别是，所谓"新见"不能是"为赋新词强说愁"，而要出于真知，经得起推敲。刘浦江老师曾在一篇纪念邓广铭先生的文章中，归纳邓先生治学的路子，是"大处着眼，小处着手"。那篇文章题为《不仅是为了纪念》，当然也寄望于后人。两位先生之教，时常在我心中回响。

本集收录的文章大多写作和发表于 2011 至 2020 这十年间，少数几篇发表较晚，但也是在这期间写成的。近两三年的新作和仅为介绍材料而写的文章，都没有收录。所收文章大都修改过多次，曾得到同行、同学的批评指正，有的修订幅度相当之大，在文末的附记中各有说明。文章的论题有新有旧，但都涉及我认为重要的领域和问题。不同的文章，往往根据题目和资料的特点，尝试不同的研究方法，或在资料上有新发现，或提出不同以往的新解释。除了解决具体问题，这些文章还力求扩大视野，为未来的研究提供想象空间。

2011 年是我将学习重心真正转向秦汉史的开始，这部文集可算是我的"初学集"。由于初学，宁可探索范围广一点，各方面都做些尝试，偶有心得，乃付笔端，故而不成系统。也由于初学，必须全力以赴，"小题大做"，既为减少错误，也为磨炼自身。严耕望先生在《治史经验谈》中建议年轻人小题大做，盖非积小不能成其大也。

最初的探索，是为了配合简牍整理。当时，北京大学新收藏了两批秦汉简牍，分派我在李零先生的指导下做博士后研究，整理其中的数术文献。北大秦简中有两种秦始皇时期的历书，李老师称之为"视日"，撰文探讨过它的命名和与"日书""葉书"的关系。我顺此摸索，发现出土秦汉历书数量惊人，种类也很丰富。以往，学者大多只是将之作为复原秦汉历法的资料，而我想从中发掘出更多与一般历史相关的信息。事实上，如果不了解历书产生的历史背景，不厘清王朝颁朔的制度和实际，就不能真正理解出土历朔资料的性质，遑论复原历法。

为此，我写了《秦汉的颁朔与改正朔》《〈春秋繁露·止雨〉二十一年八月朔日考》《出土秦汉历书综论》三篇资料考订和探索性的文章。我认为，秦和汉初朝廷大体按照"四分历"的法则谱排历朔，但也会根据天象临时调整，并不死守一定之规。王朝虽有颁朔制度，而历朔颁下地方往往会有滞后。众多民间治历者同样根据"四分历"法则自行排定历朔，与王朝所颁仅朔日偶有一两天之差，可以满足民众乃至地方官吏日常所需，因而通行无碍。这就是为什么包括出土历书在内的实际用历资料中的历朔，时常会与后人根据某一特定历法谱排的存在出入，有时甚至同样来自出土简牍的两个实用历朔也会彼此矛盾。从董仲舒任江都相时的教令来看，汉初的诸侯王国在很长一段时期中也行用自己的纪年和历法，并不接受汉朝颁朔。直到汉武帝太初改历以后，郡国历朔才基本统一，趋于稳定。但在此后，历法变更和实用历朔的多元化发展仍与王朝的颁朔与改正朔相伴不绝。

研究历朔问题，另一类重要的资料是官私文书中的日期记载。留意这些日期，不难发现秦汉官文书的正式日期格式有明显的特征和变化，特征之一是书某月某日必写明本月的朔日，而最明显的变化是序数纪日逐渐通行并最终取代干支纪年。《序数纪日的产生与通行》一文除了推定序数纪日产生的年代和原因，更着力讨论技术、社会、国家权力三者之间的关系。

比纪日更小的时间单位还有一日之中的分段计时，秦汉简牍这方面的材料不少，但也零散多歧，学者意见不一。对这些早期的计时史料，我倾向于复原其使用情境，理解其观念、技术背景，避免用当时没有的观念、技术和后世的记时法来解释它们。《十二时辰的产生与制度化》一文主张，十二时辰作为匀定时间这一理念萌生于汉代的式占，而秦汉日书不过是为了占卜的方便才将日出、日入等时称对应于十二辰，仍保留了季节性变化，在理念和实践层面都不同于十二时辰。梁、隋以后，十二时辰在王朝的推动下制度化，但在实践层面却受测量技术的制约而迟迟不能真正通行。与此相关，我还写了一篇小文《里耶秦简牍所见的时刻记录与记时法》，尝试归纳材料，说明秦代官方所用的记时方式，从一个侧面呈现记时法和时间观念、测量技术之间的联系。

古人说"观象授时"，又说"历象日月星辰"。人类对时间单位的分割，起初主要依靠天文观测。然而，天体的视运动周期彼此并非整数倍的关系，月有大小，年分平闰，都是为了协调时间单位与天象之间的关系。岁星的视运动以十二年为周期，最初用于占卜，而后发展为纪年标志。但岁星每八十余年又要多运行一个星次，打破十二的连续循环。《秦汉的岁星与岁阴》一文指出，从战国后期到西汉中期，占星家和治历者长期纠结于岁星实际位置的"跳跃"与连续纪年循环之间的矛盾，提出了多种调配方案，但都只能适用于一时。直到"太初改历"，对星岁关系的描述终于选定连续循环，从而与天象脱钩，最终确立了沿用至今的太岁纪年和干支纪年序列。

读者不难发现，干支纪年、序数纪日、十二时辰、颁朔与改正朔，构成了中国古代自秦汉以降时间制度的基本框架。以上一组论文，是我探索传统的时间秩序、时间观念如何形成、发展的阶段性尝试。这方面，还有几个具体问题有待研究，更重要的则是如何给出一个完整而有机的历史图景。对此，我将继续思考。

由于参与整理北大汉简，我比较早接触到《赵正书》，从一开始就兴趣浓厚，而这种兴趣的源头则是《史记》。《史记》在后世被列在"正史"之首，其实是司马谈、司马迁父子的私人著述，取裁意趣迥别于体制化的官修之史。《赵正书》的写作在《史记》之前，其中部分段落与《史记》文字大同小异，也有一些记事截然相反，最为引人注目的当然是胡亥在秦始皇临终前被立为继承人的说法。对于胡亥即位究竟是奉诏还是矫诏，我并非没有倾向。但必须要承认，这个问题在现代史学的标准下不可能彻底解决，它的解决与否也并不那么重要。我更希望以《赵正书》的发现为契机，来考察《史记》的编纂取裁与历史的记忆和遗忘。《史记》多采"小说家言"，"沙丘之谋"和李斯的狱中上书正是其例。作者当然也看到过《赵正书》这样的记载，他在不同的历史记忆间选取和剪裁，结果往往不自觉地反映出西汉中期的"主流"观念。《〈史记〉与〈赵正书〉》一文强调《史记》作者囿于时代、身份而不由自主的一面，而《司马迁与〈过秦〉篇》则补充了同样重要的另一面。《史记·秦始皇本纪》末尾的"太史公曰"在本来最应该自出机杼的地方，却全文抄录了贾谊的《过秦》三论，在书中绝无仅有。通过这个特例，可以感受到史家与所处时代的张力，思想者如何有意识地超越其时代。两篇文章都不过浅尝辄止，以待将来更系统的研究。

关于《史记》，本集中还收录了《司马迁年十岁诵古文辨》《太史公自序原题考》《〈史记集解〉为注体说》三篇短札。篇中的观点并不全是我首先提出的，但这些观点此前未经充分论证，被当下学界所忽视。各篇还都有一些未尽之意：第一篇关系到汉代经学的今古文之分和司马迁的经学立场，第二篇论及了古书自序体裁的产生和早期发展，最后一篇则涉及经注体例对史注的影响以及《史记》文本形态在写本时代和刻本时代之间的变化。

本组论文中的最后一篇《曹窋与汉初政治》也是读《史记》的产物。《史记》与《汉书》中对曹窋是否参与诛杀吕氏记载截然相反，原来被认为是《史记》的版本讹误，其实则是班固和受他影响的后人未能准确把握汉初政治的特点，误解了曹窋真正的立场。

整理简牍和精读《史记》的经验，会令人产生一种关注文本细微之处的习惯。这些细微之处，有时隐含着重要的文化或制度问题的线索。"文化与制度"这一辑中的第一篇《"枼书"与"谍记"》，起因于对松柏汉牍《枼书》性质的解读，进而解释"枼"的含义及其衍生出的"世""谍""牒"等字的分化过程，最后落脚在周、秦、汉之间的文化发展。《里耶秦方与"书同文字"》则通过木方文句的重复形式，推求其表达规律，释出若干残字，进而将"某字如故更某字"与秦统一文字的政策联系起来，以求更完整地揭示"书同文字"政策的内涵，并讨论其推行方式和目的。这篇文章幸而得到了文字学家的肯定，但必须承认，我在语言文字学方面素养欠缺，能够"捡漏"，除了对未释残字特别好奇之外，主要还是先隐约意识到了这些文句可能与"书同文字"有关。大方向确定，具体文字的辨识、求证才水到渠成。

同样源于细读文本的《秦简牍复生故事与移风易俗》，又带我闯入另一个不熟悉的领域。北大秦简《泰原有死者》和放马滩秦简《丹》篇都借助死而复生者之口，说明鬼的好恶。我发现，其中说地下世界以大豆黄圈为金钱，以白茅为丝绸，似与明器的推广有关；又说"收死人勿束缚"，则是针对秦人中广泛流行的屈肢葬，它们都颇有改革旧俗的意味。文中对考古材料的解读和推论或许有些大胆，但我相信思考的方向是正确的。通过写作这篇文章，我更清楚地认识到，未来秦汉史研究要走向深广，必须将出土文献、考古资料和传世史料三者结合起来。

北大中国古代史专业有深厚的制度史研究传统。近二三十年来，阎步克老师对中国官僚等级制度的系统论述又将之推向新的高峰。我观摩多年，深受教益。《汉代二千石秩级的分化》是我正式发表的第一篇制度史论文，缘起于 2011 年春在扬州博物馆偶获一册日本出版的简牍书法选。借助书中收录的尹湾汉简《东海郡都尉县乡吏员簿》清晰照片，可以辨认出此前众说纷纭的东海太守秩级不是"中二千石"，也不是"真二千石"或"比二千石"，而是"大郡大守"。这提醒我们重视那些不是用"若干石"来表示的秩级，借此可以一窥秦汉秩级与官职的关系以及秩级分化合并的过程、动因和政治文化背景。

本书的最后，收录了几篇比较"本格"的出土文献研究论文。

学习秦汉简牍的整理研究，我是从细读睡虎地秦简开始的。睡虎地秦简是最早发现的秦汉墓葬简，对它的整理和研究都堪称典范，在学术史上占有特殊地位。就其本身而言，睡虎地秦简不仅内容重要，保存了比较完整的考古学信息，11 号墓的墓主人"喜"还在《编年记》中补写了自己的生平家世，为墓葬的年代、墓主人身份等问题提供了直接信息，很适合作为探究秦汉墓葬简牍的基本参照点。由于它发掘、整理的时间最早，也难免遗留一些问题，在近半个世纪中屡受怀疑，却尚未得到订正。《睡虎地秦简〈编年记〉中"喜"的宦历》一文，在里耶秦简中新材料的启发下，指出喜最初担任的官职是安陆"乡史"，而最终升任了南郡的"属"。这样，喜的身份更加清晰，而且"为属"一句的断读还造成连锁反应，让我们不能不注意到《编年记》在秦王政二十一年记载了昌平君之死，与《史记》相左，进而重新认识秦灭楚的历史进程以及昌平君等人在其中的角色。细读睡虎地秦简的另一个意外收获，是发现整理本对《南郡守腾文书》《语书》《为吏之道》的分篇与编连存在失误。为此，我撰写了《睡虎地秦简"为吏之道"应更名"语书"》，提出新的方案，并探讨了简册复原的方法论问题以及秦简中同类文献的性质。

我比较注意简牍的文字释读、编连整理方法，跟十多年来参与整理工作的体会是分不开的。但整理工作本身枯燥繁琐，备受"折磨"之后，对自己经手整理的资料反而没有了研究兴致。因此，我在这方面成果很少，只有两篇配合资料介绍而做延伸性讨论的文章相对系统，多少说出了一点心得。2012 年，我完成博士后出站报告，研究古堪舆术的文献与历史，《北大汉简所见的古堪舆术初探及补说》原是其中的一部分。今天的"堪舆"是"风水"的同义词，而古堪舆术则是一种时日吉凶占卜的选择数术。本文介绍了它的基本原理，也对"堪舆"一名的含义提出了看法，最后联系相关的出土资料，补充说明堪舆与其他式占的区别，以回应学界的质疑。海昏汉简《论语》保存状况不佳，整理工作才刚刚起步，只能以"初读"为名，简单介绍其特点和学术意义，顺便澄清"海昏《论语》是齐《论语》"的误会。在我看来，《论语》学的齐、鲁、古三家之分形成于西汉后期，不能反映西汉中期的状况，也有悖于昭宣时期人们对经学的认识。海昏《论语》的性质不应该用它抄写时还不存在的概念来界定，更何况它与《汉书·艺文志》所谓齐《论语》仅是部分相似，至多可以说是齐《论》形成中的一个过渡形态。

关于出土文献在秦汉史研究中的意义，我的态度是：首先应该利用其作为同期、直接史料的特性，还原历史的丰富和复杂。秦汉两朝是中国历史上统一帝国最初确立的时期，而《史记》和两《汉书》的叙事又具有无与伦比的统治力。传统史学受《史》《汉》叙事和大一统观念两方面的影响，对秦汉历史的认识尤为一元、单线。这种一元、单线的历史认识深刻影响着后世的历史选择。出土文献提供了史书未载的资料，往往能够衬托出史家的盲点、偏见，帮助我们看清史书的罅隙，而罅隙的后面往往隐藏着另一个真相。不仅如此，研究者还应该注意其中超出了传统史学范围的那些信息，在问题上扩展史学的边界。历史学家不能预测未来，但历史学研究应该为人们创造历史、选择未来打开空间。

本书所收拙文二十一篇，大体都在秦汉史范围之内，而又各有侧重。书名"文史星历"，"文"是文献，尤其是出土简牍文献；"史"既指历史，也指史书，尤其是《史记》；"星历"是天文历法，指本书中有关时间秩序与观念的部分。司马迁用"文史星历"以示职业之轻贱，而又自重其死，发愤著书，祈望"自托于无能之辞"，"成一家之言"，"以俟后圣君子"。每默诵之，未尝不动容也，遂借以题端。

文章暂且汇集，以便求教于方家，日后还要修改，故曰"丛稿"。

恳请读者批评赐教！